STUDIA
HUMANITATIS
문명지평

STUDIA HUMANITATIS
문명지평
5

나는 뭐란 말인가

『가게로 일기』의 세계

이미숙

서울대학교출판문화원

STUDIA HUMANITATIS
문명지평
5

나는 뭐란 말인가
『가게로 일기』의 세계

초판 1쇄 인쇄 2016년 11월 25일
초판 1쇄 발행 2016년 11월 30일

지은이 이미숙
펴낸곳 서울대학교출판문화원
펴낸이 성낙인

책임편집 최유식
디자인 장혜원

출판등록 제15-3호

주소 (08826) 서울 관악구 관악로 1
대표전화 02-880-5252 | 팩스 02-888-4148
마케팅팀(주문상담) 02-889-4424, 02-880-7995
이메일 snubook@snu.ac.kr
홈페이지 www.snupress.com

ISBN 978-89-521-1837-0 94830
978-89-521-1576-8 세트

이 저서는 2007년 정부(교육과학기술부)의 재원으로
한국연구재단의 지원을 받아 수행된 연구임(NRF-2007-361-AL0016).

머리말

일본 헤이안 시대 한 여성의 삶과 마음 풍경, 『가게로 일기』

이 책은 10세기 후반 일본 헤이안 시대에 가나 문자(仮名文字)로 여성이 쓴 『가게로 일기』(蜻蛉日記)를 다각적으로 분석한 연구서다. 일본문학사 속에서 헤이안 시대(平安時代, 794-1192)는 여성문학이 가장 발달한 시대로 일컬어진다. 그 시대에 여성에 의한 산문문학이 발달한 이유에 관해서는 종래 많은 지적이 이루어져 왔다. 후지와라(藤原) 씨를 중심으로 하는 섭정 · 관백(攝政 · 關白) 정치 아래 후궁 중심의 귀족문화가 발달하였다는 점, 실질적인 일부다처제라는 혼인제도 속에서 여성들 삶의 불안정성이 극대화되었다는 점 등이 연동한 결과라는 지적과 함께, 간과하지 말아야 할 점은 가나 문자의 역할이다. 귀족문화의 그늘 속에서 중류귀족 출신인 궁정 나인이나 결혼하여 집안에 안주해 있던 여성들이 자신들의 불안정한 삶 속에서 생성된 삶에 대한 불안과 고뇌 등을 문학적으로 형상화할 수 있었던 것은 자기 내면을 있는 그대로 표현할 수 있는 가나 문자가 있었기에 가능하였다. 『가게로 일기』는 이러한 헤이안 시대 여성 산문문학의 선구로서 가나 문자를 표현수단으로 삼아 미치쓰나의 어머니(道綱母)라는 한 평범한 귀족여성이 쓴 현존하는 일본 최초의 여성 산문문학이다.

뒤이어 나오는 여러 일기문학과 『겐지 모노가타리』(源氏物語)를 비롯한 일련의 여성문학에 큰 영향을 미쳤으며, 작품에 구현된 현실 응시의 시각과 자기 성찰은 여성 산문문학에 하나의 규범으로 뿌리내렸다.

일본문학사에서 '일기문학'이란, 남성들이 하루하루의 공적인 사실을 한문으로 기록한 '일기'와는 달리 여성(또는 여성으로 가장한 남성)들이 가나 문자로 자신의 삶을 회상하여 풀어쓴 작품을 이른다. '가게로'라는 서명은 상권 발문에 나오는 "있는지 없는지도 모를, 아지랑이처럼 허무한 여자의 처지를 기록한 일기"라는 표현에서 비롯된 것으로, 허무하게만 느껴지는 자신의 삶을 '아지랑이'에 비유한 것이다. 지은이는 중류귀족으로 지방관 출신인 후지와라 도모야스(藤原倫寧)의 딸로 이름은 전해지지 않는다. 뒷날 섭정 태정대신으로 최고 권력자가 되는 상류귀족 후지와라 가네이에(藤原兼家)와 결혼하여 미치쓰나(道綱)라는 외아들을 두었기에 보통 미치쓰나의 어머니로 일컬어진다. 이 작품은 법제적으로는 일부일처제가 규정되어 있었지만 실질적으로는 일부다처제 사회였던 헤이안 시대의 혼인제도를 배경으로 하여, 20여 년 간에 걸친 결혼생활 속에서 생성된 미치쓰나의 어머니의 고뇌와 그 전개과정을 기록한 것이다.

미치쓰나의 어머니가 중류귀족임에도 불구하고 권문세가의 자제와 결혼할 수 있었던 이유로는 그녀의 미모와 시적 재능을 들 수 있다. 그녀는 고대 일본의 주요한 성씨들의 계보를 정리한 『손피분먀쿠』(尊卑分脉)라는 책에서 "우리나라에서 가장 아름다운 미인 셋 중의 하나다"라고 일컬어질 정도로 미모로 이름이 높았고, 와카(和歌)라는 운문양식이 최고조로 발달하였던 헤이안 시대 유명한 가인을 일컫는 36가선(歌仙) 가운데 한 명이기도 하였다. 미치쓰나의 어머니가 남편과의 관계 속에서 분출되는 감정을 억누르지 않고 그대로 표출하게 된 데는 이러한 자기 자신에 대한 긍지가 가장 큰 요인으로 작용하였고, 그녀의 강한 자의식에서 비롯된 끊임없는 남편과의 갈등에도 불구하고 두 사람이 결혼생활을 20여 년이나 지속할 수 있었던 데는 이러한 미모와 문재가 주요한 요인이었던 듯하다. 미치쓰나의 어머니를 고통스럽게 하였던 고뇌의 원인으로는 남편인 가네이에와의 결혼생활에서 이루고 싶었던 기대가 좌절된 점을 들 수 있다. 그녀가 결혼생활에서 꿈꾸었던 기대는 남편인 가네이에를 독점하고 정처가 되고자 하였던 신분 상승 욕구였다. 그러나 실질적인 일부다처제였던 당시의 혼인제도 속에서 오로지 자기 집에서 남편이 자기를 찾아와 주기만을 기다리며 결혼생활을 영위할 수밖에 없었던 그 시대 여성들에게 이것은 도저히 실현될 수 없는 이상이었다. 정처의 지위 또한 3남 2녀의 자식을 두었던 도키히메(時姬)라는 여성이 차지함으로써 미치쓰나의 어머니의 고뇌는 생성되었고, 뛰어난 미모와 시적 재능에서 배태된 강한 자의식은 그녀의 고뇌를 더욱더 심화시키는 요소로 작용하였다.

미치쓰나의 어머니는 실질적인 일부다처제, 귀족 중심의 사회라는 시대상황 속에서 남편인 가네이에의 여덟 명의 처들 중 한 명, 중류귀족의 딸, 뛰어난 미모와 문학적 재능이라는 자신의 존재기반을 바탕으로 강한 자의식과 젠더의식을 지니게 되었고, 가나 문자를 표현수단으로 삼아 자기 자신의 결혼생활과 그 속에서 겪게 된 내면의식, 즉 심상 풍경(心象風景, 마음 풍경)을 글쓰기라는 행위를 통해 형상화해 내었다고 할 수 있다. 또한, 권말 가집을 제외하고도 261수에 이르는 와카가 산문 속에 녹아듦으로써, 산문과 운문의 자연스러운 통합 또한 후대 여성문학의 전범이 되었다. 즉 『가게로 일기』는 천 년 전 일본 헤이안 시대라는 한 시대를 살다가 간 한 여성의 삶과 그 마음 풍경이 기록된 자기서사(自己敍事)라고 할 수 있다.

이 책은 (1)일기문학, (2)작품구조, (3)마음 풍경, (4)시간과 공간, (5)해석과 영향 5개 부분으로 구성되어 있다. 필자가 이제까지 한국과 일본에서 발표한 관련 논문을 주제별로 정리하여 대폭적으로 가필 · 수정하여, 『가게로 일기』를 다각적으로 분석해 보고자 하였다. (1)'일기문학'에서는 자전문학으로서의 일기문학의 의미, 일기문학의 의미와 그 계보, 그리고 일기문학이라는 양식이 젠더와 어떻게 관련되어 있는지에 대해 살펴보았다. (2)'작품구조'에서는 이 작품이 상 · 중 · 하 3권으로 구성되어 있지만, 작품 전체를 통괄하였을 때 971년을 기준으로 하여 이분되어 있는 구조라는 것을 표현의 변화를 통해 살펴보았다. 그리고 이 작품이 일기라는 형식이고 3권 구성이지만, 독자를 의식하여 작품 전체가 유기적으로 통일되어 있다는 것을 상권 서문과 하권 말미에 구현된 주제의식을 통해 살펴보았다. (3)'마음 풍경'에서는 여성의 자의식과 글쓰기의 관계를 살펴보고, 헤이안 시대 한 여성이 결혼생활에서 느끼는 고통을 어떻게 받아들이고 정리하고 있는지 그 내면의식을 탐구해 보았다. (4)'시간과 공간'에서는 일기와 시간표현의 관계 및 넓은 의미의 시간표현인 연중행사의 기술이 작품주제와 어떻게 연결되어 있는지 등에 관해 살펴보았다. 그리고 미치쓰나의 어머니가 일상 공간인 집을 떠나 비일상 공간으로 이동함으로써 자신의 고뇌를 배출하도록 만든 참배여행의 의미와 비일상 공간의 의미에 관해 살펴보았다. (5)'해석과 영향'에서는 본문 해석의 실제를 살펴보고 『가게로 일기』가 『겐지 모노가타리』와 어떻게 연결되어 있으며, 한국어역의 의미는 어떠하며, 그리고 풍양 조씨가 집필한 『ᄌᆞ긔록』(自己錄, 1792), 윤선도 가의 8대 종부인 광주 이씨의 「규한록」(閨恨錄, 1834)과 같은 조선시대 여성 일기문학과의 대비 등에 관해서도 살펴보았다.

이 책은 저자가 주해하여 2011년 5월 서울대학교 인문학연구원 HK문명연구사업단 〈문명텍스트총서〉로 간행된 이 작품의 번역주해서인 『가게로 일기: 아지랑이 같은 내 인생』(문명텍스트 3, 한길사, 2011)과 상호 보완을 이루고 있다. 따라서 본문의 인용은 번역주해서에 따르며, 전반적인 해제 또한 번역주해서에 상세하므로 따로 붙이지 않았다. 이 책은 일본 중세여성의 의식세계와 그 시대상, 나아가 동아시아 고전여성문학의 실제를 조망하는 데 기여할 수 있다고 생각한다. 2016년 9월 현재 한국 내에 『가게로 일기』에 관한 단독 연구서는 없다. 이 책이 부디 일본학 연구자 및 일본학 전공 학부 · 대학원생, 여성문학에 관심이 있는 한국문학 · 중국문학 및 기타 문학 전공의 대학원생 이상 연구자, 동아시아 문화에 관심 있는 연구자들에게 조금이나마 실질적인 도움이 되기를 바라마지 않는다.

이 책이 나오기까지 많은 격려와 자문, 도움을 주신 한국외국어대학교 김종덕 선생님, 명지대학교 오찬욱 선생님, 일본 도호쿠 대학(東北大學) 니헤이 미치아키(仁平道明) 선생님께 진심으로 감사드린다. 그리고 『가게로 일기』의 선배 연구자로서 버팀목이 되어 주시는 대구대학교 허영은 선생님께도 감사를 드린다.

2016년 9월 이미숙

차례

일러두기

1. 이 책에서 인용하고 있는 『가게로 일기』(蜻蛉日記)의 본문은 미치쓰나의 어머니 지음, 이미숙 주해 『가게로 일기: 아지랑이 같은 내 인생』(문명텍스트 3, 한길사, 2011)에 의하며, 괄호 안에 권수와 쪽수를 표기하였다. 이미숙 주해 『가게로 일기: 아지랑이 같은 내 인생』은 일본 궁내청 서릉부 소장 어소본(宮内廳書陵部藏御所本)을 저본(底本)으로 하고 기타 30여 종류의 필사본 전본(傳本)을 참조하여 보정 · 개정(補訂 · 改訂)하여 정본(定本)으로 복원한, 기쿠치 야스히코(菊地靖彦) · 기무라 마사노리(木村正中) · 이무타 쓰네히사(伊牟田經久) 교주 · 역 『土佐日記 蜻蛉日記』(新編日本古典文學全集 13, 小學館, 1995)를 주된 텍스트로 하여 번역 · 주해한 것이다.
2. 인명이나 지명 등 고유명사의 표기는 일본어 발음을 따르는 것을 원칙으로 하여 국립국어원 외래어표기법에 따랐고, 각 장마다 처음 나올 때만 일본어한자를 병기하였다. 단, 제도나 관직, 궁중의 전각(殿閣) 명, 한문서적 서명 등은 한자음 그대로 표기하였다.
3. 일본 헤이안 시대(平安時代) 귀족들의 이름에는 성과 이름 사이에 보통 '노'(の)를 넣어 읽었지만, 이 책에서는 생략하였다(후지와라노 가네이에→후지와라 가네이에).
4. 와카(和歌)는 본래의 음수율을 살리기 위해 윗구와 아랫구로 나누고, 5 · 7 · 5 · 7 · 7 조에 맞추어 번역하였다.
5. 각 장의 논문은 원래 독립된 논문으로 집필되었기 때문에 다른 장의 내용과 겹치는 부분이 있을 수 있다. 16개 장에 실린 글은 전체 내용을 통일시키기 위해 발표 당시의 논문을 대폭 수정하고 가필하였다.
6. 각주는 각 장마다 번호를 따로 달았다.

제1부

일기문학

1. 여성지식과 일기

머리말

『겐지 모노가타리』(源氏物語)의 문학사 내 위치[1]가 상징하고 있듯이, 일본 고전여성문학은 흔히 헤이안 시대(平安時代) 여성문학으로 대표된다. 일본 여성문학의 흐름 속에서 현재까지도 헤이안 시대 여성문학의 위치가 견고한 그 첫 번째 이유로는 그 시대가 여성들의 실제적인 삶을 가나(仮名) 문자라는 자국어문자로 형상화한 가나 여성 산문문학의 전성기였으며, 섭정 · 관백 정치체제를 배경으로 중류귀족여성들이 여성의 삶의 문제를 다룬 작품을 집필하여 창작자와 향유자가 일치됨으로써 '여성을 위해 여성이 쓴 여성의 세계를 그린' 여성문학으로 뿌리내렸다는 점을 지적할 수 있다. 이후 헤이안 시대의 여

1 예를 들어, 가마쿠라 시대 초기인 13세기 초엽에 성립된 현존하는 최초의 모노가타리(物語) 비평서인 『무묘조시』(無名草子)에는 『겐지 모노가타리』가 부처님의 도움 없이 평범한 사람의 힘만으로는 이루어 낼 수 없는 결과물, 이전 모노가타리와는 비교할 수 없을 정도로 완성도가 뛰어난 작품으로 평가받고 있다.—樋口芳麻呂 · 久保木哲夫 校注 · 訳, 『松浦宮物語 無名草子』(新編日本古典文学全集 40, 小学館, 1999) p.188.

성문학은 권력이 귀족에서 무사로 옮겨 가 탈귀족화되고 문학의 주된 담당 층 또한 여성에서 남성으로 이행되면서 『겐지 모노가타리』 이외에는 크게 향유되지 못하였다. 그러다가 20세기 초반에 접어들면서 근대 국민국가 체제를 확립하는 과정 속에서 "문학을 통해서 보다 순수한 자신을 추구하는 보편적인 문학의 정통적 원형이 자국의 국문학 전통 속에 있다고 강조"[2]되면서 일본 고전의 핵심으로 자리잡게 되었으며, 헤이안 시대 여성문학이 일본 여성문학을 대표하게 되었다.

그러나 '가나 산문문학'에 가치의 중심을 둔 헤이안 시대 여성문학에 대한 지나친 평가와 의존은 다른 시대의 여성문학에 대한 가치 절하와 무관심을 불러와 일본 여성문학사, 나아가 일본 여성문화사를 통시적으로 조망하는 데 걸림돌로 작용해 온 점을 부정할 수 없다. 특히 가마쿠라 · 무로마치 시대(鎌倉 · 室町時代)와 에도 시대(江戸時代)는 남성 중심의 군기문학(軍記文學)과 희작문학(戯作文學)이 주류를 이루었던 탓에 여성들의 삶과 지식 형성, 그 발현으로서의 '자기표현'(自己表現)[3]은 크게 주목받지 못하였다.

이 장에서는 기존의 헤이안 시대 '가나 여성 산문문학'에 지나치게 편중된 일본 여성문학사, 나아가 일본 여성문화사 중심에서 벗어나, 전근대 일본여성이 각 시대의 정치 · 사회 · 문화적인 환경 속

---

2 스즈키 토미, 「장르 · 젠더 · 문학사 서술」(『창조된 고전』, 소명출판, 2002) p.132.

3 여성의 '자기표현'이란, 여성이 현재 살고 있는 시대의 보편적 지식을 획득한 뒤 그 지식을 활용하여 자기 자신의 내면에만 억눌러 둘 수 없는 심중사유(心中思惟)의 제상(諸相)을 문학, 예술 등 구체적이고도 다양한 형태로 외부로 표출한 것을 말한다.

에서 지식[4]을 어디서 어떻게 교육받고 획득하였는지, 지식 형성의 장(場)과 매체, 그리고 그 내용에 관해 통시적으로 살펴보고자 한다. 나아가 그렇게 형성된 지식의 발현인 여성의 '자기표현'이 시대의 변화에 따라 그 내용과 형식이 어떻게 표출되는지를, 여성의 내면이 가장 직접적으로 드러나 있으며 전 시대에 걸쳐 형상화되어 온 '여성일기'에 주목하여 살펴보도록 한다.

자국 문자 성립 이전의 여성지식과 표현

일본문명의 근간을 이루는 문자(한자), 행정제도(율령), 사상 · 종교(불교, 유교)가 중국 등 대륙문명의 영향을 받아 형성되었다는 것은 주지의 사실이다. 유교와 한자의 전래에 관한 기록은 『니혼쇼키』(日本書紀) 오진 천황(應神天皇)조[5]에 처음 보인다. 오진 15년(404) 백제에서 건너온 아직기(阿直岐)가 태자에게 유교 경전을 가르쳤는데, 왕의 요청으로 그보다 더 학식이 뛰어난 왕인(王仁)이 그다음 해 건너와 태자의 스승으로 여러 전적(典籍)을 가르쳤다는 기술이다. 이 기록은 이때의 백제왕인 근초고왕(재위 346-375)의 재위 기록과 어긋나는 탓에 정확한 시기를 둘러싸고 견해가 갈리지만, 적어도 5세기에 들어선 뒤에는 일본에 한자와 유교가 전래되었다는 사실을 미루어 짐작

4 이 글에서 말하는 '지식'이란 각 시대의 보편적 지식으로서의 '교양'을 포함한 개념이다. 그리고 이 장에서 쓰고 있는 '여성지식'이란 여성이 획득한 지식, 여성에게 그 사회가 의도적으로 획득하도록 만든 지식이라는 두 측면을 모두 포함한 개념이다.

5 小島憲之 他 校注 · 訳, 『日本書紀 ①』(新編日本古典文学全集 2, 小学館, 1994) pp.483-485.

할 수 있다. 이후 6세기 전반에 불교 또한 일본에 전래되었다.[6] 한자와 유교의 전래 이후 형법과 행정법이라는 기본법에 바탕을 둔 중앙집권적인 율령제 국가가 일본에서 형성되기 시작한 것은 7세기 이후부터였다. 7세기 초 유교의 덕목이 반영된 관위 12계와 헌법17조를 쇼토쿠 태자(聖德太子)가 제정하고, 645년 다이카 개신(大化改新)과 672년 진신의 난(壬申の亂)으로 덴무 천황(天武天皇, 재위 673-686)이 즉위하면서 천황의 권력이 강화되고, 당의 율령제도를 받아들여 '대보율령'(大寶律令, 701)과 '양로율령'(養老律令, 편찬 718, 시행 757) 등이 편찬됨으로써 명실상부한 율령국가가 정비되었다. 대륙문화의 일환으로 일본에 뿌리를 내린 불교 또한 율령제 국가의 안녕을 보장하는 종교로서 토착종교인 신도와 서서히 융합해 나가면서 발전하게 되었다.

가부장제라는 중국의 가족제도를 근간으로 하는 율령의 도입은 남존여비 풍조를 강화하고 조장하였다. 양로율령 「호령」(戶令)에 규정된 중국 율령을 그대로 받아들인 '칠출지상'(七出之狀)과 '삼불거'(三不去)를 명시한 이혼에 관한 조문[7]이 그 단적인 예다. 양로 율령 「호령」에 따르자면, "호주는 가족에 대한 전 지배권을 부여받아, 생활 및 재산은 전적으로 호주의 관리에 맡겨져", "형식상으로 가부장권의 확립이며 여성의 위치는 오로지 호주, 아버지, 남편 등에 예

---

6 『니혼쇼키』에는 긴메이 대왕(欽明大王, 재위 539?-571) 13년 때인 552년에 불교가 일본에 전래되었다고 전한다.—小島憲之 他 校注 · 訳, 『日本書紀 ②』(新編日本古典文学全集 3, 小学館, 1996) p.417.

7 井上光貞 他 校注, 『律令』(日本思想大系 3, 岩波書店, 1976) p.234.

속”[8]되었다고 할 수 있다. 당의 법제를 모방하여 만들어진 율령에 규정된 여성의 법적 지위가 그 시대 여성의 실제적인 지위라고는 단언할 수 없지만, 8세기 이후 여성의 지위는 율령이라는 법제 아래 유교적인 가부장제 하에 놓이기 시작하였다는 것을 알 수 있다.

율령제 국가를 운영할 때 관청이나 관료 사이에 서류의 교환은 필수적인 일이었으므로, 남녀를 가리지 않고 관료라면 한자를 습득해야만 하였다. 남성교육은 대보율령 「학령」(學令)의 제정으로 관료 육성기관인 대학료(大學寮)가 만들어지는 등 공적 교육기관에서 중국 고전 등을 배우는 교육과정이 정비되었지만, 천황의 일상 업무를 보좌하는 여성 관료인 여관(女官)이나 귀족여성은 가정교육에 의존하여 중국 고전과 한시 등을 배웠다.

헤이안 시대 이전에 여성이 형성한 지식의 편린은 759년 이후 성립된 『만요슈』(萬葉集)에 실린 여성 가인(歌人)들의 시와 고묘 황후(光明皇后)의 『악의론』(樂毅論)을 통해 짐작할 수 있다.

『만요슈』에는 연애에 자유로웠던 여관들의 연애시(相聞歌)가 많이 실려 있는데, 여성들의 시는 연애시에만 국한되지는 않았다. 대표적인 여성 가인으로는 공적인 의례 때 많은 시를 읊었던 누카타노오키미(額田王), 지토 천황(持統天皇, 재위 690-697), 오토모(大伴) 씨 집안의 안주인 역할을 하였던 오토모 사카노우에노이라쓰메(大伴坂上郎女)를 들 수 있다. 이들의 시는 “정치세계와 씨족집단에 대한 마음”[9] 등을 표현함으로써 남녀의 차를 뛰어넘어, “젠더 하에 있으면서도 젠

---

8 樋口清之, 『日本女性の生活史』(講談社, 1977) p.55.

9 総合女性史研究会 編, 『時代を生きた女たち』(朝日新聞出版, 2010) p.274.

더에 얽매이지 않는 고대여성의 뛰어난 자기표현"[10]으로 규정할 수 있다. 또한 쇼무 천황(聖武天皇, 재위 724-749)의 비인 고묘 황후는 대보율령과 양로율령의 제정에 관여하여 율령제를 확립시킨 후지와라 후히토(藤原不比等)의 딸로서 황족 이외의 귀족으로서는 처음으로 황후가 된 여성이다. 나라 시대(奈良時代)의 대표적인 능필가로 알려져 있으며, 어려서부터 총명하기로 유명하였다. 왕희지의 『악의론』(樂毅論)을 임서(臨書)한 『악의론』은 본문 43행으로 황후가 마흔네 살 때 쓴 것이며 맨 끝에 후지와라 씨의 셋째 딸이라는 의미의 '도산조'(藤三娘)라는 서명이 붙어 있는데, 한문에 능통하였던 한 여성지식인의 면모를 확인할 수 있다.[11]

가나 문자가 성립되어 쓰이기 전인 헤이안 시대 초기에도 여성교양의 척도는 한시문이었다. 편년체 사서인 『쇼쿠니혼코키』(續日本後紀) 847년 10월조[12]에 기록된 우치코 내친왕(有智子內親王)의 죽음에 관한 기사가 그 근거다. 『사기』(史記)와 『한서』(漢書)에 정통한 데다 문장력도 뛰어나 천황이 이를 사랑하여 초대 가모 신사(賀茂神社)의 재원(齋院)으로 삼았다고 할 만큼, 헤이안 시대 초기까지도 한시문은 여성교양의 척도였다.

하지만 천황을 가까이에서 보좌하는 장인소(藏人所)가 헤이안 시대 초기에 설립되면서 궁중 내 여성의 실무적이고 정치적인 역할이 서서히 축소되고 여관의 임무 또한 행사를 보조하거나 천황의 사

10 総合女性史研究会 編, 『史料にみる日本女性のあゆみ』(吉川弘文館, 2000) p.37.

11 総合女性史研究会 編, 『時代を生きた女たち』, pp.68-69.

12 総合女性史研究会 編, 『史料にみる日本女性のあゆみ』, p.40.

적인 일상생활을 돕는 역할로 한정되면서, 여성이 한자와 한문학을 습득할 필요성은 낮아졌다. 그 대신 9세기 이후 발달된 히라가나(平仮名)와 와카(和歌)가 유행하게 되면서 가나 문자가 한자를 대신하여 여성의 표현수단이 되어 갔다.

가나 문자로 표현된 여성지식과 여성 교훈서의 등장

9세기 이후 섭정 · 관백(섭관) 체제가 정착되면서 섭관가의 귀족여성들은 황후 후보자로서 어려서부터 다양한 교육을 받게 되었다. 입궐한 귀족여성들에게는 재능 있는 '뇨보'(女房, 시녀 또는 나인)들이 모여들어 곁에서 모시며 지원하게 되었고 이들에 힘입어 궁정문화가 발달되었다. 섭관 정치체제 하에서 정치적으로 소외된 지식인에 속하는 중류귀족들은 딸을 교육시켜 뇨보로 입궐시킴으로써 활로를 찾으려 하였고, 이러한 사회적인 배경 속에서 주로 중류귀족의 딸들인 뇨보들이 헤이안 시대 여성문학의 중심이 되었다. 이치조 천황(一條天皇, 재위 986-1011)의 중궁이었던 데이시(定子)와 쇼시(彰子)의 뇨보였던 세이쇼나곤(清少納言)과 무라사키시키부(紫式部)가 그 대표적인 예다. 헤이안 시대의 여성문학은 『가게로 일기』(蜻蛉日記)의 작자 미치쓰나의 어머니(道綱母)와 같이 뇨보 경험이 없는 가정부인에 의해 집필된 예도 있었지만, 주로 이들 뇨보들에 의해 가나 문자로 형상화되었다.

남성귀족들은 와카를 지을 때 말고는 마나(眞名)로 불린 한자를 사용하였고, 일상어로 사물을 묘사하고 자기 내면을 표현하는 가나 문자는 '온나데'(女手)로 불리며 여성들의 문자가 되었다. 즉 "아카데

믹한 마나=한시문 · 유학 · 역사학이라는 남성의 교양에 대해, 가나=와카 · 모노가타리는 한 단계 낮은 것으로 간주"[13]되었다. 하지만 형식적인 세계의 표현형식인 한문보다 일상적인 가나의 세계가 실제로는 살아 있는 표현수단이었기에, 남성사회인 관료사회에서 살아가는 귀족들과 그들과 관계하는 사람들 간이 아닌, 궁중의 후궁과 관련 있는 여성이나 하급의 몰락한 지식인 등 비정치적인 사회에서 가나 문자는 꽃을 피웠다고 할 수 있다.[14]

그렇지만 무라사키시키부나 세이쇼나곤과 같은 여성들이 마나 교육을 받은 뒤 한문학의 교양을 바탕으로 새로운 가나 여성 산문문학 세계를 창출해 냄으로써, 한문학적 상상력을 가나 문자로 표현해 냈다는 점은 주목할 만하다. 『마쿠라노소시』(枕草子) 198단에는 『백씨문집』(白氏文集)과 『문선』(文選), 『사기』(史記)가 대표적인 한문서적[15]으로 기술되어 있으며, 『무라사키시키부 일기』에는 무라사키시키부가 쇼시에게 『백씨문집』 「신악부」(新樂府) 두 권을 가르쳤다는 사실[16]이 기술되어 있다. 특히 무라사키시키부는 헤이안 시대 여성지식인을 대표한다고 할 수 있는데, 『겐지 모노가타리』의 형성에는 한문서적, 특히 사서(史書)가 작품의 골격을 형성하는 데 큰 영향을 미쳤다[17]는 것은 주지의 사실이다. 그 밖에 작품 곳곳에 인용된 선행 문학

---

13 総合女性史研究会 編, 『史料にみる日本女性のあゆみ』, p.41.

14 佐藤宗諄, 「女流文学形成の社会的背景」(『日本女性生活史 第1巻』, 東京大学出版会, 1990) p.268.

15 松尾聰 · 永井和子 校注 · 訳, 『枕草子』(新編日本古典文学全 18, 小学館, 1997) p.336.

16 藤岡忠美 · 中野幸一 · 犬養廉 · 石井文夫 校注 · 訳, 『和泉式部日記 紫式部日記 更級日記 讃岐典侍日記』(新編日本古典文学全集 26, 小学館, 1994) pp.208-210.

17 한문서적은 작품세계의 부분적인 설정, 표현 등에 머무르지 않고 장편 모노가타리

과 문화에 대한 폭넓은 지식 또한 무라사키시키부의 지식을 드러내는 근거가 되고 있다. 무라사키시키부의 지식은 주로 어릴 때부터 아버지의 가르침을 받으며 가정교육을 통해 축적된 것으로 보인다. 어렸을 때 남자 동기간인 노부노리(惟規)가 아버지에게 한문서적을 배울 때 어깨너머로 함께 배웠다는 사실이 『무라사키시키부 일기』에 기술[18]되어 있으며, 이때 쌓은 교양이 『겐지 모노가타리』 집필의 기반이 된 것으로 보인다.

헤이안 시대 초기의 여성교육에 관해 비록 허구의 모노가타리이기는 하지만 문헌에 기록된 첫 자료는 헤이안 시대 말기에 성립된 것으로 알려진 『다카무라 모노가타리』(篁物語)[19]에 기술된 내용이다. 헤이안 시대 전기의 귀족문인이었던 오노 다카무라(小野篁)를 주인공으로 한 이 작품의 전반부 내용은, 대학료의 학생이었던 다카무라가 배다른 누이동생에게 한문서적을 가르치다가 서로 사랑에 빠지게 되지만, 누이동생은 부모의 반대로 갇혀 있다가 식음을 전폐한 채 죽게 되고 망령이 되어 나타난다는 비련의 이야기다. 누이동생은 부모

로서 갖춰야 할 구조에도 폭넓게 인용되었다. 종래 『겐지 모노가타리』에 영향을 미친 한문서적으로는 사마천의 『사기』(史記) 내 「여후본기」(呂后本紀)와 「노주공세가」(魯周公世家), 여불위열전, 백거이(白居易)의 『백씨문집』 속의 「장한가」(長恨歌)와 「이부인」(李夫人)의 영향이 많이 지적되어 왔다. 그리고 仁平道明, 「『源氏物語』と『後漢書』―光源氏の物語と清河王慶伝―」(『文学史上の『源氏物語』』, 至文堂, 1998)에서 볼 수 있듯이, 황자였던 한 남자의 일생 이야기라는 정편의 틀을 구성하는 데는 『후한서』(後漢書) 청하왕경전(清河王慶傳) 또한 영향을 미쳤다.

18 藤岡忠美 · 中野幸一 · 犬養廉 · 石井文夫 校注 · 訳, 『和泉式部日記 紫式部日記 更級日記 讃岐典侍日記』, p.209.

19 遠藤嘉基 · 松尾聰 校注, 『篁物語 平中物語 濱松中納言物語』(日本古典文学大系 77, 岩波書店, 1964).

가 몹시 애지중지하며 키우던 딸이었는데, 여자가 배울 만한 것은 모두 배웠기에 부모가 이제 "서책(書)을 읽히자"고 생각하여 모르는 사람보다는 낫다며 대학에 다니던 배다른 오빠인 다카무라에게 가르치게 하였던 것이다. 두 사람은 처음에 발을 치고 칸막이를 세운 채 공부하다가 다카무라가 여동생의 어여쁜 모습을 본 뒤 점차 허물이 없어져 직접 얼굴을 보며 이야기를 나누게 되고 서로 편지를 주고받다가 사랑에 빠졌다. 이 이야기를 통해 헤이안 시대, 특히 초기의 귀족여성들은 여성으로서 갖추어야 할 소양을 익힌 뒤에는 가족 등 가까운 친인척의 지도로 한문을 배우는 게 부자연스럽지 않았다는 사실을 알 수 있다.

『마쿠라노소시』 21단에 따르면, 그 시대 여성의 기본적인 교양으로서 요구된 것은 서도, 음악, 와카였다. 후지와라 모로마사(藤原師尹)의 딸로 무라카미 천황(村上天皇, 재위 946-967)의 여어(女御)였던 호시(芳子)는 부친의 방침으로 서도(書道), 금(琴) 연주, 『고킨와카슈』(古今和歌集) 암송 세 가지를 배웠다고 한다.[20] 서도는 가나 문자를 사용하였고 음악은 금(琴), 쟁(箏), 비파(琵琶)와 같은 현악기에 국한되었다. 와카는 『고킨와카슈』에 수록된 것을 암송하여 읊을 때 기본으로 삼고 그 표현을 익혀 말씨를 연습하였다. 서도가 중시된 이유로는 남성과의 교제가 와카를 증답하며 이루어졌는데, 그때 필적은 그 사람의 인품과 용모를 짐작하게 하는 첫인상이었기 때문이다.

하지만 오노 다카무라의 누이동생과 같이 한문을 배우는 여성들 또한 여전히 존재하였다. 다카시나 나리타다(高階成忠)는 딸인 기

---

20 松尾聰 · 永井和子 校注 · 訳, 『枕草子』, pp.53-54.

시(貴子)에게 와카와 한시문의 교양을 쌓게 하여 여관으로 출사하기를 바랐다. 실제로 그녀는 한문의 교양이 요구되는 장시(掌侍)라는 여관으로 일을 하였고, 후지와라 미치타카(藤原道隆)와 결혼한 뒤에는 이치조 천황의 중궁이 되는 딸 데이시와 아들들을 직접 가르쳤다. 이러한 그녀에 대해 후지와라 씨 일문의 영화를 기록한 『에이가 모노가타리』(榮花物語)와 『오카가미』(大鏡)는 상반된 평가를 내리고 있다. 『에이가 모노가타리』 권제3에서는 나리타다가 딸인 기시를 어여삐 여겨 결혼하기보다는 여관으로 일하기를 바라서 출사시켰는데, 기시가 "여자이기는 하지만 마나(眞字, 한자) 등을 참으로 잘 썼기에 내시로 임명하셔서, 고 내시(高內侍)로 불리었다"[21]고 상찬하고 있다. 이에 반해 『오카가미』에서는 고 내시라고 불리던 기시는 본격적인 한시인으로 천황이 주최하는 시연에도 참석하여 시를 지어 올렸는데 그 솜씨가 웬만한 남성보다도 뛰어났으며, 이러한 그녀를 두고 "여자가 너무 재주가 있는 것은 좋지 않다"[22]고 세간에서 수군거렸는데, 뒷날 남편인 미치타카가 죽은 뒤 그 집안이 영락한 것 또한 그 탓이라며 부정적으로 기술하고 있다. 여성의 한문지식에 대한 이러한 상반된 평가는 『에이가 모노가타리』의 작자가 여성, 『오카가미』의 작자가 남성으로 추정된다는 점에서 성차에서 비롯된 여성관의 차이에서 온 것으로 보인다.

위에서 살펴본 바와 같이, 헤이안 시대 때 여성의 교육방침과 학습방법은 가정환경에 따라 달랐지만, 주로 개인교수 방식으로 가

---

21 山中裕 他 校注 · 訳, 『栄花物語 ①』(新編日本古典文学全集 31, 小学館, 1995) pp.142-143.

22 橘健二 · 加藤静子 校注 · 訳, 『大鏡』(新編日本古典文学全集 34, 小学館, 1996) pp.258-259.

정 안에서 이루어졌고 궁중에서 후궁들의 교육을 담당한 것은 중류 귀족 출신의 뇨보였다. 또한 여성의 마나 교육은 공공연히 이루어지지 않았고, 여성 또한 자신의 마나 지식을 드러내려 하지 않았다. 무라사키시키부가 『무라사키시키부 일기』에서 세이쇼나곤이 얕은 한문지식을 드러내는 것을 비난[23]하고, 쇼시에게 『백씨문집』을 가르칠 때도 중궁 옆에 모시는 사람들이 없을 때 강석(講釋)을 하였고 쇼시의 부친인 후지와라 미치나가(藤原道長)와 주상이 눈치를 채고 한문서적 등을 글씨 잘 쓰는 사람에게 쓰게 해 그 사본을 중궁에게 바쳤다는 구절을 보았을 때, '마나=남성의 지식'이라는 인식은 그 시대 여성들에게도 내면화되어 있었음을 알 수 있다.[24]

그 뒤 가마쿠라 시대에 무가(武家) 정권이 들어서면서 막부(幕府)를 유지하기 위해서 가장(家長) 중심의 가족주의와 주종관계가 필요해졌고, 이에 따라 아들을 강하게 키울 수 있고 집안을 유지해 나갈 수 있는 강한 의지를 지닌 여성상이 사회에서 요구되었다. 미나모토 요리토모(源頼朝)의 정실로 요리토모의 사후 가마쿠라 막부를 유지하는 데 온 힘을 쏟은 호조 마사코(北條政子)와 같은 여성이 그 시대의 요구에 부응하는 대표적인 여성이라 할 수 있다.

가마쿠라 · 무로마치 시대 여성의 지식 형성에서 유의할 점은 이때 여성 교훈서가 처음으로 등장하였다는 점이다. 『우타타네』(うた

---

23 藤岡忠美 · 中野幸一 · 犬養廉 · 石井文夫 校注 · 訳, 『和泉式部日記 紫式部日記 更級日記 讃岐典侍日記』, p.202.

24 헤이안 시대 여성교육에 관한 사회적인 인식에 관해서는 이미숙, 「에도 시대 여성교육과 리터러시—교훈형 여성용 '왕래물'(往來物)에 주목하여」(『인문논총』 제72권 제4호, 서울대학교 인문학연구원, 2015) pp.55-58에서 언급한 적이 있다.

たね)와 『이자요이 일기』(十六夜日記) 등을 남긴 가마쿠라 시대의 대표적인 여성문인인 아부쓰니(阿佛尼)는 『메노토노후미』(乳母のふみ)라는 여성 교훈서를 남겼다. 궁중에 출사한 여성을 대상으로 궁중에서 필요한 처세술과 여성교양에 대해 서간체로 쓴 이 책은 무로마치 시대에 나오는 『메노토노소시』(乳母の草子)에 영향을 미쳤다. 작자 미상으로 무로마치 시대 초기에 나온 것으로 추정되는 『메노토노소시』는 어느 집의 유모가 애지중지 키운 아가씨를 위해 집필하였다는 형식을 취하고 있다. 여성이 교양으로 지녀야 할 마음가짐, 용모와 자태에 관한 소양, 궁중에 출사할 때 소용되는 각종 지식 등이 주된 내용이다. 그 밖에 무로마치 시대의 여성 교훈서로는 『미노카타미』(身のかたみ)가 있다. 이 책은 불교사상[25]을 바탕으로 하여, 남녀 차별, 풍속, 의식, 작법 등에 관한 마음가짐을 50개 조에 걸쳐 설명하고 있으며, 『메노토노소시』와 비슷한 내용이 많아 둘 다 그 시대 여성의 교양과 마음가짐, 처세 등을 엿볼 수 있는 자료라고 할 수 있다. 무로마치 시대의 여성 교훈서는 막부가 유학을 사회교육의 이념으로 삼은 에도 시대에 간행된 여성 교훈서에 비해 유교적인 색채를 띠지 않는다는 특징이 있다.[26]

지식의 대중화와 여성지식인

도시에 사는 상인계급을 중심으로 하는 '조닌'(町人)이 경제적인 실

---

25 그 시대 여성은 '오장삼종'(五障三従)이라는 불교용어로 상징되듯이, 남성에게 종속되는 존재로 인식되었다.

26 五十嵐富夫, 『日本女性文化史』(吾妻書館, 1984) pp.58, 77-78.

권을 쥐고 문화의 중심이 된 에도 시대 때, 상업경제의 발달로 "문자에 의존하고 수량화에 의해 현상을 객관적으로 표현하지 않으면 생활 그 자체가 성립하기 어려워지는 경향"[27] 속에서 서민들이 일상생활을 영위하는 데 문자의 필요성은 더욱더 높아졌다. 상업경제가 발달함에 따라 서간 왕복, 계약서 교환, 주문장이나 장부 등에 많이 의존하게 된 데다 막부의 통치 또한 문서 의존도가 높아짐에 따라 서민들은 문자와 기본적인 산술 등을 습득하지 않으면 안 되었다. 이러한 흐름에 발맞춰 자연발생적으로 민간 교육기관인 '데라코야'(寺子屋)가 발전하게 되었고, 인쇄술과 출판문화의 발달로 가나 문자로 쓰인 책들이 출판됨으로써 지식 또한 서민층으로 보급되었다. 가정살림을 꾸려 나가는 여성의 경제적 역할 또한 중시되어 그를 뒷받침할 수 있는 '읽기, 쓰기, 계산' 교육이 필요해졌고, 데라코야 등에서 여성이 교육받을 기회가 늘어남으로써 여성이 지식을 습득할 기회 또한 넓어졌다. 여성들의 지식은 '여대학'(女大學)류 등으로 대표되는 여성 교훈서, '왕래물'(往來物)이라고 불리는 교과서를 매체로 하여 형성되었다. 여성교육은 '사농공상'(士農工商)이라는 신분과 경제력에 따라 교육 내용과 방식에서 차이를 보였지만, 무사계급이든 서민계급이든 삼종칠거의 유교사상을 근간으로 하는 여성교육이라는 점에서는 차이가 없었다.

예를 들어 근대의 여성운동가인 야마카와 기쿠에이(山川菊榮)가 무가 출신인 어머니 아오야마 지요(青山千代, 1857년생)에게 들은 바

---

27 久保田信之,『江戸時代の人づくり』(日本教文社, 1988) p.62.

를 기록[28]한 데 따르면, 그 시대 무가의 여자아이는 만 여섯 살이 되면 습자를 가르치는 선생의 제자가 되어 히라가나 47글자를 한 자씩만 넣어 읊은 7 · 5조의 노래인 「이로하」(いろは)부터 『햐쿠닌잇슈』(百人一首)와 같은 와카, '여대학'류 등 히라가나로 쓰인 책을 공부하고, 열두세 살쯤에는 봉제 선생의 제자가 되는 것이 보통이었다. 남자아이가 사설학교에서 습자를 배운 뒤 열서너 살 때 번교(藩校)에 들어가 스무 살 때까지 중고등 교육을 받는 것과 비교해 볼 때 성차에 따른 교육의 차는 컸다.

또한 에도 시대의 부유한 상인계급 가운데는 딸에게 학문을 익히게 하여 상급 무사집안으로 고용살이를 보내 예의작법을 배우도록 하는 사람들이 있었다. 가모 마부치(賀茂眞淵)의 문하생으로 상인의 딸인 유야 시즈코(油谷倭文子)가 그 예다. 시즈코는 아버지의 영향으로 국학을 배우게 되었는데, 열다섯 살 때 무가로 고용살이를 하러 들어갔다. 무가에서 고용살이, 즉 '어전 봉공'(御殿奉公) 또는 '무가 봉공'(武家奉公)을 하는 것은 노동이라기보다는 격식과 예의작법을 배우는 교육이 목적이었기 때문에 상류의 상인집안에서 선호하는 교육방식이었다. 이를 계기로 무가의 자제와 결혼하는 경우도 있었는데, 이는 신흥 상인으로서는 가문을 빛내는 일이었고 무가로서는 재정적인 안정을 꾀할 수 있는 수단이었다. 하지만 시즈코는 동문인 무가 출신의 남성과 사랑에 빠졌지만 신분 차이로 결혼에 이르지는 못하고 데릴사위로 들어온 남편과 결혼하여 가사에 종사하다가 스물에 요절

28 山川菊栄, 『武家の女性』(岩波書店, 1983).

하였다. 『이카호 여행기』(伊香保道ゆきぶり)라는 기행문을 남겼다.[29]

한편, 서민이 생산활동과 상업활동 등의 일상생활을 영위하는데 필요한 최소한의 지식과 기술을 배우기 위한 교육기관인 데라코야에서는 남자아이뿐만 아니라 여자아이에 대한 교육 또한 이루어졌다. 데라코야에 입학하는 연령은 여섯 살에서 여덟 살이 많았다. 매일 6-7시간씩 2-3년간의 교육기간이 보통이었으며 '읽기(讀), 쓰기(書), 계산(算盤)' 등이 주된 교육내용이었다. 그중에서도 습자를 통한 쓰기는 가장 중점적으로 교육되었다. 습자를 하면서 문자를 배우고 그 내용을 익힘으로써 다양한 지식과 일상적인 예의작법, 교훈 등을 습득하였다. 읽기와 쓰기를 통해 에도 시대 서민의 자식에게 필요하다고 여겨지는 교육이 이루어졌다. 데라코야의 아이들이 사용한 교과서를 '왕래물' 또는 '왕래'라고 총칭하여 불렀다. 왕래물의 내용과 형식은 어느 것이나 '왕복서간의 편지형식'이었다. 여자아이를 위한 왕래물로는 『온나테이쿤 왕래』(女庭訓往來)라는 표제의 가정교훈과 예의범절을 다룬 것과 『온나쇼바이 왕래』(女商賣往來)라는 것이 있었다. 『온나쇼바이 왕래』는 상인집안의 여성으로서 명심해야 할 일반적인 생활원리를 비롯하여 계절에 따른 인사말, 연중행사 안내, 이웃과 교제하는 법 등 구체적이고도 다양한 내용이 담긴 왕래물이었다. 전국적으로 보면 여자아이의 취학률은 낮았지만, 에도(江戸), 오사카(大阪), 교토(京都) 등에는 여자아이들을 위한 데라코야도 꽤 있었다. 도시에서 여자아이들의 취학률이 높았던 것은 여성도 상업활동에서 중요한

29 五十嵐富夫, 『日本女性文化史』, pp.108-110.

역할을 담당하였기 때문이다. 이웃과 친인척과의 교류와 가계의 운영과 축재 등을 담당하는 가정 담당자인 '오카미산'(おかみさん) 후보인 여자아이들에게는 '일기, 쓰기, 계산'뿐만 아니라, 폭넓은 인간관계를 맺는 데 필요한 교양도 요구되어 다도와 꽃꽂이, 그림, 바느질 등을 가르치는 데라코야도 적지 않았다.[30] 데라코야를 경영하는 사람들 가운데는 당시의 지식계층이었던 무사와 승려들뿐만 아니라 서민도 많이 포함되어 있었고, 소수이지만 여성이 경영하는 곳도 있었다.[31] 여성이 경영하는 에도나 오사카 등 대도시의 데라코야에는 여선생(女師匠)[32]도 많이 고용되어 있었는데, 이러한 곳은 여학생의 비율이 높았다. 이렇게 서민이 서민을 교육하는 경향이 확대되고 여성이 교육을 받을 수 있는 기회가 늘어나면서 교육내용은 단순히 읽고 쓰는 데 그치지 않고 다양화되었다. 이에 따라, 봉건도덕에 구애되지 않는 삶을 살고자 하는 여성지식인들이 등장하게 되었다.

에도 시대의 여성교육에 사용되는 또 하나의 매체로는 대표적

---

30 久保田信之,『江戸時代の人づくり』, p.73.

31 메이지 시대 초기 데라코야의 실태를 조사한『日本教育史資料』(文部省 編)에 의하면, 전국 각지에 총계 1만 5,512곳에 이르는 데라코야가 있고, 경영자 중 무사는 3,051명, 승려는 2,545명, 서민은 5,330명이며, 그중 여성 경영자는 179명이었다.―脇田晴子 他 編,『日本女性史』(吉川弘文館, 1987) p.151.

32 데라코야 여선생 중 한 명인 구로사와 도키(黒沢登幾, 1806-1890)는 결혼 뒤 남편과 사별한 뒤 친정으로 돌아와, 행상을 하면서 하이카이(俳諧)와 와카를 배우고 습자를 배우다가 친정이 운영하던 데라코야를 맡아 아이들을 가르쳤다. 1873년에는 초등학교 교사가 되어 아이들에게 한학을 가르쳤다. 또한 도키는 각지의 문인과 근왕(勤王) 지사들과 교류하면서 '근왕 여걸'이라는 별명을 얻을 만큼 열심히 활동하였는데, 그때의 자기 경험을 일기나 와카 집 등으로 표현하여 기록으로 남겼다.―総合女性史研究会 編,『時代を生きた女たち』, pp.202-204.

인 유교적인 여성 교훈서로 회자되는 '여대학'류를 들 수 있다. 일본에 유교적인 여성교육과 여성 교훈서가 등장하게 된 것은 에도 시대 전기인 17세기 중반이었다. 주자학이 무가정치의 기반이 되면서 가부장제의 확립과 '이에'(家)를 존속시키고 강화시키기 위해 여성에 대한 유교적 교육이 필요하게 되었다.[33] 그 뒤 18세기에 들어서 유교적인 여성 교훈서는 더 짧고 쉽게 쓰여 여성을 위한 습자용으로 사용되게 되었다. 그 대표적인 것이 바로 독본(讀本)과 습자 기능을 함께 지닌 '여대학'이라는 제명이 붙은 일군의 서책이었다. '여대학'은 1716년에 출판된 『여대학 다카라바코』(女大學寶箱)의 본문을 인용하여 편찬된 여성 교훈서의 총칭이다. 공통된 골자는 가이바라 에키켄(貝原益軒)이 1710년 81세 때 내놓은 『와조쿠도지쿤』(和俗童子訓) 권5에 수록된 「교여자법」(教女子法)[34]을 바탕으로 한 것이다. 여성 교훈서는 교토, 오사카, 에도의 유명 출판업자 등을 통해 유통된 데다 본문은 한자와 히라가나를 섞어 쓰고 한자에는 음을 달아 읽기 쉽게 만들고 삽화를 넣어 이해를 도와, 읽으면서 내용을 익힘과 동시에 문자 연습이 이루어지도록 함으로써 서민층에 쉽게 보급되었다. 주된 내용으로는 "교훈, 문예적 교양, 실용적(가사 · 육아) 지식, 여성의 제 신분 · 직종에 관한 지식을 포함하여 구성"[35]되었다.

---

33 石川松太郎 編, 『女大学集』(平凡社, 1977) p.298.

34 18개조에 걸친 「교여자법」에 담긴 여성교육의 내용은 크게 수신(修身)교육과 가사교육, 삼종칠거 등의 유교적인 가르침에 기반을 둔 윤리교육 등으로 정리할 수 있다. 가이바라 에키켄의 「교여자법」에 관해서는 李美淑, 「『尤庵先生戒女書』と「教女子法」―韓国と日本における儒教的な女性教育―」(『女性百年―教育 · 結婚 · 職業―』, 東北大学出版会, 2009) pp.97-113에서 고찰한 바 있다.

35 横田冬彦, 「「女大学」再考―日本近世における女性労働」(『ジェンダーの日本史 下』, 東京

그런데 에도 시대를 통틀어 여성들의 창작활동 중 가장 큰 부분을 차지하는 것은 하이쿠(俳句)이고, 그 다음으로 와카, 일기·기행, 한시 순이었다.[36] 여성들의 교양은 가정환경과 가족 등 주변 남성들의 여성관에 따라 차이가 났다. 에도 시대 때 대표적인 여성지식인으로는 하라 사이힌(原采蘋)과 다다노 마쿠즈(只野眞葛)를 들 수 있다.[37]

하라 사이힌은 근세 3대 여성 한시인[38]의 한 명으로 꼽힌다. 1798년 규슈(九州) 아키즈키 번(秋月藩)의 유학자 딸로 태어나, 부친에게 한문과 시, 서도를 배웠다. 어렸을 때부터 부친을 따라 각지를 여행하며 문인묵객들과 교류하였고 한시인으로 대성하기 위해 일생 독신으로 살았다. 재덕을 겸비하였던 가이바라 에키켄의 부인을 이상적으로 평가하여 교양과 학문을 체득하는 데 의의를 두었다. 스무 살 무렵부터 부친이 운영하던 가숙(家塾)에서 가르칠 만큼 학식을 지니고 있었고, 부친 사후 이십대 후반부터 일생 동안 많은 여행을 다녔다. 여행 중 쓴 시들을 모은 시집으로는 『도유만소』(東遊漫草)와 『사이힌 시집』(采蘋詩集) 등이 있다.[39]

다다노 마쿠즈는 1763년 센다이 번(仙台藩) 번의(藩医)인 구도

大学出版会, 1995) p.367.

36 女子学習院 編, 『女流著作解題』(1935). 桑原恵, 「近世的教養文化と女性」(『日本女性生活史 第3巻』, 東京大学出版会, 1990) pp.180-181에서 재인용.

37 하라 사이인과 다다노 마쿠즈에 관해서는 이미숙, 「『尤庵先生戒女書』と「教女子法」—韓国と日本における儒教的な女性教育—」, pp.71-73에서 언급한 바 있다.

38 그 밖에 두 명은 에마 사이코(江馬細香)와 야나가와 고란(梁川紅蘭).

39 脇田晴子 他 編, 『日本女性史』, pp.176-178; 前田淑, 「近世閨秀詩人原采蘋と房総の旅」(『文化と女性』, 吉川弘文館, 1998) pp.279-301에 하라 사이힌에 관한 기술이 있다.

헤이스케(工藤平助)의 딸로 에도에서 태어났다. 마쿠즈의 어머니는 어릴 때부터 '읽기, 습자, 바느질' 등을 배우고 『고킨와카슈』, 『신코킨와카슈』(新古今和歌集), 『이세 모노가타리』(伊勢物語) 등 와카와 모노가타리를 외울 정도의 교육을 받았던 터라 마쿠즈의 교육에도 열심이었다. 모친은 마쿠즈를 무가로 봉공을 보내 그녀는 10여 년 간 센다이 번주(藩主) 부인 등의 시중을 들었다. 서른여섯 살 때 집안을 위해 센다이 번의 관리자인 다다노 이가(只野伊賀)의 후처가 되었다. 남편을 여읜 뒤 쉰다섯 살 때인 1817년에 막번제(幕藩制) 사회를 비판하고 자기 나름의 여성담론을 전개한 『독고』(獨考)를 저술하였는데, 그 배경에는 국학(國學)과 난학(蘭學)이라는 막번제 해체기의 사상이 존재하였다. 국학은 일본의 고전연구를 통해 '정'의 세계를 중시하여 유교의 규범주의를 비판하였고, 가부장제를 비판하면서 여성의 종속성을 부정하는 시각을 지니고 있었다. 마쿠즈는 어릴 때부터 부친의 영향으로 국학자인 가모 마부치와 모토오리 노리나가(本居宣長)의 책으로 공부하였고, 집에 드나들던 난학자들의 여성관에도 영향을 받은 것으로 보인다. 그녀가 『독고』의 원고를 당대 유명한 희작문학 작가인 교쿠테이 바킨(曲亭馬琴)에게 보내 출판하고자 하였으나 바킨의 비판을 받고 출판되지 못한 일은 유명하다.[40]

다다노 마쿠즈의 어머니가 딸을 일찍 결혼시키지 않고 무사 집안으로 봉공을 보내거나 하라 사이힌이 평생 독신으로 지내며 한

40 脇田晴子 他 編, 『日本女性史』, pp.173-175; 籔田貫, 『女性史としての近世』(校倉書房, 1996) pp.187-189; 総合女性史研究会 編, 『史料にみる日本女性のあゆみ』, pp.96-97에 다다노 마쿠즈에 관한 기술이 있다.

시인이 되기 위해 노력하는 등 이들 에도 시대 여성지식인의 삶은 '여대학'류 등에서 가르쳤던 유교적 여성교육과는 배치된다. 이는 에도 시대에 유교적 여성교육이 '다테마에'(建前)로는 이루어지고 있었지만, 여성들의 삶을 속속들이 지배하지는 못하였다는 점을 드러낸다.

자기표현으로 발현된 지식—'나'의 기록, 여성일기—

전근대 일본 여성문화사를 조망하면서 주목할 만한 것은, 각 시대의 여성들이 그 시대환경과 각자의 삶 속에서 형성된 '나'(私)의 경험과 지식을 '일기'라는 형식을 통해 표현하여 기록해 내고 있다는 점이다. 전근대 일본여성들이 '나'를 기록할 수 있었던 것은 가나 문자라는 표현수단이 일찍부터 만들어지고 보급되어 공적인 영역이 아닌 사적인 영역에서 커뮤니케이션의 수단으로 존재함으로써, 여성이 자기 자신의 인생의 의미에 천착하여 '나'를 탐구하고 이를 재구성하여 밖으로 표현해 낼 수 있었기 때문이다.

여성이 '나'를 기록한 가장 첫 형태는 '사가집'(私家集)이었다. 와카는 사적이고 일상적인 인간관계 속에서 서로의 마음을 주고받는 데 중요한 역할을 담당하였기 때문에 공인으로서는 드러나지 않는 모습을 보여 줄 수 있는 수단이고, 자기 삶의 중요한 장면을 기록하는 비망록으로 기능하였다. 이러한 와카를 정리한 것은 한 사람의 삶을 기록한 전기의 성격을 지닌다고 볼 수 있다. 그 첫 예가 우다 천황(宇多天皇, 재위 887-897)의 황후 온시(穩子)의 뇨보였던 이세(伊勢)의 『이세슈』(伊勢集)이다. 이 작품은 "자신의 개인적인 관점을 통해 일상적인

생활 속에서 주인과 주가(主家)의 모습을 내부에서 기록하는 태도"[41]를 취하고 있다. 궁중에서 근무하던 중 자신에게 일어난 사건을 기술하면서 온시의 자애로움과 죽음을 기록한 머리말 부분은 뇨보들이 쓴 궁중문학과 서로 통하는 점이 있다. 가집의 형태로 자신이 지은 와카는 물론이고 주인과 자신의 삶을 기록하고자 한 이러한 시도는 와카의 초고와 비망기를 바탕으로 기억을 더듬어 자기 삶을 풀어쓴 『가게로 일기』 등의 여성 일기문학에도 영향을 미쳤을 것으로 생각된다.

헤이안 시대 때 처음으로 등장한 여성의 가나 일기는 공적인 일기이기는 하지만 『겐지 모노가타리』의 주석서인 『가카이쇼』(河海抄)에 인용되어 그 존재가 알려진 다이고 천황(醍醐天皇, 재위 897-930)의 황후인 후지와라 온시(藤原穏子) 또는 그 측근이 가나 문자로 쓴 『오키사키 일기』(大后日記)였다. 그 밖에 와카 솜씨를 서로 겨루는 '우타아와세'(歌合) 행사를 기록한 '우타아와세 일기' 가운데 여성이 집필한 가나 일기 등이 있었다. 여성이 쓴 이 같은 공적인 가나 일기는 사실을 '기록'한다는 일기가 지닌 본래 성격에서는 벗어나지 못하였지만, 남성들의 사적인 한문일기와 마찬가지로 집필자의 감상과 심정이 어느 정도 표현돼 있었기 때문에 뒤이어 나오는 여성 일기문학의 초기 모습으로 파악할 수도 있을 듯하다.

하지만 여성들이 자신들의 실제적인 삶의 경험에서 우러나온 독자적인 인생인식에 바탕하여 본격적으로 '나'의 이야기를 풀어낸 것은 『가게로 일기』를 비롯하여 그 이후 잇따라 등장한 『이즈미시키

41 清水好子, 「王朝女流文学の形成と背景—蜻蛉日記の場合」(『日本女性史 第1巻』, 東京大学出版会, 1982) p.178.

부 일기』(和泉式部日記), 『무라사키시키부 일기』, 『사라시나 일기』(更級日記), 『사누키노스케 일기』(讚岐典侍日記) 등 일군의 가나 여성 일기 문학이었다.[42]

가마쿠라 시대에 접어든 뒤에는 『벤노나이시 일기』(弁內侍日記)나 『나카쓰카사노나이시 일기』(中務內侍日記)와 같은 '내시'(內侍)라는 공적인 지위에 있는 여성들의 일기가 가나 문자로 집필되는 한편, 고후카쿠사인노니조(後深草院二條)의 『도와즈가타리』(とはずがたり)와 같이 상황(上皇)을 비롯한 여러 남성들과의 복잡다단한 애정관계라는 '나'의 내밀한 애정사를 적나라하게 회고하여 풀어낸 작품과 아부쓰니의 『우타타네』(うたたね)와 『이자요이 일기』(十六夜日記) 등과 같은 일기문학이 등장하였다.

벤노나이시는 궁정에 출사한 경험을 『벤노나이시 일기』로 기록하였다. 벤노나이시는 14년간 출사하였지만 이 일기에는 1246년부터 1252년까지 7년간의 궁중생활이 기록되어 있다. 그 시대 궁중에서 개최된 연중행사와 뇨보들의 풍속과 궁중생활, 의식이나 관습 등을 살펴볼 수 있는 자료이며, 그녀가 읊은 200여 수의 와카도 수록되어 있다. 아부쓰니는 뇨보로 출사하였지만 첫사랑에 실패한 뒤 비구니가 되었다. 그 실연의 전말을 그린 일기가 『우타타네』이다. 출가 후에도 세속과 관계를 계속 맺고 있던 중 서른 살 즈음에 유명한 가인인 후지와라 다메이에(藤原爲家)의 측실이 되어 레이제이 다메스케(冷泉爲相) 등의 자식을 낳았다. 다메이에가 죽은 뒤 상속문제로 정실

42 헤이안 시대의 여성 일기문학에 관해서는 이 책 2장 참조.

부인의 장남인 니조 다메우지(二條爲氏)와 싸움을 벌이게 되어 1277년경 막부에 호소하기 위해 예순 가까이 되는 나이로 교토에서 가마쿠라로 갔는데, 그때의 기행과 가마쿠라에 체재하는 동안의 일을 기록한 기행일기가 『이자요이 일기』이다. 여행 중 마주친 각지의 풍물과 명소, 유적 등을 보며 느낀 감상을 기록하고 와카로 읊었다. 그 시대는 참배여행 등 여행이 여성들의 삶에서도 중요한 부분을 차지하였는데, 서른둘에 출가하여 각지를 여행하며 수행한 고후카쿠사인노니조와 아부쓰니의 작품에는 여행으로 삶의 상처를 치유하고자 하는 여성의 모습이 그려져 있다.

에도 시대의 여성일기는 조닌 계급의 여성들이 자신의 일상을 기록한 '일상일기'와 여행을 떠난 뒤 그 경험을 기록하여 남긴 '여행일기'로 크게 나눌 수 있다.

에도 시대에 여성이 쓴 일상일기 중 주목할 만한 것은 누마노 미네(沼野峯)의 『닛치로쿠』(日知錄)와 기쿠치 다미코(菊池民子)의 일기다. 누마노 미네가 남긴 일기인 『닛치로쿠』는 상층 조닌 계급 여성의 일상을 전해 주는 자료다. 1771년 와카야마(和歌山) 상인집안에서 태어난 미네는 어릴 때 양친을 잃고 열다섯에 데릴사위로 들어온 남편과 혼인하였는데, 결혼 이듬해 아들을 낳고 그 아이가 여섯 살이 되던 해에 첫 번째 일기(1791년 4월 14일-12월 31일)를 남겼다. 바느질, 세탁 등 주부로서의 가사일과 사람들과 물건을 주고받은 일, 장부 정리, 아랫사람 챙기기, 접대, 세 준 집 관리, 관혼상제, 신사 참배 등이 기술되어 있다. 그 뒤 마흔일곱 살에 남편과 사별한 뒤 쉰다섯 살 때 또 한 권의 일기(1825년 8월 1일-12월 31일)를 남기는데, 이때는 자신의 병과 며느리의 출산, 손자의 교육 등에 관한 일 등이 기술되어 있다. 그 시대 조닌 여성이 일기를 쓴다는 것은 흔하지 않았는데, 이 일기를 통해 상층 조닌 집안의 안정된 가정생활과 가사 분담 등을 엿볼 수 있다. 특히 미네가 취침 전에 『수호전』을 읽는다는 기술은 생활의 여유와 함께 당시의 여성들이 출판문화를 향유하였다는 사실을 보여준다. 또한 며느리를 맞은 뒤 미네가 가사에서 해방된 덕분인지 스승을 두고 와카를 지어 검토받거나 교겐(狂言)을 보러 가거나 '구사조시'(草双紙)를 읽는 등 문화생활을 즐기고 있어, 조닌 여성의 일상문화와 교양을 엿볼 수 있다.[43]

기쿠치 다미코는 에도 시대 후기의 가인으로 1795년 관동 지방의 우쓰노미야(宇都宮)에서 호상(豪商)의 딸로 태어났다. 다미코의 호를 딴 가집 『시즈노야 집』(倭文舎集)과 기행문인 『에노시마 기』(江の嶋の記)를 남겼다. 데릴사위로 들어온 오하시 도모요시(大橋知良)와 결혼하여 1남 1녀를 두었다. 다미코가 남긴 일기는 1853년 정월부터 1854년 2월 1일까지 주부로서 하루하루의 생활을 기록한 것이다. 날짜와 날씨부터 시작하여, 집안사람들의 동향, 다른 집들과의 교제, 제사, 불사, 연회 등 마을의 연중행사, 월례행사 등 주부로서 관여하는 여러 행사를 기록하고, 그녀 자신의 교양생활과 취미생활인 와카 모임, 다도 모임 등을 기록하였다. 그녀의 일기에는 에도 시대 경제력 있는 상인계급 부인이 향유한 취미생활이 잘 기록되어 있다. 『만요슈』 모임(萬葉會), 다도 모임(茶會), 신도 · 유교 · 불교 3교를 융합하여

43 籔田貫, 『女性史としての近世』, pp.186-187, 191-192; 総合女性史研究会 編, 『時代を生きた女たち』, pp.191-192; 総合女性史研究会 編, 『史料にみる日本女性のあゆみ』, pp.110-111에 『닛치로쿠』에 관한 기술이 있다.

그 교리를 쉬운 표현으로 풀어 설명하는 교육인 심학(心學) 모임, 향도 모임(香會), 와카 모임(歌會) 등의 교양과 취미 활동에 5월 한 달 동안에 11회나 참여할 정도로 왕성하게 활동하는 모습이 기록되어 있다. 그 밖에 금(琴)을 배우고 『겐지 모노가타리』 강석 모임을 갖는다는 기술도 있으며, 벚꽃놀이(2월 29일)와 달맞이(9월 13일), 극 관람과 센소지(淺草寺) 참배 등 조닌 계급 부인의 놀이문화도 엿볼 수 있다.[44]

에도 시대 여성들의 일기 중 여행일기는 시바 게이코(柴桂子)[45]에 의하면 100여 편이 남아 있다고 한다. 여행일기는 에도 시대 이전에도 부친이 지방관 임기를 마치고 교토로 돌아올 때 함께 여행한 것을 일부 기록(『사라시나 일기』)하거나 재판 때문에 교토에서 가마쿠라까지 여행한 것을 기록(『이자요이 일기』)하거나 실연한 뒤의 방랑을 기록(『도와즈가타리』)하거나 하는 작품으로 선을 보였다. 에도 시대에 서민 여성들이 여행을 떠나 일기를 많이 남길 수 있게 된 것은 조닌 계급의 부(富)가 무사계급에 뒤떨어지지 않았고, 조닌 계급 여성들이 남성과 동등하게 가업에 참여하고 집안살림을 관장함으로써 집안 내

---

44 入江宏, 「近世商家の主婦の教養生活—江戸木綿問屋「佐孝」の妻女の日記—」(『文化と女性』, 吉川弘文館, 1998) pp.169-184.

45 시바 게이코 씨의 분석에 따르면, 에도 시대 때 여성들의 여행은 크게 1)참배여행이나 유람, 2)시가(詩歌)나 학문 또는 예능과 종교 등을 배우기 위한 여행, 3)정치활동의 여행, 4)귀국하거나 귀향 또는 선조의 묘를 성묘하기 위한 여행, 5)온천요양을 위한 여행, 6)부친이나 남편의 임지에 동행한 여행 등으로 나눌 수 있다고 한다. 또한 여행일기를 쓴 여성은 서민계층 여성이 64명이고 지배계층 여성이 44명으로 농민 가족, 조닌 가족, 신관 · 의사 · 학자 가족 등 서민계층의 수가 많지만, 전체 인구의 비율로 보면 영주인 다이묘(大名) 가족이거나 가신(家臣) 가족, 다이묘 집안에서 주군이나 부인을 섬기던 여성 등 지배계층 여성의 일기가 많이 남아 있다고 한다.—柴桂子, 「旅日記から見た近世女性の一考察」(『文化と女性』, 吉川弘文館, 1998) pp.56-90.

위상이 높았기 때문으로 보인다.

지쿠젠(筑前)의 상인집안 주부인 오다 이에코(小田宅子)는 와카 동료인 친구 네 명과 요시노(吉野)로 벚꽃구경을 하러 길을 떠났다. 이들은 도중에 명소와 유적지를 둘러보며 오사카와 교토에서 놀고 요시노에서 벚꽃을 구경한 뒤에는 예정을 바꾸어 이세 신궁(伊勢神宮)과 닛코(日光)를 참배하고 에도에서 놀다가 144일 만에 귀가하였다. 오다 이에코는 『아즈마지 일기』(東路日記)라는 여행일기를 남겼다. 이즈모(出雲)의 촌장 부인이었던 니시무라 미스(西村三須)는 남편과 사별한 뒤 남편과 먼저 세상을 뜬 자식 세 명의 명복을 빌기 위해 예순이 넘은 나이로 서쪽 지방 33개소 영장(靈場)을 순례하러 떠났다. 순례를 마친 뒤에는 닛코를 방문하고 에도와 새로 만들어진 요코하마(横浜)를 구경하고 후지산(富士山)에도 올랐다. 이때 158일간 견문한 것을 꼼꼼히 기록하여 『다비노미치쿠사』(多比能實知久佐)라는 여행일기를 남겼다. 이 밖에도 문학수업이나 각지의 문인들을 방문하는 여행을 떠난 여성도 있었다. 나가토(長門)에 살던 다가미 기쿠샤(田上菊舎)는 남편과 사별한 뒤 스물여덟 살 때 비구니가 되어 하이카이 수업의 여행길을 떠났다. 이후 기쿠샤는 일생 동안 여행을 계속하여 여행 중 하이카이 이외에 와카, 한시, 서화, 칠현금, 다도를 배웠다. 환갑 기념으로 낸 『다오리기쿠』(手折菊)라는 구화집(句畵集)에 여행 모습이 기록되어 있다.[46]

이상과 같이 전근대 일본여성들이 자기표현 양식의 하나로 채

---

46 에도 시대 여행일기에 관해서는 柴桂子, 「旅日記から見た近世女性の一考察」, pp.56-90; 総合女性史研究会 編, 『時代を生きた女たち』, pp.283-285를 참조하였다.

택한 '일기'는 헤이안 시대 이후 '가집'의 형태를 취하기도 하고 흔히 말하는 회고록형식의 '일기문학'의 형태를 취하기도 하고 자기 삶의 일정 기간을 기록하는 '일상일기'나 '여행일기'라는 형태를 취하기도 하는 등 다양한 양태를 보이지만, '나'의 삶을 복원하여 기록한다는 본질은 같다고 생각된다. 여성들이 자기를 표현해 낸 여성일기는 여성 화자가 자신의 "내적 체험과 외적 경험이 결합되면서 서술자의 인생의 의미를 형성하는 경험을 사실에 입각하여 이야기로서 서술"[47] 한다는 점에서 '자기서사'[48]의 성격 또한 일정 부분 지니고 있다고 생각한다.

맺음말

이상으로서 전근대 일본여성의 지식 형성을 통시적으로 살펴보고, 여성이 '나'를 표현해 낸 대표적 양식인 '여성일기'에 초점을 맞춰 여성의 자기표현에 관해 살펴보았다. 여성교육의 장과 매체, 내용을 통해 본 여성지식은 에도 시대 이전에는 서도 · 금 · 와카, 그리고 한문서적을 중심으로 귀족여성 중심으로 개인교수 방식으로 형성되었고,

---

47 박혜숙, 「여성적 정체성과 자기서사—『즛긔록』과 「규한록」의 경우—」(『고전문학연구』 20, 한국고전문학회, 2001) p.241.

48 자기서사란, "이야기(story)가 있고 화자(teller)가 있는 모든 문학 텍스트를 서사(narrative)라고 한다면 화자가 자기 자신에 관한 이야기를 진술하는 텍스트", "화자가 자신에 관한 이야기를 그것이 사실이라는 전제에 입각하여 진술하며, 자신의 삶을 전체로서 회고하고 성찰하며 그 의미를 추구하는 특징을 갖는 글쓰기 양식"으로 규정할 수 있다.—박혜숙, 「여성 자기서사체의 인식」(『여성문학연구』 8, 한국여성문학학회, 2002) p.10.

에도 시대 이후에는 서민층으로 교육대상이 확대되고 데라코야라는 교육의 장에서 왕래물이라는 대중적인 교과서를 활용하여 신분에 어울리는 맞춤교육으로 형성됨으로써, 각 시대상황에 따라 여성교육의 형식과 내실은 차이를 보이고 있다. 하지만 전근대 일본 여성문화사를 조망하면서 주목할 만한 것은 각 시대의 여성들이 그 시대환경과 각자의 삶 속에서 형성된 '나'의 경험과 지식을 '일기'라는 형식을 통해 표현하고 기록해 내고 있다는 점이다. 전근대 여성들이 헤이안 시대로부터 에도 시대에 이르기까지 면면히 축적된 지식을 가나 문자를 표현수단으로 삼아 '일기'라는 양식으로 '나'와 '나'의 삶을 기록하고 있는 데서 헤이안 시대에 국한되지 않는 일본 여성문화, 여성지식의 실제를 확인할 수 있다.

2. 젠더와 '일기문학'이라는 양식

'일기문학'의 두 요소, 여성과 가나 문자

935년께 남성관료이자 『고킨와카슈』(古今和歌集)의 대표 편찬자인 기 쓰라유키(紀貫之)[1]가 집필한 『도사 일기』(土佐日記)의 도입 부분은 다음과 같이 시작되고 있다.

> 남성도 쓰는 일기라는 것을 여성인 나도 써 보려고 한다. 모년 12월 20일하고도 하루가 더 지난 어느 날, 술시에 문을 나서다. 그때 일어난 일을 약간 적도록 한다.[2]

1 『도사 일기』가 기 쓰라유키의 작품이라는 것은 『고센와카슈』(後撰和歌集) 권19 기료(羈旅)편에 『도사 일기』에 나온 와카 두 수가 쓰라유키 작으로 소개되어 있다는 점과 더불어, 『에교보시슈』(恵慶法師集) 192번 와카 설명에 "つらゆきがとさの日記を、ゑにかけるを、いつとせをすぐしける、家のあれたる心を"이라고 기술되어 있는 데 근거한다.

2 菊地靖彦・木村正中・伊牟田経久 校注・訳, 『土佐日記 蜻蛉日記』(新編日本古典文学全集 13, 小学館, 1995) p.15.

위의 인용 부분은 주로 남성에 의해 집필되어 왔던 기존의 '일기'[3]와는 성격이 다른 새로운 양식의 여성에 의한 '일기', 즉 '일기문학' 양식을 선언하고 있다는 점에서, 일본의 일기문학 연구에서 많은 주목을 받아 왔다. 『도사 일기』는 기 쓰라유키가 오늘날의 고치 현(高知県)인 도사 지방에서 5년간(930-935) 지방관으로 머문 뒤 임기를 마치고 교토(京都)로 돌아갈 때의 55일간에 걸친 여정을 가나 문자로 시간 순으로 기록한 여행일기다. 『도사 일기』가 주로 남성에 의해 집필된 이전의 한문 여행일기와 다른 점은 '하루하루'(日次)의 여행을 기록한다는 종래의 일기형식을 따르고는 있지만, 사실을 기록한다는 종래의 일기 집필 목적에만 그치지 않고 죽은 딸을 임지인 도사에 남겨 두고 고향으로 돌아가야 하는 부모의 심정과 바다여행의 불안 등 화자의 내면을 가나 문자로 형상화하고 있다는 점이다. 즉 기 쓰라유키는 화자의 심정 및 내면을 드러내는 데는 남성이 쓴 한문일기가 아닌 여성이 가나 문자로 쓴 새로운 일기가 필요하다고 인식하고 있다는 것을 알 수 있다.

그런데 여기서 흥미로운 점은 기 쓰라유키가 여성이 아닌 남성이라는 점이다. 즉 남성인 화자가 여성으로 가장하여 기존의 일기와는 다른 양식의 글을 쓰겠다고 선언하고 있는 것이다. 따라서 화자의 내면을 드러내는 데 왜 '여필가탁'(女筆假託)이라는 방법을 사용하면서까지 여성필자로 굳이 가장할 필요가 있었는지, '여성이 가나 문자

3 나카노 고이치(中野幸一) 씨의 「女流日記文学の完成—記録から文学へ—」(『国文学解釈と鑑賞』 62-5, 至文堂, 1997) p.19에 의하면, '남성도 쓰는 일기'란 일반적으로 지방관이 임지에 부임하였다가 교토로 돌아갈 때의 왕복여행을 기록한 한문 여행일기류를 가리킨다고 한다.

로 일기를 쓴다'는 것의 의미와 '남성이 한자로 일기를 쓴다'는 행위와의 본질적인 차이가 무엇인가에 대해 검토해 볼 필요가 있다고 생각한다.

일본문학사에서 문학사의 시대 구분은 상대문학(구전문학-나라 시대 문학), 중고문학(헤이안 시대 문학), 중세문학(가마쿠라 · 무로마치 시대 문학), 근세문학(에도 시대 문학), 근대문학(메이지 시대 이후 문학)으로 대별되는 게 일반적이다. 연구의 구심점인 학회 활동 또한 그 중심은 상대문학회, 중고문학회, 중세문학회, 근세문학회, 근대문학회와 같이 문학사의 시대구분에 기반하여 이루어지고 있다. 이렇듯 일본문학 연구가 장르나 양식별[4]로 이루어지기보다 일반적으로 특정 시대를 기본 틀로 상정해 놓고 이루어지는 데서, 정치 · 경제적인 시대상황과 긴밀히 연관되어 나타나고 있는 일본문학의 흐름 및 성격을 미루어 짐작할 수 있다.

그중 헤이안 시대(平安時代)의 중고문학은 일본문학사에서 한마디로 '여성문학의 전성기'로 일컬어질 정도로 그 시대 문학, 그중에서도 산문문학의 주된 담당 층은 여성이었다. 그 시대 산문문학은 우리의 고소설에 해당하는 모노가타리(物語), 일기문학, 수필 등이 주류를 이루고 있었고, '일본의 노래'라는 의미의 5 · 7 · 5 · 7 · 7조의 음수율을 지닌 와카(和歌)가 운문문학을 대표하고 있었다. 와카는 사찬집(私撰集), 사가집(私家集) 이외에도 905년 『고킨와카슈』를 시작

---

4 이 장에서 사용하고 있는 '양식'이란, 예술작품, 건축물 등의 형식적 특징을 종합한 것을 이르는 것으로 특정한 시대, 유파, 작가 등에 나타나는 표현상의 특성을 의미한다.

으로 헤이안 시대만 하여도 천황의 명에 의해 편찬된 칙찬 와카슈(勅撰和歌集)가 일곱 번이나 나올 정도로 시가집으로 정리되어 향유되었고, 산문문학 속에서 등장인물들의 심정이나 작품 전개의 복선을 드러내는 상징적인 표현으로도 중요한 기능을 담당하였다. 따라서 헤이안 시대의 산문문학은 와카라는 운문까지 아우르는 통합적인 성격을 띠고 있었다고 할 수 있다.

이 장에서는 이러한 헤이안 시대의 산문문학 중 그 시대 여성들의 실제적인 삶과 사랑 등 생활사를 가장 잘 드러내 주고 있으며 근대 이후 일본 고유의 문학양식으로 자리매김 되고 있는 이른바 '여성일기문학'에 주목하여 일본문학 속에서 '일기'와 '일기문학'의 차이는 무엇이며, 여성이 왜 자기 삶을 '글쓰기'를 통해 드러내는 데 '일기(문학)'라는 양식을 선택하였는지, 그리고 최초의 여성 일기문학인 『가게로 일기』(蜻蛉日記)에 나타난 화자인 '미치쓰나의 어머니'(道綱母)의 '일기'관에 대해 살펴보고자 한다. 나아가 화자의 젠더의식[5]의 기반이 되고 있는, 그녀의 존재기반에서 배태된 자의식의 양상에도 주목함으로써 여성의 글쓰기 의미 등에 대해서도 고찰해 보도록 한다.[6]

---

5 이 장에서 쓰고 있는 '젠더'란, 생물학적 성차에 기반하는 것이 아닌 사회구성적인 개념으로서 '문화 속의 권력관계에 의해 형성되어 가는 사회 조직화된 성차', 즉 남성성·여성성을 의미한다.—大越愛子, 『フェミニズム入門』(ちくま新書, 1996) pp.165-166.

6 여성주의 문학연구에 있어서 글쓰기와 같은 여성어문활동 연구가 지니는 의미 등에 관해서는 이경하, 「여성주의 문학연구의 효용성과 고전문학사」(『여성문학연구』 16, 한국여성문학학회, 2006) 등 일련의 논문에 많은 도움을 받았다.

남성의 한문 '일기'와 여성의 가나 '일기문학'

고대 일본의 한문일기는 크게 공적인 일기와 사적인 일기로 나눌 수 있다. 공적인 일기로는 '내기 일기'(內記日記), '외기 일기'(外記日記), '덴조 일기'(殿上日記)를 들 수 있고, 사적인 일기로는 '신기'(宸記), '공경 일기'(公卿日記)를 들 수 있다.

'내기 일기'란 천황 곁에서 궁중의 정무를 통괄하던 중무성(中務省)의 관리인 내기(內記)가 직업적으로 천황의 동정을 기록한 것으로 공적인 일기 중에서 가장 일찍이 선보였다. '외기 일기'는 중앙 최고 관청인 태정관(太政官)의 서기인 외기(外記)가 직무로 기록하던 일기로 9세기 중엽에는 이미 존재하고 있었다고 한다. '덴조 일기'는 천황의 거처인 청량전(清涼殿)의 당상관 대기소인 덴조노마(殿上の間) 당번인 장인(藏人)의 직무일기다. 이들 공적인 일기들은 모두 한문으로 하루하루의 일들을 기록한 것으로 율령제 쇠퇴에 따라 헤이안 시대 후기에는 자취를 감추고 현재 남아 있는 것은 없지만, 다른 기록에 언급된 바에 따르면 표현과 형식이 획일적이라 기록자의 감정 등이 개입할 여지가 없었다고 한다.

이에 반해 『우다 천황 어기』(宇多天皇御記)와 같은 천황의 일기인 '신기'(宸記), 후지와라 미치나가(藤原道長)의 『미도칸파쿠키』(御堂關白記)와 후지와라 사네스케(藤原實資)의 『쇼유키』(小右記) 등으로 유명한 상류귀족들의 일기인 '공경 일기'(公卿日記), 『도사 일기』보다 100여 년 전에 엔닌(円仁)이 한문으로 쓴 『닛토구호준레이코키』(入唐求法巡禮行記) 등을 비롯한 여행일기와 같은 사적인 일기에는 집필자의 개성과 감정이 일정 정도는 표출되어 있었다. 하지만 이들 일기에 나타난 화자의 내면 표현은 한정적이고 단편적인 수준이었고 조정의 의식이나 정무, 궁중에서 일어난 일 등 공적인 여러 행사에 관한 내용이 대부분이었다. 따라서 남성이 쓴 『도사 일기』를 전후하여 나온 한문일기는 공적 일기든 사적 일기든 '기록'이라는 목적 아래 집필되었음을 알 수 있다.

그리고 『도사 일기』가 나오기 전에도 여성이 가나 문자로 쓴 일기가 없었던 것은 아니었다. 공적인 일기이기는 하지만 『겐지 모노가타리』(源氏物語)의 주석서인 『가카이쇼』(河海抄)에 인용되어 그 존재가 알려진 다이고 천황(醍醐天皇, 재위 897-930)의 황후인 후지와라 온시(藤原穩子) 또는 그 측근이 가나 문자로 쓴 『오키사키 일기』(大后日記)나 와카 솜씨를 서로 겨루는 우타아와세(歌合) 행사를 기록한 '우타아와세 일기' 가운데 여성이 가나 문자로 집필한 일기 등을 통해 그 존재를 확인할 수 있다. 이들 여성이 집필한 공적인 가나 일기에는 사적인 남성들의 한문일기와 마찬가지로 집필자의 감상과 심정이 어느 정도 표현되어 있었지만, 어디까지나 사실의 '기록'이라는 일기가 지닌 본래 성격에서는 벗어나지 못하였다.

하지만 집필자의 심정표현이 일정 정도 형상화된 남성의 사적인 한문일기와 여성의 공적인 가나 일기는 일기문학의 초기 모습으로 파악되기도 한다. 다마이 고스케(玉井幸助) 씨는 "일기문학이란 일기이면서 나아가 문학적"[7]이라는 견해를 제시하기도 하였다. 다마이 씨의 이와 같은 지적은 '일기문학 성장설'이라고 범주화해 볼 수 있

7 玉井幸助, 『日記文学の研究』(塙書房, 1965) p.5.

을 듯한데, 일기와 일기문학을 가르는 기준이 무엇이며 일기문학이라는 양식의 성격이 무엇인가에 대한 논란을 불러일으켰다.

이에 대한 반론으로 일기문학이란 일기와는 전혀 다른 질적 차이를 지니고 있다고 주장하는 연구자로는 기무라 마사노리(木村正中) 씨, 아키야마 겐(秋山虔) 씨 등을 들 수 있다. 이들의 입장은 '일기문학 준별설(峻別說)'이라고 범주화할 수 있을 듯하다.

기무라 씨는 일기와 일기문학을 가르는 기준으로서 "독자적인 인생인식"을 들고 있다. 예를 들어, 엔닌의 『닛토구호준레이코키』에도 어느 정도 감정의 표출이 드러나 있지만 그것은 "하나의 사실을 기록한 것에 불과"할 뿐인 데 반해, 『도사 일기』의 심정 표출은 작자 기 쓰라유키의 실제 삶의 근저에 내재되어 있는 독자적인 인생인식이 구상화되어 표출된 것이라는 것을 텍스트 분석을 통해 지적하고 있다. 나아가, 기무라 씨는 한문 표현의 경우는 문장의 법칙이나 불교적인 사고의 틀에서 벗어나기가 어려워 인간적인 감정이 개입되는 일이 있어도 단순한 생활감정의 반영으로 끝나 버리므로, 내재적인 인생 논리로 자립적인 세계를 만들기 위해서는 그러한 틀을 지니지 않은 가나 문자 표현이 자연스럽게 요청된다고 지적하여, 한자와 가나 문자의 표기 기능의 차이 또한 언급하고 있다.[8]

즉 일기가 아닌 일기문학이기 위해서는 사실의 기록이라는 일기가 지닌 본래적인 성격에서 탈피하는 게 전제되어야 한다는 것이

---

8 木村正中, 「日記文学とはなにか—綴られる人生—」(『国文学解釈と鑑賞』 46-1, 至文堂, 1981) pp.32-34. 일기문학의 대표적인 연구자인 아키야마 겐(秋山虔) 씨 또한 「女流日記文学の世界」(『女流日記文学とは何か』, 女流日記文学講座 第1巻, 勉誠社, 1991) 등의 논문에서 기무라 씨의 견해에 전적으로 찬동하고 있다.

다. 그리고 『도사 일기』를 제외하고 현재 일기문학이라는 양식으로 범주화되어 있는 텍스트 대부분이 여성이 가나 문자로 자기 인생을 회고하여 집필한 작품이라는 점에 주목하였을 때, '여성이 가나 문자로 쓴다'는 게 절대적인 전제조건은 아니지만 일기문학이라는 양식의 구현에 가장 적합한 조건이었음을 미루어 짐작할 수 있다.

그런데 간무 천황(桓武天皇, 재위 781-806)이 794년에 헤이안 경(平安京, 오늘날의 교토)에 도읍을 정한 뒤 가마쿠라(鎌倉)에 막부가 개설되는 1192년까지 400여 년에 걸친 헤이안 시대에 여성작가를 중심으로 산문문학이 발달한 이유에 관해서는 종래 많은 지적이 이루어져 왔다. 먼저 들 수 있는 이유로는, 후지와라(藤原) 씨를 중심으로 하는 섭관(攝政 · 關白) 정치체제 아래에서 문화 살롱의 기능을 지닌 후궁 중심의 귀족문화가 발달하였다는 정치적인 측면과 실질적인 일부다처제라는 혼인제도 속에서 여성들 삶의 불안정성이 극대화되었다는 측면 등이 연동한 결과라는 점이다. 이와 함께 가나 문자의 역할 또한 간과할 수 없는 중요한 이유 가운데 하나다. 정치의 전면에 나서지는 못하였지만 실질적으로는 귀족문화의 주된 담당 층이면서 정치권력 유지에 복무하였던 중류귀족 출신의 '궁인 여성'(宮仕え女房)이나 결혼하여 집안에 안주해 있던 '가정부인'(家の女)이 자신들의 불안정한 삶 속에서 생성된 삶에 대한 불안과 고뇌 등을 문학적으로 형상화할 수 있었던 것은, 한자와 한문에 대한 지식이 없이도 자기 내면을 있는 그대로 표현할 수 있는 민족어문자인 가나 문자가 그 당시 이미 성립되어 쓰이고 있었기에 가능하였던 것이다.

기 쓰라유키가 관료들의 공적인 기록수단인 한문이 아닌 가나 문자를 표현수단으로 선택하여 여성으로 자기를 가장하여 일기를 쓰고자 하였을 때, 그 행위는 관료라는 공적인 신분을 벗어던짐으로써 기록자라는 공인으로서의 의무에서 탈피하고자 하는 의식의 발현을 의미한다. 그때의 일기는 하루하루의 기록이라는 '일기'의 외적 형식을 취하고 있다 하더라도 이미 새로운 양식의 '일기문학'을 시도하고 있다고 할 수 있다. 그리고 한문이라는 공동어문자의 틀 안에서 사실의 기록에만 치중할 수밖에 없는 남성관료로서의 모습을 벗고 여성으로 가장하였을 때에야 비로소, 그는 남성의 사회적인 역할에서 벗어나 내면의 심정을 자유롭게 표출할 수 있는 민족어문자인 가나 문자를 표현수단으로 획득할 수 있었던 것이다. 여기에서 남성과 여성의 사회적 역할 차이와 한자와 가나 문자의 표기 기능과 사회적 지위 차이 또한 확인할 수 있다.

그런데 『도사 일기』 이후 잇따라 등장하는 『가게로 일기』, 『이즈미시키부 일기』(和泉式部日記), 『무라사키시키부 일기』(紫式部日記), 『사라시나 일기』(更級日記) 등의 여성 일기문학의 서명에서도 알 수 있듯이, 일본에서 '일기문학'이라는 용어는 근대에 들어온 뒤 만들어진 조어이고 그 이전엔 남성의 한문일기든 여성의 가나 일기든 모두 '-일기'라는 용어로 일컬어졌다. '여성(또는 여성으로 가장한 남성)이 어느 시점에서 그 이전의 자기 삶, 즉 체험한 자기 시간을 회상하여 가나 문자로 쓴 일종의 회고록'이 '일기문학'이라는 용어로 처음 언급된 것은 1922년 영문학자인 도이 고치(土居光知) 씨의 『문학서설』(文學序說)(岩波書店, 1922)에서였으며, 여기에서 헤이안 시대 여성들의 자전 · 자조 문학은 서정성, 인생에 대한 관조, 진지한 자기 고백, 자기 관조의 문학, 상상력에 의한 구성적 표현이라는 문학성을 구현하였다고 재조명되면서 하나의 문학 장르로 자리잡게 되었다.[9] 1920년대 전반 자조문학으로서 일기문학이 재조명되게 된 것은 1900년 들어 일본 문학사조의 중심을 이루었던 일본식 자연주의에 대한 반발 때문이라는 배경도 있었지만, 이후 일기문학은 스즈키 도미(鈴木登美)씨가 지적하고 있듯이 문학을 통해서 더욱더 순수한 자신을 추구하는 보편적인 문학의 정통적 원형이 자국의 국문학 전통 속에도 있다고 강조하는 국수주의적 경향 속에서 일본 고전의 핵심으로 자리 잡게 되었으며, 오늘날에도 『가게로 일기』를 비롯한 일기문학은 젠더적인 관점으로 재해석될 수 있는 자전적 텍스트로 규정되며, 고전으로 정착되어 있다고 할 수 있다.[10]

여기서 하나 확인하고 넘어가야 할 것은 일기와 일기문학을 변별하는 핵심적인 키워드로 등장하는 '셀프리플렉션'(Selfreflection)의 번역어로 알려진 '자조'(自照)성에 관한 문제다. 자조문학이라는 이름

9 아키야마 겐 씨는 「女流日記文学についての序説」(『王朝女流日記必携』, 学燈社, 1986)에서 '일기문학'이라는 용어가 1927년 히사마쓰 센이치(久松潜一) 씨의 「日記文学と女性」(『日本文学聯講』, 中興館, 1927), 이케다 기칸(池田亀鑑) 씨의 『宮廷女流日記文学』(至文堂, 1927)에서 처음 선보였다고 지적하고 있지만, 시기상 도이 고치 씨의 『문학서설』이 앞선다.

10 스즈키 토미, 「장르 · 젠더 · 문학사 서술」(『창조된 고전』, 소명출판, 2002).
또한 후카자와 도루(深沢徹) 씨는 「「女流日記文学」から「女房日記」へ(上)—「啓蒙的理性」の衰え、もしくは女房集団の文学—」(『論集日記文学の地平』, 新典社, 2000)에서 근대 이후의 여성 일기문학의 고전화를 비판적으로 검토하며, '여류 일기문학'이 아닌 '뇨보 일기'로의 재정립을 주장하며 주군집안의 일을 기록하였다는 일기 본연의 목적을 일기문학에서 찾고자 한다. 하지만 『가게로 일기』와 『사라시나 일기』를 쓴 미치쓰나의 어머니나 스가와라 다카스에(菅原孝標)의 딸과 같이 뇨보 생활을 하지 않았거나 하였더라도 잠깐밖에 하지 않았던 가정부인의 자기서사와 같은 작품을 어떻게 처리할 것인지에 대한 언급은 없다는 한계를 지니고 있다.

아래 일기의 문학성에 대해 처음 언급한 것은 1923년 가이토 마쓰조(垣內松三) 씨의 「자조문학」(自照の文學)(『講座』 창간호)에서였고, 뒤이어 1926년 이케다 기칸(池田亀鑑) 씨의 「자조문학사」(自照文學史)(『國文教育』 10)가 나왔다. 이케다 씨에 의하면, 자조문학이란 자기 스스로의 진실을 가장 직접적으로 이야기하려고 하는 참회와 고백과 기도 문학의 한 계열을 의미하며, 히사마쓰 센이치(久松潛一) 씨는 자기를 반성하고 응시하는 문학으로 자조문학을 규정하고 있다.[11] 즉 이를 통해 알 수 있는 '자조'란 "자기를 내성적인 눈으로 응시하여 거기에서 발견한 진실된 자기 모습을 표현한다는 의미"로 쓰임으로써, "표현을 창출해 내는 정신의 문제임과 동시에 표현행위 그 자체의 문제"이기도 하다[12]는 것을 알 수 있다.

자조성의 개념 규정이 애매한 데다가 일기문학이 자조성을 띠고 있다고 하여 그 자체로 문학성을 담보하는 것은 아니라는 한계를 지니고는 있지만, 여성이 글쓰기라는 행위를 통해 자기 삶을 내면화 · 내성화하고 이러한 과정을 거쳐 일기라는 틀 속에서 '나'의 존재성을 탐구함으로써 일기문학이라는 양식을 확립해 나갔다는 점에 주목하였을 때, 일기문학과 자조성의 밀접한 관계를 부정할 수는 없다고 생각한다.

---

11 池田亀鑑, 「自照文学の歴史的考察」(『日記 · 和歌文学』, 至文堂, 1968).
久松潜一, 「日記文学の本質」(『古典の窓』, 角川書店, 1960).

12 吉野瑞恵, 「『蜻蛉日記』の自照性と物語性」(『蜻蛉日記』, 女流日記文学講座 第2巻, 勉誠社, 1990) p.207. 요시노 씨는 이 논문에서 표현행위로까지 확대하여 의미를 부여하고자 하는 자조성에 대해 비판적으로 검토하고 있다.

'일기'라는 양식의 선택과 미치쓰나의 어머니의 '일기'관

그러면 여성(또는 여성으로 가장한 남성)이 어느 시점에서 그 이전의 자기 삶, 즉 체험한 자기 시간을 회상하여 가나 문자로 회고록을 쓰는 데 '일기'라는 양식을 선택한 목적은 무엇인지, 구체적으로 『가게로 일기』를 텍스트로 하여 살펴보도록 한다.

『가게로 일기』는 10세기 후반 일본 헤이안 시대에 가나 문자로 쓰인 최초의 여성 일기문학이다. 일본문학사 속에서 『가게로 일기』는 뒤이어 나오는 『이즈미시키부 일기』, 『무라사키시키부 일기』, 『사라시나 일기』 등의 여성 일기문학과 『겐지 모노가타리』에 큰 영향을 미친 작품으로 평가받고 있다. 작자는 중류귀족인 후지와라 도모야스(藤原倫寧)의 딸로 이름은 미상이며, 당시 권문세가의 자제로 뒷날 섭정 태정대신(攝政太政大臣)으로 최고 권력자가 되는 후지와라 가네이에(藤原兼家, 929-990)와 결혼하여 미치쓰나(道綱)라는 외아들을 두어 문학사에서는 보통 '미치쓰나의 어머니'(936?-995?)로 일컬어지고 있다. 미치쓰나의 어머니는 『가게로 일기』에서 실질적인 일부다처제라는 혼인제도 속에서 남편인 후지와라 가네이에와 954년 결혼하여 보낸 20여 년 간에 걸친 결혼생활을 축으로 그 속에서 생성된 고뇌의 양상과 전개과정을 진솔하게 토로함으로써, 마음과는 달리 자꾸 꼬여만 가는 부부 사이의 내밀한 사연과 심적 갈등을 구구절절이 기록하고 있다.

『가게로 일기』는 상 · 중 · 하 3권으로 구성되어 있으며, 전본(傳本)은 모두 17세기 이후인 에도 시대의 서사본(書寫本)이다. 따라서 현존하는 작품 구성이 작자가 의도한 것인지, 후세에 필사한 사람들이 변용한 것인지는 확실하지 않다. 다만 결혼한 해인 954년부터 968년까지의 15년간을 기록한 상권은 남편과의 행복하였던 결혼생활을 회상한 내용이 중심을 이루고, 969-971년까지의 3년간을 그린 중권에는 남편과의 관계가 소원해지면서 몇 차례에 걸쳐 산사에 칩거하기까지 하는 작자의 고뇌와 갈등이 주로 그려져 있다. 972-974년까지의 3년간을 그린 하권에는 완전하지는 않지만 남편에 대한 집착을 버리고 체념을 통해 마음의 안정을 얻는 모습과 양녀와 아들의 결혼문제에 관심을 가지는 모습, 그리고 끝내 남편과의 결혼관계가 해소되는 내용이 그려져 있어, 전권이 유기적인 관계에 있으면서도 권마다의 독자적인 성격을 지니고 있다. 이를 통해 집필 당시부터 어느 정도의 구성의식을 지니고 있었다는 것을 짐작할 수 있다.

'가게로'라는 서명은 상권 말미 부분에 나오는 "있는지 없는지도 모를, 아지랑이처럼 허무한 여자의 처지를 기록한 일기라고 할 수 있겠다"(상권 · 165)에서 비롯된 것으로, 허무하게만 느껴지는 자신의 삶을 아지랑이에 비유한 것이다. 그런데 이 작품에 관한 가장 오래된 기록인 『오카가미』(大鏡, 11세기 말-12세기 초 성립된 역사 모노가타리)에 서명이 '가게로'(かげろふ)라는 히라가나로 쓰여 있다는 점에서 알 수 있듯이, 원래 서명에는 한자가 병기되어 있지 않았고 '청령'(蜻蛉)이라는 한자는 후대에 붙은 것이다. 현대 일본어에서 '청령'(蜻蛉)은 '돈보'(とんぼ)로 읽혀 잠자리라는 의미다. 일본어 고어에서 '가게로'(かげろふ)란 단어는 '아지랑이, 하루살이, 잠자리' 등의 다중적인 의미를 띠고 있는 표현이었기 때문에, 서명의 해석은 연구자의 작품 이해에 따라 지금까지도 차이를 보이고 있다. 그러나 비슷한 시기에 성립된 『우쓰호 모노가타리』(宇津保物語)라는 고소설 속에서 '가게로'가 아지랑이의 의미로 쓰여 허무함을 상징하고 있다는 점과 『고센와카슈』(後撰和歌集)에 실린 와카[13]에서도 '가게로'라는 표현이 『가게로 일기』와 마찬가지로 "있는지 없는지"(あるかなきか)라는 표현과 함께 '아지랑이'라는 의미로 쓰이고 있다는 점 등을 고려하였을 때, '가게로'는 아지랑이로 보는 게 타당할 것 같다. 즉 『가게로 일기』에서 '가게로'는 20여 년에 걸친 자신의 결혼생활을 되돌아보았을 때 아지랑이처럼 실체가 잡히지 않을 만큼 허무함을 느낀다는 화자의 의식을 나타내는 상징적인 표현으로 볼 수 있다.

그러면, 『가게로 일기』 속에 나타난 구체적인 '일기'(日記)라는 용례[14]를 통해 화자인 미치쓰나의 어머니가 20여 년에 걸친 현실적인 결혼생활을 기록하는 데 있어 '일기(문학)'라는 양식을 선택한 이유는 무엇이며, 일기를 어떠한 의미로 인식하고 있었는지에 대해 살펴보도록 한다. 『가게로 일기』에 나타난 '일기'의 용례는 상권 서문에

---

13 『고센와카슈』에 실린 와카는 다음과 같다.

①아지랑이를 본 듯 어렴풋하게 본 탓이런가 정처 없이 헤매는 물떼새 같은 사랑(かげろふに見し許にや浜千鳥ゆくゑも知らぬ恋にまどはむ, 巻第十 · 恋二 · 六五四)

②아지랑이를 흘끗 본 듯한 만남 허무하기에 저물녘 꿈이었나 기억만 더듬누나(かげろふのほのめきつれば夕暮の夢かとのみぞ身をたどりつる, 巻第十二 · 恋四 · 八五六)

③먹먹하다고 슬프다고도 않네 있듯 없는 듯 아지랑이와 같이 사라져 갈 이 세상(あはれともうしとも言はじかげろふのあるかなきかに消ぬる世なれば, 巻第十六 · 雑二 · 一一九一)

④이 세상이란 아지랑이와 같이 있듯 없는 듯 잡히지 않을 만큼 짧은 시간일지니(世中と言ひつる物かかげろふのあるかなきかのほどにぞ有ける, 巻第十八 · 雑四 · 一二六四)

14 宮島達夫 編, 『古典対照語い表』(笠間書院, 1971)에 의하면, 일본 고전문학 속에 '일기'라는 표현은 『도사 일기』에 1회, 『가게로 일기』에 2회(실제로는 3회임), 『겐지 모노가타리』(源氏物語)에 4회, 『오카가미』(大鏡)에 3회, 『쓰레즈레구사』(徒然草)에 2회 나타나 있다. 그리고 玉井幸助, 『日記文学概説』(図書刊行会, 1982. 초판은 1945)에 의하면, 일본의 현존하는 문헌에서 '일기'라는 표현은, 『類聚符宣抄』(821)에 나오는 용례가 처음이라고 한다.

1회, 상권 발문에 1회, 그리고 중권에 1회 나타나 있다.

먼저, 『가게로 일기』 상권의 서문과 발문(跋文)에 나타나 있는 '일기'의 용례를 보도록 한다.

【상권 서문】

이렇게 내 반평생의 세월은 흘러가고, 세상에 참으로 의지할 데 없이 이도 저도 아닌 상태로 세월을 보내고 있는 사람이 있었다. 생김새라고 해봤자 도저히 남만큼도 못되고 사려분별도 있는 듯 없는 듯, 이렇게 별 쓸모없는 존재로 살아가고 있는 것도 당연하다고 생각하며 그저 자고 일어나며 밤과 낮을 보내다가, 세상에 많이 떠돌고 있는 옛이야기(古物語) 책을 이 구석 저 구석 들춰보았더니, 세상에 흔하디흔한 허무맹랑한 이야기조차 있더라. 하여 보통 사람과는 다른 내 살아온 평범치 않은 삶이라도 일기로 써 풀어내면, 좀체 접할 수 없는 색다른 것으로 여겨질런가, 천하에 더할 나위 없이 신분이 높은 사람들의 결혼생활은 어떠한가라고 묻는 사람이 있다면, 그에 대한 대답의 한 예로라도 삼았으면 하고 생각도 해보지만, 지나간 세월 동안의 일들이 어렴풋하게밖에 기억나지 않아, 뭐 이 정도면 되겠지라고 적당히 쓰다가 놔두는 일도 많아져버렸다.(상권 · 47-48)

【상권 발문】

이렇게 세월은 흘러가는데도 생각대로 되지 않는 이내 신세를 한탄하고만 있는지라, 새해가 밝아도 기쁘지 않고 변함없이 허무함을 느끼고 있으니, 있는지 없는지도 모를, 아지랑이처럼 허무한 여자의

처지를 기록한 일기라고 할 수 있겠다.(상권 · 165)

위의 인용 중 상권 서문은 상권 발문과 호응하는 부분이기도 하지만 일기를 집필하게 된 계기와 목적이 잘 나타나 있다는 점 때문에, 일반적으로 『가게로 일기』 전체를 관통하는 서문으로 여겨지고 있다. 또한 화자가 자기 자신을 어떻게 규정하고 있는가 하는 자기인식이 잘 나타나 있어 미치쓰나의 어머니의 자의식[15]을 파악하는 데 단서가 될 수 있는 부분이기도 하다. 그리고 서문에는 이러한 자기규정 속에서 미치쓰나의 어머니가 『가게로 일기』라는 '일기(문학)'를 집필하게 된 계기와 목적이 '옛이야기'(古物語)와 대비되면서 서술되고 있다는 점에 주목할 필요가 있다.

미치쓰나의 어머니가 언급한 '옛이야기'는 구체적인 특정 작품을 가리키는 것이 아니라 허구에 바탕을 둔 선행 모노가타리 전반을 가리키고 있다는 게 일반적인 인식이다. 『가게로 일기』 이전의 모노가타리 중 현존하는 작품으로는 『다케토리 모노가타리』(竹取物語), 『이세 모노가타리』(伊勢物語), 『야마토 모노가타리』(大和物語), 『헤이추 모노가타리』(平中物語) 등을 들 수 있다. 이 중 『다케토리 모노가타리』는

15 본고에서 쓰고 있는 '자의식'(self-consciousness)이란, 자기 자신이 어떠하며 타인에게 어떻게 여겨지고 있는가에 대한 의식으로서 심리학 용어인 '자아의식', 철학 용어인 '자기의식'과 같은 의미다. 『고지엔』(広辞苑)에 따르면, 심리학에서 말하는 '자아의식'이란 자기에 대해 지니고 있는 의식을 말하며 능동성의 의식, 단일성의 의식, 시간이 경과하여도 동일하다는 의식, 외계와 타인에 대해 자기가 존재하고 있다는 의식의 네 측면으로 성립된다고 한다. 또한 '자기의식'이란 자기 자신에 관한 의식으로서 제 체험의 통일적, 항상적, 자기 동일적 주체로서의 자아의 의식을 말한다고 한다.

일본 내 전승담인 '다케토리 할아버지 이야기'와 '날개옷 이야기'를 비롯하여 불교경전 등에서 가져온 불교지식과 중국 신선담으로 대표되는 한문서적의 영향 등 외래문화 또한 수용하여 성립된 전기적(傳奇的)인 모노가타리이다. 달나라에서 죄를 짓고 쫓겨난 가구야 아가씨(かぐや姫)를 둘러싼 귀족과 천황의 구혼담이 중심을 이루고 있는 작품이다. 그 밖에 세 작품은 이른바 '우타 모노가타리'(歌物語)로 일컬어지고 있는 작품들로서 와카를 중심축에 두고 귀족남성의 구혼담을 우아하면서도 골계적으로 그리고 있다. 이들 작품들은 비교적 완성도가 높지만, 미치쓰나의 어머니는 선행 모노가타리의 허구성과 전기적인 요소를 문제 삼아 "세상에 흔하디흔한 허무맹랑한 이야기", 즉 현실성이 결여된 이야기라고 내용을 규정하고 있는 것이다.

결국 바로 뒤이어 나오는 "보통 사람과는 다른 내 살아온 평범치 않은 삶"을 '일기'로 써 보겠다는 구절과 종합해 보았을 때, 미치쓰나의 어머니는 남녀관계를 이상적으로 아름답게만 그리고 있는 현실성이 결여된 허구성을 바탕으로 한 '모노가타리'와는 달리, '일기(문학)'라는 양식을 통해 실제적인 삶에 기반을 둔 남녀관계의 적나라한 이야기, '사랑하던 두 사람은 결혼하여 행복하게 오래오래 잘 살았다'는 종래에 떠돌던 이야기들의 결말 이후의 이야기, 즉 현실적인 결혼생활을 그려 보이겠다고 『가게로 일기』 집필에 이르게 된 동기를 밝히고 있는 것이다. 자기 신세나 처지를 나타내는 서문의 "보통 사람과는 다른 내 살아온 평범치 않은 삶"(人にもあらぬ身の上)이라는 구절과 발문의 "생각대로 되지 않는 이내 신세"(思ふやうにもあらぬ身)라는 구절은 서로 호응하는 표현으로서 '미노우에'(身の上)·'미'(身)로 수렴되고 있다. 이를 통해 화자가 형상화하고자 하는 현실적인 결

혼생활 이야기가 행복과는 거리가 있는 불행한 이야기라는 것을 알 수 있다. 그리고 미치쓰나의 어머니는 이러한 집필을 통해 "천하에 더할 나위 없이 신분이 높은 사람들의 결혼생활"을 궁금해하는 사람들에게 자신의 결혼생활 기록이 하나의 '예'가 되기를 바란다는 목적까지도 밝히고 있는 것이다.

이와 관련하여, 가키모토 쓰토무(柿本奨) 씨는 "자기 인생체험을 기록하여 전례(前例)로서 후대에 남겨 얼마간은 도움이 되어 줄 것을 기대"[16]하는 효용의식에서 그 이유를 찾고 있다. 요시노 미즈에(吉野瑞恵) 씨 또한 기록성이라고 하는 일기가 지닌 본질적인 속성에 주목하여, 미치쓰나의 어머니가 일기라는 양식의 집필행위를 통해 공적인 세계로의 참여를 꾀하였다고 지적하고 있다.

> '일기'의 특징으로서 잊어서는 안 되는 것은 이처럼 소중히 보관되어 과거의 역사를 참조하거나 전거(典據)로서 사용된다는 점이 아닐까. …… 즉, 일기는 비록 사적인 내용을 기술한다고 하여도 사적인 세계에 갇혀 있는 것은 아니라는 것이다. …… 그 시대의 일기는 후세 사람들에게 참조될 만한 사건을 써 남기는 것이었다. …… 고통에 찬 인생을 거친 뒤 쓰는 행위를 통해 고뇌를 극복하고 싶다는 동기는 사적이라고 하여도, 가네이에라는 등장인물은 궁정사회에서 주목받는 공인이므로 자기 '신세'(身の上)라고 일컬어지는 소재 자체가 사적인 세계에 갇혀 있다고는 할 수 없다. …… 미치쓰나의 어머

16 柿本奨, 「『蜻蛉日記』を書かせたもの」(『国文学解釈と鑑賞』 43-9, 至文堂, 1978) p.98.

> 니가 스스로의 생활기록을 '예'(例)로서 독자 앞에 내놓은 것은 단지 상류귀족 부인의 생활기록 한 예를 제시하였다는 것이 아니라, 후세에 같은 체험을 할지도 모르는 사람들을 시야에 넣으면서 참조될 만한 '예'를 써서 제시하였다는 것이 될 것이다. 이 같은 '예'를 제시하기 위해서는 일기라는 틀은 참으로 안성맞춤이었다. 한 여성의 인생은 일기에 그려져 '예'가 됨으로써 역사에 편입되어 공적인 것이 되어 가는 것이다. …… 일기라는 명칭은 여성의 집필을 용이하게 해주는 틀을 제공하여 역사에 참여할 회로(回路)를 제공한 것이다.[17]

그리고 『가게로 일기』에 나타난 또 하나의 '일기'의 용례를 통해 미치쓰나의 어머니가 이해하고 있는 일기의 성격을 확인할 수 있다.

> 스물대엿샛날쯤에 서궁(西宮)에 계시는 좌대신(左大臣)이 유배를 가시게 되었다. 그 모습을 뵙겠다고 세상이 떠들썩할 정도로 서궁으로 사람들이 허둥지둥 부산을 떨며 달려간다. 이 얼마나 참담한 일인가라고 생각하며 소식에 귀 기울이고 있던 차에, 사람들에게 모습을 보이지도 않으시고 댁을 빠져나가 도망치시고 말았다. 아타고(愛宕)에 계신다는 둥, 기요미즈(清水)에 계신다는 둥 난리법석을 피운 뒤 결국 찾아내 유배를 보내셨다고 한다. 이 소식을 들으니, 이렇게까지 하다니라고 생각될 정도로 무척이나 슬프다. 나처럼 둔한 사람조

17 吉野瑞恵, 「日記と日記文学の間—『蜻蛉日記』の誕生をめぐって—」(『国語と国文学』 82-5, 東京大学国語国文学会, 2005) pp.20-24.

차 이러한데, 인정이 많은 사람치고 눈물 흘리지 않는 사람은 아무도 없을 정도다. 많은 자제분들도 궁벽한 지방을 떠도는 신세가 되어 행방도 모르고 뿔뿔이 흩어지시거나, 또는 출가하시거나 하니 말로는 다 표현할 수 없을 정도로 가슴 아픈 일이다. 대신도 출가해 스님이 되셨지만 억지로 다자이 부의 임시 장관에 임명해 규슈(九州)로 내치시고 말았다. 그즈음엔 온통 이 일에 관한 소문만으로 날을 보냈다. 내 신상에 관한 일만 적는 일기에는 넣기에 어울리지 않는 내용이지만, 몹시 슬퍼한 건 다른 사람이 아닌 바로 나이기에 기록해두는 것이다.(중권 · 173-174)

위의 인용에는 969년(安和 2年) 3월에 일어난 '안나의 변'(安和の變)의 추이를 지켜보며 다이고 천황(醍醐天皇, 재위 897-930)의 아들인 좌대신 미나모토 다카아키라(源高明)가 황태자를 폐위시키려 하였다는 혐의로 규슈로 추방되는 모습과 그 일족들의 몰락해 가는 모습을 보며 마음 아파하는 미치쓰나의 어머니의 모습이 그려져 있다. 다카아키라의 정실부인은 미치쓰나의 어머니의 남편인 가네이에의 이복 여동생이기도 하여 다카아키라 일족의 불행은 완전한 남이 아닌 인척의 불행이기도 하다는 점에서 그녀의 동정심을 더욱더 불러일으킨 사건이기도 하였다.

여기서 주목하여야 할 점은 "내 신상에 관한 일만 적는 일기에는 넣기에 어울리지 않는 내용"(身の上をのみする日記には入るまじきこと)에서 엿볼 수 있는 미치쓰나의 어머니의 '일기'관이다. 즉 미치쓰나의 어머니는 정치권력을 둘러싼 세력 다툼 및 역모와 같은 정치적인 사건, 즉 남성들이 관여하는 정치세계의 일은 일기로 적기에 어울

리지 않는 내용이라고 인식하고 있다는 것을 알 수 있다. 이러한 일기관은 상권 서문의 "보통 사람과는 다른 내 살아온 평범치 않은 삶"을 '일기'로 써 보겠다는 구절과 호응하는 일기관이기도 하다.

하지만 이 사건을 접하고 본인 스스로도 마음이 몹시 아팠기 때문에 일기로 적기에 전혀 어울리지 않는 내용은 아니라고 변명하고 있는 데서 현재 본인이 쓰고 있는 '일기'가 기록을 목적으로 남성들이 쓰던 한문일기와는 전혀 다른, 자기 신상과 관련된 내용만 집필하는 양식으로 인식되고 있음을 알 수 있다.[18] 그리고 이 기술은 '안나의 변'이 일본인에게 널리 알려진 사건이었던 만큼 역사적인 인물로서의 미치쓰나의 어머니의 존재성 또한 부각시키고 있다. 또한 정치권 밖에 위치하고는 있지만 남편과 집안끼리의 관계로 어느 정도는 사건의 실상을 엿볼 수 있는 위치에 있는 여성이 역사적인 사실을 기록하고 있다는 점에서, 자기 삶을 재구조화하여 '일기문학'이라는 새로운 양식의 글쓰기를 시도하고는 있지만 '기록'이라는 일기의 본래 목적 또한 일정 정도 달성하고 있는 일기문학의 내실을 확인할 수 있다.

여성의 존재기반과 젠더의식, 그리고 글쓰기

그런데 미치쓰나의 어머니가 자신의 반생을 회고하여 『가게로 일기』를 씀으로써, 글쓰기라는 행위를 통해 자기 삶을 객관화시켜 세상 사

18 노구치 모토히로(野口元大) 씨 또한 「蜻蛉日記の日記認識」(『王朝日記の新研究』, 笠間書院, 1995) p.97에서, 이 인용을 근거로 미치쓰나의 어머니가 현재 본인이 쓰고 있는 일기를 남성일기와는 다른 이질적인 것으로 인식하고 있다고 지적하고 있다.

람들에게 상류귀족과 결혼한 한 여성의 예로서 드러낼 수 있었던 원동력은 무엇일까. 헤이안 시대에 여성들의 공적인 사회활동은 궁중 나인으로서 천황과 그 후궁들을 보좌하는 일 정도에 불과하였고, 대부분의 중류계층 이상의 여성은 집안에서 언제 자기 집을 찾아올지 모르는 남편을 기다리며 살아가는 게 일반적인 삶의 형태였다. 다양한 사람들과 관계를 맺으며 지적 자극을 받을 수 있었던 궁중 나인인 뇨보(女房)와 달리 오직 남편과의 관계가 유일한 사회와의 연결 통로였을 미치쓰나의 어머니의 자기서사[19]는 따라서 여성문학의 전성기였던 헤이안 시대의 특수성을 감안한다고 하여도 주목할 만한 행위였다.

그 시대 모노가타리를 대표하는 『겐지 모노가타리』를 집필한 무라사키시키부(紫式部)와 대표적인 수필인 『마쿠라노소시』(枕草子)를 집필한 세이쇼나곤(清少納言)은 이치조 천황(一條天皇, 재위 980-1011)을 사이에 두고 치열한 세력 다툼을 벌였던 쇼시(彰子)와 데이시(定子)를 모시는 궁중 나인으로서 그들의 글쓰기는 주인의 교양을 드러내는 척도가 되었다. 그래서 그들은 같은 후지와라(藤原) 가문이면서도 정치적으로 대립하고 있었던 양 집안의 전폭적인 지원을 받았고, 이들이 궁중에 들어갈 수 있었던 것 또한 뛰어난 문재를 인정받았기 때문이기도 하였다. 『가게로 일기』 이외의 다른 일기문학을 집필한 여성들 또한 모두 궁중에서 일한 경험이 있는 여성들이었다. 따라서 사회활동 경험이 전혀 없는 '가정부인'(家の女)[20]인 미치쓰나의

19 이 책 1장 주 48번 참조. 이러한 개념 규정에 비추어보았을 때 여성 일기문학, 특히 『가게로 일기』는 전형적인 자기서사로 파악할 수 있다.

20 헤이안 시대 여성문학을 담당한 중류귀족 여성들을 그들의 존재기반에 따라 '궁인 여성'(宮仕え女房)이나 결혼하여 집안에 안주해 있던 '가정부인'(家の女)으로 나누어

어머니의 집필행위는 그 당시에도 보기 드문 예라고 할 수 있다.

미치쓰나의 어머니가 자기 삶을 글로 풀어써 세상 사람들에게 드러낼 수 있었던 요인은 그녀의 존재기반에서 배태된 남다른 자의식과 그로부터 자연스럽게 획득하게 된 젠더의식을 들 수 있다. 미치쓰나의 어머니의 젠더의식은 남편과의 관계 속에서 내 존재의 의미를 되묻는 그녀의 자의식 표출을 통해 살펴볼 수 있다.

> 또 사흘쯤 연이어 찾아온 그 다음날 아침에, 이 같은 와카를 보내왔다.
>
> 이른 새벽녘 헤어져 가는 길에 보이는 하늘
> 애달픈 이내 마음 이슬로 되고 지고
>
> 이에, 다음과 같은 답가를 보냈다.
>
> 이슬과 같이 덧없이 사라져갈 당신 마음을
> 부질없게도 믿는 <u>나는 뭐란 말인가</u>(상권 · 57-58)

그들의 문예의식을 고찰하고 있는 논문으로는 마스다 가쓰미(益田勝実) 씨의 「源氏物語の荷ひ手」(『日本文学史研究』 11, 1951) 및 이를 이어받아 더욱 심화시킨 기쿠타 시게오(菊田茂男) 씨의 「家の女ー蜻蛉日記」(『国文学』 20-16, 学燈社, 1975)를 들 수 있다. 그리고 무라이 야스히코(村井康彦) 씨는 「待つ女ー拒む女との間」(『国文学』 23-4, 学燈社, 1978)에서 헤이안 시대 결혼제도인 일부다처제 속에서 '가정부인'(家の女)의 삶의 방식을 '기다리는 여자'(待つ女)로 규정하였다.

헤이안 시대의 결혼은 남성이 여성의 집을 사흘 밤 연속으로 찾아가 함께 밤을 보내고 사흘째 되는 날 밤 여성의 집에서 '도코로아라와시'(露顯)라는 피로연을 열어야 정식으로 인정받았다. 미치쓰나의 어머니는 결혼이 정식으로 성립되려는 바로 그 시점에 남편인 후지와라 가네이에에게 "나는 뭐란 말인가"라는 물음을 던지고 있다. 초서혼(招婿婚) 형식의 결혼제도 속에서는 여성의 집에서 함께 밤을 보낸 다음 남성은 자기 집으로 돌아가기 위해 새벽녘에 일찍 집을 나와야만 하였다. 때문에, 남성이 여성에게 보내는 와카는 여성의 집을 일찍 나서야 되는 아쉬움과 상대방에 대한 그리움이 주된 내용이었고, 가네이에의 와카는 이러한 연애방식을 충실히 구현한 내용이었다. 그런데도 미치쓰나의 어머니는 '그러한 당신을 믿고 결혼한 나는 뭐란 말인가'라고 남편의 상투적인 표현에 정색을 하며 문제 제기를 하고 있는 것이다. 남편과의 관계 속에서 배태된 자신의 위치, 자신에 대한 남편의 애정 정도를 묻고 있는 이 물음을 통해 미치쓰나의 어머니가 지니고 있는 자의식의 정도를 확인할 수 있다. 왜냐하면 '가정부인'이라는 미치쓰나의 어머니의 존재기반을 고려하였을 때 남편인 가네이에와의 관계는 타자와 관계 맺기의 전부이다시피 하였고, 나아가 여성의 이러한 반응은 현존하는 다른 일기문학 속에서는 찾아볼 수 없는 독특한 사례이기 때문이다.[21]

미치쓰나의 어머니의 자의식의 양상은 다음과 같은 인용을 통해서도 살펴볼 수 있다.

21 이 책 5장 참조.

이런저런 생각에 심란해하고 있는데, 아니나 다를까 사흘 밤 잇따라 모습을 보이지 않을 때가 있었다. 그 사람은 짐짓 모르는 체하며, "잠시 당신 마음을 떠보느라"라며 의미심장한 말을 한다. 내 집에 있다가 저물녘에 "궁 안에 피치 못할 일이 있어서"라며 나가기에 이상해서 사람을 시켜 뒤따라가보게 했더니, 돌아와 "마치노코지(町の小路) 어디쯤인가에서 우차(牛車)를 멈추셨습니다"라고 한다. 그럼 그렇지, 너무나도 참담한 기분이었지만, 무슨 말을 해야 할지조차 모른 채 지내고 있자니, 이삼 일 뒤 새벽녘에 문을 두드린 적이 있었다. 그 사람이 온 모양이구나 싶었지만, 분한 마음에 열어주지 않았더니, 마치노코지 여자네 집일 듯싶은 곳으로 가버렸다. 이른 아침, 이대로 가만히 있을 수는 없다고 생각돼, 다음과 같은 와카를 여느 때와는 달리 공들여 써서 퇴색한 국화꽃에 꽂아 보냈다.

한숨 내쉬며 나 홀로 지새우는 초겨울 밤이
얼마나 기나긴지 당신은 아시나요(상권 · 68-70)

결혼한 이듬해 외아들 미치쓰나를 출산한 직후 남편이 새로운 여성과 관계를 맺고 있다는 사실을 알게 된 뒤 남편에 대한 미치쓰나의 어머니의 대응은 그녀의 남다른 자의식의 정도를 숨김없이 드러내주고 있다. 위의 인용에서 주목할 점은 가네이에가 다른 여성과 결혼한 뒤 보여 주는 두 사람의 대조적인 태도다. 가네이에의 "짐짓 모르는 체하"는 태도에 대해 미치쓰나의 어머니는 새벽녘에 남편이 찾아온 사실을 알았으면서도 문을 열어 주지 않고 돌려보내고, 그래도 마음이 풀리지 않아 "이대로 가만히 있을 수는 없다"며 남편에게 항의의

뜻을 담은 와카를 보내고 있다. 이때 와카를 꽂아 보낸 시들어 버린 국화꽃은 상대방의 마음이 변하였다는 걸 나타내 주는 상징으로 미치쓰나의 어머니는 이를 통해 남편의 변심을 비난하고 있는 것이다.

『가게로 일기』에 '이대로 가만히 있을 수는 없다'는 의미의 '나오아라지'(なほあらじ) 및 그 유사표현은 상권에 5회, 중권에 3회, 하권에 2회 사용되고 있다. 그런데 이 표현은 헤이안 시대 다른 여성 일기문학에는 전혀 쓰이지 않는 표현으로 『겐지 모노가타리』에서만 남성의 심정을 표현하는 데 4회 쓰이고 있을 뿐이다. 대부분의 여성이 사회에 단단히 뿌리내린 실질적인 일부다처제라는 결혼제도를 기정사실로 받아들이고 내면화하여 남편의 여성편력을 알고 있으면서도 그 사실을 당연시하고 오히려 본인이 상처받은 것을 타인에게 드러내는 것을 더 수치스럽게 느끼고 있었던 시대였던 만큼, 미치쓰나의 어머니의 남편에 대한 이 같은 이례적인 대응은 그녀의 강한 자의식에서 표출되었다고 여길 수밖에 없다.

미치쓰나의 어머니가 남편과의 관계 속에서 분출되는 감정을 억누르지 않고 그대로 표출하게 된 데는 자기 자신에 대한 긍지가 가장 큰 요인으로 생각된다. 미치쓰나의 어머니는 남편과 마찬가지로 헤이안 시대 귀족 정치체제 하에서 실권을 쥐고 있던 후지와라 가문 출신이며, 고대 일본의 주요한 성씨들의 계보를 정리한 『손피분먀쿠』(尊卑分脈)라는 책에 "우리나라에서 가장 아름다운 미인 셋 중의 하나다"[22] 라고 기록되어 있을 정도로 뛰어난 미모로 이름이 높았다. 그녀는 그

22 黑坂勝美 他 編, 『尊卑分脈 第1編』(吉川弘文館, 1983) p.41.

시대 여성의 기본적인 소양이었던 뛰어난 바느질 솜씨 또한 지니고 있었다. 또한 당시 최고의 권력을 누렸던 후지와라 미치나가(藤原道長, 966-1027. 가네이에의 아들로 미치쓰나의 의붓동생)의 삶을 그린 『오카가미』라는 역사 모노가타리 속에 기술된 "와카 솜씨가 매우 뛰어나셔서, 가네이에 공이 들르셨을 때의 일과 와카 등을 써 모은 것을 『가게로 일기』라 이름 붙여 세상에 내놓으셨다"[23]라는 구절과, 와카가 가장 발달하였던 헤이안 시대 유명한 가인을 일컫는 36가선(歌仙) 중의 한 명으로 꼽히고 있다는 점 등에서도 확인할 수 있듯이 문학적 재능 또한 겸비한 여성이었다. 실제로 미치쓰나의 어머니의 강한 자의식에서 비롯된 끊임없는 남편과의 갈등에도 불구하고 두 사람이 결혼생활을 20여 년이나 지속할 수 있었던 데는 그녀의 미모와 문학적인 재능 등이 어우러진 결과로 보인다.

그러나 미치쓰나의 어머니의 이러한 자긍심에도 불구하고 남편인 가네이에와의 관계 속에서 그녀는 열등한 위치에 자리할 수밖에 없었다. 남편과 같은 후지와라 일문이기는 하였지만 아버지 후지와라 도모야스는 중류귀족에 불과하였고 그녀가 결혼할 당시 도모야스는 젊은 귀공자인 가네이에의 동료로 병위부(兵衛府)에 같이 근무하고 있었다고 추정된다는 점을 고려해 보았을 때, 미치쓰나의 어머니는 결혼 당시부터 신분상 남편보다 열등한 위치에 있었다는 것을 알 수 있다.

가네이에와의 결혼을 계기로 미치쓰나의 어머니는 실질적인 일부다처제 사회 속에서 남편을 기다리며 종속적으로 살아가야 하는

---

23 橘健二 · 加藤静子 校注 · 訳, 『大鏡』(新編日本古典文学全集 34, 小学館, 1996) p.250.

자기 자신의 존재기반을 자각함으로써 자신의 삶이 보통 사람과는 다르며 자기 뜻대로 인생이 흘러가지 않는다는 사실을 인식하게 된 것이다. 미치쓰나의 어머니가 남편인 가네이에와의 관계 속에서 자기 자신을 어떻게 인식하고 있었는가는 결혼 직후 읊은 다음과 같은 와카 속에 담긴 가어(歌語)를 통해서도 재확인할 수 있다.

> 또 얼마쯤 지나 발길이 뜸해졌을 무렵, 비가 오락가락 내리던 날, "저녁녘에 들르겠소"라고 전해온 데 대한 것이었던지, 다음과 같은 와카를 읊어 보냈다.
>
> 떡갈나무 숲 풀처럼 저물녘엔 기다리잇가
> 못 믿을 당신 말에 눈물만 흘러흘러
>
> 답가는 본인이 직접 온 탓에 흐지부지돼버렸다.(상권 · 60)

'떡갈나무 숲~'의 와카에서 미치쓰나의 어머니는 가네이에를 '떡갈나무 숲'(柏木の森)에, 자기 자신을 그 숲 속에 우거진 '풀'(下草)에 비유함으로써 남편과 자신과의 관계 구도를 상징적으로 나타내고 있다. 즉 미치쓰나의 어머니는 남편인 가네이에와의 관계 및 결혼생활 속에서 상하의 구도로 고착화된 남편과 자기 자신, 더 나아가 헤이안 시대 남성과 여성의 관계성을 와카를 통해 드러내고 있다. 그리고 미치쓰나의 어머니가 남편과의 관계 속에서 인식하게 된 남녀의 사회적인 성차, 젠더의식은 그녀의 남다른 자의식이 있었기에 가능하였다. 미치쓰나의 어머니가 서문에서 밝힌 대로 현실성이 결여된

옛이야기와는 차원이 다른 "보통 사람과는 다른 내 살아온 평범치 않은 삶"을 사실적으로 술회하여 세상 사람들에게 신분이 다른 결혼생활의 실상을 전하겠다는 집필 목적은 긍정적이든 부정적이든 '나'라는 존재에 대한 강한 천착이 없고서는 나올 수 없는 것이었다.

결국 미치쓰나의 어머니는 일부다처제, 귀족 중심의 사회라는 시대상황 속에서 여성, 중류귀족의 딸, 뛰어난 미모와 문학적 재능이라는 자신의 존재기반을 바탕으로 강한 자의식과 젠더의식을 지니게 되었고, 가나 문자를 표현수단으로 삼아 자기 자신의 결혼생활과 그 속에서 겪게 된 내면의 심정을 글쓰기라는 행위를 통해 형상화해 낼 수 있었다고 할 수 있다.

자기서사로서의 '일기문학'

이상으로서 10세기 후반 일본 헤이안 시대 때 집필된 최초의 여성 일기문학인 『가게로 일기』를 중심으로 일본문학 속에서 '일기'와 '일기문학'의 차이는 무엇이며, 여성이 왜 자기 삶을 '글쓰기'를 통해 드러내는 데 '일기(문학)'라는 양식을 선택하였는지, 그리고 여성의 존재기반과 젠더의식의 관계 및 여성이 자기 삶을 글로 형상화한 글쓰기의 의미 등에 관해 살펴보았다.

천 년 전 일본 헤이안 경이라는 공간 속에서 꽃피웠던 자기서사로서의 '일기문학'에 주목함으로써, 한문학이라는 남성 중심의 주류문학 속에서 한글, 가나 문자라는 민족어문자를 표현수단으로 획득하여 자기 삶을 글쓰기라는 행위를 통해 문학으로 재구조화해 낸 동아시아 고전여성문학의 구체적인 양상을 확인할 수 있었다고 생각한다.

제2부

작품구조

3. 의식의 변화와 작품구조

'나오아라지'와 '쓰레나시'

『가게로 일기』(蜻蛉日記) 하권 말미 부근에는 다음과 같은 기술이 있다.

> 이러는 새 시월이 되었다. 스무날 지났을 즈음 불길한 방위를 피해 다른 곳으로 옮겼는데, 그곳에서 듣자니, 그 밉살스러운 곳에서는 아이를 출산한 듯하다고 사람들이 두런대고 있다. 그냥 있을 수는 없어, 정말 꼴 보기 싫다고 생각하는 게 인지상정일 텐데, 별로 신경도 쓰이지 않았다.(하권 · 369-370)

위의 인용은 미치쓰나의 어머니(道綱母)와 가네이에(兼家)의 결혼생활이 파국을 맞은 그다음 해 기술된 것이다. 여기서 미치쓰나의 어머니는 이 일기의 클라이맥스라고도 할 수 있는 '나루타키 칩거'(鳴滝籠り)의 요인 가운데 하나였던 오미(近江)라는 여성이 아이를 출산하였다는 소문을 들었는데도 불구하고 마음이 흐트러지지 않는

자기 자신의 심경을 "그냥 있을 수는 없어"(나오아라무요리와, なほあらむよりは)와 "별로 신경도 쓰이지 않았다"(쓰레나시, つれなし)라는 표현을 사용하여 토로하고 있다.

'나오아라무요리와'는 '나오아라지'(なほあらじ)의 유사표현이다. '나오아라지'란 "그대로 아무것도 하지 않고서는 있을 수 없는 것. 또는 그러한 모습"[1], "아무것도 하지 않거나 저항하지 않은 채 지내는 것을 거부하는 심경"[2]을 나타내는 표현이다. '쓰레나시'란 "외계나 상대 · 대상의 상황 또는 작용 등에 대응하고 반응하지 않는 것"[3]이라는 의미의 표현이다. 즉 '나오아라지'는 외부로부터의 자극에 가만히 있을 수 없어 무언가의 행동을 취할 때, '쓰레나시'는 외부로부터의 자극에 대해 아무런 반응을 나타내지 않고 냉담하게 있거나 아무렇지 않은 것처럼 꾸밀 때 주로 사용되어 이 두 표현은 대조적인 의미를 지니고 있다고도 할 수 있다.

『가게로 일기』에서 '나오아라지' 및 그 유사표현[4]은 10회, '쓰레나시' 및 그 유사표현[5]은 20회 찾아볼 수 있다. 이 두 표현은 가네이에와의 관계 속에서 변화를 보이는 미치쓰나의 어머니의 의식에 따라 그 쓰임새가 명확히 변화하고 있다. 미치쓰나의 어머니가 가네이

---

1 中村幸彦 他 編, 『角川古語大辞典 第4巻』(角川書店, 1994) p.830.

2 日本大辞典刊行会 編, 『日本国語大辞典 第15巻』(小学館, 1975) p.156.

3 中村幸彦 他 編, 『角川古語大辞典 第4巻』, p.496.

4 '나오아라지' 및 그 유사표현이란 'なほもあらじ', 'なほもあらで', 'なほしもあらで', 'なほしもあらぬ', 'なほあらむよりは'를 가리킨다. 이 같은 표현 모두를 '나오아라지'로 표기한다.

5 '쓰레나시' 및 그 유사표현이란 'つれなし', 'つれなしをつくり', 'つれなしづくりて', 'つれなさ', 'つれもなければ'를 가리킨다. 이 같은 표현 모두를 '쓰레나시'로 표기한다.

에에 대한 애집(愛執)에 사로잡혀 있을 때 그녀는 자신에 대한 남편의 태도를 '쓰레나시'라고 받아들이고 참을 수 없어 '나오아라지'라며 행동을 취하고 있다. 이에 반해 미치쓰나의 어머니가 남편에 대한 집착으로부터 자유로워졌을 때 이번에는 그녀 자신이 남편에 대해 '쓰레나키'(쌀쌀맞은) 태도를 취하게 되어 '나오아라지'라며 분기탱천하던 그녀의 격정적인 모습은 자취를 감추고 있다. 따라서 '쓰레나시'와 '나오아라지'라는 표현이 어떻게 변화하며 사용되는지는 가네이에에 대한 미치쓰나의 어머니의 인식 변화와 미치쓰나의 어머니의 인생관의 변화 또한 읽어 낼 수 있는 하나의 지표가 될 수 있으리라고 생각한다.

그런데 『가게로 일기』는 상 · 중 · 하 3권으로 구성되어 있는 작품으로서 종래 『가게로 일기』의 구조는 권의 구성에 따라 분석되어 왔다.[6] 그러나 이 텍스트가 가네이에와 함께해 온 21년간에 걸친 결혼생활을 기조로 하고 있는 만큼 『가게로 일기』를 하나의 완결된 작품으로서 볼 수는 없을까. 그렇다면 권의 틀을 넘어 기능하는 제재가 어떻게 사용되고 있는지 그 움직임의 분석을 통해 『가게로 일기』의 구조를 파악할 수 있다고 생각한다.

미치쓰나의 어머니가 『가게로 일기』에서 쓰려고 한 것, 즉 작품

---

6 예를 들어, 이누가이 기요시(犬養廉) 씨는 「蜻蛉日記の構造」(『一册の講座 蜻蛉日記』, 有精堂, 1981)에서, "가게로 일기의 구조는 주지하는 바와 같이 상 · 중 · 하 3권으로 구성된다. 그 기조(基調)가 되는 것은 물론 권문의 귀공자인 가네이에와의 뜻대로 되지 않는 결혼생활의 고뇌이며, 전체적으로는 21년에 걸친 '여자의 반생'을 호소한 자서(自叙)로 되어 있는데, 각 권의 구조는 꽤 다르고 그것은 그대로 집필의식 · 집필시기가 미묘하게 어긋나 있는 것을 나타내는 것으로 논의되어 왔다"(p.24)고 지적하고 있다.

의 중심적인 제재로 볼 수 있는 것은 상권 서문에도 기술되어 있듯이 자기 자신의 "보통 사람과는 다른 내 살아온 평범치 않은 삶", 즉 가네이에와 함께한 결혼생활의 경위다. 미치쓰나의 어머니의 결혼은 객관적인 평가는 어찌 되었든 작중화자 미치쓰나의 어머니 본인에게는 불행하였던 것으로 읽힌다. 미치쓰나의 어머니는 끊임없이 가네이에와의 불안정한 부부관계와 그리고 거기에서 초래된 자기 자신의 고뇌를 타자에게 계속 호소하고 있다. 따라서 가네이에에 대한 미치쓰나의 어머니의 인식, 그리고 결혼생활에서 초래된 미치쓰나의 어머니의 고뇌가 어떻게 전개되고 변화되어 가는지, 다시 말하여 미치쓰나의 어머니의 의식 변화를 분석함으로써 『가게로 일기』 구조의 일단(一端)이 드러날 수 있지 않을까.

이 장에서는 미치쓰나의 어머니의 의식 변화가 작품구조를 나누는 기준이 될 수 있다는 관점에서 미치쓰나의 어머니의 의식이 작품 전체에 걸쳐 어떻게 변화해 가는가에 대해 검토하고자 한다. 가네이에에 대한 미치쓰나의 어머니의 태도와 심경을 뚜렷하게 읽어 낼 수 있다고 생각되는 '쓰레나시'와 '나오아라지'라는 대조적인 표현을 지표로 하여, 그 쓰임새의 변화를 통해 미치쓰나의 어머니의 의식 변화를 분석해 보고자 한다.

'나오아라지'—관계에 대한 미련—

『가게로 일기』에 '나오아라지' 및 그 유사표현은 10회 확인할 수 있는 데 비해 헤이안 시대 다른 여성문학에 이 표현은 그다지 쓰이고 있지 않다. 같은 여성 일기문학인 『이즈미시키부 일기』(和泉式部日記),

『무라사키시키부 일기』(紫式部日記), 『사라시나 일기』(更級日記) 등에서 이 표현은 전혀 찾아볼 수 없다. 단지 『겐지 모노가타리』(源氏物語)에 4회 기술되어 있을 뿐이다. 그러나 그 용례를 분석해 보면 쓰임에 차이가 있다는 것을 알 수 있다.

『겐지 모노가타리』에 4회 기술되어 있는 '나오아라지'의 용례는 오보로즈키요(朧月夜)라는 여성과 처음 만났을 때 히카루겐지(光源氏)의 심경에 쓰인 경우(「하나노엔」(花宴) 권), 호색적인 니오노미야(匂宮)의 마음을 드러낼 때(「시이가모토」(椎本) 권), 우지(宇治) 아가씨들을 몰래 엿보려고 하는 가오루(薫)의 심정을 드러낼 때(「시이가모토」 권), 오이기미(大君)의 눈에 비친, 이대로 가만히 있을 수 없어 우지의 아가씨들에게 편지를 보낸 니오노미야의 심정(「아게마키」(総角) 권)에 각각 쓰이고 있다. 그중 오보로즈키요를 만났을 때의 히키루겐지의 심정에 쓰인 예를 인용해 보면 다음과 같다.

> 밤이 무척 깊어서야 연회는 파하였다. 공경이 제각각 흩어지고 황후와 동궁이 돌아가신 뒤, 주위가 한적해졌다. 무척 밝은 달이 떠올라 정취가 있는데, 겐지 님(源氏の君)께서는 취기가 돌아 그냥 이대로 보고 지나칠 수 없는 마음이 드셨다. 주상을 모시는 사람들도 잠자리에 들었고, 이처럼 생각지도 못한 때 혹시나 그럴 만한 틈이라도 있지 않을까 싶어 후지쓰보 근방을 터무니없이 몰래 살피며 돌아다니지만, 말을 걸어 볼 만한 처소의 문도 잠겨 있었다. 탄식하며 그냥 그대로 있을 수 없어 홍휘전 몸채에 붙은 조붓한 방에 다가서시니, 세 번째 문이 열려 있다. 홍휘전 여어는 청량전에 있는 웃전으로 바로 올라가셨기에, 사람이 별로 없는 느낌이다. 안쪽 지도리문도 열려

있고 인기척도 없다. 이러다가 남녀 사이에 불상사는 일어나는 법이라고 생각하며, 살짝 올라가 방 안을 들여다보신다. 사람들은 모두 잠이 든 듯하다.

그런데 무척 젊고 아리따운 목소리로, 보통 신분의 사람 목소리라고는 들리지 않는데, "으스름한 달밤(朧月夜)과 비슷한 건 없네"라고 읊으며 이쪽으로 사람이 오는 게 아닌가.(「하나노엔」 권)[7]

위의 인용은 달 밝은 밤, 궁중의 연회가 끝난 뒤 취기가 돈 히카루겐지가 사모하는 후지쓰보(藤壷) 중궁을 혹여 만날 수 있을까 싶어 배회하다 말 붙일 데조차 없다는 것을 알았지만, 그래도 포기하지 못하고 홍휘전 근방을 헤매다가 오보로즈키요라는 묘령의 여성을 만나게 되는 장면이다. 이 장면에서 '나오아라지'는 원래 만나고자 하였던 여성을 만나지는 못하였지만 그래도 취한 상태로 달 밝은 밤의 정취를 이기지 못해 다른 처소를 기웃거리는 히카루겐지의 심경에 쓰이고 있다. 위와 같은 용례로 대표되는 『겐지 모노가타리』의 '나오아라지'는 여성을 만나거나 연애편지를 보내거나 몰래 엿보기를 하지 않으면 견딜 수 없는 남성의 심정이나, 또는 진심이 담겨 있지 않은 상투적인 편지라도 여성에게 보내지 않고 그냥 있을 수 없는 남성의 심정에 쓰이고 있다.

이처럼 '나오아라지'의 용례가 『가게로 일기』 이외의 헤이안 시대 여성 일기문학에 쓰이고 있지 않는 데다 또한 『겐지 모노가타리』

7 무라사키시키부 지음, 이미숙 주해, 『겐지 모노가타리 1』(서울대학교출판문화원, 2014) pp.476-477.

와 같이 용례는 있어도 남성의 심적 상태를 나타내는 데 쓰이고 있는 점 등을 고려해 보면, 『가게로 일기』라는 여성이 집필한 작품에 화자 자신의 마음의 변화, 즉 가네이에와의 관계 속에서 드러나는 미치쓰나의 어머니의 심정을 나타내는 표현으로서 '나오아라지'가 쓰이고 있다는 데는 주목할 필요가 있을 것이다.

『가게로 일기』에 '나오아라지'는 상권에 5회, 중권에 3회, 하권에 2회 찾아볼 수 있다. 그중 미치쓰나의 어머니의 심정에 쓰이고 있는 예는 6회다. 그 용례를 분석해 보면 미치쓰나의 어머니의 의식의 변화, 즉 가네이에에 대한 인식 변화와 인생관의 변화를 읽어 낼 수 있다고 생각한다.

다음 인용은 미치쓰나의 어머니가 가네이에와 결혼한 지 1년이 되는 955년 10월의 기사다.

> ①내 집에 있다가 저물녘에 "궁 안에 피치 못할 일이 있어서"라며 나가기에 이상해서 사람을 시켜 뒤따라가보게 했더니, 돌아와 "마치노코지(町の小路) 어디쯤인가에서 우차(牛車)를 멈추셨습니다."라고 한다. 그럼 그렇지, 너무나도 참담한 기분이었지만, 무슨 말을 해야 할지조차 모른 채 지내고 있자니, 이삼 일 뒤 새벽녘에 문을 두드린 적이 있었다. 그 사람이 온 모양이구나 싶었지만, 분한 마음에 열어 주지 않았더니, 마치노코지 여자네 집일 듯싶은 곳으로 가버렸다. 이튿 아침, 이대로 가만히 있을 수는 없다고 생각돼, 다음과 같은 와카를 여느 때와는 달리 공들여 써서 퇴색한 국화꽃에 꽂아 보냈다.

> 한숨 내쉬며 나 홀로 지새우는 초겨울 밤이

얼마나 기나긴지 당신은 아시나요(상권 · 69-70)

이 인용 중 '한숨 내쉬며~'의 와카는 미치쓰나의 어머니의 대표적인 와카로 잘 알려져 있다. 이 와카는 마치노코지 여자 탓에 초래된 미치쓰나의 어머니의 '참담하다'(心憂し)라는 심정과 그 심정을 억누를 수 없어 '나오아라지' 즉 이대로 가만히 있을 수는 없다며 마음먹는 그녀의 태도에서 나온 것으로 생각한다. 인용①에 기술된 '나오아라지'의 의미에 관해 스즈키 가즈오(鈴木一雄) 씨는 다음과 같이 지적하고 있다.

> '나오아라지'의 의미가 이대로 가만히 있을 수 없다는 것에는 문제가 없다. …… 문제는 "이대로 가만히 있을 수는 없다고 생각돼"라는 내면, 즉 이처럼 생각한 작자의 심적인 내면이다. …… '나오아라지'의 의미 또한 긴장하고 흥분하고 혼란스럽고 허탈한 마음을 되돌려 원망(恨み)을 원망이라고 하면서도, 자연스러운 여성의 마음으로서 남편과의 사이를 이대로 그냥 두지 않겠다는 의식적, 무의식적인 배려 또한 자연스레 작동되어 그 밑바닥에 허무함, 슬픔, 외로움을 배도록 하며 나아가서는 홀로 됨을 두려워하는 작자의 복잡한 마음을 드러내는 표현으로서 이해할 수 있을 것이다.[8]

그러면서 스즈키 씨는 '나오아라지'를 여성의 남성에 대한 도

8 鈴木一雄, 「「なほもあらじ」の意味をめぐって—『かげろふ日記』試解—」(『金沢大学国語国文』 5, 1976) pp.1-2, 5.

전, 여성의 투쟁 · 저항의 표현으로 읽기보다는 "역시 이대로 둘 수는 없다고 생각하여. 격렬하게 거부하였지만 남성을 부르지 않고는 있을 수 없는 여심(女心)의 애절함이 이어지는 명가(名歌)를 조형하였다"[9]는 해석에 찬동하고 있다.

'나오아라지'라고 생각하여 행동에 나선 미치쓰나의 어머니의 외면에 머무르지 않고 그럴 수밖에 없었던 그녀의 내면을 이해하려고 하였던 스즈키 씨의 해석은 시사적이다. 그러나 『가게로 일기』에 기술되어 있는 '나오아라지'의 용례를 살펴보면, '나오아라지'라고 결심하는 그녀의 심정을 일률적으로 인용①의 용례와 똑같이 해석할 수는 없다고 생각한다.

다음 인용②에는 가네이에의 처사에 반응하지 않고는 있을 수 없는 미치쓰나의 어머니의 심정이 잘 드러나 있다.

> ②삼월이 되었다. 손님으로 머물고 계신 마마께 온 것으로 보이는 그 사람의 편지를 나에게 잘못 가지고 왔다. 보자 하니, 나에 관해 언급하지 않고서는 그냥 있을 수 없었는지, "조만간 찾아뵈려고 생각하지만, '나한테는 안 오고'라고 생각하는 사람이 있는지라"라는 둥 적혀 있다. 평소 자주 보며 친하게 지내온 사이라 편지에 이런 내용도 쓰는구나 생각하니, <u>그냥 있을 수 없어</u> 편지에다 아주 작은 글씨로 이렇게 적었다.
>
> 샘을 내는 일 전혀 없는 나를 왜 끌어들이나

---

9 川口久雄 他 校注, 『土左日記 · かげろふ日記 · 和泉式部日記 · 更級日記』(日本古典文学大系 20, 岩波書店, 1957) p.117.

스스로 한눈팔듯 남들도 그러할까

그러고는"저쪽 마님께 가져다드려라"라며 돌려주었다.(상권 · 151-152)

인용②에서 미치쓰나의 어머니는 가네이에가 그녀의 집 서쪽 채에 퇴궐해 있던 그의 여동생인 도시(登子)에게 보낸 편지 속에서 "조만간 찾아뵈려고 생각하지만, '나한테는 안 오고'라고 생각하는 사람이 있는지라"라며 자신에 대해 언급한 것을 보게 된다. 이에 그녀는 이와 같은 가네이에의 발언을 보고 그냥 지나칠 수가 없어 "그냥 있을 수 없어"라고 생각하여, 편지에 '샘을 내는 일~'의 와카를 적어 넣어 도시에게 보낸 것이다. 이처럼 외부로부터의 자극이나 마음속에 복받쳐 오르는 심사(心事) 등을 참지 못하는 것은 미치쓰나의 어머니의 성격의 한 면인 듯하다.

인용①과 인용②의 용례 이외에 미치쓰나의 어머니의 심정에 쓰이고 있는 '나오아라지'의 용례는 다음과 같다.

③삼월 그믐께, 물새알이 보이기에 그것을 열 개씩 어떻게 해서든 쌓아보고 싶어서, 심심하던 차에 손이나 놀려볼까 하고 생명주실을 길게 꼬아 알을 하나 묶고는 동여매고 하나 묶고는 동여매고 하여 세워 늘어뜨려보니, 아주 잘 포개졌다. <u>이대로 그냥 두는 것보다야 낫겠지 생각해</u>, 그 사람의 여동생인 구조전(九條殿) 후시 여어(忯子女御)님께 드린다.(상권 · 143)

④이월도 열흘날여가 지났다. 그 사람은 소문으로 들었던 곳에 사흘 밤 잇따라 방문했다고 이러쿵저러쿵 말들이 많다. 쓸쓸히 하릴없이 지내던 중에 춘분 법회가 가까워졌기에 그냥 이대로 있기보다는 정진이라도 하자고 마음을 먹고, 다다미 위에 깔아놓은 화려한 윗돗자리를 깨끗한 보통 돗자리로 바꿔 깔라고 시켰다. 먼지를 털고 있는 모습 등을 보고 있는데도, 이러한 일이 있을 줄은 예상도 하지 못했건만이라고 생각하니 가슴이 미어져, 이렇게 읊었다.

털어버리는 깔개 위 쌓여 있는 저 먼지 수도
내쉬는 한숨 수엔 미치지 못하리라(중권 · 225-226)

인용③의 "이대로 그냥 두는 것보다는 낫겠지 생각해"는 열 개 포개진 물새알을 자기만 보기에는 아깝다고 생각하여 구조전 후시여어에게 보낼 때의 미치쓰나의 어머니의 심정을 표현하고 있다. 인용④의 "그냥 이대로 있기보다는"은 가네이에가 오미(近江)라는 여성과 결혼하였다는 소문을 듣고 괴로워하고 있던 미치쓰나의 어머니가 춘분 법회를 맞아 정진이라도 하려고 결심할 때 쓰이고 있다.

그러나 이처럼 외부의 자극이나 자신의 상념을 억누를 수 없었던 미치쓰나의 어머니의 모습은 하권에 이르러 변화를 보이게 된다. 하권 말미 가까이 기술되어 있는 다음 인용에는 이와 같은 미치쓰나의 어머니의 의식 변화가 단적으로 나타나 있다.

⑤이러는 새 시월이 되었다. 스무날 지났을 즈음 불길한 방위를 피해 다른 곳으로 옮겼는데, 그곳에서 듣자니, 그 밉살스러운 곳에서는

아이를 출산한 듯하다고 사람들이 두런대고 있다. 그냥 있을 수는 없어, 정말 꼴 보기 싫다고 생각하는 게 인지상정일 텐데, 별로 신경도 쓰이지 않았다.(하권 · 369-370)

인용⑤에서 미치쓰나의 어머니는 가네이에의 부인 중 한 명인 오미가 출산하였다는 소문을 듣고, 이대로 가만히 있기보다는 밉살스러워하는 것이 당연할진대 초연하기만 한 자기 자신의 심경을 표현하고 있다. 여기에 쓰이고 있는 "그냥 있을 수는 없어"(なほあらむよりは)라는 표현은 "별로 신경도 쓰이지 않았다"(つれなし)와 함께 사용되어, 옛날이었다면 참을 수 없이 밉게만 여겨졌을 터인데 지금에 와서는 아무렇지 않게 있을 수 있는 옛날과는 다른 자기 자신, 옛날처럼 가네이에에 대한 집착으로 다른 여성들을 미워하거나 자신을 괴롭히지 않는 변화된 자기 자신을 나타내는 데 쓰이고 있다.

그러면 이 같은 미치쓰나의 어머니의 의식 변화는 어디에서 기인한 것일까. 그것은 말할 것도 없이 이어지는 '쓰레나시'의 용례 분석에서도 확인할 수 있듯이 971년에 경험한 참배여행(物詣で)이 하나의 계기가 되었다고 생각한다.

그러나 다음 인용에서도 볼 수 있듯이, 971년 6월 이후의 용례이면서도 그 이전 용례와 쓰임새가 그다지 달라지지 않은 것처럼 보이는 것이 없는 것은 아니다.

⑥스무여드렛날 낮 미시쯤에 "오십니다, 오십니다"라며 소란스러운 소리가 났다. 중문을 밀어 열고 수레채를 안으로 끌어들이는 것을 보자니, 벽제를 울리던 많은 종자들이 수렛대에도 매달려 있고, 수

례의 발을 감아 올리고 안쪽 발을 좌우로 열어서는 옆에다 끼워놓는다. 시종이 끌채받침을 갖고 다가가자, 그 사람이 우차에서 뛰어내려 바야흐로 흐드러지게 핀 홍매화 밑을 걸어오는데, 그 모습이 너무나도 풍경과 잘 어울린다. 목소리를 높여 "참으로 보기 좋구나"라면서 방으로 걸어 올라온다. 다음날 방위를 점쳐봤더니, 남쪽이 막혀 있는데 그 사람 집 쪽이었다. "어째서 그걸 알려 주지 않았소" 하기에, "그렇게 말씀드렸으면 어떻게 하실 생각이었나요"라고 물으니, "불길한 방위를 피해 다른 곳으로 갔겠지" 한다. "당신이 무슨 생각을 하시는지 이제부터는 잘 살펴보아야겠네요"라며, 둘 다 모두 가만히 듣고만 있을 수는 없다는 듯이 억지를 부렸다.(하권 · 296-297)

인용⑥에서 미치쓰나의 어머니와 가네이에는 미치쓰나의 어머니가 방위가 막혀 있다는 것[10]을 가네이에에게 알려 주지 않았다며 서로 참지를 못하고 "가만히 듣고만 있을 수는 없다는 듯이" 언쟁을 벌이고 있다. 이 장면은 언뜻 보아 인용①과 인용②와 마찬가지로 상대의 심한 처사에 참지 못하고 대꾸하는 미치쓰나의 어머니의 모습을 형용하고 있는 듯이 해석하기 쉽다. 그러나 가네이에와 언쟁하는 미치쓰나의 어머니의 모습에서 이전과는 다른 냉정함을 읽어 낼 수는 없는 것일까. 즉 "어째서 그걸 알려 주지 않았소"라고 묻는 가네이에

---

10 이를 '가타타가에'(方違え)라고 한다. 음양도의 제신(祭神)으로 길흉화복을 관장하고 나쁜 방위를 막아 지키는 신인 '나카가미'(中神)는 60일을 한 주기로 사방을 돈다. 계사(癸巳)일로부터 16일간은 부처와 함께 하늘 중앙에 있는데 그동안 사람은 어디에 가도 괜찮다. 하지만 기유(己酉) 일에 하늘에서 내려와 이후 5-6일씩 팔방으로 순차적으로 돈다. 이 기간 동안 신이 있는 방위를 막혔다고 하여 꺼리어 피한다.

에게 "그렇게 말씀드렸으면 어떻게 하실 생각이었나요"라고 응수하는 미치쓰나의 어머니의 태도에서, 그리고 "당신이 무슨 생각을 하시는지 이제부터는 잘 살펴보아야겠네요"라는 미치쓰나의 어머니의 발언에서, 이제는 가네이에에 대한 집착에서 탈피한 '쌀쌀맞은'(つれなき) 미치쓰나의 어머니의 의식의 일면을 읽어 낼 수 있지 않을까.

결국 주로 가네이에와의 관계 속에서 초래된 외부의 자극이나 자기 자신의 복잡한 심사에 참지 못하고 반응하는 '나오아라지'라는 표현[11]으로 상징되어 있는 미치쓰나의 어머니의 모습은, 가네이에에게 어느 정도 거리를 두고 있는 미치쓰나의 어머니의 모습으로 변모하고 있다는 것을 알 수 있다. 미치쓰나의 어머니의 이와 같은 변모는 완전한 형태는 아니지만 가네이에에 대한 일정 정도의 체념에서 초래된 의식의 변화가 발현된 것으로 생각된다.

'쓰레나시'—관계에 대한 체념—

『가게로 일기』에 나타난 '쓰레나시' 및 그 유사표현은 상권에 5회, 중권에 11회, 하권에 4회 확인할 수 있다. 그 용례의 쓰임새가 변화된 것을 '남편에 대한 기대'와 '남편에 대한 대항'의 표현으로 나누어 고찰한 것은 야마구치 나카미(山口仲美) 씨다.

'쓰레나시'는 마음의 언어 그 자체가 아니다. 상대로부터의 자극에

11 이 장에 인용한 6회의 용례 이외에 '나오아라지'의 용례는 4회 더 찾아볼 수 있다.

대해 아무런 반응을 나타내지 않는 것을 의미하는 말이다. 그러나 무반응의, 무표정한 '쓰레나이'(냉담하다) 태도 속에는 내면의 마음이 흔들리고 있는 것도 적지 않다. 그리고 무반응의 '쓰레나키' 태도를 보게 된 쪽에서 본다면, 그것이 '쓰라시'(박정하다)라는 심정을 일으킨다. …… 남편의 행동을 '쓰레나시'라고 작자가 일기에 쓸 때, 뒤집어 본다면 그때 남편에게 무엇인가 반응을 기대하였던 것이 된다. 이와 같은 '쓰레나시'는 일기 안에 8회 보이는데, 상권 4회, 중권 3회, 하권 1회로 점점 줄어들고 있다. …… 이러한 것들은 어느 것이나 상권 · 중권 · 하권으로 점차 남편에게 기대하는 것이 적어져 가는 과정을 나타낸다. …… 중권에 들어가면 남편에게 대항하여 작자 자신도 남편에게 '쓰레나키' 태도를 취하게 되었다는 것을 알 수 있다. …… 내면에서는 어찌할 수 없이 마음이 흔들리고 있을 것이다. 하지만 그것을 전혀 밖으로 드러내지 않는 것이다. 이리하여 중권 이후 작자 자신도 남편에게 대항하는 '쓰레나키' 태도를 취하고, 부부의 틈은 점점 더 깊어져 가는 경과를 볼 수 있다.[12]

그런데 야마구치 씨가 기술하고 있듯이, 미치쓰나의 어머니가 가네이에에게 '쓰레나키' 태도를 취하게 된 것이 과연 '남편에 대한 대항' 수단에 불과하였던 것일까. 하권 도입부에 기술되어 있는, "올해는 천하에 다시없을 미운 사람이 있다 해도 한탄하지 않으리라"(하권 · 279)라는 미치쓰나의 어머니의 심경 등을 생각하면, '쓰레나시'

12 山口仲美,「蜻蛉日記 こころのことば」(『国文学』 26-1, 学燈社, 1981) pp.100-102.

의 용법 변화는 '나오아라지'와 마찬가지로 미치쓰나의 어머니의 의식 변화와 밀접하게 관련되어 있다고 생각한다.

『가게로 일기』 상권에 나타난 '쓰레나시'는 '가네이에와 미치쓰나의 어머니, 양쪽 태도'에 쓰이는 1회의 용례를 제외하고 다른 4회의 용례는 '미치쓰나의 어머니의 눈에 비친, 가네이에의 태도'에 사용되고 있다. '쓰레나시'가 '가네이에의 태도'에 쓰임으로써 미치쓰나의 어머니의 고뇌의 원인이 되고 있는 양상은 다음 용례에서 읽어낼 수 있다.

> (1)이렇게 또 마음 편할 날 없이 한탄만 하고 있는데, 오지랖이 넓은 사람은 "아직 마음이 젊네요"라며 내가 이러는 것을 아직 철이 없어서인 것처럼 말하기도 한다. 그 사람은 너무나 <u>태연하게</u> '내가 뭘 잘못했느냐'는 듯이 무심하게 아무 잘못도 없다는 듯한 태도다. 어찌하면 좋을지 이리저리 생각만 많은데, 어떻게든 마음속에 얽힌 사연들을 전부 다 알려줄 수만 있다면 좋을 텐데 싶어 마음이 어지러울 때도, 속상하게도 가슴만 벌렁거리고 말이 나오지를 않는다.(상권 · 91)

인용(1)은 가네이에와 미치쓰나의 어머니 부부 사이를 소원하게 만든 원인이 되었던 마치노코지 여자와 가네이에의 관계가 끝났는데도 불구하고 두 사람의 사이가 원래대로 돌아가지 않는 것을 미치쓰나의 어머니가 탄식하고 있는 장면이다. 여기에서 미치쓰나의 어머니는 가네이에의 태도를 '쓰레나시', 즉 일부러 태연한 척하고 있다고 받아들임으로써 그녀의 고뇌는 점점 더 깊어져 갈 뿐이다. 이처럼 상권의 '쓰레나시'는 가네이에의 박정함을 나타내는 데 쓰임으로써 미치쓰나의 어머니의 고뇌를 드러내는 지표로 볼 수 있다.

그리고 '쓰레나시'가 주로 '가네이에의 태도'에 쓰이는 경향은 중권 전반부까지지도 바뀌지 않는다.

> (2)그 다음날은 하루 종일 너무 지친 상태로 날을 보내고, 날이 밝은 뒤 어린것이 그 사람 집으로 가느라 집을 나섰다. 그 사람의 이해할 수 없는 행동들을 묻고 싶기는 하지만 마음이 내키지 않는다. 하지만, 불제하러 갔을 때의 호숫가 광경이 마음속에 떠오르는 것을 억제할 수 없어, 거기에 적서 이렇게 읊었다.
>
> 원만치 못한 부부관계 이토록 속 끓인 끝에
> 미쓰(御津) 호숫가에서 눈물 다 말랐다오
>
> "이것을 보시기 전에 살짝 놓아두고 바로 돌아오거라" 하며 아이에게 일러 보냈더니, "말씀하신 대로 하고 왔습니다"라며 돌아왔다. 하지만 말과는 달리 혹시 그 와카를 보고 뭔가 반응을 보이지는 않을까 마음속에서는 기대하고 있었을 것이다. 하지만, 아무런 연락도 없는 채 그믐께가 되어버렸다.(중권 · 203-204)
>
> (3)그 뒤 이틀쯤 지나서 편지를 보내왔다. "내가 게으른 탓도 있겠지만 참으로 공사다망한 때라오. 밤에 갈까 하는데, 어떠한지요. 당신이 어떻게 나올까 무섭다오." "몸이 좀 좋지 않아 답장을 드릴 수가 없군요"라고 일러 보내고 나서 기대를 않고 있었는데, 아무 일도 없었다는 얼굴로 찾아왔다. 기가 막혀 죽겠다고 생각하고 있는데 아무

일도 없었다는 듯 장난을 치기에 너무 미운 마음이 들어, 요 근래 오랜 기간 마음속에 꾹꾹 눌러 담아두었던 생각들을 전부 다 퍼부었는데, 이렇다 저렇다 전혀 대답도 없이 자는 척만 하고 있다. 줄곧 듣고 있더니 자다가 깬 듯한 태도로 "자, 그래서요. 벌써 주무시는 게요"라고 말한 뒤 웃고는, 남부끄러울 정도로 못살게 군다. 하지만 내가 목석이라도 된 듯이 딱딱한 모습으로 밤을 새우니, 날이 밝자 아무런 말도 하지 않은 채 돌아갔다.(중권 · 224-225)

인용(2)의 '쓰레나시'는 가라사키(唐崎)에서 불제를 하였던 미치쓰나의 어머니가 거기에서 느꼈던 자신의 심경을 와카에 담아 가네이에게 보냈지만 아무런 반응을 드러내지 않는 '가네이에의 태도'에 사용되고 있다. 그리고 인용(3)의 '쓰레나시'는 결혼 후 한 번도 거르는 일 없이 정월 초하루 날에는 반드시 미치쓰나의 어머니를 방문해 왔던 가네이에가 그해 연초에는 몇 번이나 문 앞을 그대로 지나쳐 간 뒤 8일경에야 겨우 찾아왔는데, 그때 아무렇지 않은 듯한 '가네이에의 태도'에 쓰이고 있다.

하지만 '쓰레나시'가 '가네이에의 태도'에 사용되어 온 이러한 경향은, 가네이에가 자기 집 문 앞을 스쳐 지나가는 것을 참을 수 없어 미치쓰나의 어머니가 감행하였던 971년 6월 나루타키 칩거를 분기점으로 하여 자취를 감추게 되고, '쓰레나시'는 '미치쓰나의 어머니의 태도'에 쓰이게 된다.

다음 인용을 보도록 하자.

(4)이렇게 이 사람 저 사람 제각각 하산하도록 권하지만, 내 마음은

흔들리지 않고 태연하기만 하다. 좋다고 하든 나쁘다고 하든 내가 거역할 수 없는 친정아버지는 요즈음 서울에 계시지 않는데, "지금 이렇게 지내고 있습니다"라고 편지로 말씀드리니, "그것도 괜찮겠지. 조용히 그렇게 잠시 동안 불공을 드리는 것은"이라고 답장을 주셔서, 마음이 한결 편하다.(중권 · 246)

(5)"이렇게 짐을 전부 다 꾸렸으니, 떠나셔야 될 듯하네요. 부처님 전에 인사말씀 드리세요. 그게 정해진 예법이라오"라는 둥, 그 사람은 너무나도 웃긴 농담을 시끄럽게 잔뜩 늘어놓았다. 나는 전혀 받아치지도 못하고 글썽거리는 눈물만 꾹 눌러 참고 있자니, 수레를 댄 지 꽤 시간이 지났다. 그 사람은 신시경에 이리 왔는데, 등불을 켤 시간이 되고 말았다. 내가 모른 척하며 꼼짝 않고 있자니, "좋소. 그럼 나는 가겠소. 뒷일은 네게 맡기마" 하고 일어서 문을 나서니, 아이가 "어서요, 어서요"라고 서두르며 내 손을 잡고 곧 울 것처럼 말하니, 어찌할 수 없어 나서는 내 마음은 제 정신도 아닌 듯하다.(중권 · 256-257)

인용(4)의 '쓰레나시'는 미치쓰나의 어머니가 나루타키에 칩거하고 있을 때 하산하기를 권하는 사람들에 대한 '미치쓰나의 어머니의 태도'에 쓰이고 있으며, 인용(5)의 '쓰레나시'는 가네이에에 의해 나루타키 한냐지(般若寺)에서 강제적으로 교토로 되돌아오게 되었을 때 '미치쓰나의 어머니의 태도'에 쓰이고 있다.

또한 다음 인용은 나루타키 칩거를 마치고 교토로 돌아온 미치쓰나의 어머니 집으로 가네이에가 방문한 장면이다.

(6)그러고 나서 사흘쯤 지난 뒤, "오늘 산사에서 내려왔소"라며 저녁 무렵 찾아왔다. 평소에 어떠한 생각을 하고 있는지 짐작을 할 수 없게 되었기에 냉담하게 있었더니, 그 사람 또한 아무렇지도 않은 듯이 이레나 여드레에 한 번꼴로 가끔씩 찾아온다.(중권 · 268)

이 장면에서 '쓰레나시'는 가네이에와 마음의 거리를 느끼지 않을 수 없는 미치쓰나의 어머니의 내면을 반영하기 위해 사용되고 있다고 생각한다.

그리고 하권에 들어가서도 '미치쓰나의 어머니의 태도'에 '쓰레나시'가 쓰이게 된 이와 같은 경향은 이어진다.

(7)이 달도 이렛날이 되었다. "이걸 좀 손질해 줬으면 하오. 근신해야 할 일이 있어서 들르지는 못하오"라는 전갈이 오늘 왔다. 소식도 전해오지 않으면서 옷 손질 부탁하는 것은 변함이 없는지라, "알았습니다"라고만 쌀쌀맞게 답장을 보냈다. 점심 무렵부터 비가 한가롭게 내렸다.(하권 · 302)

이 장면에서 '쓰레나시'는 가네이에가 편지로 부탁해 온 바느질감을 아무런 동요도 없이 받아들였다는 '미치쓰나의 어머니의 태도'에 쓰이고 있다. 『가게로 일기』에는 바느질감을 둘러싼 기사가 거듭 기술되어 있는데, 이것은 미치쓰나의 어머니의 의식이 변화하고 있다는 사실을 입증하는 중요한 소재가 되고 있다. 즉 다음 인용과 같이 971년 6월 이전에 기술된 바느질감 기사는 거의 대부분 가네이에의 뻔뻔함을 드러내는 제재로 그려져 있으며 미치쓰나의 어머니가 그 요청을 거절하는 패턴을 보이고 있다.

칠월이 되어 여느 해라면 스모 축제가 열릴 무렵, "이걸 좀 손질해 주시오"라며 헌것 새것 할 것 없이 일습씩 마치노코지 여자의 바느질감을 꾸려 보내니, 이런 기막힐 데가 있는가. 그걸 열어 보니 눈앞이 다 어찔어찔해지는 듯하다. 예스러운 사람은, "어이구, 안됐기도 해라. 그 댁에서는 해드릴 수가 없나보네."라고 하지만, "변변찮은 여자들만 모여가지고, 진짜 마음에 안 드네요. 그냥 돌려보내면 자기들 변변찮은 생각은 안 하고 우리를 욕하겠지만 그 욕이나 들어줍시다."라고 시녀들이 의논을 한 뒤, 그대로 돌려보냈다. 그랬더니, 아니나 다를까 이곳저곳에다 바느질감 손질을 부탁한다는 소문이다.(상권 · 85-86)

하지만 971년 6월 이후가 되면 바느질감을 소재로 한 기사는 인용(7)과 같이 그 요청을 받아들이는 식으로 변화하고 있다. 이와 같은 미치쓰나의 어머니의 의식 변화는 다음 인용에서도 읽어 낼 수 있다.

(8)이러는 새 시월이 되었다. 스무날 지났을 즈음 불길한 방위를 피해 다른 곳으로 옮겼는데, 그곳에서 듣자니, 그 밉살스러운 곳에서는 아이를 출산한 듯하다고 사람들이 두런대고 있다. 그냥 있을 수는 없어, 정말 꼴 보기 싫다고 생각하는 게 인지상정일 텐데, 별로 신경도 쓰이지 않았다.(하권 · 369-370)

인용(8)에서 '쓰레나시'는 가네이에의 총애를 받고 있는 오미가 출산하였다는 소문을 듣고도 마음이 흐트러지지 않는 미치쓰나의 어머니의 태도에 쓰이고 있다.

그렇다고 하여 971년 6월 이전의 '쓰레나시'의 용례가 '미치쓰나의 어머니의 태도'에 전혀 쓰이고 있지 않은 것은 아니다. 다음 인용은 971년 6월 이전의 기사이지만, 이 장면에 기술된 '쓰레나시'는 가네이에가 밤에 찾아오지 않는 데 대한 '미치쓰나의 어머니의 태도'에 쓰이고 있다.

> (9)그 사람은 몸이 좋아졌다는 소문이 들리는데도, 찾아올 때가 지나도 오지를 않으니 기다림에 지친다. 무척 이상하다고 생각하면서도 오늘 밤에는 찾아와주지 않을까 기다려보자며 마음을 다스리고 있는데, 끝내는 편지조차 보내오지 않은 채 날이 꽤 흘렀다. 이런 일이 있을 수 있나, 이상한 일도 다 있구나라고 속으로는 생각하면서도 겉으로는 아무렇지도 않은 척하고 있자니, 밤에는 세상의 우차 소리에 혹시나 싶어 가슴이 미어지고, 가끔은 잠이 들었다가 벌써 아침이구나 하며 깨어 일어나 간밤에도 그 사람이 오지 않았다는 사실을 생각할 때마다, 전보다 더욱더 기가 막힐 뿐이다.(중권 · 197)

그러나 인용(9)에서 미치쓰나의 어머니는 가네이에가 밤에 발걸음을 하지 않는 데 대해 계속 아무렇지 않은 척 꾸미고 있지만, 밤에 들리는 우차 소리에 마음이 동요되어 '쓰레나키' 태도를 유지하는 것은 어려워진다. 즉 그녀의 '쓰레나키' 태도가 마음속 깊은 곳에서부터 초래된 것이 아니라 겉으로 드러내는 데 불과하다는 것을 알 수 있다.

그리고 971년 6월 이후의 용례 가운데에도 다음 인용과 같이 미치쓰나의 어머니가 가네이에의 태도를 '쓰레나시'로 받아들이는 장면은 있다. 하지만 그 쓰임새는 그 이전 것과는 질적으로 차이가 있다고 생각된다.

> ⑽친정아버지가 이 집은 다른 사람에게 넘기고 당신이 살고 있는 집에 나를 살게 해야겠다고 정해, 오늘 내일이라도 히로하타나카가와(廣幡中川) 근처로 옮기도록 이야기가 되었다. 거처를 옮길 거라는 것은 전부터 그 사람에게 넌지시 비추고 있었지만, 이사 당일 오늘 옮긴다는 이야기를 하지 않을 수는 없겠다 싶어, "말씀드릴 일이 있습니다"라고 전하게 했지만, "근신을 해야 할 일이 있어서……"라며 냉담하기만 하기에, 그렇다면 할 수 없지라고 생각해, 아무런 말도 하지 않고 이사를 갔다.(하권 · 331-332)

즉 인용⑽에서 미치쓰나의 어머니는 가네이에의 '쓰레나키' 태도에 "그렇다면 할 수 없지"라고 생각하고 있어, 971년 6월 이전의 용례처럼 가네이에의 '쓰레나키' 태도가 미치쓰나의 어머니의 고뇌의 원인으로는 작용하고 있지 않다.

이상과 같이 '쓰레나시'의 용례가 어떻게 작품 속에서 쓰이고 있는지 그 용례[13]를 분석해 보았다. '쓰레나시'라는 표현의 쓰임새가

---

13 이 장에 인용된 10회의 용례 이외에 '쓰레나시'의 용례는 10회 더 확인할 수 있다.

변화하고 있는 것은 가네이에와의 불안정한 부부관계에서 초래된 미치쓰나의 어머니의 고뇌가 어떻게 전개되는가 하는 문제와 밀접한 관련이 있다고 생각된다. 971년 6월 즈음부터 '쓰레나시'가 가네이에에 대한 미치쓰나의 어머니 자신의 태도에 많이 쓰이게 되었다는 것은 그 시점부터 미치쓰나의 어머니가 가네이에를 바라보는 시선에 어떠한 변화가 생겼다는 것을 의미하고 있는 것은 아닐까.

971년 6월과 미치쓰나의 어머니

이와 같은 관점에서 볼 때 『가게로 일기』 속에서 971년은 작품 전체의 전개 속에서 중요한 의미를 지니고 있는 해이며, 나아가 『가게로 일기』라는 작품 전체의 구조를 크게 이분하는 분기점이 되고 있다고 생각한다.

이 점에 관해 시나가와 가즈코(品川和子) 씨는 다음과 같이 기술하고 있다.

> 『가게로 일기』는 상 · 중 · 하 3권으로 나뉘어 있으며, …… 권별로 작품 분석이 시도되고 있지만, 여기에서는 3권 일기 전체를 두 부분으로 나누어 살펴보도록 한다. 그 분기점이 되는 것은 중권 나루타키 칩거 부분을 생각할 수 있다. 그렇게 보았을 때 전반부(약 15년간)에서는 대체로 문맥에 파동성(波動性)이 보이지만, 후반부에서는 그러한 경향은 사라지고 일기는 현시점을 기술하는 경향을 보인다. 즉 전반의 회상적인 부분에 희비애환(喜悲哀歡)의 정이 반복적으로 크고 작은 파동을 보이고 있으며, 중권에 들어가면 그것은 점차로 비

애와 고뇌의 파도 쪽이 큰 물결을 보이게 되고, 나루타키 칩거에 이르러서는 최고조를 보이고 있다. 하산한 뒤 후반부에는 이러한 경향은 보이지 않는다. …… 즉 이 작품에는 작자 자신이 설정한 허무함이라는 주제가 전편을 관통하며 움직이지 않는 것으로서 존재하고 있는데도 불구하고, 소재와의 관련을 살펴 나갔을 때 고저가 느껴지는 부분이 있다고 생각되는 것이다.[14]

구조 분석의 관점에서는 아니지만 일기 전체를 971년 6월의 나루타키 칩거를 분기점으로 하여 두 부분으로 나누어 보려고 하는 시나가와 씨의 지적은 시사적이다.

『가게로 일기』가 가네이에와 미치쓰나의 어머니의 결혼생활을 그린 작품인 이상 작품의 마지막까지 가네이에에 대한 미치쓰나의 어머니의 관심은 계속될 수밖에 없다고 생각한다. 그러나 미치쓰나의 어머니가 971년 6월 이후에는 그 이전처럼 가네이에의 태도에 일일이 신경을 곤두세워 그의 태도를 '쓰레나키' 처사로 받아들이지 않고 오히려 자기 자신이 남편에 대해 '쓰레나키' 태도를 취하게 되었다는 사실은 두 사람의 관계를 응시하는 미치쓰나의 어머니의 의식에 어떠한 변화가 초래되었기 때문일 것이다.

미치쓰나의 어머니의 의식 변화를 초래한 971년에 생긴 사건으로는 '쓰레나시'의 용례 분석을 통해서도 확인하였듯이, 가네이에의 거듭되는 '집 앞 스쳐 지나가기'(前渡り)에 충격을 받아 "내 집 앞을

14 品川和子, 「蜻蛉日記の表現における波動性—大弐国章の女「近江」との関係について—」(『学苑』 260, 昭和女子大学光葉会, 1961) p.42.

그냥 지나쳐 가시지 않는 세계"(중권 · 234)를 찾아 감행하였던 미치쓰나의 어머니의 '나루타키 칩거'를 들 수 있다.

『가게로 일기』 내 '나루타키 칩거'에 관해서는 일찍이 후지오카 사쿠타로(藤岡作太郎) 씨가 다음과 같이 기술하고 있다.

> 미치쓰나의 어머니는 재식(才識)이 뛰어나고 스스로 높은 기품을 지니고 있는데, 이런저런 일로 그 남편에게 우롱당하고 있다고 느껴 세상사를 우울하게만 느껴 눈물로 지새우다가 한번은 교토 서쪽 나루타키에 은거하여 비구니가 되려고 한 일이 있다. 이 파열은 이윽고 이 일기의 초점으로도 볼 수 있는데, 이 일이 있었던 시점을 전후하여 이 책을 쓰기 시작한 것으로 보인다.[15]

또한 아키야마 겐(秋山虔) 씨도 971년 6월의 사건이 작품에 미친 영향에 대해 다음과 같이 지적하고 있다.

> 그런데 가게로 일기의 서술은 20일간의 나루타키 칩거에 의해서, 7월 상순 친정아버지 도모야스(倫寧)와 동행하였던 하쓰세 참배(初瀨詣)에 이어서, 이윽고 그 971년 후반을 기록하는 즈음—그리고 그대로 중권의 결말로 나아가는 것이지만—이 되면, 그때까지의 가네이에에 대한 격정적인 집착이 갑자기 자취를 감추게 되는 듯하다. …… 거기에는 부인으로서 상처 입고 끝내 패배한 끝에 도달한 조용

15 藤岡作太郎, 『国文学全史 平安朝篇』(東京開成館, 1905) p.306.

하고 깊은 체관(諦觀)이 드러나 있는 것이다.[16]

작품의 '초점'으로 볼 만한 971년 6월에 일어난 사건 이후 찾아온 미치쓰나의 어머니의 평온한 심경은, 아키야마 씨가 지적한 바와 같이 가네이에에 대한 '체관'(諦觀)에 의해 획득된 것으로 생각된다. 미치쓰나의 어머니의 의식 변화, 가네이에에 대한 인식 변화가 패배의 산물인지 극복의 산물인지 또는 그것이 완전한 형태인지 아닌지의 문제는 어찌 되었든, 971년 6월을 분기점으로 하여 가네이에와의 관계를 응시하는 미치쓰나의 어머니의 의식에 변화가 초래된 것은 사실일 것이다.

그 의식 변화란 미치쓰나의 어머니가 가네이에에 대한 집착에서 탈피하기 시작한 것을 의미하며, 이와 같은 체념에서 '쓰레나시'라는 표현은 가네이에에 대한 미치쓰나의 어머니의 태도에 쓰이게 되었다고 생각한다. 따라서 미치쓰나의 어머니의 '쓰레나키' 태도는 내면의 한과 애증을 억누르고 표면만 아무렇지 않은 척 꾸미는 것이 아니라, 내면에 있어서도 가네이에로부터 일정 정도 거리를 두는 태도라고 생각한다.

이상으로서 '나오아라지'와 '쓰레나시'라는 표현을 지표로 하여 미치쓰나의 어머니의 의식 변화를 고찰해 보았다.

먼저 '나오아라지'에 관해 정리해 보면, 이 표현은 헤이안 시대의

16 秋山虔, 『王朝女流文学の形成』(塙書房, 1967) p.234.

다른 여성문학에 그다지 쓰이고 있지 않은 표현이다. 쓰인다고 하여도 남성의 심정을 드러내는 데 쓰이고 있는 표현으로 여겨진다. 따라서 『가게로 일기』에서 여성이 자기 자신의 마음의 변화를 나타내는 데 '나오아라지'라는 표현을 썼다는 것은 주목할 만한 점이라고 생각한다.

다음으로 '쓰레나시'에 대해 살펴보면, 『가게로 일기』에서 처음에는 '가네이에의 태도'에 사용되던 '쓰레나시'는 971년 6월을 분기점으로 하여 주로 미치쓰나의 어머니 자신에게 사용되게 되었다는 것을 알 수 있다. 그때 주목할 점은 미치쓰나의 어머니의 '쓰레나키' 태도는 야마구치 씨가 지적하고 있듯이 '남편에 대한 대항' 수단으로 사용되고 있다기보다는 그녀가 971년의 나루타키 칩거를 통해 자신의 고뇌에 정면으로 마주섬으로써 획득한 체념에서 초래된 것으로 생각된다.

즉 971년 6월 이전에는 가네이에와의 관계 속에서 느껴지는 외부의 자극에 가만히 있을 수 없어 '나오아라지'라며 반응을 보이지 않을 수 없었던 미치쓰나의 어머니의 태도는, 971년 6월 이후에는 자극이 있어도 '나오아라지'라고 생각하여 표면에 나서거나 하는 일 없이 꾹 눌러 참는 '쓰레나키' 태도로 변화하고 있다.

이와 같은 두 표현의 쓰임을 통해 읽어 낼 수 있는 미치쓰나의 어머니의 의식은 상권과 중권 전반의 '고뇌의 의식'에서 하권의 '체념의 의식'으로 변화하고 있다고 할 수 있다.[17] 또한 하권 도입부에 위치한 다음과 같은 인용을 통해서도 미치쓰나의 어머니의 의식 변화를 읽어 낼 수 있다.

---

17 971년 나루타키 칩거를 분기점으로 미치쓰나의 어머니의 의식이 변화하였다는 사실은 '나오아라지'와 '쓰레나시'라는 표현 이외에 '한'(恨み)이라는 표현을 통해서도

이렇게 또 새해를 맞이하니, 덴로쿠 3년(天祿三年)이라고 한다. 마치 우울한 내 신세도 원망스러운 일도 모두 다 사라져 마음이 환히 밝아진 듯한 느낌이다. 의관을 정제시켜서 새해인사를 드리라고 대부를 내보냈다. 뜰로 뛰어내려 그길로 춤추듯 새해인사를 올리는 모습을 보자니, 한결 의젓해진 것 같아 눈물이 핑 돈다. 불공을 드리고 싶다고 생각했는데 오늘 저녁부터 부정한 일이 있는 듯하다. 이것은 세상 사람들이 불길하게 여기는 일인지라, 또다시 내 신세가 어떻게 되어가는 것인가 하고 온통 그 생각뿐이다. 올해는 천하에 다시없을 미운 사람이 있다 해도 한탄하지 않으리라 등등 차분한 마음으로 곰곰이 생각하니, 참으로 마음이 편안하다.(하권 · 279-280)

결국 『가게로 일기』의 중심적인 제재가 미치쓰나의 어머니와 가네이에의 결혼생활이라는 것을 전제로 하여 생각한다면, 하나의 완결된 작품으로서의 『가게로 일기』의 세계는 '고뇌의 세계'와 '체념의 세계'로 나눌 수 있다고 생각한다. 따라서 가네이에와의 결혼생활에 대한 미치쓰나의 어머니의 의식을 기준으로 하여 분석하였을 때, 『가게로 일기』는 971년 6월의 나루타키 칩거를 분기점으로 하여 그 이전과 그 이후 두 부분으로 나눌 수 있는 구조를 지니고 있다고 생각한다.

확인할 수 있다. 이 책 6장 참조.

4. 작품 말미와 주제의식

'언제나처럼 끝없는 시름'과 '생각대로 되지 않는 이내 신세'

『가게로 일기』 작품 전체의 말미인 하권 말미는 다음과 같이 끝을 맺고 있다.

> 올해는 날씨가 심하게 거칠지도 않고 조금씩 흩날리는 눈이 두어 번 내렸을 뿐이다. 우마조가 초하룻날 입궐할 때 입을 의복과 백마절 때 입고 갈 의복을 정돈하고 있던 중에 한 해 마지막 그믐날이 되어버렸다. 내일 설날 때 답례품으로 쓸 옷 등을 접고 말고 하며 손질하는 일을 시녀들에게 맡기거나 하며, 생각에 잠긴다. 생각해보니, 이렇게 오랫동안 목숨을 부지하며 오늘까지 살아온 일이 참으로 기가 막힐 뿐이다. 혼제(魂祭) 등을 보는데도 언제나처럼 끝없는 시름에 잠기게 되니, 그러는 동안 한 해가 다 저물어 갔다. 내 집은 서울 변두리인지라, 밤이 이슥하게 깊어서야 구나하는 사람들이 문을 두드리며 다가오는 소리가 들린다.(하권 · 383)

"한 해 마지막 그믐날"에 "서울 변두리"에 있는 집에서 작중화자 미치쓰나의 어머니가 "언제나처럼 끝없는 시름"에 잠겨 있다는 구도는 『가게로 일기』 전체의 틀, 구조라는 것을 생각하였을 때 상권 발문(跋文)에 기술되어 있는 "생각대로 되지 않는 이내 신세"(思ふやうにもあらぬ身, 상권 · 165)를 형상화하려 한 일기의 집필의도에 어울리는 종결 방식으로 생각된다. 하지만 그와 동시에 이 말미의 기술은 하권 도입부에 토로되어 있는 "올해는 천하에 다시없을 미운 사람이 있다 해도 한탄하지 않으리라"(하권 · 279)라는 화자의 상념과 어긋나 있는 데다 그 직전까지 기술되던 양녀와 아들 미치쓰나와 관련된 구혼담 등의 제재와 낙차를 느끼게 한다.

이와 같은 모순을 내포하고 있는 듯이 보이지만, 위에 인용한 『가게로 일기』 말미의 기술은 "언제나처럼 끝없는 시름"이라는 표현에 의해 『가게로 일기』 전체의 주제에 관한 문제와 그 주제 하에 하권의 성격을 어떻게 읽어 내야 하는가라는 문제에 관해 시사하는 바가 크다. 그리고 인용 중에 기술된 "한 해가 다 저물어갔다"라는 표현을 통해 『가게로 일기』의 말미가 어떻게 형성되었는지, 그 형성방법을 찾을 수 있다고 생각한다.

이 장에서는 이와 같은 『가게로 일기』의 말미에 기술된 대목을 중심으로, "언제나처럼 끝없는 시름"의 내실과 한 해의 "마지막 그믐날"이라는 시간을 설정하며 일기를 끝맺는다는 구상이 지니는 의미, 그리고 일기 전체의 주제 하에 하권이 지니는 성격 등에 관해 고찰해 보고자 한다.

『가게로 일기』 말미의 기사, 하권 말미에 기술된 "언제나처럼 끝없는 시름"이라는 표현의 함의(含意)에 관해서는 종래 다양한 해석이 이루어져 왔다. 여러 주석서들을 검토해 보면, "언제나처럼 끝없는 시름"이 의미하는 바에 관해 '돌아가신 친정어머니에 대한 추억', '매년 느끼는 감회', '끝없는 비탄의 눈물' 등 다양한 해석이 있으며 그 의미가 명확하지는 않지만 '여느 때와 다름없는 끝없는 시름'으로 해석하는 것이 일반적인 견해인 듯하다.[1] 단,『가게로 일기』의 표현은 상권 모두(冒頭)의 "이렇게 내 반평생의 세월은 흘러가고"(상권 · 47)와 같이 언뜻 보면 애매하게 생각되면서도 주관적으로는 확실한 의미를 지니고 있다는 데서 "언제나처럼 끝없는 시름"이라는 표현 또한 내실을 지니고 있는 것으로 추정할 수 있을 것이다.

이와 같은 "언제나처럼 끝없는 시름"이 작품 내에서 지니는 의미는 '언제나처럼', '끝없는'이라는 용례를 검토함으로써 확인할 수 있을 것이다.『가게로 일기』에 쓰이고 있는 '끝없는'(盡きせず)이라는 표현의 용례는 4회이며, '언제나처럼'(例の)이라는 표현의 용례는 91회다. 그 가운데 작품 말미에 기술되어 있는 "언제나처럼 끝없는 시름"(例の盡きせぬこと)의 의미를 생각하는 데 있어 주목할 만한 용례는 다음과 같다.

> ①이렇게 다른 사람이 보기에는 별 문제 없어 보이는 우리 결혼생활도 십 년하고도 한두 해나 더 지났다. 하지만, 실상은 세상 사람들과는 다른 이내 결혼생활을 아침저녁으로 한탄하면서 <u>수심이 가실 날 없는 나날을 보내왔다</u>(つきせず過ぐすなりけり).(상권 · 136)

1 이 밖에 石原昭平,「蜻蛉日記の終末―「例のつきせぬこと」の意味するもの―」(『日記文学作品論の試み』, 笠間書院, 1979)에서는 '죽음과 출가'(p.102)로 해석하고 있다.

②그런데, 그 사람이 초사흗날경 오시쯤에 모습을 보였다. 늙어서 남부끄러운 모습이기에 너무나 괴로웠지만 어떻게 할 것인가. 잠시 머문 뒤, "이쪽 방위가 막혀 있어서"라며 나선다. …… 아아 괴롭구나, 너무나도 마음을 푹 놓고 있었구나 생각하며 내 옷차림을 보자니 오래 입은 옷은 후줄근하고, 거울을 보니 내 모습이 밉기만 하다. 그 사람은 이번에도 또 정나미가 떨어졌겠구나라고 이런저런 생각이 꼬리에 꼬리를 물고 일어난다. 이런 일들을 하염없이 생각하며(盡きせず) 시름에 잠겨 있자니, 초하루부터 매일처럼 비가 내리고 있었다.(하권 · 324-325)

③그런데, 그 사람이 찾아오지 않아 시름에 잠기게 되는 일(例のもの思ひ)은 이번 달에도 일 있을 때마다 되풀이되었다.(하권 · 329)

결혼한 지 12년이 지난 시점인 966년의 기술인 인용①에서는 밖에서 볼 때는 보통으로 생각될지도 모르지만 결혼 당초에 기대하였던 바와는 다르게 전개되는 결혼생활을 "수심이 가실 날 없"다며 한탄하고 있는 미치쓰나의 어머니의 모습을 읽어 낼 수 있다. 인용②의 기술은 결혼한 지 20년이 되려고 할 즈음인 973년 2월 어느 날, 남편 가네이에가 낮에 찾아온 장면이다. 한낮인 탓에 더욱더 눈에 띄는 자신의 늙어 추한 모습과 흐트러진 모습을 남편에게 보이게 되어 자신에게 정나미가 떨어졌을 거라며 "하염없이" 시름에 잠겨 있는 미치쓰나의 어머니의 모습이 그려져 있다. 그리고 인용③은 가네이에가 마지막으로 찾아온 973년 7월 직전의 일을 기술한 것이다. 이 인용을 통해 남편이 발길을 끊음으로써 느끼게 된 미치쓰나의 어머니의 시름이 일회적인 것이 아니라 반복적인 것이며 '언제나처럼' 마찬가지 시름이라는 것을 알 수 있다.

이와 같은 기술 등에 쓰이고 있는 '끝없는', '언제나처럼'이라는 표현의 의미를 고려해 보았을 때 하권 말미에 쓰이고 있는 "언제나처럼 끝없는 시름"이라는 표현은 가네이에와의 결혼생활에서 초래된 고뇌에 다름 아니며, 가네이에가 발길을 끊음으로써 생각대로 되지 않는 여느 때와 마찬가지인 결혼생활에 대한 시름, 미치쓰나의 어머니의 생각대로 전개되지 않았던 결혼생활에 대한 한탄으로 해석할 수 있을 것이다. 미치쓰나의 어머니가 『가게로 일기』에서 집필하려고 한 것은 상권 말미에 기술되어 있듯이 자기 자신의 "생각대로 되지 않는 이내 신세", 즉 가네이에와 보낸 결혼생활의 내밀한 사연이다. 따라서 가네이에에 대한 미치쓰나의 어머니의 인식과 결혼생활에서 초래된 미치쓰나의 어머니의 고뇌가 어떻게 전개되고 변화되어 가는가가 『가게로 일기』라는 작품이 지닌 본래의 요체(要諦)일 것이다. 결국 미치쓰나의 어머니 자신의 '신세'를 풀어놓고자 한 주제의식은 일기의 말미까지 관철되고 있었다고 할 수 있다.

하권에 접어들어서도 상권 말미에서 제시된 "생각대로 되지 않는 이내 신세"라는 주제성[2]은 미치쓰나의 어머니의 '노년의식'이 엿

---

2 『가게로 일기』의 주제에 관해서 阿部秋生, 『源氏物語研究序説 上』(東京大学出版会, 1959)에는 "작자의 강한 주관적인 방향—'생각대로 되지 않는' 이내 신세, 가네이에가 성실하지 않은 탓에 '몸 전체를 잘라 부수는 마음'이 들었다고 하는 고뇌를 토로하려는 방향에 적합한 것으로 한정되어 있는 듯하다"(p.312)라고 지적되어 있다. 木村正中, 「蜻蛉日記の主題と構造」(『明治大学人文科学研究所紀要』 5, 明治大学人文科学研究所, 1967)에서는 『가게로 일기』의 주제를 '허무한 신세'(はかなき身の上)로 파악하고 있다.

보이는 기사나 이웃집의 화재, 신사(神社)에 와카를 봉납하는 기사 등에서도 찾아볼 수 있다.

그중 먼저 하권에서 미치쓰나의 어머니의 노년의식이 엿보이는 전형적인 장면으로 들 수 있는 것은 인용②에 기술된 "거울을 보니 내 모습이 밉기만 하다. 그 사람은 이번에도 또 정나미가 떨어졌겠구나라고 이런저런 생각이 꼬리에 꼬리를 물고 일어난다"라는 구절을 들 수 있다. 이 장면에 단적으로 나타나 있듯이, 미치쓰나의 어머니의 노년의식은 나이를 먹을수록 관록이 더해 가는 가네이에의 모습과 대비되는 형태로 기술되어 있다. 늙어 가면서 자신의 미모가 쇠퇴해 가는 데 신경을 쓰면서 남편과의 관계가 파탄날까 걱정하는 미치쓰나의 어머니의 심경은 하권 곳곳에 거듭 기술되어 있다. 이러한 기술에서 실질적인 일부다처제라는 결혼제도 하에서 이미 젊음과 미모를 잃고 남편을 자기 쪽으로 끌어올 만한 수단을 잃어버린 늙어 가는 여성의 슬픔과 적적함, 체념의 상념이 읽힌다. 그리고 그 깊은 곳에는 남편에 대해 숨겨진 마음이 저류(底流)하고 있다고 할 수 있을 것이다.[3]

또한 하권에만 기술되어 있는 이웃집 화재에 관한 기사에서도 남편과 멀어져 가는 관계에 대한 미치쓰나의 어머니의 심경을 읽을 수 있다. 다음과 같은 인용④에서도 확인할 수 있듯이 화재에 관한

3 그 밖에 미치쓰나의 어머니의 '노년의식'을 엿볼 수 있는 하권 장면으로는 세 군데를 더 들 수 있다. 미치쓰나의 어머니의 이와 같은 의식에 관해서는 石坂妙子, 「道綱の恋愛贈答歌と道綱母―『蜻蛉日記』下巻の世界構造に関する試論―」(『国語表現論叢』, 押見虎三二教授御退官記念事業会, 1979); 小山香織, 「『蜻蛉日記』下巻試論―破局までと日常への回帰―」(『国語と国文学』 81-6, 東京大学国語国文学会, 2004)에도 지적되어 있다. 그중 "『가게로 일기』는 그 최후까지 미치쓰나의 어머니의 '신세'(身の上)를 기술하고 있다"(p.24)는 오야마 가오리(小山香織) 씨의 지적은 시사적이다.

기사는 옛날과는 달리 서둘러 문안을 와 주지 않는 가네이에의 대응, 그리고 마음이 멀어져 버린 두 사람의 관계성을 드러내는 제재로 쓰이고 있다는 것을 알 수 있다.

> ④그러는 동안 불길은 모두 잦아들었다. 얼마간 시간이 지났건만 안부를 물으러 와야 할 그 사람에게서는 연락이 없고, 그다지 안부를 묻지 않아도 되는 사람들한테서는 모두 연락이 왔다. 전에는 불이 나면 이 근처가 아니냐고 상황을 확인하러 서둘러 찾아온 적도 있었는데, 지금은 옆집에서 불이 났는데도 연락조차 없구나라고 생각하니, 기가 막힐 뿐이다. …… 참으로 참담하고도 참담할 뿐이라고 생각하고 있자니, 문을 두드리는 소리가 난다. 아랫것이 나가본 뒤, "오십니다"라고 하니, 조금은 마음이 가라앉는 듯한 느낌이다.(하권 · 304)[4]

그리고 973년 7월 가네이에와의 부부관계가 파탄된 뒤 그다음 해인 974년 5월, 미치쓰나의 어머니는 여전히 가네이에와 관계가 회복되기를 기원하면서 얇은 비단실로 질기고 가늘게 짠 무늬 없는 천으로 종이인형에게 입힐 옷을 세 벌 짓고 여민 옷 안자락에 "희디흰 이 옷 당신께 바치나니 우리 두 사람 한마음 한뜻이던 옛날로 돌려주오", "긴 세월 함께 해온 그 사람 마음 지금과 달리 내 뜻대로 할 방도 있으면 알려주오", "온 마음 다해 신께 믿음 바치는 내 신세기에

4 그 밖에 하권에 기술된 옆집 화재에 관한 기사는 세 건을 더 찾아볼 수 있다. 그중 연적인 오미의 집에서 일어난 화재에 관해 언급하면서 "얄밉게 생각하고 있던 곳"(하권 · 296)이라는 표현에서도 가네이에에 대한 미치쓰나의 어머니의 마음을 읽을 수 있다.

여름옷 누벼 지어 효험만 기다리네"라는 세 수의 와카를 써넣어 신사에 봉납하고 있다. 이 장면(하권 · 359-360)은 가네이에에 대한 상념으로부터 벗어날 수 없는 미치쓰나의 어머니의 본연의 모습과 함께 가네이에와의 "생각대로 되지 않는 이내 신세"를 집필하고자 하는 이 일기의 주제성이 하권에도 면면히 존재하고 있다는 것을 보여준다.

이제까지 확인한 바와 같이, 가네이에와 결혼생활을 영위하면서 배태된 미치쓰나의 어머니의 "생각대로 되지 않는 이내 신세"라는 『가게로 일기』의 주제는 하권에 이르러서도 변함없이 형상화되어 있다. 그리고 그것을 수렴하는 형태로 하권 말미, 『가게로 일기』의 마지막 부분에 "언제나처럼 끝없는 시름"이라는 표현이 제시되어 있는 것이다.

하권의 내실

『가게로 일기』 전체의 주제성이라는 관점에서 하권의 내실을 둘러싸고는 종래 다양한 견해가 제시되어 왔다. 하권의 성격을 바라보는 시각의 차이는 상권 말미에 표명된 남편인 가네이에와의 부부관계에서 배태된 "생각대로 되지 않는 이내 신세"를 집필하고자 한 일기의 주제성과 동떨어진 것으로 보이는 하권의 주된 기사와 하권 도입부에 나타난 미치쓰나의 어머니의 심경, 가네이에에 대한 인식의 변화 등을 어떻게 보는가에 따라 노정된 것이다.

『가게로 일기』 하권은 972년 정월 초하루 다음과 같이 미치쓰나의 어머니의 심경이 토로되면서 시작된다.

⑤이렇게 또 새해를 맞이하니, 덴로쿠 3년(天祿三年)이라고 한다. 마치 우울한 내 신세도 원망스러운 일도 모두 다 사라져 마음이 환히 밝아진 듯한 느낌이다. 의관을 정제시켜서 새해인사를 드리라고 대부를 내보냈다. 뜰로 뛰어내려 그길로 춤추듯 새해인사를 올리는 모습을 보자니, 한결 의젓해진 것 같아 눈물이 핑 돈다. 불공을 드리고 싶다고 생각했는데 오늘 저녁부터 부정한 일이 있는 듯하다. 이것은 세상 사람들이 불길하게 여기는 일인지라, 또다시 내 신세가 어떻게 되어가는 것인가 하고 온통 그 생각뿐이다. 올해는 천하에 다시없을 미운 사람이 있다 해도 한탄하지 않으리라 등등 차분한 마음으로 곰곰이 생각하니, 참으로 마음이 편안하다.(하권 · 279-280)

남편인 가네이에로 여겨지는 "천하에 다시없을 미운 사람"이 있다 하여도 더 이상 한탄하거나 하지 않겠다며 평온한 마음가짐을 견지하려는 미치쓰나의 어머니의 모습에서는 감정을 그대로 표면으로 드러내던 그 이전의 격정적인 모습은 자취를 감추고 있다. 이와 같은 미치쓰나의 어머니의 자세는 중권에서 마음대로 되지 않는 남편과의 관계로 고뇌에 빠져 참배여행을 거듭하면서 자신의 심경을 격렬하게 토로하였던 모습과 대비되면서, 그녀의 심경에 변화가 초래되었다는 것을 방증하는 것으로 생각할 수 있다. 이와 같은 결심에도 불구하고 그 뒤에도 여전히 가네이에에 대한 미치쓰나의 어머니의 집착이 완전히 끊어졌다고는 볼 수 없는 데다 가네이에를 기다리는 그녀의 한탄은 계속되지만, 그 이전보다는 그 정도가 훨씬 약해져 있다는 데서 어느 정도의 심경 변화가 일어났다는 것을 알 수 있다.

종래 이와 같은 심경 변화의 요인으로는 가네이에와의 결혼생활을 재인식하게 되었던 971년에 감행한 일련의 참배여행, 그중에서도 이 일기의 '초점'[5]으로도 볼 수 있는 나루타키 칩거가 많이 지적되어 왔다. 그리고 971년 일련의 사건 뒤에 찾아온 미치쓰나의 어머니의 심경 변화는 아키야마 겐(秋山虔) 씨의 지적대로 가네이에에 대한 '체관'(諦觀)[6]에 의해 미치쓰나의 어머니가 가네이에에 대한 집착에서 탈피하기 시작한 데서 획득된 변화로 간주하여도 큰 문제는 없을 것이다. 덧붙여 주목해 볼 문제는 하권에 들어와 미치쓰나의 어머니가 자신의 용모와 차림새를 부끄럽게 여기는 기술과 함께 가네이에와 자신의 용모와 자태를 비교하는 장면이 거듭 기술되고 있다는 점이다. 그때 남편에게 향해 있는 미치쓰나의 어머니의 시선이나 묘사에는 객관성과 함께 일종의 거리감이 감돌고 있다는 점에서, 미치쓰나의 어머니의 심경 변화에 영향을 미친 또 하나의 요인으로서 그녀의 노년의식을 지적할 수도 있을 것이다.[7]

이 같은 미치쓰나의 어머니의 일종의 심경 변화와 함께 하권이 상·중권의 집필 경향과는 이질적인 성격을 띠고 있는 듯이 보이는 것은, 미치쓰나의 어머니가 가네이에와의 부부관계라는 본래의 '자기 신세'(身の上)를 기술하는 데서 제재를 확장하여 자식 세대의 구혼담과 일상적인 일 등으로 시선을 돌려 기술하고 있기 때문일 것이다. 그 때문에 가네이에와 미나모토 가네타다(源兼忠)의 딸 사이에 태어난 여식을 미치쓰나의 어머니가 양녀로 맞이하는 기사와 가네이에의

---

5 藤岡作太郎, 『国文学全史 平安朝篇』(東京開成館, 1905) p.306.

6 秋山虔, 『王朝女流文学の形成』(塙書房, 1967) p.234.

7 『가게로 일기』 하권에 보이는 미치쓰나의 어머니의 심경 변화에 '노년의식'이 어떻게 관련되어 있는지에 관해서는 8장에서 상술하였다.

이복동생인 후지와라 도노리(藤原遠度)가 양녀에게 구혼하는 이야기, 야마토(大和) 여인 및 야쓰하시(八橋) 여인과 미치쓰나가 와카를 주고받는 이야기 등이 하권 대부분을 차지함으로써, 하권은 언뜻 보아 미치쓰나의 어머니가 가네이에와의 관계를 기술하고자 하는 『가게로 일기』 본래의 틀에서 일탈하고 있는 듯이 보인다.

『가게로 일기』 본래의 성격과 이질적으로 보이는 하권의 내실을 둘러싸고는 이미 '주제의 분열'이라고 규정하는 기무라 마사노리(木村正中) 씨의 견해나 '주제의 상실'이라고 규정하는 노무라 세이이치(野村精一) 씨의 견해를 비롯한 다양한 견해가 제시되어 왔다. 기무라 씨는 하권의 주제가 상·중권처럼 일관성을 지니지 않고 세 가지 주제, 즉 상·중권의 주제를 계승한 가네이에와의 관계 속에서 형상화해 나가는 화자의 '신세'(身の上), 양녀로 맞아들인 딸과 관련된 이야기, 미치쓰나에 관한 일로 주로 연애 증답가와 관련된 이야기로 분열되어 있으며, 이와 같은 하권 '주제의 분열'은 후퇴라기보다는 상권과 중권에는 없는 '확장'으로서 이해할 수 있다고 지적하고 있다.[8] 이에 대해 노무라 씨는 확장된 것으로 보이는 하권의 기사는 가네이에에 대한 관심을 나타내는 것이자 패배와 좌절 후의 관심의 양상이

---

8 木村正中, 「蜻蛉日記下巻の構造」(『平安朝日記 I』, 有精堂, 1971) pp.248-249. 초출(初出)은 『日本文学』 1961年 4月号. 이와 같은 기무라 씨의 견해와 유사한 것으로는, 가네이에에 대한 작자의 심정이 하권의 중심이라고 하면서도 하권의 기사가 다양화되는 것을 '주제의 분열'로 보는 宮崎荘平, 「蜻蛉日記下巻の特質」(『都大論究』 6, 東京都立大学国語国文学会, 1966); 伊藤博, 「蜻蛉日記下巻の構成をめぐって」(『山形大学紀要(人文科学)』 7-3, 1972); 守屋省吾, 「蜻蛉日記下巻の特質と形成」(『蜻蛉日記形成論』, 笠間書院, 1975); 犬養廉, 「蜻蛉日記の構造」(『一冊の講座 蜻蛉日記』, 有精堂, 1981) 등이 있다.

라고 하면서 가네이에에 관한 '주제의 상실'이라고 지적하고 있다.[9]

하지만 주제의 분열이나 상실의 근거로 많이 제시되고 있는 양녀 입양 이야기나 도노리의 구혼담, 미치쓰나의 구혼담과 같은 '모노가타리적'(物語的)이라고 일컬어지는 하권의 기사는 가네이에를 중심에 둔 주제에서 벗어나지 않았다고도 볼 수 있다. 예를 들어, "미치쓰나의 연애 증답가는 『가게로 일기』 전권을 관통하는 주제인 가네이에에 관한 신세(身の上)의 변주곡"이라는 이시자카 다에코(石坂妙子) 씨의 지적[10], "미치쓰나의 어머니 자신과 그 자식들의 〈허무한〉 신세 또는 불안한 신세를 기술함으로써 〈허무한〉 신세를 기술한다는 주제적 구속의 중층성을 작자가 획득"하였다고 하는 오쿠라 히로시(大倉比呂志) 씨의 지적[11], "그 근원에 있어서는 가게로 일기의 주제성에서 괴리되어 있지 않으며 가네이에와의 직접적인 관련을 중심으로 한 이른바 구심적인 방법이 하권에 이르러 원심적 방법으로 전화한 것에 불과"하다는 모리야 쇼고(守屋省吾) 씨의 지적[12] 등은 시사적인 견해라고 생각한다.[13] 양녀에 대한 도노리의 구혼담 등에 기술되어 있듯이

---

9 野村精一, 「蜻蛉の終焉 · 再説」(『源氏物語の創造 増訂版』, 桜楓社, 1975) pp.42-44. 그리고 이와 같은 견해는 後藤祥子, 「蜻蛉日記 主題の形成」(『王朝女流日記必携』, 学燈社, 1986)에도 보인다.

10 石坂妙子, 「道綱の恋愛贈答歌と道綱母―『蜻蛉日記』下巻の世界構造に関する試論―」, p.266.

11 大倉比呂志, 「蜻蛉日記における主題的拘束と作者の視線のありようについて―下巻巻末の記事を中心にして―」(『中古文学論攷』 1, 早稲田大学大学院中古文学研究会, 1980) pp.23-24.

12 守屋省吾, 「蜻蛉日記下巻の特質と形成」, p.90.

13 水野隆, 「『蜻蛉日記』下巻に関する試論―求婚譚を中心にして―」(『日記文学新論』, 勉誠出版, 2004)에서는 연애나 구혼 기사는 "상 · 중권에서 구축해 온 세계, 즉 '가네이

미치쓰나의 어머니가 꾸준히 가네이에와 소식을 주고받고 있는 부분 등에서는 여전히 가네이에의 존재를 의식하고 있는 미치쓰나의 어머니의 심경을 느끼지 않을 수 없다. 가네이에에 대한 미치쓰나의 어머니의 상념은 일기의 가장 마지막까지 소실되는 일은 없었던 것이다.[14]

시종 일관 남편과의 관계를 기술하였던 상권과 중권에 비해 하권의 기사가 확산되고 있다는 것은 부정할 수 없는 사실이다. 하지만 그것은 '주제의 분열'이라기보다는 '제재의 다양화'로 보아야만 하며, 가네이에와의 부부관계를 풀어놓으려 한 집필의식, "생각대로 되지 않는 이내 신세"라는 일기의 주제성을 '상실'하고 있다고는 생각하지 않는다. 미치쓰나의 어머니의 '신세'(身)는 도저히 자기 자신의 힘으로는 맞설 수 없는 노년의식에서 초래된 외로움으로 가득 찬 심경 변화를 기반으로 하여 제재의 확산을 보이면서도 하권 끝까지 면면히 기술되어 있는 것으로 보인다. 그리고 하권 말미, 일기 마지막 부분에 이르러 "언제나처럼 끝없는 시름", 즉 "생각대로 되지 않는 이내 신세"에 대한 한탄이 기술됨으로써 『가게로 일기』의 주제는 다시금 환기되고 응집되어 일기 전체를 관통하는 주제의식이 더욱더 명확해지고 있다고 할 수 있다.

에를 통한 〈신세〉(身の上)'를 다시금 물어 보고자 하는 의도"(p.187)와의 관련 속에서 구상된 일련의 기사라고 한다.

14 池乗節子, 「『蜻蛉日記』下巻における道綱母―諦観への志向と苦悩の潜在化―」(『新大国語』 12, 新潟大学教育学部国語国文学会, 1986); 石原昭平, 「『蜻蛉日記』の構造」(『蜻蛉日記』, 女流日記文学講座 第2巻, 勉誠社, 1990)에도 이 같은 지적이 있다.

한 해의 '마지막'과 일기의 마지막

이제까지 살펴본 것 말고도 『가게로 일기』의 마지막 장면에서 하나 더 주목할 것은 일기의 마지막이 한 해의 순환에 부합되듯이 한 해의 마지막 날, 한 해의 마지막 연중행사인 구나(驅儺) 행사의 문 두드리기로 막을 내리고 있다는 점이다.

"서울 변두리"에 위치한 히로하타나카가와(廣幡中川)에 있는 거처에서 이제까지 살아온 자신의 인생을 되돌아보면서 혼제(魂祭) 등을 보며 생각대로 되지 않았던 20여 년 간에 걸친 가네이에와 보낸 결혼생활을 곱씹어보며 시름에 잠겨 있는 하권 마지막 부분에 형상화된 미치쓰나의 어머니의 모습은, 한 해가 저물듯이 자신의 인생 또한 시간의 흐름과 함께 저물어 가는 모습을 가만히 주시하는 적적함으로 가득 차 있는 듯하다. 이와 같은 미치쓰나의 어머니의 모습은 "이렇게 내 반평생의 세월은 흘러가고, 세상에 참으로 의지할 데 없이 이도 저도 아닌 상태로 세월을 보내고 있는 사람이 있었다"(상권 · 47)라는 일기 첫머리에 나타난 미치쓰나의 어머니의 자기인식과 상통하는 부분이 있다고 생각된다. 따라서 상권 첫머리의 기술과 하권 마지막 부분의 기술은 상권 · 중권 · 하권이라는 권의 틀을 넘어 일기 전체의 서문과 발문으로 조응하고 있다고 생각된다.

"변두리"(はて)라는 공간 속에서 지내는 적막한 생활을 강조하듯이 밤이 깊어서야 다가오는 구나 행렬을 기술하고 있는 작품의 마지막은 한 해의 "마지막"(はて)에 일기의 마지막을 덧씌우며 막을 내리는 수법으로 생각할 수 있을 것이다. 이 마지막 장면에 기술된 구

나 행사에 관해 기무라 마사노리 씨는, "이들 행사에 작자의 애감(哀感)을 침투시켜 완전히 심정화되고 내재화된『가게로 일기』연중행사의 극치"[15]라고 지적하고 있다.

『가게로 일기』에서 한 해의 "마지막"과 일기의 마지막을 겹치는 수법이 의도적인 〈방법〉이었다는 것은 중권 말미에서도 확인할 수 있다.

> ⑥내가 진절머리를 내며 싫어하는 곳에 밤마다 그 사람이 찾아간다고 알려준 사람이 있었기에 마음 편치 않게 날을 보내고 있는데, 세월은 여전히 흘러흘러 액신을 내쫓는 구나 시기가 되었다. 하지만 어이없고 참담해하며 갖은 생각에 시달리며 가슴 아파하고 있는 내게, 어린아이고 어른이고 할 것 없이 주위 사람들이 "귀신은 사라져라, 사라져라" 하며 난리법석을 피우는 모습은 참으로 거리감만 느껴지기에, 나 홀로 가라앉은 마음으로 지켜보고 있다. 이런 귀신 쫓는 행사 같은 것은 흡사 행복에 겨워 만족해하고 있는 곳에서나 하고 싶어하는 행사인 듯이 여겨졌다. 눈이 펑펑 내린다고 외치는 소리가 들린다. 한 해가 끝날 무렵에는 무슨 일에나 온갖 시름을 맛보지 않겠는가.(중권 · 275)

인용⑥의 장면에 기술된 구나 행사를 둘러싼 소동은 고마치야 데루히코(小町谷照彦) 씨의 지적과 같이 "우울한 상태인 미치

---

15 木村正中,「女流日記 · 随筆」(『年中行事の文芸学』, 弘文堂, 1981) p.136.
그리고 구나 행사의 기술은 이 밖에 상권에 1회, 중권에 1회 더 확인할 수 있다.

쓰나의 어머니의 귀에는 단순히 불협화음으로밖에 울리지 않는다"[16]라고 할 만큼 오미(近江)라는 여성의 집에 뻔질나게 발걸음하고 있는 가네이에에 관한 소문을 듣고 마음이 편치 않은 그녀의 마음을 더욱 흐트러뜨리는, "행복에 겨워 만족해하고 있는 곳에서나 하고 싶어하는 행사"로 기술되어 있는 것이다. 그리고 이 장면에 기술된 구나 행사 또한 "한 해가 끝날 무렵"의 풍물로서 미치쓰나의 어머니의 시름을 더욱더 심화시키는 장치로 설정되어 있으며, 하권 말미와 마찬가지로 중권 또한 한 해의 "마지막"과 겹치면서 막을 내리고 있다는 데 주목해야만 할 것이다.[17] 이러한 설정은 명확한 하나의 〈방법〉으로서 의식적으로 설정되었다고 생각한다.

그리고 『가게로 일기』에 그려진 연중행사의 기술이 세월의 흐름을 표현한 것뿐만 아니라 가네이에와의 관계 속에서 미치쓰나의 어머니가 느끼는 자기 신세에 대한 인식을 나타내는 제재로 쓰이고 있다는 것은 몇 군데에서 확인할 수 있는 사실이다. 예를 들어, 연중행사 중에는 미치쓰나의 멋진 모습에 부부가 같이 부모로서의 기쁨을 공유하는 임시 궁중 활쏘기 시합을 다룬 기사(중권 · 193-196)처럼 미치쓰나의 어머니의 행복한 한때를 그리고 있는 것도 있다. 하지만

16 小町谷照彦, 「追儺」(『年中行事の文芸学』, 弘文堂, 1981) p.417.

17 이처럼 한 해의 그믐날과 맞추는 형태로 막을 내리는 방법은, 『겐지 모노가타리』(源氏物語) 정편(正篇)의 마지막 권인 「마보로시」(幻) 권의 말미에서도 확인할 수 있다. 이 점에 관해서 고마치야 데루히코(小町谷照彦) 씨는 앞의 논문에서, "히카루겐지의 일생을 매듭짓는 데 어울리는, 1년간의 최후를 장식하는 연중행사"(p.409)라고 지적하고 있다.

단오절 행사(상권 · 135-136)를 비롯하여 정월 초하루마다 미치쓰나의 어머니가 가네이에가 언제 방문하나 그 시점에 신경을 곤두세우고 있는 기사와 같이 자신으로부터 점차 마음이 멀어져 가는 남편의 모습을 보며 "생각대로 되지 않는 이내 신세"를 인식하도록 하는 계기가 되고 있는 예가 대부분이다.

이와 같이 『가게로 일기』에 있어서 연중행사의 기사는 단순한 시간의 흐름을 기술하는 데 그치지 않고 일기의 주제성을 부각시키는 제재로서 쓰이고 있으며, 나아가서는 중권 · 하권의 마지막 장면에 등장하는 구나 행사와 같이 한 해의 "마지막"과 일기 전체(또는 권)의 마지막을 겹침으로써 대단원의 막을 내린 이후의 여운을 극대화하는 구상의 하나로 쓰이고 있다고 할 수 있다.

『가게로 일기』의 마지막 부분에는 한 해의 "마지막" 날, "서울 변두리"에서 "언제나처럼 끝없는 시름"에 잠겨 구나 행사 행렬이 문을 두드리는 소리를 들으며 한 해를 보내는 미치쓰나의 어머니의 모습이 기술되어 있다. 이는 20여 년에 걸친 결혼생활이라는 먼 길을 걸어온 한 여성의 이제까지 "마음대로 되지 않는 이내 신세"에 관한 이야기가 한 해가 저물듯이 막을 내리고 있음을 상징적으로 그려내고 있다고 할 수 있다. 이와 같이 이 작품을 읽었을 때, 뒤이어 배치된 '권말 가집'(卷末歌集)을 이 장면에 연속하는 것으로 읽을 필요가 있다는 견해나 이 장면이 결말에 어울리지 않는다는 지적[18] 등에는

---

18 齋藤菜穗子, 「『蜻蛉日記』と「巻末歌集」の連続性—二字下げ表記の視点から—」(『日記文学研究 第3集』, 新典社, 2009); 池田亀鑑, 『宮廷女流日記文学』(至文堂, 1965) 등.

동의할 수 없다. 이제까지 살펴본 하권 말미의 기사는 『가게로 일기』 전체에서 마지막 부분의 기사, 작품세계의 막을 내리는 하나의 〈방법〉으로서 의식적으로 형상화된 장면으로 그 위치를 규정할 수 있을 것이다.

제3부

마음 풍경

5. 여성의 자의식과 글쓰기
—'나는 뭐란 말인가'—

'나'의 탐구로서의 일기문학

일기문학, 그중에서도 『가게로 일기』(蜻蛉日記)라는 일기문학에는 화자의 자의식[1]이 반영되어 있고 자의식이 반영되어 있지 않다면 이러한 작품이 형상화될 수 없으므로, 자의식 유무에 대해 논의하는 것 자체가 무의미하다는 지적은 종래 많이 이루어져 온 바다.

예를 들어, 이와나미 서점(岩波書店)에서 간행된 『가게로 일기』의 주해를 담당한 가와구치 히사오(川口久雄) 씨는 〈해설〉에서 "가게로 일기만큼 작자가 나(われ)를 강하게 주장하고 있는 작품도 별로 없다. 참으로 주체의 본연의 모습을 찾고, 주체의 실존을 추구하는 일이 작자의 임무"[2]이기도 하다고 지적하고 있으며, 사사키 신타로(佐々木新太郎) 씨는 "〈일기문학〉은 한 개인이 자기 존재를 의식하기 시

1 이 장에서 쓰고 있는 '자의식'(self-consciousness)에 관해서는 2장 주 15번 참조.

2 川口久雄 他 校注, 『土左日記 · かげろふ日記 · 和泉式部日記 · 更級日記』(日本古典文学大系 20, 岩波書店, 1957) p.91.

작하여 거기에서 형성된 〈자아〉의 맹아가 〈타자〉와의 사회적 제 관계 속에서 한 개인의 자아의식이 인식으로서 확립되는 과정 속에서 창조되는 형태"[3]라고 언급하고 있다. 또한 이마제키 도시코(今関敏子) 씨는 "서양의 자전(自傳)과 마찬가지로 일기문학 또한 자아의식, 타(他)와 자기의 차이를 자각하는 데서 출발한 것"이며, "타와 다른 자아의식이 없다면 작자가 자기의 인생/생활을 소재로 글을 쓸 필연성은 없다"[4]고 지적하고 있다.

이 장에서는 이렇듯 너무나도 당연시되어 온 헤이안 시대 여성 일기문학에 나타난 여성의 자의식의 양상과 내실이 어떠한지를, 『가게로 일기』에 나타난 '와레'(われ)라는 표현에 주목하여 살펴보도록 한다. 이를 통해 10세기 중후반 고대 일본의 여성문학 속에 그려진 여성의 자의식과 젠더의 양상의 일단을 고찰해 보고자 한다.

일기문학에 나타난 화자의 자의식 양상은 '나'를 가리키는 표현이 텍스트 속에 다용되고 있는 데서 확인할 수 있다. 그중에서도 『가게로 일기』에 나타난 화자 자신을 가리키는 표현은 스스로를 '사람'이라고 지칭하는 '히토'(ひと, 人)라는 표현과 '나'를 의미하는 '와레'(われ, 我) 등의 표현[5]으로 나눌 수 있다. 전자를 객관적 표현, 후자를 주관적 표현이라고 범주화할 수 있다.

---

3 佐々木新太郎, 「『蜻蛉日記』創作意識における作者の自我と家門的意識」(『日本文学論集』 17, 大東文化大学大学院, 1993) p.23.

4 今関敏子, 「表現される《自我》―日記文学と自伝―」(『論集日記文学の地平』, 新典社, 2000) p.22.

5 '와레'(われ) 이외에도 화자 자신을 가리키는 표현으로는 '와'(わ) · '와가'(わが) · '미'(身) · '미노우에'(身の上) 등의 표현이 있다.

『가게로 일기 총색인』[6]에 따르면, 자신을 지칭하는 '히토'는 『가게로 일기』에 모두 6회(상권 4회, 중권 1회, 하권 1회) 쓰이고 있으며 '와레'는 모두 76회(상권 19회, 중권 28회, 하권 29회) 쓰이고 있다. 특히 76회의 '와레'는 다른 여성 일기문학인 『무라사키시키부 일기』(紫式部日記) 16회, 『사라시나 일기』(更級日記) 18회보다 훨씬 많다는 점에서, 일기문학 중에서도 『가게로 일기』에 화자의 자의식이 강하게 투영되어 있다는 것을 짐작할 수 있다.

물론 『가게로 일기』가 『무라사키시키부 일기』, 『사라시나 일기』와 같은 여성 일기문학보다 분량이 많다는 점을 고려하였을 때 기계적으로 비교하기는 어렵지만, 자의식을 나타내는 '와레'의 빈도가 분량과 비례한다고는 생각하지 않는다. 『가게로 일기』와 마찬가지로 자기 자신의 일생을 회한에 가득 차 풀어내고 있을 뿐만 아니라 그 양에 있어서도 그리 크게 차이나지 않는 『사라시나 일기』와 76회 대 18회라는 비교하기 어려울 정도의 뚜렷한 용례의 차이를 보이고 있다는 데 주목하였을 때, '와레'로 상징되는 자의식의 표현이 여성 일기문학 중 『가게로 일기』에 단연 많이 나타나고 있다는 점을 인정하지 않을 수 없다.

이러한 '와레'의 예 중에서 가장 먼저 등장하는 "나는 뭐란 말인가"(われはなになり)라는 표현은 결혼한 지 사흘째 되는 날 미치쓰나의 어머니(道綱母)의 와카(和歌)에 쓰였다는 점에서 화자의 자의식을 가장 극명하게 나타내 주는 예라고 할 수 있다.

---

6 佐伯梅友 · 伊牟田経久 編, 『改訂新版 かげろふ日記総索引』(風間書房, 1981).

왜냐하면, 남성이 여성의 집을 사흘 밤 연속으로 찾아가 함께 밤을 보내고 사흘째 되는 날 밤 여성의 집에서 '도코로아라와시'(露顯)라는 피로연을 열어야 정식결혼으로 인정받는 헤이안 시대 일본의 혼인제도를 생각해 보았을 때, 미치쓰나의 어머니는 결혼이 정식으로 성립되려는 바로 그 시점에 남편인 후지와라 가네이에(藤原兼家)에게 "나는 뭐란 말인가"라는 물음을 던졌기 때문이다.

미치쓰나의 어머니가 결혼 후 남편과의 관계 속에서 '나'의 정체성에 대해 첫 물음을 던진 것은 남편이 보낸 와카에 대한 답가 속에서다.

또 사흘쯤 연이어 찾아온 그 다음날 아침에, 이 같은 와카를 보내왔다.

> 이른 새벽녘 헤어져 가는 길에 보이는 하늘
> 애달픈 이내 마음 이슬로 되고 지고

이에, 다음과 같은 답가를 보냈다.

> 이슬과 같이 덧없이 사라져갈 당신 마음을
> 부질없게도 믿는 나는 뭐란 말인가(상권 · 57-58)

초서혼(招婿婚) 형식의 혼인제도였던 헤이안 시대에 남성은 여성의 집에서 함께 밤을 보낸 뒤 자기 집으로 돌아가기 위해 새벽녘에 일찍 집을 나와야만 하였다. 그렇기 때문에 남성이 여성에게 보내는 와카는 일찍 나와야 되는 아쉬움과 여성에 대한 그리움이 주된 내용이었고, 이에 맞춰 여성 또한 남성에 대한 자기 심정을 표현한 답가를 보내는 것이 일반적이었다. 이러한 와카의 증답은 남녀관계를 유지하기 위해서는 반드시 치러야 하는 의례적이고도 요식적인 행위였다. 따라서 남성이 여성에게 보낸 와카 속에서 자신의 마음이 헤어지는 게 죽을 만큼 괴로워 '이슬'처럼 떨어져 사라질 것 같다고 극도로 과장해서 와카를 읊고, 여성이 이에 적당히 호응하여 화답하는 것은 남녀 간에 주고받는 와카에서는 정해진 규칙이기도 하였다. 가네이에의 와카는 이러한 연애의 방식을 충실히 구현한 내용이었지만, 그런데도 미치쓰나의 어머니는 그러한 당신을 믿고 결혼한 "나는 뭐란 말인가"라고 남편의 상투적인 표현에 정색을 하며 문제제기를 하고 있는 것이다.

비록 "나는 뭐란 말인가"에서 '나'에 대한 탐구가 인간 존재성의 본질에 관한 물음이 아니라 남편과의 관계 속에서 배태된 자신의 위치, 자신에 대한 남편의 애정 정도에 대한 물음이기는 하지만 이를 통해 미치쓰나의 어머니가 지니고 있는 자의식의 정도를 확인할 수 있다. '가정부인'(家の女)이라는 미치쓰나의 어머니의 존재기반[7]을 고려하였을 때 남편인 가네이에와의 관계는 그녀가 맺고 있는 타자와

---

7 헤이안 시대 여성문학을 담당한 중류귀족여성들을 그들의 존재기반에 따라 '궁인 여성'(宮仕え女房)이나 결혼하여 집안에 안주해 있던 '가정부인'(家の女)으로 나누어 그들의 문예의식을 고찰하고 있는 논문으로는 益田勝実, 「源氏物語の荷ひ手」(『日本文学史研究』 11, 1951) 및 이를 이어받아 더욱 심화시킨 菊田茂男, 「家の女—蜻蛉日記」(『国文学』 20-16, 学燈社, 1975)를 들 수 있다. 그리고 村井康彦, 「待つ女—拒む女との間」(『国文学』 23-4, 学燈社, 1978)에는 헤이안 시대 결혼제도인 일부다처제 속에서 '가정부인'(家の女)의 삶의 방식은 '기다리는 여자'(待つ女)로 규정되어 있다.

관계 맺기의 전부이다시피 하였고, 나아가 여성의 이러한 반응은 현존하는 다른 일기문학 속에서는 좀체 찾아볼 수 없는 독특한 사례이기 때문이다. 미치쓰나의 어머니가 토해 낸 "나는 뭐란 말인가"라는 물음에 대해 오카모토 교코(岡本恭子) 씨는 "젊은 새색시의 물음이라기보다 결혼생활의 저편을 보아 버린 냉정한 시선"이 거기에서 느껴지며, "신혼 사흗날에 이미 별 쓸모없는 존재로 살아가야 할 인생을 이미 간파"하고 있는 "작자의 생애를 건 물음"[8]이라고 해석하고 있다.

"부질없는 기대"(そらだのめ), "나는 뭐란 말인가"(われはなになり)라는 표현 속에는 가네이에와의 결혼생활에 대한 막연한 불안, 그리고 결혼 성립 전까지는 내실이야 어찌 되었든 가네이에의 구혼에 거절하는 포즈를 취하며 우위에 서 있었던 두 사람의 관계 구도가 역전되는 순간의 불안이 내포되어 있다고 할 수 있다. 즉 이때부터 이미 미치쓰나의 어머니는 20년 후 청산될 자기 결혼생활의 미래를 막연하게나마 느끼고 있을 정도로 자의식이 강하였다고 할 수 있다. 이는 바꿔 말하자면, 이렇듯 자의식이 강하였기에 미치쓰나의 어머니는 실질적인 일부다처제라는 혼인제도 속에서 가네이에의 부인 중 한 명으로 살아야만 하는 자신의 처지를 용납할 수 없었고, 이에 자연히 그녀의 결혼생활은 파탄에 이를 수밖에 없었던 것이다. 그리고 10세기 후반인 이 시기에 민족어문자인 가나(仮名) 문자라는 표현수단이 성립되어 있었기에, 미치쓰나의 어머니는 자기 자신의 결혼생

8 岡本恭子, 「われはなになり―かげろふ日記作者の世界―」(『駒沢国文』 27, 駒沢大学文学部国文学研究室, 1990) pp.67-68.

활과 그 속에서 겪게 된 내면의 심정을 글쓰기라는 행위를 통해 형상화해 낼 수 있었던 것이다. 즉 미치쓰나의 어머니는 '일기문학'이라는 양식의 글쓰기 행위를 통해 내면화 · 내성화 과정을 거쳐 "의식을 재구조화"[9]함으로써 결혼생활 속에서 규정된 '나'의 존재성을 탐구해 나갔다고도 할 수 있다.

〈서문〉을 통해 본 자의식과 글쓰기의 상관관계

미치쓰나의 어머니의 자의식과 글쓰기의 상관관계는 『가게로 일기』 상권의 서문과 발문(跋文)에 가장 잘 나타나 있다.

> 【서문】
>
> 이렇게 내 반평생의 세월은 흘러가고, 세상에 참으로 의지할 데 없이 이도 저도 아닌 상태로 세월을 보내고 있는 사람①이 있었다. 생김새라고 해봤자 도저히 남만큼도 못되고 사려분별도 있는 듯 없는 듯, 이렇게 별 쓸모없는 존재로 살아가고 있는 것도 당연②하다고 생각하며 그저 자고 일어나며 밤과 낮을 보내다가, 세상에 많이 떠돌고 있는 옛이야기(古物語) 책을 이 구석 저 구석 들춰보았더니, 세상에 흔하디흔한 허무맹랑한 이야기조차 있더라.
>
> 하여 보통 사람과는 다른 내 살아온 평범치 않은 삶③이라도 일기로 써 풀어내면, 좀체 접할 수 없는 색다른 것으로 여겨질런가, 천하

---

9 월터 J. 옹 지음, 이기우 · 임명진 옮김, 『구술문화와 문자문화』(문예출판사, 1995) p.123.

에 더할 나위 없이 신분이 높은 사람들의 결혼생활④은 어떠한가라고 묻는 사람이 있다면, 그에 대한 대답의 한 예로라도 삼았으면 하고 생각도 해보지만, 지나간 세월 동안의 일들이 어렴풋하게밖에 기억나지 않아, 뭐 이 정도면 되겠지라고 적당히 쓰다가 놔두는 일도 많아져버렸다.(상권 · 47-48)

【상권 발문】

이렇게 세월은 흘러가는데도 생각대로 되지 않는 이내 신세⑤를 한탄하고만 있는지라, 새해가 밝아도 기쁘지 않고 변함없이 허무함을 느끼고 있으니, 있는지 없는지도 모를, 아지랑이처럼 허무한 여자의 처지를 기록한 일기라고 할 수 있겠다.(상권 · 165)

위의 인용 중 서문은 발문과 호응하는 『가게로 일기』 상권의 서문이기도 하지만, 일기를 집필하게 된 계기와 목적이 잘 나타나 있는 부분이기 때문에 일반적으로 작품 전체를 관통하는 서문으로 여겨지고 있다. 또한 화자가 자기를 어떻게 규정하고 있는가 하는 '자기'인식이 잘 나타나 있기 때문에, 미치쓰나의 어머니의 자의식을 파악하는 데 단서가 될 수 있는 부분이기도 하다.

먼저 미치쓰나의 어머니가 자기 자신을 어떻게 보고 있는가는 인용①과 인용② 부분에 나타난 인식과 인용④ 부분에 나타난 인식이 상반된 양상을 나타내고 있음을 확인할 수 있다. "세상에 참으로 의지할 데 없이 이도 저도 아닌 상태로 세월을 보내고 있는 사람"(①), "생김새라고 해봤자 도저히 남만큼도 못되고 사려분별도 있는 듯 없는 듯, 이렇게 별 쓸모없는 존재로 살아가고 있는 것도 당연"한 존재(②)라는 자기규정은 하강적이며 부정적인 양상을 띠고 있다고 볼 수 있다. 그러나 이에 반해 뒤이어 나오는 "천하에 더할 나위 없이 신분이 높은 사람들의 결혼생활"(④)이라는 구절에서는 정치적인 실권을 쥐고 있는 상류귀족인 후지와라 가네이에와 그의 부인인 자기 자신의 높은 신분에 대한 우월감이 노정되어 있음을 알 수 있다.

이렇듯 미치쓰나의 어머니의 상반되고 모순된 자기규정은 자기와 대립하는 외계의 '타'(他)를 어떻게 설정하느냐에 따라 달리 나타나고 있는 것으로 여겨진다. 즉 인용①과 인용②의 자기규정에서 '타'는 남편인 가네이에를 가리키며, 인용④의 자기규정은 일반적인 세상 사람들을 의미하고 있다고 볼 수 있다.

그런데 서문에서 하나 더 주목할 점은 '옛이야기'(古物語)와 '일기'(日記)문학과의 관계, 그리고 미치쓰나의 어머니가 『가게로 일기』를 집필하게 된 계기와 목적이다.

미치쓰나의 어머니가 언급한 '옛이야기'는 구체적인 특정 작품을 가리키는 것이 아니라 허구에 바탕을 둔 선행 모노가타리(物語) 전반을 가리키고 있다는 게 일반적인 인식이다. 『가게로 일기』 이전의 모노가타리로는 산일(散逸)된 작품 이외에 현존하는 작품으로 『다케토리 모노가타리』(竹取物語), 『이세 모노가타리』(伊勢物語), 『야마토 모노가타리』(大和物語), 『헤이추 모노가타리』(平中物語) 등을 들 수 있다. 미치쓰나의 어머니는 이들 작품에 대해 "세상에 흔하디흔한 허무맹랑한 이야기", 즉 현실성이 결여된 이야기라고 작품 내용을 규정하고 있는 것이다.

결국 바로 뒤이어 나오는 "보통 사람과는 다른 내 살아온 평범치 않은 삶"(③)을 '일기'로 써 보겠다는 구절과 종합해 보았을 때, 미치쓰나의 어머니는 남녀관계를 이상적으로 아름답게만 그리고 있는 비현실적인 허구성에 기반하고 있는 '모노가타리'와는 달리 '일기' 문학이라는 양식을 통해 현실적인 삶에 바탕을 둔 남녀관계의 적나라한 이야기, '사랑하던 두 사람은 결혼하여 행복하게 오래오래 잘살았다'는 종래에 떠돌던 이야기들의 결말 이후의 이야기, 즉 현실적인 결혼생활을 그려 보이겠다고 『가게로 일기』 집필에 이르게 된 동기를 밝히고 있는 것이다.

자기 신세나 처지를 나타내는 '미노우에'(身の上) · '미'(身)[10]로 수렴되고 있는 서문에 기술된 "보통 사람과는 다른 내 살아온 평범치 않은 삶"(人にもあらぬ身の上)(③)이라는 구절과 발문의 "생각대로 되지 않는 이내 신세"(思ふやうにもあらぬ身)(⑤)라는 구절은 상통하는 표현이다. 이를 통해 화자가 형상화하고자 하는 현실적인 결혼생활 이야기가 행복과는 거리가 있는 불행한 이야기라는 것을 알 수 있다. 그리고 미치쓰나의 어머니는 이러한 집필을 통해 "천하에 더할 나위 없이 신분이 높은 사람들의 결혼생활"(④)을 궁금해하는 사람들에게 자신의 결혼생활 기록이 하나의 예가 되기를 바란다는 목적까지도 밝히고 있다.

서문에 나타난 미치쓰나의 어머니의 자의식에 대해 사사키 신타로 씨는 일기 집필행위를 통해 화자의 자아가 확립되어 나간 것이

---

10 宮島達夫 編, 『古典対照語い表』(笠間書院, 1971)에 의하면, '미'(身)의 용례는 『가게로 일기』에 77회, 『무라사키시키부 일기』에 18회, 『사라시나 일기』에 12회 나타나 있어 '와레'(われ, 我)의 용례 비율과 엇비슷하다. 이를 통해 『가게로 일기』가 다른 일기문학 작품보다 화자의 자의식이 강하게 투영된 작품이라는 것을 재확인할 수 있다.

라고 지적하고 있다.

> 서문에 기술되어 있는 옛이야기에 대한 반발과 미온적 생활로부터의 탈각(脱却)=자아의 확립은 단도직입적인 〈자아〉의 확립이 아니라 '옛이야기적인 세계에 대한 의식'에 뒷받침된 〈자아〉인 것이다. 그리고 작자가 인식한 자기(自己)란 가네이에의 행위, 즉 작자 자신이 아닌 타자의 존재에 의한 것이다. 이로부터 다양한 체험을 하고 감정을 적어 나가는데, 이것들은 모두 작자 자신의 심리적, 정신적 세계에 일관되어 있는 '허무함'이다. 이 '허무함'을 인식하는 것이 자기인식, 자아가 된다.[11]

하지만 상권 서문의 집필시점이 『가게로 일기』 집필의 시발점이라기보다 작품 전체의 서문으로 집필되었을 가능성이 크다는 점을 고려해 보았을 때, 서문에 나타난 미치쓰나의 어머니의 자의식은 집필행위를 통해 변화되어 나갈 자의식이라기보다 이미 집필행위를 통해 형성된 이중적인 자의식으로 간주하는 것이 타당할 듯하다.

미치쓰나의 어머니는 세상 사람들과의 관계 속에서는 자기 자신의 반평생에 걸친 삶의 이력을 신분 높은 사람들의 실제적인 예로 내세워도 된다고 판단할 만큼 자부심 또한 지니고 있었지만, 이러한 그녀의 자기인식은 남편과의 관계 속에서는 성립되지 않았다. 가네이에와의 결혼을 계기로 미치쓰나의 어머니는 실질적인 일부다처제

11 佐々木新太郎, 「『蜻蛉日記』創作意識における作者の自我と家門的意識」, p.19.

사회 속에서 남편을 기다리며 종속적으로 살아가야 하는 자신의 존재기반을 자각함으로써 스스로를 별 쓸모없는 존재로 인식하고, 자신의 삶이 보통 사람과는 다르며 자기 뜻대로 인생이 흘러가지 않는다는 사실을 인식하게 되었다. 그리고 역설적이게도 그녀의 이러한 인식은 결혼 사흘째 되는 날, 남편이 보낸 의례적인 와카에 "나는 뭐란 말인가"라는 답가를 보낸 데서도 알 수 있듯이, 원래 내재되어 있던 강한 자의식 때문에 발현된 것이라고 생각된다. 하지만 미치쓰나의 어머니는 이러한 강한 자의식을 지니고 있었기에, 소모적으로 흐르는 게 일반적인 자기 비하라는 부정적인 자기인식을 일기라는 양식의 글쓰기를 통해 재조명할 수 있었다.

그런데 현실적인 결혼생활을 기록하는 데 있어 미치쓰나의 어머니가 '일기문학'이란 양식을 택한 이유는 무엇일까. 요시노 미즈에(吉野瑞惠) 씨는 다음과 같이 지적하고 있다.

> '일기'의 특징으로서 잊어서는 안 되는 것은 이처럼 소중히 보관되어 과거의 역사를 참조하거나 전거(典拠)로서 사용된다는 점이 아닐까. …… 즉 일기는 비록 사적인 내용을 기술한다고 하여도 사적인 세계에 갇혀 있는 것은 아니라는 것이다. …… 그 시대의 일기는 후세 사람들에게 참조될 만한 사건을 써 남기는 것이었다. …… 고통에 찬 인생을 거친 뒤 쓰는 행위를 통해 고뇌를 극복하고 싶다는 동기는 사적이라고 하여도, 가네이에라는 등장인물은 궁정사회에서 주목받는 공인이므로 자기 '신세'(身の上)라고 일컬어지는 소재 자체가 사적인 세계에 갇혀 있다고는 할 수 없다. …… 미치쓰나의 어머니가 스스로의 생활기록을 '예'(例)로서 독자 앞에 내놓은 것은 단지

상류귀족 부인의 생활기록 한 예를 제시하였다는 것이 아니라, 후세에 같은 체험을 할지도 모르는 사람들을 시야에 넣으면서 참조될 만한 '예'를 써서 제시하였다는 것이 될 것이다. 이 같은 '예'를 제시하기 위해서 일기라는 틀은 참으로 안성맞춤이었다. 한 여성의 인생은 일기에 그려져 '예'가 됨으로써 역사에 편입되어 공적인 것이 되어 가는 것이다. …… 일기라는 명칭은 여성의 집필을 용이하게 해 주는 틀을 제공하여, 역사에 참여할 회로(回路)를 제공한 것이다.[12]

기록성이라는 일기가 지닌 본질적인 속성에 주목하여, 미치쓰나의 어머니가 일기라는 양식의 집필행위를 통해 공적인 세계에 참여하기를 원하였다고 지적한 요시노 씨의 지적은 시사적이다.[13]

미치쓰나의 어머니의 이중적인 자의식
—우월의식과 열등의식의 교착—

그런데 메카다 사쿠오(目加田さくを) 씨는 「자아의 긍정과 과시」[14]라는 논문에서, "여류일기의 주된 목표는 자아의 표명"이며 『가게로 일기』는 미치쓰나의 어머니가 "고귀하고도 가치 있는 자아를 인식하고 과시"한 작품이라며 서문 후반부의 인용④를 그 근거로 들고 있다.

---

12 吉野瑞恵, 「日記と日記文学の間—『蜻蛉日記』の誕生をめぐって—」(『国語と国文学』 82-5, 東京大学国語国文学会, 2005) pp.20, 21, 23-24.

13 자의식을 지닌 여성이 '일기문학'이라는 양식에 자기 자신의 자의식을 담게 된 의미 등에 관해서는 이 책 2장 참조.

14 目加田さくを, 「自我の肯定と誇示」(『王朝日記の新研究』, 笠間書院, 1995) pp.16-17.

즉 미치쓰나의 어머니는 그녀의 신분, 재능, 그리고 『가게로 일기』 집필에 상당한 가치를 스스로 부여하고 있다는 것이다. 그러나 미치쓰나의 어머니의 자기인식을 긍정적으로만 볼 수 있는가에 대해서는 의문이다.

메카다 씨의 지적처럼 미치쓰나의 어머니는 남편과 마찬가지로 헤이안 시대 귀족 정치체제 하에서 실권을 쥐고 있던 후지와라(藤原) 가문 출신이며, 고대 일본의 주요 성씨들의 계보를 정리한 『손피분먀쿠』(尊卑分脉)라는 책에 "우리나라에서 가장 아름다운 미인 셋 중의 하나다"라고 기록되어 있을 정도로 미모인 데다 『가게로 일기』에 거듭 언급되어 있듯이 뛰어난 바느질 솜씨 또한 지니고 있었다. 가네이에의 아들이자 미치쓰나의 의붓동생으로 당시 최고의 권력을 누렸던 후지와라 미치나가(藤原道長, 966-1027)의 삶을 그린 『오카가미』(大鏡)라는 역사 모노가타리에 "와카 솜씨가 매우 뛰어나셔서, 가네이에 공이 들르셨을 때의 일과 와카 등을 써 모은 것을 『가게로 일기』라 이름 붙여 세상에 내놓으셨다"라는 구절과, 와카가 최고조로 발달하였던 헤이안 시대 때의 유명한 가인을 일컫는 36가선(歌仙) 중의 한 명으로 꼽히고 있다는 점 등에서도 확인할 수 있듯이, 미치쓰나의 어머니는 문학적 재능 또한 겸비한 여성이었다. 그리고 비록 정처(正妻)는 아니지만, 당시 최고 권력자인 가네이에의 부인이라는 점 또한 그녀가 스스로를 우월하다고 인식하도록 하는 데 중요한 요소로서 작용하였을 것이다. 그러나 미치쓰나의 어머니는 가네이에와 같은 후지와라 씨 일문이기는 하였지만 아버지 후지와라 도모야스(藤原倫寧)는 중류귀족에 불과하였다. 그녀가 결혼할 당시 도모야스는 젊은 귀공자인 가네이에의 동료로 병위부(兵衛府)에 같이 근무하고 있었을 것으로 추정된다는 점을 고려해 보았을 때, 미치쓰나의 어머니는 결혼 당시부터 신분상 남편보다 열등한 위치에 있었다는 것을 알 수 있다. 그리고 메카다 씨는 서문 전반부에 기술된 미치쓰나의 어머니의 자의식을 '겸양'적인 표현으로 파악함으로써, 가네이에와의 관계 및 결혼생활 속에서 배태되고 고착화된 그녀의 부정적인 자의식 또한 간과하고 있다.

서문 전반의 부정적인 자기인식과 궤를 같이하는 것으로서, 미치쓰나의 어머니가 남편인 가네이에와의 관계 속에서 자기 자신을 어떻게 인식하고 있었는가는 결혼 직후 읊은 다음과 같은 와카 속에 담긴 가어(歌語)를 통해서도 재확인할 수 있다.

> 또 얼마쯤 지나 발길이 뜸해졌을 무렵, 비가 오락가락 내리던 날, "저녁녘에 들르겠소"라고 전해온 데 대한 것이었던지, 다음과 같은 와카를 읊어 보냈다.
>
> 떡갈나무 숲 풀처럼 저물녘엔 기다리잇가
> 못 믿을 당신 말에 눈물만 흘러흘러
>
> 답가는 본인이 직접 온 탓에 흐지부지돼버렸다.(상권 · 60)

결혼 직후인 954년 9월에 읊은 이 와카에서 미치쓰나의 어머니는 가네이에를 '떡갈나무 숲'(柏木の森)에, 자기 자신을 그 숲 속에 나 있는 '풀'(下草)에 비유하고 있다. 이 와카에는 미치쓰나의 어머니의 자기인식과 남편과 자신과의 관계 구도가 드러나 있다. 『가게로 일기』에는 이 와카를 포함하여 미치쓰나의 어머니가 비유적 표현을 사

용하여 가네이에와의 관계 속에서 자기를 어떻게 인식하고 있는지를 나타내는 와카가 여덟 수[15] 실려 있다.

이들 와카에서 미치쓰나의 어머니는 가네이에를 '떡갈나무 숲'(柏木の森), '오아라키 숲'(おほあらきの森), '숲'(森), '나무'(き), '번갯불'(いなづまの光), '따를 만한 사람'(なつくべき人)에 비유하고 있다. 반면 자기 자신은 '나무 밑 풀'(下草), '밑에 있는 풀'(下なる草, した), '풀'(草), '아래가지 잎'(下葉), '모종'(苗), '말'(むま)에 비유하고 있다. 미치쓰나의 어머니는 자기 자신을 '말'에 비유한 한 용례만을 제외하고 식물, 그것도 꽃도 아닌 '나무 밑 풀', '아래가지 잎', '모종'에 비유하고 있는 것이다. 이와 같은 경향은 미치쓰나의 어머니가 가네이에와의 관계를 어떻게 인식하고 있었으며 그 관계 속에서 자기 자신을 어떻게 인식하고 있었는지를 생각할 때 중요한 실마리가 될 것이다.

『가게로 일기』에는 권말 가집을 제외하고 261수의 와카가 수록되어 있다. 그 가운데 123수가 미치쓰나의 어머니의 와카이다. 미치쓰나의 어머니는 그러한 와카를 읊을 때 선행하는 와카에서 형성된 가어의 '고유한 이미지'를 자신의 와카에 도입하는 한편, 때로는 그것을 변용하여 자신의 신세나 심정을 나타내는 '독자적인 이미지'를 형성하였다.

이 점에 관해 스즈키 히데오(鈴木日出男) 씨는 다음과 같이 지적하고 있다.

---

15 그중 "따라야만 할 사람이 손 놓으면 정처 없어질 미치노쿠 말처럼 나 또한 갈 곳 몰라"(なつくべき人もはなてば陸奥のむまやかぎりにならむとすらむ, 상권 · 97)를 제외한 일곱 용례는 모두 식물에 쓰인다. 이에 대해서는 후술하도록 한다.

> 가어(歌語)는 기성 와카의 전승과 향수에 의해 부단히 조성되어, 그러한 관계에 규제되면서 고유한 이미지를 함유하는 말로서 와카를 읊을 때 쓰인다. …… 옛 와카에 매개되어 고유한 이미지를 포함하는 가어는 우타마쿠라(歌枕)가 전형적으로 그러하였던 것처럼 압도적으로 물상 어(物象語)가 많다. …… 『가게로 일기』에서는 히키우타(引歌, 인용된 옛 와카)가 독자적인 문맥을 형성하는 데 적극적으로 관여하고 있다. 많은 부분 가어이면서 히키우타 제시 부분이기도 한 물상 서술이 풍경을 상징하는 표현으로 기능하여, 다른 어구와 유기적으로 공명하여 독자적인 문맥을 형성하려고 하는 것이다. 따라서 그 풍경은 어디까지나 와카(『고킨와카슈』)의 규범의식에서 발화되는 와카적인 풍경에 불과하지만 대부분의 경우 물상 서술이 심상 서술에 의해 뒷받침되는 가어의 본래 모습으로 볼 때, 그 풍경은 무의식 속의 심정을 드러낸다기보다도 심층을 발굴할 수 있다는 문맥을 작자가 준비해 두고 있다고 하여야 할 것이다.[16]

『가게로 일기』에 기술된 가어가 고유한 이미지를 지니면서도 작품의 독자적인 문맥을 형성하여 작자의 심상(心象)을 서술하고 있다는 스즈키 씨의 지적은 시사적이다.

이 장에서는 이러한 관점에서 미치쓰나의 어머니가 자기 자신을 식물에 비유한 '나무 밑 풀', '아래가지 잎', '모종'이라는 세 가어에 주목해 보고자 한다. 세 가어를 포함하고 있는 『가게로 일기』에

---

16 鈴木日出男, 「引歌の成立—古今集規範意識から仮名散文へ—」(『かげろふ日記 回想と書くこと』, 有精堂, 1987) pp.96, 104.

앞서는 와카[17]를 대상으로 하여 그 가어의 의미와 쓰임새가 『가게로 일기』에 어떠한 방식으로 계승되어 왔는지, 그리고 이러한 가어를 포함하고 있는 『가게로 일기』의 와카를 분석함으로써 미치쓰나의 어머니의 자기인식과 남편인 가네이에와의 관계를 통해 확인할 수 있는 양자 간의 관계 구도에 관해 고찰해 보도록 한다.

'떡갈나무 숲 풀'과 같은 내 신세

미치쓰나의 어머니가 서문에서도 명백히 밝혔듯이, 『가게로 일기』는 미치쓰나의 어머니의 "보통 사람과는 다른 내 살아온 평범치 않은 삶", 즉 미치쓰나의 어머니와 가네이에가 영위한 결혼생활의 경위를 기술한 작품이다. 따라서 가네이에와의 관계 속에서 형성된 미치쓰나의 어머니의 자기인식을 고찰하는 것은 『가게로 일기』의 주제와 미치쓰나의 어머니가 일기를 집필하게 된 의도를 이해하는 하나의 방법이 될 수 있다고 생각한다. 그때 미치쓰나의 어머니가 자기인식을 드러내는 지표로서 자기 자신을 상징하는 표현으로 사용하고 있는 '나무 밑 풀', '아래가지 잎', '모종'이라는 식물의 이미지는 큰 의미를 지니고 있다. 그리고 이러한 식물의 이미지는 앞서 나온 와카에서 구축되어 온 것이다.

---

17 비슷한 선행 와카와 대비를 하는 데 사용된 작품은 『만요슈』(萬葉集), 『고킨와카슈』(古今和歌集), 『고센와카슈』(後撰和歌集), 『다케토리 모노가타리』(竹取物語), 『이세 모노가타리』(伊勢物語), 『야마토 모노가타리』(大和物語), 『도사 일기』(土佐日記)이다. 그중 『다케토리 모노가타리』, 『이세 모노가타리』, 『도사 일기』에서는 대상으로 삼은 비슷한 와카는 발견되지 않았다.

『가게로 일기』에 앞서 나온 와카에 쓰인 '나무 밑 풀', '아래가지 잎', '모종' 가운데 먼저 '나무 밑 풀'에 대해 살펴보자.

'나무 밑 풀'(下草)이라는 가어는 『만요슈』(萬葉集)에서부터 쓰이고 있다. 『만요슈』가 『가게로 일기』의 와카에 직접적으로 영향을 미쳤다고 생각하기는 어렵지만, 가어 하나의 이미지에는 와카의 전통 그 자체가 녹아들어 있다고 생각되기 때문에 『만요슈』 또한 분석 대상에 포함하였다. '나무 밑 풀'을 포함하고 있는 『가게로 일기』 이전의 예는 조사대상 범위에서 보자면 13용례가 보인다.

'나무 밑 풀'을 포함하고 있는 『만요슈』[18]의 노래는 4수[19]이며, 그중 2수가 읊은 이가 상대 여성을 비유하는 데 쓰이고 있다(주 19번 인용①과 ③). 『고킨와카슈』(古今和歌集)[20]에는 '나무 밑 풀'을 포함하고 있는 와카는 1수[21]인데 남성이 읊었다. '숲'에 대응하고 있으며 늙음을 한탄하는 의미로 쓰이고 있다. 『고센와카슈』(後撰和歌集)[22]의 와카는 3수[23]이며 『고킨와카슈』와 마찬가지로 '숲'에 대응하고 있다. 그중

---

18 『만요슈』의 인용은 佐竹昭広 他, 『万葉集 訳文篇』(塙書房, 1972)에 따른다.

19 ①言痛くは かもかもせむを 岩代の 野辺の下草 我し刈りてば(巻第七・一三四三)
②桜麻の麻原の下草 露しあれば 明かしてい行け 母は知るとも(巻第十一・二六八七)
③桜麻の麻原の下草 早く生ひば 妹が下紐 解かざらましを(巻第十二・三〇四九)
④春の野の 下草なびき 我も寄り にほひ寄りなむ 友のまにまに(巻第十六・三八〇二)

20 『고킨와카슈』의 인용은 小沢正夫・松田成穂 校注・訳, 『古今和歌集』(新編日本古典文学全集 11, 小学館, 1994)에 따른다.

21 ⑤大荒木の森の下草老いぬれば駒もすさめず刈る人もなし(巻第十七・雑歌上・八九二・読人しらず)

22 『고센와카슈』의 인용은 片桐洋一 校注, 『後撰和歌集』(新日本古典文学大系 6, 岩波書店, 1990)에 따른다.

23 ⑥木枯らしの森の下草風早み人のなげ木は生ひそひにけり(巻第九・恋一・五七二・読人しらず)

2수는 남성이 보잘것없는 자신을 비유하는 데 쓰이고 있으며 1수(주 23번 인용⑥)는 여성인 읊은 이가 하잘것없는 자기 자신을 비유하는 데 쓰이고 있다. 『야마토 모노가타리』(大和物語)[24]에는 '나무 밑 풀'을 포함하고 있는 와카가 5수[25] 있다. 그중 2수(주 25번 인용⑩과 ⑪)는 읊은 이인 여성 자신을 가리키는 비유적인 표현으로 쓰이고 있다.

이처럼 『가게로 일기』에 앞서 나온 와카에 쓰이고 있는 '나무 밑 풀'은 대부분 비유로 쓰이고 있다. 『만요슈』에서는 읊은 이인 남성이 상대 여성을 비유하는 데 쓰이고 있으며 『고킨와카슈』 이후는 늙음이나 보잘것없는 상태를 나타내거나 남성의 애정에 기대 살아가고 있는 여성, 알려지지 않은 사랑 등을 나타내는 것으로 나눌 수 있다. 이러한 비유는 『가게로 일기』의 '나무 밑 풀'의 와카에 대체로 계승되어 온 것으로 보인다.

'아래가지 잎'(下葉) 또한 '나무 밑 풀'과 마찬가지로 『만요슈』 때부터 운문에 나오는 가어다. '아래가지 잎'을 포함하고 있는 『가게

---

⑦おほあらきの森の草とやなりにけんかりにだに来てとふ人のなき(巻第十六・雑二・一一七八・壬生忠岑)

⑧人につくたよりだになしおほあらきの森の下なる草の身なれば(巻第十六・雑二・一一八六・凡河内躬恒)

24 『야마토 모노가타리』의 인용은 高橋正治 他 校注・訳, 『竹取物語 伊勢物語 大和物語 平中物語』(新編日本古典文学全集 12, 小学館, 1994)에 따른다.

25 ⑨柏木のもりの下草老いぬとも身をいたづらになさずもあらなむ(二十一段)
⑩柏木のもりの下草老いのよにかかる思ひはあらじとぞ思ふ(二十一段)
⑪あふことのなみの下草みがくれてしづ心なくねこそなかるれ(一一三段)
⑫かくれ沼の底の下草みがくれて知られぬ恋はくるしかりけり(一三八段)
⑬みがくれにかくるばかりの下草は長からじともおもほゆるかな(一三八段)

로 일기』 이전의 예는 조사대상 범위에서 12용례[26]를 확인할 수 있다.

먼저 『만요슈』에는 '아래가지 잎'의 와카가 7수 있는데, 일정 정도의 정형성을 지니고 있는 듯하다. 이들 와카는 전부 '싸리'에 대응하고 있으며 가을의 경물을 표현하고 있다. 이는 단풍이 든 싸리에 대한 만요 시대 사람들의 애착을 나타낸 것으로 보인다. 그중 1수(주 26번 인용②)만 여성에 대한 남성의 연정을 나타내는 데 쓰이고 있

---

26 ①雲の上に 鳴きつる雁の寒きなへ萩の下葉はもみちぬるかも(『萬葉集』・巻第八・一五七五)
②我がやどの 萩の下葉は秋風もいまだ吹かねばかくそもみてる(『萬葉集』・巻第八・一六二八・大伴家持)
③このころの 暁露に 我がやどの萩の下葉は色付きにけり(『萬葉集』・巻第十・二一八二)
④秋風の 日に異に吹けば露を重み萩の下葉は色付きにけり(『萬葉集』・巻第十・二二〇四)
⑤秋萩の 下葉もみちぬ あらたまの月の経ぬれば風をいたみかも(『萬葉集』・巻第十・二二〇五)
⑥秋萩の 下葉の黄葉 花に継ぎ時過ぎ行かば後恋ひむかも(『萬葉集』・巻第十・二二〇九)
⑦天雲に 雁そ鳴くなる 高円の萩の下葉はもみちあへむかも(『萬葉集』・巻第二十・四二九六・清麻呂)
⑧夜を寒み衣かりがね鳴くなへに萩の下葉もうつろひにけり(『古今和歌集』・巻第四・秋歌上・二一一・読人しらず)
⑨秋萩の下葉色づく今よりやひとりある人の寝ねがてにする(『古今和歌集』・巻第四・秋歌上・二二〇・読人しらず)
⑩白露も時雨もいたくもる山は下葉のこらず色づきにけり(『古今和歌集』・巻第五・秋歌下・二六〇・紀貫之)
⑪など我が身下葉紅葉と成にけん同じなげ木の枝にこそあれ(『後撰和歌集』・巻第七・秋下・四二九・読人しらず)
⑫緑なる松ほど過ぎばいかでかは下葉許も紅葉せざらん(『後撰和歌集』・巻第十七・雑三・一二二五・読人しらず)

을 뿐이며 대부분 가을 정취를 나타내는 데 쓰이고 있다는 것을 알 수 있다. 『고킨와카슈』에는 '아래가지 잎'의 와카가 3수 있는데, 모두 『만요슈』의 정형성을 이어받은 듯이 보인다. 대부분 '싸리'와 대응하여 가을 경물을 표현하거나 깊어 가는 가을 정취를 읊는 데 쓰이고 있어 비유로서 의미가 확장되고 있지 않다. 『고센와카슈』의 '아래가지 잎'의 와카는 2수이며, 여기에 와서 '아래가지 잎'은 남성인 읊은 이가 자신의 짝사랑을 표현하거나 여성인 읊은 이가 자기 자신을 비유하여 나타내는 가어로 쓰이고 있다.

이와 같이 『가게로 일기』에 앞서 나온 와카에 쓰이고 있는 '아래가지 잎'이라는 표현은 '싸리'와 함께 쓰이고 있는 것이 특징이며, 『고센와카슈』쯤에 이르러 점차 비유적인 표현으로 쓰이게 된 듯하다. 그러나 비유적인 '아래가지 잎' 가운데 여성인 읊은 이가 열등한 자신의 존재성을 읊는 데 쓰인 예가 없다는 사실은 미치쓰나의 어머니가 가네이에와의 관계 속에서 자기 자신을 '아래가지 잎'과 같은 존재임을 규정하고 있는 『가게로 일기』의 용례를 고찰하는 데 있어 흥미로운 점이다.

마지막으로 '모종'(苗)에 대해 살펴보도록 한다. 『가게로 일기』 이전에 '모종'을 포함하고 있는 와카는 조사대상 범위에서 보자면 『만요슈』에 3수, 『고킨와카슈』에 1수밖에 없어 총 4수[27]다. 『만요슈』

27 ①春霞 春日の里の 植ゑ小水葱 <u>苗</u>なりと言ひし 柄はさしにけむ(『萬葉集』· 巻第三 · 四〇七 · 大伴駿河麻呂)

②三島菅 いまだ<u>苗</u>なり 時待たば 着ずやなりなむ 三島菅笠(『萬葉集』· 巻第十一 · 二八三六)

③上野 佐野田の<u>苗</u>の 群苗に 事は定めつ 今はいかにせも(『萬葉集』· 巻第十四 ·

에 수록된 '모종'이 쓰인 3수 가운데 2수는 '어린 여자아이'와 '젊은 아가씨'의 비유적인 의미로 쓰이고 있다. 『고킨와카슈』에 수록된 '모종'이 쓰인 와카 1수는 비유적인 의미로 쓰이지 않고 '볏모'를 나타낸다.

이처럼 『가게로 일기』에 앞서 나온 와카에 쓰이고 있는 '모종'은 원래의 의미로 쓰이거나 비유적으로 쓰인다 하더라도 모종의 이미지에 맞도록 '어리고 젊은 아가씨'의 비유로 쓰이고 있다. 그러나 여성인 읊은 이가 자기 자신을 비유하는 데 쓰이는 예는 없었다.

이상으로 『가게로 일기』에 앞서 나온 와카에 쓰인 '나무 밑 풀', '아래가지 잎', '모종'이라는 가어의 쓰임에 대해 살펴보았다. 이 세 가어는 함께 『만요슈』 때부터 운문에 쓰이고 있으며 자연의 경물을 표현하는 데 쓰이기보다는 비유적으로 쓰이는 경우가 많았다. '나무 밑 풀'은 『고킨와카슈』 이후 늙음과 보잘것없는 상태의 비유나 남성의 애정에 기대어 살아가고 있는 여성, 알려지지 않은 사랑 등의 비유로 쓰였다. '아래가지 잎'은 '싸리'와 함께 사용되고 있으며, 『만요슈』와 『고킨와카슈』에서는 주로 가을 경물로서 쓰이고 있었지만 『고센와카슈』 이후는 짝사랑과 숨겨둔 사랑의 비유나 여성의 비유로 쓰이고 있다. '모종'은 용례 자체가 적은데, 비유적으로 쓰이고 있는 경우에는 어리고 젊은 아가씨의 비유로 쓰이고 있다. '모종'을 제외한 가어 둘은 함께 '여성' 자신의 비유로 쓰이는 예가 적지 않다. 이 점

三四一八)

④のちまきのおくれて生ふる<u>苗</u>なれどあだにはならぬたのみとぞ聞く(『古今和歌集』· 巻第十 · 物名 · 四六七 · 大江千里)

은 『가게로 일기』에 일정 정도 계승되어 왔다고 할 수 있을 것이다.

그러나 이와 같은 가어가 『가게로 일기』에서 미치쓰나의 어머니 자신을 비유하는 것으로 사용될 때, 그것은 미치쓰나의 어머니가 살아온 삶의 경험 때문에 그 이미지가 크게 변하게 된다. 특히 이들 가어 셋은 『가게로 일기』에서 가네이에와의 관계 속에서 배태된 미치쓰나의 어머니의 자기인식을 드러내고 있다는 데 주목할 필요가 있다.

'숲 · 나무 : 밑의 풀 · 아래가지 잎'이라는 구도

『고킨와카슈』, 『고센와카슈』, 『고킨와카로쿠조』(古今和歌六帖) 등을 전거(典拠)로 하는 『가게로 일기』의 와카에는 앞서 나온 와카의 가어가 다수 포함되어 있으며, 미치쓰나의 어머니가 일상생활이나 참배여행 중 접한 자연경물을 와카 속에 도입하여 자신의 심상을 표현하고 있다는 것은 기술한 바다.

앞서 나온 와카에 근거한 『가게로 일기』에 수록된 와카에서 눈에 띄는 점은 '꽃'이 그다지 등장하지 않는다는 것이다. 이 점에 관해 이토 히로시(伊藤博) 씨는 다음과 같이 기술하고 있다.

> 가게로 일기에는 250여 수의 단가(短歌)가 수록되어 있지만, 사계절의 꽃을 읊은 와카는 전체의 약 8%를 차지하고 있다(내가 조사한 바에 의하면, 고킨슈(古今集)에서 꽃을 읊은 와카는 전체의 약 15%를 차지하고 고센슈(後撰集)에서는 약 11%, 슈이슈(拾遺集)는 약 12%를 차지하고 있다). …… 이처럼 눈물이라든가 허무하게 사라지는 것

등을 암시하는 이슬, 마찬가지로 눈물을 암시하는 늦가을 비, 불안함과 발길을 끊는 것을 암시하는 거미(ささがに) 등이 많이 보인다. 그 밖에 아래가지 잎 · 물풀 · 쑥 · 여름철 무성함 등이 5수(미치쓰나의 어머니 와카) 정도 있으며, 이들 제재를 채용한 단가는 가게로 일기에 수록된 단가의 약 15%를 차지하고 있으며 '꽃'을 제재로 한 와카의 거의 배 가까운 수다.[28]

그리고 나카타 히데오(中田秀夫) 씨에 따르면 『가게로 일기』에 보이는 미치쓰나의 어머니의 와카 가운데 식물에 관해 읊은 와카는 30여 수이지만 그중 꽃에 관한 와카는 8수에 지나지 않으며, 『가게로 일기』에 수록된 꽃에 관한 와카는 "꽃 그 자체의 아름다움이나 정취에 감동한 와카는 없으며, 거의 무엇인가의 비유로 쓰이고 있다. 가을꽃에 관한 것이 눈에 띈다. '이슬'이라는 단어와 함께 읊어지는 경우가 많다"[29]는 특색을 지니고 있다고 한다.

또한 이토 씨에 따르면 『고킨와카슈』, 『고센와카슈』, 『슈이와카슈』에 많은 벚꽃에 관한 와카가 『가게로 일기』에는 1수도 보이지 않는다고 하며, 다음과 같이 지적하고 있다.

'보통 사람과는 다른 내 살아온 평범치 않은 삶'(人にもあらぬ身の上)을 기술하는 일기라는 의식은 작품 기조로서 시종 흐르고 있는 것은

28 伊藤博, 「蜻蛉日記と花」(『国語国文』 42-5, 京都大学文学部国語学国文学研究室, 1973) p.5. 이토 씨에 따르면 『가게로 일기』에 수록된 미치쓰나의 어머니의 와카 중 꽃을 읊고 있는 것은 '갈대'(薄)를 넣어도 10수에 불과하다고 한다.

29 中田秀夫, 『蜻蛉日記と更級日記』(明治書院, 1978) p.121.

> 아닐까. 미치쓰나의 어머니는 꽃 · 단풍보다 이슬 · 늦가을 비 · 거미 등을 와카에 많이 읊었다. …… 미치쓰나의 어머니에게는 문학적인 전통이 있는 자연미에는 그다지 구애받지 않는(이라기보다, 그러한 자연을 의식적으로 피한 것인지도 모른다) 일기 작자로서의 '일상'(褻)의 의식이 엿보인다.[30]

미치쓰나의 어머니의 이와 같은 집필의식은 그녀가 와카 속에서 자기 자신을 비유하였던 표현에서도 엿볼 수 있다. 즉 미치쓰나의 어머니가 자기 자신을 화려한 꽃 등이 아니라 '나무 밑 풀', '아래 가지 잎', '모종'에 비유한 것은 자기인식의 표출로 볼 수 있을 것이다. 가와조에 후사에(河添房江) 씨가 지적하고 있듯이 "고래 일본문학에는 가장 가깝고 마음에 드는 자연의 한 모서리인 화초를 여성미를 포함하여 폭넓게 심상의 비유로써 가까이 끌어온다는, 오래되고 괜찮은 전통이 있었"[31]던 것이다. 미치쓰나의 어머니는 이와 같은 전통 속에서 자신의 심정이나 처지 등을 가어에 담았다고 할 수 있다.

또한 식물은 각각의 특성에 따라 특유의 이미지를 지니고 있으며 그 이미지는 바로 비유된 인물의 이미지로 변한다. 예를 들어 "콩과 식물(줄기성 식물)은 보통과는 다른 빠른 성장을 보이므로 하늘과 땅의 매개자 역할을 한다고 여겨진다. …… 또한 줄기는 큰 나무에 붙어 성장하기 때문에 남성의 비호 하에 있는 약자로서의 여성 모습

---

30 伊藤博, 「蜻蛉日記と花」, pp.4, 15-16.

31 河添房江, 『源氏物語の喩と王権』(有精堂, 1992) p.29.

을 상징"[32]하는 것이다. 이와 마찬가지로 '나무 밑 풀', '아래가지 잎', '모종'과 같이 숲이나 나무, 처마 '밑'에 위치가 설정되어 있는 식물에도 특유의 이미지는 내포되어 있을 것이다. 그리고 다음과 같은 비유표현의 기능에 의해 미치쓰나의 어머니가 가어에 담은 자기인식은 독자에게도 명확히 전달된다.

> 비유표현은 그 표현 효과의 측면을 보면, 성립 계기가 지성적이든 감성적이든 어느 쪽이나 비유를 쓰지 않는 서술 이상으로 사물이나 현상을 구상화(具象化)하여 더 강하게 상대방의 감정에 호소하는 데 있다. 즉 추상적이고 관념적인 이론이나 또는 본 적이 없는 사물에 대해, 비유는 우리들의 감정에 호소하여 구체적으로 우리들이 직접 감지할 수 있는 것으로 만들어 우리들을 이해시키는 것이다.[33]

그러면, 미치쓰나의 어머니가 자기 자신을 식물에 비유한 와카 7수에 주목하여 미치쓰나의 어머니와 가네이에의 관계 속에서 양자 간의 관계 구도가 어떠하며, 미치쓰나의 어머니의 자기인식은 어떠한지에 대해 고찰해 보도록 한다.

『가게로 일기』에 미치쓰나의 어머니가 자기 자신을 '나무 밑 풀'에 비유한 와카는 4수 있다. 그중 처음 나오는 것은 인용①의 '떡갈나무 숲~'의 와카이다.

---

32 藤井貞和 編, 『別冊国文学 王朝物語必携』(学燈社, 1987) p.101.

33 山口仲美, 『平安文学の文体の研究』(明治書院, 1984) p.113.

①떡갈나무 숲 풀처럼 저물녘엔 기다리잇가
못 믿을 당신 말에 눈물만 흘러흘러(상권 · 60)
(柏木の森のした草くれごとになほたのめとやもるを見る見る)

이 와카는 결혼 직후인 954년 9월 가네이에의 방문이 뜸해졌을 무렵의 비오는 어느 날, "저녁녘에 들르겠소"라고 전해 온 가네이에에 대한 답으로 읊은 것인데, 『고킨와카슈』 892번 와카와 『야마토 모노가타리』(大和物語) 21단에 수록된 와카가 본가(本歌)로 지적되고 있다.[34]

『고킨와카슈』의 와카는 '노인'의 비유로 '숲 밑 풀'(森の下草)을 사용하여 늙음을 한탄한 와카로 알려져 있다. 즉 나이를 먹어 사회적인 지위를 잃고 육체적 · 정신적으로도 쇠퇴한 노인을 말조차도 좋아하지 않고 풀을 베는 사람도 없는 억세어진 '숲 밑 풀'에 비유하고 있는 것이다. 그러나 이 와카를 이어받은 『야마토 모노가타리』의 와카는 병위 좌(兵衛の佐)인 남성을 '떡갈나무 숲'에, 그 남성의 애인인 자기 자신을 떡갈나무 숲의 '나무 밑 풀'에 비유하여 남성과 여성의 관계 구도를 나타내고 있다. 따라서 『가게로 일기』의 '떡갈나무 숲~'

---

34 大荒木の森の下草老いぬれば駒もすさめず刈る人もなし(『古今和歌集』· 巻第十七 · 雑歌上 · 八九二 · 読人しらず)
柏木のもりの下草老いぬとも身をいたづらになさずもあらなむ(『大和物語』· 二十一段)
따라서 '떡갈나무 숲~'의 와카는 상권이 우타 모노가타리(歌物語)적인 성격을 지니고 있어 『가게로 일기』에 나타난 『야마토 모노가타리』의 영향을 입증할 수 있는 근거의 하나로도 지적되고 있다.—石原昭平, 「『蜻蛉日記』上巻の歌物語性—大和物語を軸として—」(『帝京大学文学部紀要』 10, 帝京大学文学部国文学科, 1978).

의 와카는 『야마토 모노가타리』에 수록된 와카의 외적 구도를 직접 계승하고 있다고 생각된다.[35] 미치쓰나의 어머니는 우병위 좌(右兵衛佐)였던 가네이에를 병위부(兵衛府) 관리의 다른 이름인 '떡갈나무'에 비유하여 그의 부인 중 한 명인 자기 자신을 그 숲의 비호 아래 살아갈 수밖에 없는 '나무 밑 풀'에 비유하고 있는 것이다. 이 와카에는 실질적인 일부다처제 하의 방처혼(通い婚)에 의해 남편을 기다릴 수밖에 없는 '기다리는 여자'(待つ女)[36]의 탄식과 부정적인 자기인식이 드러나 있다고 여겨진다. 미치쓰나의 어머니는 신혼 때부터 '아래'에 위치할 수밖에 없는 자신의 처지를 인식하고 있었던 것이다.

미치쓰나의 어머니가 자기 자신을 '나무 밑 풀'에 비유한 와카는 그 밖에 3수 더 있다.

②제 마음속 생각은 베어둔 채로
그냥 둔 나무 숲 밑 풀열매같이
똑같이 젖어 있단 사실을 아시나요(중권 · 182)
(思ふ心は おほあらきの 森の下なる 草のみも おなじく濡ると 知るらめやつゆ)

③세상 물러나 말도 안 먹는 늙은 풀 같은 나를

35 家井美千子, 「『蜻蛉日記』上巻の到達点」(『思想と文化』, 岩手大学人文社会科学部, 1986) p.192에서도 '떡갈나무 숲~'의 와카가 와카의 기조(基調)로서는 『야마토 모노가타리』의 '겐 명부'(監の命婦)의 와카의 연장선상에 있다고 지적하고 있다.

36 '기다리는 여자'에 관해서는 村井康彦, 「待つ女―拒む女との間」(『国文学』 23-4, 学燈社, 1978)에 상술되어 있다.

새삼스레 그 누가 관심 가져주리오(하권 · 357)

(いまさらにいかなる駒かなつくべきすさめぬ草とのがれにし身を)

④조릿대 헤쳐 다가와도 더욱더 멀어져 가리

풀 마른 나무 밑에 어느 말 다가올꼬(하권 · 371)

(ささわけばあれこそまさめ草枯れの駒なつくべき森のしたかは)

인용②의 와카는 미나모토 다카아키라(源高明) 일가의 비참한 처지를 동정하며 읊은 장가(長歌)[37] 말미의 구다. 『고센와카슈』에 수록된 오시코우치 미쓰네(凡河内躬恒)의 와카[38]가 본가라고 지적되고 있다. 미치쓰나의 어머니는 "이 본가에 입각하여 작자 자신이 누구도 의지할 수 없는 외로운 신세인 만큼 괴로운 입장에 처한 정실부인에게 진심으로 동정을 금할 수 없다"[39]며 동병상련의 정을 읊은 것이다. '나무 숲 밑 풀'이라는 표현은 다카아키라의 부인인 아이미야(愛宮)에 대한 겸손의 의미도 포함하고 있지만, 의지할 만한 가네이에의 발길이 뜸해져 눈물로 지새는 미치쓰나의 어머니 자신의 비유이기도 하다. 이때 '(오아라키) 숲'은 가네이에를 나타내는 것이다. 인용③은 미치쓰나의 어머니가 양녀에게 구혼한 도노리(遠度)와 자신의 사이

---

37 5 · 7조를 반복한 뒤 7 · 7조로 마치는 운문형식. 『만요슈』에 많이 보이며 헤이안 시대 이후에는 쇠퇴하였다.

38 人につくたよりだになしおほあらきの森の下なる草の身なれば(巻第十六 · 雑二 · 一一八六 · 凡河内躬恒)

39 菊地靖彦 · 木村正中 · 伊牟田経久 校注 · 訳, 『土佐日記 蜻蛉日記』(新編日本古典文学全集 13, 小学館, 1995) p.180.

를 의심하는 가네이에에게 보낸 와카이다. 이 와카에는 '나무 밑 풀' 이라는 가어가 직접 나와 있지는 않지만, 『고킨와카슈』에 수록된 와카[40]를 본가로 하고 있다는 점에서 '풀'이 '나무 밑 풀'을 의미하고 있다는 것을 알 수 있다. 여기서 미치쓰나의 어머니는 자기 자신을 말조차 먹지 않는 억세어진 '나무 밑 풀'에 비유하여, 이 나이가 되어 도대체 누가 자신에게 구애를 해 오겠느냐고 말하면서도 "그 속에는 가네이에가 전혀 돌아보지 않게 된 한탄이 비꼬듯이 들어 있는 한편, 어디까지나 가네이에와 연결되어 있는 자신을 다시 한 번 인식하지 않을 수 없는"[41] 심정을 드러내고 있다. 인용④의 와카는 가네이에의 형인 가네미치(兼通)에 대한 답가다. "애잔하구나 서리에 시들어진 풀 같긴 해도 시든 나 되젊어져 가까이 하고 지고"(하권 · 370)라는 가네미치의 와카에 대해, 인용③과 마찬가지로 나이가 들어 매력을 상실한 자기 자신을 시들어 버린 숲의 '나무 밑 풀'에 비유하고 있는 것이다.

이처럼 '나무 밑 풀'의 와카에서 미치쓰나의 어머니는 자기 자신을 '숲'에 기대며 살아갈 수밖에 없는 '나무 밑 풀', 말조차 즐겨 먹지 않는 '숲'의 '나무 밑 풀'에 비유하고 있다. 이때 '숲'이 남편인 가네이에의 상징이라는 것은 말할 나위도 없다. 즉 미치쓰나의 어머니는 『고킨와카슈』, 『야마토 모노가타리』, 『고센와카슈』에 수록된 와카에 입각하여 자신과 가네이에와의 관계를 '숲'과 '나무 밑 풀'에 비유

40 大荒木の森の下草老いぬれば駒もすさめず刈る人もなし(巻第十七 · 雑歌上 · 八九二 · 読人しらず)

41 菊地靖彦 · 木村正中 · 伊牟田経久 校注 · 訳, 『土佐日記 蜻蛉日記』, p.341.

하여 '상하의 구도'를 형상화하고 있는 것이다.

이와 같은 구도는 '아래가지 잎'에 관한 와카를 통해서도 읽어낼 수 있다.

유월이 되었다. 새 달에 접어들어서도 오랫동안 비가 심하게 내린다. 밖을 내다보다가 혼잣말로 중얼거렸다.

> ⑤수심에 잠겨 내리는 비 멍하니 바라보는 새
> 나뭇가지 아랫잎 어느샌가 시들고
> (わが宿のなげきの下葉色ふかくうつろひにけりながめふるまに)

이렇게 읊거나 하는 새 칠월이 되었다. 완전히 인연이 끊어졌다고 생각할 수 있다면 오다말다 하는 것보다 오히려 더 나을 텐데라고 하염없이 생각에 잠겨 있는데, 어느 날 찾아왔다. 아무 말도 하지 않고 있었더니 하릴없이 심심해하는 듯하다가, 앞에 있던 시녀가 지난번에 읊었던 아랫잎 와카를 무슨 말을 하다가 입 밖에 냈더니, 듣고 나서 다음과 같이 읊는다.

> 계절에 앞서 일찍 물든 단풍잎 가을이 오면
> 더더욱 고와지듯 당신 또한 그렇소
> (をりならで色づきにける紅葉葉は時にあひてぞ色まさりける)

그러하기에, 벼루를 당겨서는 이렇게 적어둔다.

⑥가을이 와서 고이 물들긴커녕 당신 변심에

시든 아랫잎 같은 내 모습 한탄하네(상권 · 77-78)

(あきにあふ色こそましてわびしけれ下葉をだにもなげきしものを)

인용⑤의 와카는 앞서 나온 와카에 수록된 '아래가지 잎'의 비유적인 이미지와 『고킨와카슈』에 수록된 오노 고마치(小野小町)의 와카인 "꽃잎 색깔은 이리도 허무하게 변해 가누나 이 세상 살아가며 탄식하던 동안에"(花の色は移りにけりないたづらにわが身世にふるながめせしまに, 『古今和歌集』 · 巻第二 · 春歌下 · 一二三 · 小野小町)에 입각한 미치쓰나의 어머니가 처음 읊은 독영가(獨詠歌)다. 인용⑤의 와카에서 미치쓰나의 어머니는 자기 자신을 '아래가지 잎'에 비유하여 장마 탓에 나무 아래가지 잎의 색깔이 변하였듯이 자신도 시름에 잠겨 있는 동안에 미모가 시들어 버렸다고 한탄하고 있다. 이때 '아래가지 잎'이 매달려 있는 '나무'는 가네이에를 비유하고 있다고 생각된다. 미치쓰나의 어머니는 '나무'에 붙어 있는 '나뭇잎' 중에서도 그다지 눈에 띄지 않는 '아래가지 잎'에 자기 자신을 빗댄 것이다. 인용⑥의 와카는, 인용⑤의 와카에 관해 시녀에게 전해 들은 가네이에가 미치쓰나의 어머니의 환심을 사기 위해 '단풍나무 잎'에 미치쓰나의 어머니를 비유하여 읊은 '계절에 앞서~'라는 와카에 대한 답가다. 이 와카에서 미치쓰나의 어머니는 '아래가지 잎'에 미모와 매력이 시들어 가고 있는 자기 자신을 비유하고 있다.

이처럼 '아래가지 잎'이 쓰인 와카를 통해서도 '나무 밑 풀'과 같은 구도를 읽어 낼 수가 있다. 즉 미치쓰나의 어머니는 자기 자신을 그다지 눈에 띄지 않는 미모가 시들어 버린 '나무'에 붙어 있는

'아래가지 잎'에 비유함으로써 가네이에에게 기대어 살 수밖에 없는 의존적이며 부정적인 자기인식을 드러내고 있는 것이다.

그리고 미치쓰나의 어머니는 자기 자신을 '모종'에도 비유하고 있다.

> ⑦번갯불조차 닿지 않는 집 그늘 처마 가 모종
> 님 그리다 시름에 겨운 나와 같구나(중권 · 205)
> (いなづまのひかりだに来ぬ屋がくれは軒ばの苗ものおもふらし)

이 와카는 처마 가에 심어둔 볏모가 제대로 자라지 못하는 것을 보고 읊은 독영가다. '처마 가 모종'은 미치쓰나의 어머니 자신의 비유로서, 번갯불에 의해 벼가 여문다는 속신을 배경으로 가네이에가 전혀 얼굴을 비추어 주지 않는 것을 나타낸다. 드넓은 논에서 쑥쑥 자라는 '모종'이 아니라 '번갯불'을 기다리는 처마 가 '모종'은 가네이에를 기다릴 수밖에 다른 방도가 없는, 가네이에의 비호 아래 살아갈 수밖에 다른 방도가 없는 '기다리는 여자'로서의 미치쓰나의 어머니 그 자체라고 할 수 있다.

이상으로 미치쓰나의 어머니가 자기 자신을 식물에 비유하여 읊은 와카 7수에 주목하여, 가네이에와의 관계 속에서 배태된 미치쓰나의 어머니의 자기인식과 양자 간의 관계 구도에 관해 고찰해 보았다. 미치쓰나의 어머니는 『가게로 일기』에 앞서 나온 와카에서 형성되어 온 '나무 밑 풀', '아래가지 잎', '모종'이라는 가어의 비유적인 이미지를 이어받은 데 그치지 않고 가네이에와 결혼생활을 하면서 생성된 그와의 관계, 자신의 처지에 대한 인식을 그 가어에 의탁하여 와카로 형상화하려고 하였다. 읊은 이의 본마음 그대로를 드러내는 것은 아니라는 와카의 한계는 있지만 『가게로 일기』 내의 와카의 역할에 주목하였을 때, 와카에 담긴 미치쓰나의 어머니의 자기인식을 이해하는 것은 작품 전체의 이해로 이어진다고 생각된다.

미치쓰나의 어머니가 자기 자신을 비유한 '나무 밑 풀', '아래가지 잎', '모종'이라는 식물은 이미 지적한 바와 같이, 『가게로 일기』 내에서 공통적으로 숲이나 나무, 그리고 처마의 '밑'에 위치하고 있다. 이것은 '위'와 대비되어 '하등(열등)성'을 의미하고 있다고 생각한다. 또한 숲이나 나무, 처마에 기대어 살아갈 수밖에 없다는 점은 '의존성' 또한 나타내는 것으로 생각된다. 그리고 이동이 자유자재로 이루어지는 동물과 달리 '고정성'과 '소극성'을 지니고 있다고도 지적할 수 있을 것이다. 즉 '나무 밑 풀', '아래가지 잎', '모종'은 '하등(열등)성', '의존성', '고정성', '소극성'이라는 마이너스적인 이미지를 나타내고 있다고 할 수 있다.

'나무 밑 풀', '아래가지 잎', '모종'의 이와 같은 마이너스적인 이미지는 미치쓰나의 어머니의 자기인식을 나타내는 것으로 생각할 수 있으며, 그녀는 자기 힘으로는 도저히 바꿀 수 없는 여성으로서의 자기 처지를 이 세 식물에 비유하고 있는 것이다. 이에 반해 가네이에가 '숲', '나무', '번갯불'에 비유되고 있다는 것은 양자 간의 관계가 '수직적인 상하관계'라는 것을 나타내고 있다고 생각된다. '나무 밑 풀', '아래가지 잎', '모종'은 언제나 위에 있는 '숲'의 '나무'나 위에서 떨어져 내려올 '번갯불'을 우러러볼 수밖에 없고 양자 간의 거리가 좁혀질 수는 없었다. 이와 같은 객관적인 자기인식이 있었기에 미치쓰나의 어머니는 『가게로 일기』라는 작품을 저술함으로써 자신의 고뇌를 극복하려 시도할 수 있었다고 생각된다.

이 같은 미치쓰나의 어머니의 자기인식은 상권 서문(상권 · 47-48) 전반의 "세상에 참으로 의지할 데 없이 이도 저도 아닌 상태로 세월을 보내고 있는 사람", "생김새라고 해봤자 도저히 남만큼도 못 되고 사려분별도 있는 듯 없는 듯, 이렇게 별 쓸모없는 존재로 살아가고 있는 것도 당연"한 존재라는 자기규정과도 상통하는 것이라고 볼 수 있다. 전권의 서문으로도 일컬어지는 상권의 서문에는 미치쓰나의 어머니의 〈하무한 신세〉에 대한 자기인식이 명확히 드러나 있다. 미치쓰나의 어머니의 이 같은 자기규정은 자기 자신을 '나무 밑 풀', '아래가지 잎', '모종'에 비유한 것과 같은 선상에 있다고 생각된다.

가네이에와의 관계 속에서 미치쓰나의 어머니가 느끼고 있는 거리감과 부정적인 자기인식은 다음과 같은 하권 기사에도 여실히 표현되어 있다.

> 그런데, 그 사람이 초사흗날경 오시쯤에 모습을 보였다. 늙어서 남부끄러운 모습이기에 너무나 괴로웠지만 어떻게 할 것인가. 잠시 머문 뒤, "이쪽 방위가 막혀 있어서"라며 나선다. 내가 물들였기에 하는 이야기가 아니라, 웃옷 아래 받쳐 입는 시타가사네(下襲)는 참으로 눈부실 정도로 아름다운 능직비단의 사쿠라가사네(櫻襲)인데 지금이라도 쏟아질 듯이 무늬가 도드라지게 짜여 있다. 그리고 그 위에 광택이 도는 단단하게 짠 하얀 위 하카마(表袴)를 입고 저 멀리까지 벽제소리를 드높이며 돌아간다. 그 소리를 듣고 있자니, 아아 괴롭구나, 너무나도 마음을 푹 놓고 있었구나 생각하며 내 옷차림을 보자

니 오래 입은 옷은 후줄근하고, 거울을 보니 내 모습이 밉기만 하다. 그 사람은 이번에도 또 정나미가 떨어졌겠구나라고 이런저런 생각이 꼬리에 꼬리를 물고 일어난다.(하권 · 324-325)

조정에서는 예년과 마찬가지로 야와타 마쓰리가 열리게 되었다. 무료한 나날이기에 살짝 집을 나서 수레를 세우고 구경을 하고 있자니, 눈에 띄게 화려하게 치장을 하고 기세 등등하게 벽제소리를 드높이며 오는 자가 있다. 누구일까라고 생각하며 보니, 앞에서 행렬을 이끄는 자들 가운데 늘 보는 사람들이 있다. 그 사람 행렬이로구나라고 알아채고 바라보자니, 내 신세가 참으로 더욱더 처량하게 느껴진다.(하권 · 326)

이들 인용문에서 읽어 낼 수 있는 미치쓰나의 어머니의 자기 인식은 서른일곱 살 전후라는 미치쓰나의 어머니의 적지 않은 연령과 가네이에와의 부부관계가 파탄에 가까워진 973년의 상황을 반영하고 있다고도 할 수 있다. 하지만 본질적으로는 '나무 밑 풀', '아래 가지 잎', '모종'이라는 표현이 사용된 와카에 나타난 양자 간의 관계 구도와 그다지 다르지 않다고 생각된다. 미치쓰나의 어머니는 전권에 걸쳐 일관되게 자기 자신의 〈허무한 신세〉를 독자에게 호소하고 있는 것이다. 그러한 미치쓰나의 어머니의 집필의도와 『가게로 일기』의 주제의 일단을 '나무 밑 풀', '아래가지 잎', '모종'이라는 가어에서 읽어 낼 수 있다.

이 장에서는 『가게로 일기』에 나타난 '와레'라는 표현과 '나무

밑 풀', '아래가지 잎', '모종'이라는 가어가 사용된 와카에 주목하여 헤이안 시대 여성 일기문학에 여성의 자의식의 양상과 내실이 어떻게 나타나 있는지를 살펴보고, 이를 통해 10세기 중후반 고대 일본의 여성문학 속에 그려진 여성의 자의식과 젠더의 관계에 대해 고찰해 보았다. 미치쓰나의 어머니는 "나는 뭐란 말인가"로 표상되는 자의식을 바탕으로 하여 남편인 가네이에와의 관계 속에서 여성으로서의 자기 위치를 객관적으로 인식하여 젠더의식을 지니게 되었고, "미치쓰나의 어머니에게 있어서 〈나(われ)〉를 주시하는 것은 바꿔 말하면 〈내 신세(わが身)〉의 불우함을 주시"[42]하는 것이기도 하였다. 이를 통해 미치쓰나의 어머니는 세상의 보통 사람들과는 다른 현실적인 자기 이야기를 '일기'라는 양식으로 형상화할 수 있었다.

이때 미치쓰나의 어머니가 자기 심정을 그대로 토로할 수 있었던 데는 자국어문자인 가나 문자라는 표현수단의 성립과 획득이 불가결한 조건이었다. 10세기 후반인 이 시기에 민족어문자인 가나 문자라는 표현수단이 성립되어 있었기에, 미치쓰나의 어머니는 자기 자신의 결혼생활과 그 속에서 겪게 된 내면의 심정을 글쓰기라는 행위를 통해 형상화해 낼 수 있었던 것이다. 즉 미치쓰나의 어머니는 '일기문학'이라는 양식의 글쓰기 행위를 통해 내면화 · 내성화 과정을 거쳐 '의식을 재구조화'함으로써 결혼생활 속에서 규정된 '나'의 존재성을 탐구해 나갔다고도 할 수 있다.

10세기 중반 『가게로 일기』와 같은 일기문학은 18세기 서양에

---

42 内野信子, 「『蜻蛉日記』の「われ」」(『国学院大学大学院紀要』 35, 国学院大学大学院, 2004) p.123.

서 루소의 『고백록』(1770년 성립)과 같은 근대적 자전이 출현한 것보다 훨씬 먼저 나온, 작자 또는 작중화자의 자의식을 소재로 한 문학 양식이었다.[43]

43 일기문학과 서양의 자전과의 비교 검토는 이마제키 도시코(今関敏子) 씨의 「表現される《自我》—日記文学と自伝—」(『論集日記文学の地平』, 新典社, 2000)에 상술되어 있다.

6. 한의 문학

한이라는 정서

한(恨)은 한국문학의 성격을 가장 잘 나타내 주는 대표적인 정서로 꼽히고 있다. 따라서 한을 한국인의 독특한 정서, 한국문학을 세계문학과 변별할 수 있는 한국문학의 고유한 정서로 파악하면서 한의 성격을 모색하려는 연구는 이제까지 활발히 이루어져 왔다.[1] 그러나 역사적 경험의 차이에 따라 한의 성격이 오늘날 어떻게 변화 · 정착되었든지 간에 같은 한자문화권에 속하는 일본의 고전문학에도 한이라는 표현과 함께 한의 정서가 존재하였다는 것은 제 문헌을 통해서 확인해 볼 수 있는 사실이다. 그리고 그 한의 정서는 원망의 성격을 띠든 한탄의 성격을 띠든 인간사에서 보편적으로 나타나고 있는 남녀의 사랑 중 '님에게서 버림받은 나'의 감정을 드러내는 데 전형적으

1 이러한 관점에서 한을 다룬 연구자로는 오세영, 「한의 논리와 그 역설적 의미」(『문학사상』 1976년 12월호, 문학사상사); 李御寧, 「恨とうらみ」(『恨の文化論』, 学生社, 1978); 천이두, 『한국문학과 한』(이우출판사, 1985); 천이두, 『한의 구조 연구』(문학과지성사, 1993) 등을 들 수 있다.

로 쓰이고 있다.

『만요슈』(萬葉集)나 『고킨와카슈』(古今和歌集)에 보이는 다음과 같은 인용은 그 실제적인 예다.

못 만나뵈도 원망하지 않으리 난 이 베개를
날일랑 여기시고 베고서 주무시길[2]

가을바람에 휘날리는 칡덩굴 속잎을 봐도
한스러움 여전히 남아 있기만 하네[3]

그리고 이러한 한의 정서는 헤이안 시대(平安時代) 여성 일기문학으로 이어져 내려와 『가게로 일기』(蜻蛉日記)에 그 모습이 현저히 드러나 있다고 생각한다. 하나의 문학작품을 관통하고 있는 정서의 고찰은 곧 작품 전체를 이해하는 것과 마찬가지이고 한의 주체가 지니고 있는 한은 고정되어 있는 것이 아니라 작품 내에서 형성되는 과정을 거쳐 그 나름의 전개와 결말을 맞게 되므로, 한의 전개과정을 고찰하는 것은 작품 이해의 유효한 방법이 될 수 있을 것이다. 이때 한의 주체는 『가게로 일기』의 작자인 역사상 실존인물인 미치쓰나의 어머니(道綱母)가 아니라 작중화자인 미치쓰나의 어머니라는 점을 확인해 둘 필요가 있다. 즉 『가게로 일기』의 한은 작품 속에서 재편성

---

2 逢はずとも我は恨みじこの枕我と思ひてまきてさ寝ませ(『萬葉集』 · 巻第十一 · 二六二九)—小島憲之 他 校注 · 訳, 『萬葉集 3』(日本古典文学全集 4, 小学館, 1973) p.232.

3 秋風の吹き裏返す葛の葉のうらみてもなほうらめしきかな(『古今和歌集』 · 巻第十五 · 八二三)—小沢正夫 校注 · 訳, 『古今和歌集』(日本古典文学全集 7, 小学館, 1971) p.313.

된 한이라고 할 수 있다.

일기문학의 특성상 작중화자의 심정은 다양한 표현으로 표출되어 있기 때문에, 먼저 『가게로 일기』에 나타난 한의 정서를 심정표현을 통해 살펴보도록 한다. 나아가 한의 형성과정과 원인, 그리고 그 변용과정을 통과의례라는 관점에서 살펴보도록 한다.

『가게로 일기』에 나타난 한

한과 관련된 용어는 매우 다양하다. 한, 원한(怨恨), 회한, 정한, 원한(願恨), 유한(遺恨), 한탄 등이 그것이다. 그리고 한의 용어가 다양한 만큼 한에 대한 의미 규정 또한 가지각색이다. 같은 한자문화권인 중국 · 한국 · 일본 세 나라의 사전에 나타난 한의 의미[4]를 통해 그 개념을 정리해 보면, 세 나라 사전에 공통적으로 나타난 한의 자의(字意)는 원(怨) · 회(悔) · 감(憾)이다. 이 중 회와 감은 좌절이나 상실을 당하여 자신을 자책하고 한탄하는 감정이 주류를 이루고 있다는 점에서 탄(嘆)으로 볼 수 있다.[5] 즉 한의 개념은 크게 원(怨)과 탄(嘆)으로 나눌 수 있으며, 지향하는 방향에 따라 분류한다면 원은 '타인에 대한 한', 탄은 '자신에 대한 한'으로 정리할 수 있다. 타인에 대한 한

4 鳴澤炎 外 編, 『辭源』(臺灣商務印書店, 1978)에는 "①怨恨, 仇視. ②後悔, 遺憾"(p.1118); 장삼식, 『大漢韓辭典』(교육서관, 1987)에는 "①한할 한(怨之極) ②뉘우칠 한(悔也) ③유감으로 생각할 한(憾也)"(p.716); 鎌田正 他, 『廣漢和辭典 中卷』(大修館書店, 1984)에는 "①うらむこと。にくいと思うこと ②後悔。後から残念に思うこと"(p.81)라고 규정되어 있다.

5 천이두, 『한의 구조 연구』, p.14.

에는 원한 · 정한 등이, 자신에 대한 한에는 회한 · 한탄 등이 포함될 수 있다고 생각한다.

이 장에서는 한이란 고정되어 있는 것이 아니라 주체자의 의지에 따라 전개되어 나간다는 천이두 씨의 동적인 한론[6]과 시대와 공간을 초월하여 불의의 체계가 존재하는 곳이라면 한은 어느 곳에나 존재한다는 정대현 씨의 한론[7]에 공감하면서, 『가게로 일기』에 나타난 한에 대해 살펴보고자 한다.

『가게로 일기』에는 작자 자신의 의식과 심정이 많이 표출된다는 일기문학의 특성상 참으로 많은 심정표현이 나타나 있다. 그리고 이러한 심정표현은 "스스로의 체험에 바탕을 둔 심정적인 진실을 객관화하여 인생의 내면적인 의의를 구체적으로 밝혀 나가는 고유한 자기표현의 방도를 만들어 냈다"[8]고 할 만큼, 작품의 주제 형성에도 일정한 역할을 담당하고 있다. 이렇듯 『가게로 일기』에 심정표현이 빈번하게 나타나는 이유를 기무라 마사노리(木村正中) 씨

---

6 천이두 씨는 원한과 한탄은 한 소유자의 주체적 의지가 개입된 '삭임'의 기능을 통해 정한 · 원한(願恨) · 체념의 정서로 전화되어 간다고 보아 한을 동적인 정서로 파악하였다. 이때 '한의 전화과정'이란 모순되는 충동의 갈등이 어떻게 전화되어 가느냐와 관련되어 있다.—천이두, 『한의 구조 연구』.

7 정대현 씨는 한을 상위개념과 하위개념으로 나누어 고찰하였다. 하위개념의 한은 불의의 체계가 보편적 진리체계로 남아 있는 곳에서 주체가 의도하지 않아도 자연적으로 구체적인 대상이 없이 발생한다고 한다. 그 전형적인 예가 조선시대에 대를 이을 아들을 낳지 못해 시집에서 나올 수밖에 없었던 여인에게 맺힌 한이다. 이러한 한은 불의가 존재하는 어느 곳 어느 시대에도 발생할 수 있지만, 한국의 역사에 정당하게 받아들여진 부당한 구조들이 많았던 탓에 한국에서 많이 나타났다고 한다.—정대현, 「한(恨)의 개념적 구조」(『한국어와 철학적 분석』, 이화여자대학교출판부, 1985).

8 木村正中, 「古物語の超克」(『国文学』 26-1, 学燈社, 1981) p.33.

는 미치쓰나의 어머니의 집필태도에서 찾고 있다. 즉 작자는 사실에 충실한 기록적 태도와 자기 심정을 토로하는 고백적 태도를 공존시키고 있다는 것이다.[9] 또한 와타나베 미노루(渡邊實) 씨는 『가게로 일기』의 문장을 '당사자적 표현'[10]으로 파악하였으며, 스즈키 가즈오(鈴木一雄) 씨도 '여성시점'[11]이라는 용어로 『가게로 일기』의 독특한 표현의 근거를 설명하였다. 즉 여성시점은 자기에 집착하는 여자의 고독한 마음의 표현, 자기 마음의 정립(定立)을 구하려는 여자의 혼의 영위인데, 이러한 여성시점이 작품 전권을 관통하고 있다는 것이다.

『가게로 일기』의 심정표현은 주로 형용사를 통해 살펴볼 수 있다. 『가게로 일기 총색인 색인편』(かげろふ日記総索引 索引篇, 佐伯梅友 · 伊牟田經久 編, 風間書房, 1981)에서 확인한 사용 빈도수가 높은 30개의 심정표현을 분석해 보았을 때, 『가게로 일기』에는 밝고 긍정적인 심정표현보다 어둡고 부정적인 심정표현이 많이 쓰이고 있다. 사용 빈도수가 높은 30개의 심정표현 중 '아와레'(あはれ), '오카시'(をかし), '요시'(よし), '메즈라시'(めづらし), '고코로야스시'(こころやすし), '우레시'(うれし)를 제외한 24개의 심정표현이 마이너스적인 이미지를 드러내고 있다. 이는 가네이에(兼家)와의 결혼생활 속에서 초래된 미치쓰나의 어머니의 고뇌가 얼마나 심각하였는지를 보여 주는 근거이면서, '가정부인'(家の女)이라는 미치쓰나의 어머니의 존재기반에 기

9 木村正中, 「蜻蛉日記下巻の構造」(『平安朝日記 Ⅰ』, 有精堂, 1971) p.239.

10 渡辺実, 『平安朝文章史』(東京大学出版会, 1981) p.97.

11 鈴木一雄, 「日記文学における虚構について」(『国語と国文学』 61-4, 至文堂, 1984) p.28.

인하고 있다고 생각한다.[12] 헤이안 시대 지방관 계층의 딸들이 지니고 있는 정신구조와 문예정신을 '궁인 여성'(宮仕え女房)과 '가정부인'(家の女)으로 나누어 설명한 사람은 마스다 가쓰미(益田勝實) 씨[13]였다. 그리고 이러한 마스다 씨의 시각을 발전시켜 기쿠타 시게오(菊田茂男) 씨는 가정부인은 본질적으로 폐쇄적 · 내성적 · 주관적 · 독단적 · 몽상적 · 낭만적인 특성을 지니고 있기 때문에 객관적인 현실에 부딪쳐 자신의 꿈이 깨졌을 때 부정적인 감정 체험으로 연결된다고 설명하였다.[14]

그런데 『가게로 일기』에 나타난 미치쓰나의 어머니가 지닌 한의 성격은 '우라미'(うらみ)라는 표현으로 가장 직접적으로 드러나고 있다. 『일본국어대사전 제3권』(日本國語大辭典 第3卷, 小學館, 1973)에서는 '우라미'(恨 · 怨 · 憾)에 관해, "①자기에게 심한 짓을 한 사람을 미워하는 것. 또는 자기 처지 등에 대한 분노, 반발하는 마음. ②모든 일의 상태가 좋지 않은 것을 유감으로 생각하는 마음. 불평불만 또는 푸념. 불평의 호소. ③바람직하지 않은 상태에 처해져서 느끼는 슬픔, 한탄"으로 규정하고 있다. 즉 '우라미'에는 타인과 자신에 대한 감정이 함께 내포되어 있다고 할 수 있다.

---

12 네고로 쓰카사(根来司) 씨는 「『蜻蛉日記』の表現方法」(『国文学解釈と鑑賞』 43-9, 至文堂, 1978) p.132에서 이렇듯 마이너스적인 심정표현이 많은 이유를 미치쓰나의 어머니의 충동적인 성격에서 찾고 있다.

13 益田勝実, 「源氏物語の荷ひ手」(『日本文学史研究』 11, 1951).

14 菊田茂男, 「道綱母の体験と蜻蛉日記の表現」(『一冊の講座 蜻蛉日記』, 有精堂, 1981) pp.149-150.

【표 1】 사용 빈도수가 높은 『가게로 일기』의 심정표현

심정표현	빈도수	심정표현	빈도수
아와레(あはれ)―정취 있다	103	와비시(わびし)―울적하다, 질색이다	25
아야시(あやし)―이해할 수 없다, 괘씸하다	100	가이나시(かひなし)―소용없다	24
이미지(いみじ)―심하다	80	와리나시(わりなし)―어떻게 할 수가 없다	24
가나시(かなし)―분하다, 애처롭다	54	메즈라시(めづらし)―청신하다	23
오카시(をかし)―멋있다, 흥미 있다	49	쓰레나시(つれなし)―뻔뻔하다, 태연하다	19
요시(よし)―좋다	40	유카이나시(いふかひなし) ―하잘것없다, 말해 봤자 소용없다	18
나게키(なげき)―한탄하다	39	쓰레즈레(つれづれ)―하릴없다	18
아사마시(あさまし)―어이없다, 질리다	37	이토오시(いとほし)―애잔하다, 불쌍하다	16
우시(うし)―비참하다, 분하다	37	쓰라시(つらし)―박정하다, 원망스럽다	16
나가메(ながめ)―수심에 잠기다	37	유유시(ゆゆし)―불길하다, 심하다	16
구루시(くるし)―괴롭다	36	고코로야스시(こころやすし) ―마음이 평온하다	12
아시(あし)―불쾌하다	32	모노시(ものし)―마음에 안 들다	11
오보쓰카나시(おぼつかなし) ―불안하다, 의심스럽다	32	니쿠시(にくし)―밉다, 싫다	10
고코로보소시(こころぼそし) ―허전하다, 불안하다	28	우라미(うらみ)―원망하다, 한탄하다	9
하카나시(はかなし)―의지할 데 없다	27	우레시(うれし)―기쁘다, 즐겁다	9

『가게로 일기』에 나타난 한은 직접적인 표현인 '우라미' 이외에도 '가나시'(かなし), '나게키'(なげき), '우시'(うし), '나가메'(ながめ), '구루시'(くるし), '쓰라시'(つらし) 등의 심정표현을 함께 살펴봄으로써 더욱더 명확하게 드러난다고 생각된다. 이 중 '우라미'는 타인과

자신에 대한 한을 드러내는 데 함께 쓰이고 있으며, '쓰라시'는 '타인에 대한 한'을 나타내는 표현, '가나시', '나게키', '우시', '나가메', '구루시'는 '자신에 대한 한'을 나타낸다고 볼 수 있다. 그리고 '타인에 대한 한'과 '자신에 대한 한'의 성격은 가네이에와의 관계 속에서 드러나는 구체적인 본문 인용을 통해 살펴볼 수 있다.

'타인에 대한 한'을 드러내는 심정표현 중 '우라미'는 상권에 4회, 중권에 1회, 하권에 4회 나타나 있으며, 이 중 미치쓰나의 어머니의 심정을 나타낸 것은 3회다. 그중 타인, 즉 가네이에에 대한 원망으로 쓰인 예는 2회다.

> ①물떼새 간 곳 찾듯이 당신 찾아 헤매 다녀도
> 가신 곳 알 길 없어 원망하는 내 마음(상권 · 84)

> ②이 색 저 색 뒤섞여 피어 있는 앞뜰의 꽃을 바라보며, 둘이 누운 채 이렇게 와카를 주고받았다. 서로 원망스럽게 여기는 일이 있었나 보다.(상권 · 87)

인용①의 와카(和歌)는 957년 봄, 가네이에가 놓고 간 책을 미치쓰나의 어머니가 돌려주면서 주고받은 증답가 중 한 수다. 여기서 미치쓰나의 어머니는 포구를 본다는 '우라미'(浦見)에 '우라미'를 겹쳐 마치노코지(町の小路) 여자에게 빠져 있는 가네이에의 불완전한 사랑을 비난하고 있다. 따라서 이때 원망의 대상은 가네이에이다. 인용②는 마치노코지 여자네 집에 드나드느라 발길이 뜸하였던 가네이에가 오랜만에 미치쓰나의 어머니 집을 방문하였을 때의 모습과 심정을

묘사한 것이다. 이때 원망의 대상은 함께 있는 상대방이며 이렇게 두 사람이 서로를 원망스럽게 여기는 데는 까닭이 있다. 미치쓰나의 어머니로서는 자기에게서 발길이 점점 더 멀어져 가는 가네이에가 섭섭하였을 것이고, 가네이에로서는 바로 직전의 기술에 나오듯이 부탁한 바느질감을 매몰차게 돌려보낸 자의식 강한 미치쓰나의 어머니에 대해 맺힌 감정이 있기 때문으로 생각된다.

이렇듯 미치쓰나의 어머니와 가네이에의 갈등관계 속에서 쓰이는 '우라미'는 '원한'이라기보다는 '정한'으로 이해된다. 이는 인용①의 와카를 통해 확인할 수 있다. 가네이에에 대한 미치쓰나의 어머니의 감정은 사랑하기 때문에 초래된 원망스럽고 섭섭하고 괴로운 마음이지, 되갚아야만 풀리는 '원한'은 아닌 것이다.

『가게로 일기』에 나타난 타인에 대한 한이 '정한'의 성격을 띤다는 것은 '쓰라시'에서도 마찬가지로 적용된다. '쓰라시'란 상대방의 행위나 행동을 냉담하다, 박정하다, 무자비하다고 원망스럽게 생각하는 마음이다. 즉 '쓰라시'는 타인에 대한 감정[15]이며, 결혼생활에 상처를 입고 남편의 처사를 박정하다고 원망하기는 하지만 그 원망 또한 남편에 대한 애정에서 나온 '정한'이라고 할 수 있다.

이처럼 『가게로 일기』에 나타난 타인에 대한 한의 성격은 상대를 적대시하는 '원한'이라기보다는 오히려 충족되지 못한 사랑에서 나온 원망스러운 마음에서 초래된 '정한'의 성격을 지니고 있다고 할 수 있다.

---

15 山口仲美, 「蜻蛉日記 こころのことば」(『国文学』 26-1, 学燈社, 1981) p.102.

'자신에 대한 한'을 나타내는 심정표현으로는 '우라미', '가나시', '나게키', '우시', '나가메', '구루시'를 들 수 있다. '우라미'가 자신에 대한 한으로 쓰인 예는 단 1회다.

③내리는 눈에 쌓이는 내 나이를 헤아려보니
죽지도 못하는 내 신세를 한(恨)하노라(중권 · 190)

인용③은 내리는 눈을 바라보며 나이 먹고 늙어 가는 자신의 처지를 뼈저리게 느끼면서 죽지도 못하고 살아가는 자기 신세를 한탄하는 와카이다. 이때 미치쓰나의 어머니가 느끼는 눈이 오는 동안의 그 시간은 한순간의 찰나가 아니라, 10여 년 넘게 이어져 온 가네이에와의 결혼생활 전부를 가리킨다. 미치쓰나의 어머니가 서른네 살 경인 969년 동짓달에 읊은 이 와카에서 자기 생명을 부지해 나갈 모든 끈을 놓쳐 버린 듯이 우울하고 슬프고 한스럽게 자기 심정을 토로한 이유로는, 가네이에의 새 저택인 히가시산조인(東三條院)에 들어가지 못한다는 사실을 알게 되어 가네이에의 부인으로서 자신의 불안정한 위치에 절망하였기 때문이라는 지적이 있다.[16] 히가시산조인 조영(造營)에 관한 기사는 같은 해 5월, 미치쓰나의 어머니가 유서를 쓸 정도로 혹독하게 앓고 있을 때 새 저택을 짓는다고 바쁘게 나다니던 가네이에가 지나던 길에 잠시 들러 선 채로 병문안하고 갔다는 대목(중권 · 175-176)에서 처음 언급되고 있다.

16 上村悦子, 『蜻蛉日記解釈大成 3』(明治書院, 1987) p.319.

그리고 사전적인 의미는 조금씩 차이를 보이고 있지만, '가나시', '나게키', '우시', '나가메', '구루시'가 공통적으로 지니고 있는 속성은 '탄'이다. 따라서 『가게로 일기』에 나타난 자신에 대한 한의 성격은 '한탄'으로 규정할 수 있다. 이 중 '탄식, 비탄, 탄원'[17]이라는 사전에 규정된 의미에서도 알 수 있듯이, '한탄'의 성격을 가장 직접적으로 드러내고 있는 '나게키'(嘆き)는 작품 속에 나타나 있는 한의 양상을 가장 여실히 드러내 주는 표현이다. '나게키'는 작품 속에 39회 쓰이고 있으며 상권 20회, 중권 9회, 하권 10회라는 분포에서 알 수 있듯이 상권에서 가장 많이 쓰이고 있다. 이는 상권이 '우타 모노가타리'(歌物語)적이라고 일컬어질 만큼 와카가 많이 수록되어 있는데, '나게키'의 예 가운데 총 24회가 와카에 쓰이고 있기 때문이다. 39회 중 미치쓰나의 어머니의 심정을 나타내고 있는 것은 22회이며, 가네이에와의 관계에서 쓰이고 있는 것은 20회다(2회는 친정어머니의 죽음을 한탄). 그리고 하권에 쓰이고 있는 '나게키'는 2회만이 화자가 주체다. 이는 중권 말미에서부터 나타나고 있는 미치쓰나의 어머니의 심경 변화의 근거로도 볼 수 있어 한의 전개양상을 살펴보는 데 지표가 된다고 생각한다.

가네이에와의 관계 속에서 토로된 대표적인 '나게키'의 용례는 다음과 같다.

④한숨 내쉬며 나 홀로 지새우는 초겨울 밤이

17 日本大辞典刊行会 編, 『日本国語大辞典 第15巻』(小学館, 1975) p.227.

얼마나 기나긴지 당신은 아시나요(싱권 · 70)

『햐쿠닌잇슈』(百人一首)와 『오카가미』(大鏡)에 수록되어 널리 알려진 이 와카는 미치쓰나를 낳고 얼마 지나지 않아 가네이에가 마치 노코지 여자네 집에 드나든다는 것을 알게 된 미치쓰나의 어머니가 새벽녘에 찾아온 남편을 문전박대한 뒤 아침에 읊어 보낸 와카이다. 언뜻 보아 차갑게도 보이는 미치쓰나의 어머니의 행위는 남편에 대한 사랑의 호소를 다른 식으로 표현한 것일 뿐이다. 결혼한 지 1년밖에 되지 않아 아직 신혼의 단꿈에 젖어 있는 미치쓰나의 어머니에게 남편의 사랑이 다른 여자에게 옮아갔다는 사실은 참을 수 없는 충격을 주었을 것이다. 이에 작중화자는 탄식에 탄식을 거듭하다 자신의 괴로움을 이렇게 호소한 것이다. 그러나 강한 자의식에서 빚어진 미치쓰나의 어머니의 고집스러운 행동은 오히려 부부 사이를 더 꼬이게 만들어 한탄은 더욱 깊어지게 된다.

이상에서 살펴보았듯이, 심정표현을 통해 살펴본 『가게로 일기』의 한의 성격은 '정한'과 '한탄'으로 규정할 수 있다. 따라서 『가게로 일기』에 나타난 한은 공격적이라기보다는 사랑과 신분 상승의 꿈이 좌절되면서 초래된 복합적인 양상을 띠고 있으며, 정한은 한탄의 원인으로도 작용하고 있기 때문에 극복되거나 체념하여야만 미치쓰나의 어머니에게 안정을 가져다준다고 할 수 있다.

한의 형성

이어령 씨에 따르면 한은 특별히 타인에게서 피해를 입지 않아도 생겨나는 심정이며, 자기 자신의 바람이 있었기 때문에 또는 자기 자신의 능력이 있었기 때문에 살면서 얻게 된 좌절감이 변한 것이라고 한다.[18] 『가게로 일기』에 나타난 미치쓰나의 어머니의 한 또한 이러한 꿈의 좌절에서 배태되었다고 생각한다. 그리고 이 꿈은 자신의 힘만으로는 성취할 수 없고 객관적으로 실패할 수밖에 없는 것이기 때문에 자신의 숙명을 한탄할 수밖에 다른 방도가 없다. 미치쓰나의 어머니는 그 시대의 보통 여성들보다 강한 자의식을 지녔기 때문에 그 한은 더욱더 심화될 수밖에 없었다.

미치쓰나의 어머니의 꿈은 가네이에를 독점하고자 하는 욕구와 가네이에의 정처가 되어 신분 상승을 이루고 싶다는 욕구로 볼 수 있으며, 이러한 꿈이 좌절되면서 파생된 고뇌가 심화되면서 한이 생성되었다고 생각된다. 상권 발문의 "생각대로 되지 않는 이내 신세를 한탄하고만 있는지라"(상권 · 165, 思ふやうにもあらぬ身をし嘆けば)라는 구절은 미치쓰나의 어머니의 꿈의 좌절을 나타내 주는 적절한 구절이다.

실질적인 일부다처제라는 혼인제도 속에서 살아갈 수밖에 없는 헤이안 시대의 여성이 남편을 독점하고자 하는 것은 불가능에 가까운 꿈이었다. 미치쓰나의 어머니의 고뇌는 독점적인 사랑을 꿈꾸는 순간부터 시작되었다. 이러한 고뇌는 '기다리는 여자'(待つ女)이자 '가정부인'인 미치쓰나의 어머니에게는 예정된 결과이기도 하였다. 무라이 야스히코(村井康彦) 씨는 '기다리는 여자'를 일부다처제라는

18 李御寧, 「恨とうらみ」, p.267.

남성중심 사회에서 보편화된 여성의 삶의 방식으로 규정하며 『가게로 일기』는 기다림의 슬픔과 괴로움, 한탄을 처음으로 토로한 산문이라고 설명하고 있다.[19] 즉 『가게로 일기』는 미치쓰나의 어머니가 가네이에의 구혼을 받고 그 사랑을 받아들이는 것으로 시작되지만, 얼마 지나지 않아 가네이에를 독점할 수 없다는 것을 알게 된 미치쓰나의 어머니가 남편을 기다리며 되풀이 되뇌는 한탄으로 점철된 작품인 것이다. 그리고 이러한 기다림의 고뇌는 초서혼(招婿婚)이라는 혼인제도 아래에서 한 남성과의 결혼생활에 전부를 걸고 있는 '가정부인'이라는 미치쓰나의 어머니의 존재기반과도 밀접한 관계가 있다.

남성의 '이로고노미'(色好み)[20] 성이 귀족남성이 반드시 갖추어야만 할 교양쯤으로 여겨지던 당시의 시대상황 속에서 집안 좋고 능력 있고 호방한 성격의 가네이에에게 자기만 사랑해 주기를 원하는 미치쓰나의 어머니의 바람은 불가능한 꿈일 뿐이었다. 그래서 가네이에가 "서른 날 낮밤은 내 곁에"(중권 · 170) 있어 주기를 바라는 미치쓰나의 어머니의 열망은 곧이어 "밤에 본 것은 서른여 날, 낮에 본 것은 마흔여 날이나 되었다"(중권 · 198)라는 현실에 직면하게 된다. 따라서 이러한 열망과 꿈을 버리지 않는 한 가네이에에 대한 정한과 미치쓰나의 어머니 스스로를 향한 한탄은 지속될 수밖에 없다.

물론 가네이에의 사랑이 미치쓰나의 어머니를 만족시켜 준 적

19 村井康彦, 「待つ女―拒む女との間」(『国文学』 23-4, 学燈社, 1978) p.34.

20 김종덕, 「源氏物語의 源泉과 전승―好色話型을 중심으로―」(『일본연구』 8, 한국외국어대학교 일본연구소, 1993) p.148에 의하면, 이로고노미란 남녀관계에서 갖추어야 할 연애의 정취를 이해하는 세련된 교양을 말한다. 와카를 통해 상대방의 마음에 호소하는 게 '이로고노미'가 되기 위한 가장 기본적인 조건이다.

도 있었다. 신혼 초 마음의 기둥이었던 친정아버지가 미치노쿠(陸奧) 지방의 지방관으로 떠날 때 믿음직스럽게 달래 준 일, 미치쓰나를 낳은 뒤 보여 준 진정어린 마음 씀씀이, 가네이에가 관직 이동이 성에 차지 않아 실의에 빠졌을 때 미치쓰나의 어머니네 집에서 마음을 달래고 그것을 기회로 노리아키라(章明) 황자와 교제하게 된 일, 친정어머니가 돌아가셨을 때 물심양면으로 배려해 준 일, 가네이에가 병들었을 때 그의 집을 방문하여 서로의 사랑을 확인한 일, 하세데라(長谷寺)에 참배 갔다 돌아오는 미치쓰나의 어머니를 가네이에가 우지(宇治)까지 마중 나온 일 등 상권에 집중된 기사들이 그것이다. 이러한 기사들이 상권에 집중되어 있다는 것은 결혼 후 15여 년 간은 두 사람의 관계가 유지되었다는 사실을 알려 준다. 그런데 이러한 행복하였던 기사에 대해 시미즈 요시코(清水好子) 씨는 작자가 자신의 행복을 자랑하고 싶었기 때문이라고 설명하고 있다.[21] 그러나 이러한 기사들은 오히려 미치쓰나의 어머니의 '허무한 신세'(はかなき身)를 더욱더 구체화하기 위해 수록되었다는 기무라 마사노리 씨의 주장[22]이 더 설득력이 있다고 생각된다.

미치쓰나의 어머니의 이루어질 수 없는 독점적인 사랑에 대한 기대가 좌절되어 가는 계기가 되고 있는 것 중 하나는 가네이에의 여성관계다. 미치쓰나의 어머니를 제외하고 작품 속에 언급되고 있는 가네이에와 관계를 맺고 있는 여성은 5명이다.[23] 미치쓰나의 어머니

---

21 清水好子, 「日記文学の文体」(『国文学解釈と鑑賞』 26-2, 至文堂, 1961) p.31.

22 木村正中, 「蜻蛉日記の主題と構造」(『明治大学人文科学研究所紀要』 5, 明治大学人文科学研究所, 1967) p.16.

23 이 외에도 가네이에와 관계가 있었던 여성으로는 『에이가 모노가타리』(栄花物語)에

가 결혼하기 전 이미 가네이에의 부인으로 아들 미치타카(道隆)를 낳은 상태였던 도키히메(時姬), 미치쓰나를 낳고 얼마 지나지 않아 그 존재를 알게 된 마치노코지 여자, 양녀의 어머니인 미나모토 가네타다(源兼忠)의 딸, 그리고 오미(近江), 무라카미 천황(村上天皇)의 딸인 호시(保子)로 짐작되는 선제(先帝)의 황녀가 그들이다. 이 중 미나모토 가네타다의 딸은 가네이에에게 금방 버림을 받았기 때문에 별 문제가 되지 않았지만, 나머지 네 여성의 존재는 미치쓰나의 어머니의 고뇌를 심화시키는 요소로 작용하였다. 즉 도키히메는 미치쓰나의 어머니와 마찬가지로 지방관의 딸이었지만 그녀보다 먼저 가네이에와 결혼하였고 3남 2녀나 되는 자식들이 모두 자리를 잡아 선망의 대상이 되었다. 그리고 마치노코지 여자는 미치쓰나의 어머니가 아들을 낳고 행복의 절정에 있을 때 등장하여 가네이에에 대한 불신을 가장 심하게 느끼게 하였다는 점에서 증오와 질투의 대상이었다. 중권에 등장하는 오미는 미치쓰나의 어머니가 참배여행을 통해 마음을 다스려야 할 만큼 고뇌의 요인으로 작용하였고 가네이에와의 관계를 파국으로 몰아가는 데 한몫을 담당하였다. 선제의 황녀는 미치쓰나의 어머니의 신분상의 열등감을 자극하였을 것이다.

가네이에의 여성관계 탓에 겪는 미치쓰나의 어머니의 고뇌를 가장 잘 드러내 주는 기사는 가네이에가 미치쓰나의 어머니 집 앞을

등장하는 후지와라 모토카타(藤原元方)의 손녀딸이자 후지와라 가네타다(藤原懷忠)의 딸인 '중장 미야스도코로'(中将御息所), 가네이에의 큰딸 조시(超子)의 시녀였던 '대보'(大輔), 『오카가미』(大鏡)에 등장하는 가네이에의 4남 미치요시(道義)의 어머니인 후지와라 타다모토(藤原忠幹)의 딸 등 3명이 더 있었다. 즉 가네이에는 9처 5남 4녀를 두었다.

스쳐 지나가는 장면이다. 가네이에가 입퇴궐하는 길 옆에 집이 있어 밤중이고 새벽이고 가네이에의 헛기침소리에 잠을 이루지 못하고 뒤척이는 괴로움, 마치노코지 여자와 한 우차를 타고 집 앞을 지나가는 그의 무신경에 미치쓰나의 어머니의 좌절은 더욱 깊어만 갔다.

> ⑤그 세도 있는 여자는 출산할 때가 됐다고 좋은 방위를 골라, 그 사람과 같은 우차를 타고 온 장안이 뜨르르할 만큼 무리지어 다니며 참으로 듣기 괴로울 정도로 야단스러운데, 그것도 꼭 내 집 앞으로만 지나가는 게 아닌가.(상권 · 84)

그리고 결혼한 후 한 번도 거르지 않고 새해 첫날이면 꼭 방문해 오던 가네이에가 자기 집 앞을 그냥 스쳐 지나갈 때, 미치쓰나의 어머니는 아랫사람에 대한 민망함과 무정한 가네이에에 대한 섭섭함으로 몸 둘 바를 모르게 된다.

> ⑥초나흗날도 신시 무렵, 초하룻날보다도 더욱 요란스럽게 행차를 알리며 오는데, "오십니다, 오십니다"라고 아랫것들이 계속 말하는데도, 초하루 같은 일이 또 벌어지면 어쩌나, 민망할 텐데라고 생각하며 그래도 가슴 졸이며 기다리고 있었다. 그런데 행차가 가까워져 우리 집 하인들이 중문을 활짝 열고 무릎 꿇고 기다리고 있는데도, 아니나 다를까 그대로 또 스쳐 지나갔다. 오늘 내가 어떤 마음이었는지 상상에 맡기겠다.(중권 · 224)

이러한 가네이에의 행동은 미치쓰나의 어머니의 고뇌를 절정에 이르게 하여 나루타키(鳴滝)의 한냐지(般若寺)에 칩거하도록 만드는 결정적인 계기가 되었다.

그리고 미치쓰나의 어머니에게는 가네이에를 독점하고 싶다는 꿈 말고도 신분 상승의 꿈이 있었다. 권문세가인 후지와라 집안이면서도 중류귀족의 딸에 불과한 미치쓰나의 어머니가 가네이에와 결혼하여 그의 정처가 되어 신분을 상승시키고 싶다는 욕구는 그렇게 지나친 욕심이 아니었다. 그리고 미치쓰나의 어머니가 살았던 10세기 후반이 혼인제도의 과도기였던 점도 신분 상승을 꿈꾸는 데 한몫 거들었다. 즉 고대 일본에서 처첩(妻妾)이라는 차별적인 처의 개념이 확립되는 시기는 무로마치 시대(室町時代) 이후였다.[24] 10세기 후반은 여러 처들 사이에서 적처(嫡妻)와 차처(次妻) 등으로 서열이 나뉘기 시작하고, 처로 인정받는 사람들과 주인 곁에서 시중을 들면서 주인과 정을 통하기도 하는 시녀인 메슈도(召人) 등으로 격차가 뚜렷해지던 시기였다. 따라서 본인의 노력과 행운 여하에 따라 정처가 되어 사회적 지위를 향상시킬 수도 있었던 것이다.[25] 정처가 되는 데는 출신 집안이 큰 몫을 담당하였고 결혼의 선후는 큰 문제가 아니었다. 따라서 미치쓰나의 어머니에게는 자기와 다름없는 중류귀족의 딸인데다 미모와 문학적인 자질 면에서도 자기보다 못해 보이는 도키히메가 큰 장애물로는 여겨지지 않았던 것이다. 그런데 이러한 꿈이 좌절된 것이다.

다음 와카 2수는 미치쓰나의 어머니의 꿈의 좌절과 한탄의 원

24 高群逸枝, 『招婿婚の研究 1』(高群逸枝全集 第2巻, 理論社, 1966) pp.43-48.

25 増田繁夫, 『右大将道綱母』(新典社, 1983) pp.18-19.

인을 추정할 수 있는 예다.

⑦꽃 피고 열매 맺듯 활짝 펴가는 세상 버리고
연잎 위 이슬처럼 사라지는가보다(중권 · 176)

⑧내리는 눈에 쌓이는 내 나이를 헤아려보니
죽지도 못하는 내 신세를 한(恨)하노라(중권 · 190)

중권이 시작되는 969년에 읊은 이들 와카 중 인용⑦은 미치쓰나의 어머니가 유서를 쓸 정도로 심하게 병치레를 하는 와중에 읊은 것이며, 인용⑧은 심각한 고뇌에 빠져 지냈던 한 해를 보내며 읊은 것으로 미치쓰나의 어머니의 우울한 마음상태를 잘 나타내 준다. 이들 와카는 미치쓰나의 어머니가 가네이에의 새 저택인 히가시산조인에 들어가느냐 마느냐의 문제와 밀접한 관련이 있는 시점에서 읊어졌다. 우에무라 에쓰코(上村悦子) 씨는 미치쓰나의 어머니가 인용⑦의 와카를 읊었을 때는 과연 자신이 히가시산조인에 들어갈 수 있을까 번민하던 시기이고, 인용⑧의 와카는 히가시산조인에 들어가지 못한다는 사실을 확실히 알았을 때의 심정을 읊은 것으로 해석하고 있다.[26] 방처혼(訪妻婚)이었던 헤이안 시대 때 남편의 집에 들어가 산다는 것은 남편의 애정이 깊다는 것을 증명해 주는 것이고 신분이 낮은 처가 신분이 높은 남편에게서 사랑받는 최상의 방법이었다.[27] 즉 여

26 上村悦子, 『蜻蛉日記 (中)』(講談社, 1992) pp.39, 71.

27 高橋和夫, 「蜻蛉日記に現われた風俗習慣」(『国文学』 2-10, 学燈社, 1957) p.59.

러 처들 중에서 가장 인정받는다는 것을 의미하기 때문에 정처와 같은 의미로 인식되었던 것이다. 그런데 가네이에의 새 저택에 자기와 미치쓰나 모자 대신에 도키히메와 그 자식들이 들어가게 되었으므로 미치쓰나의 어머니의 심정은 절망적이었을 것이다.

인용⑧의 와카 바로 뒤에 나오는 패배감에 사로잡힌 다음과 같은 기술을 통해, 인용⑧의 와카를 읊었을 때 미치쓰나의 어머니의 심정이 어떠하였는지를 짐작할 수 있다.

> ⑨그 사람은 멋들어지고 호화스럽게 지어진 새 저택에 내일 이사 간다, 오늘 밤 이사 간다 야단법석이지만, 내 쪽은 예상했던 대로 지금 이대로라도 괜찮지 않느냐로 결말이 난 듯하다.(중권 · 193)

즉 미치쓰나의 어머니는 자신이 히가시산조인에 들어가지 못하게 되었다는 것을 알게 되어 도키히메에 대한 부러움과 가네이에에 대한 원망, 자기 신세의 처량함에 견딜 수 없어 하다가 이렇게 비통한 독영가(獨詠歌)에 자기 심정을 싣게 된 것이다. 가네이에가 도키히메를 새 저택으로 불러들인 것은 도키히메가 낳은 장녀 조시(超子)가 968년 레이제이 천황(冷泉天皇)에게 입궐하였기 때문으로 보인다. 마스다 시게오(增田繁夫) 씨에 따르면, 이는 천황의 외척이 섭정 · 관백의 지위에 올라 실권을 휘두르던 당시의 정치권력 쟁탈전에 가네이에가 끼어들 여지를 마련해 준 것이다. 가네이에는 차녀인 센시(詮子)까지 입궐시킬 계획이었으므로 그들의 어머니인 도키히메에게 장래 황후의 어머니에 걸맞은 지위를 부여해 줄 필요를 느끼게 되었으며, 970년 봄 히가시산조인으로 이사를 가면서 정처의 지위를 확립시켜

주었다는 것이다.[28]

이처럼 자신의 꿈이 실현되기 어렵다는 것을 알게 되면서 미치쓰나의 어머니는 극심한 고뇌에 빠지게 되고, 그 꿈에 대한 집착과 고뇌가 갈등을 빚으면서 가네이에에 대한 원망과 자기 신세에 대한 한탄은 겹겹이 쌓여 가게 된다. 그리고 이러한 미치쓰나의 어머니의 한은 그녀의 강한 자의식과 연동되면서 더욱더 심화되어 갔다.

한의 심화

미치쓰나의 어머니는 상권 서문이자 일기 전체의 서문에서, "생김새라고 해봤자 도저히 남만큼도 못 되고 사려분별도 있는 듯 없는 듯, 이렇게 별 쓸모없는 존재로 살아가고 있는 것도 당연하다고 생각하며"(상권 · 47)라고 자신에 대해 기술하고 있다. 하지만 이것은 오히려 자기 능력이나 용모에 대한 자신감에서 나온 표현으로 보인다. 『손피분먀쿠』(尊卑文脈)에 보이는 "우리나라에서 가장 아름다운 미인 셋 중의 하나다"(本朝第一美人三人之內也)[29]라는 표현, 권말 가집을 제외하고도 『가게로 일기』에 수록된 261수의 와카 중 123수에 달하는 미치쓰나의 어머니의 와카, 후지와라 모로마사(藤原師尹)의 쉰 살 축하연 때 병풍가(屛風歌)를 의뢰받은 점 등을 통해 미치쓰나의 어머니의 미모와 문학적인 재능을 짐작할 수 있다.

이렇듯 미모와 재능을 갖춘 미치쓰나의 어머니는 강한 자의식

28 增田繁夫, 『右大将道綱母』, pp.74, 82-83.
29 黒坂勝美 他 編, 『尊卑分脉 第1篇』(吉川弘文館, 1983) p.41.

을 지니게 되었고 이는 부부 사이를 악화시키는 데 일조를 하였다. 참고 기다림을 여성의 운명으로 알고 순종하지 못하였던 미치쓰나의 어머니로서는 남편의 마음이 당연히 마음에 차지 않았고 항상 욕구 불만에 시달리며 남편을 원망하며 자신의 신세를 한탄할 수밖에 없었다. 그리고 기다림에 지친 미치쓰나의 어머니는 마음과는 달리 가네이에를 차갑게 대할 수밖에 없었다. 이는 바느질감을 둘러싼 태도와 방문해 온 가네이에에 대한 태도 등을 통해 살펴볼 수 있다. 즉 미치쓰나의 어머니의 '거부하는 여자' 상은 '기다리는 여자' 상의 분신이라고 할 수 있다.[30]

『가게로 일기』에는 바느질감을 둘러싼 부부의 신경전이 여러 차례 기술되어 있다. 이는 미치쓰나의 어머니의 심경 변화를 살펴볼 수 있는 중요한 모티프가 된다. 즉 인용⑩에서 볼 수 있듯이 상 · 중권에 등장하는 바느질감 기사는 거의 가네이에의 뻔뻔함과 미치쓰나의 어머니의 아연함을 표현하며 결국 미치쓰나의 어머니가 거절하는 패턴을 보이고 있지만, 그 끝은 "스무여 날 동안이나 편지 한 통 없다"라는 결과일 뿐이다.

> ⑩칠월이 되어 여느 해라면 스모 축제가 열릴 무렵, "이걸 좀 손질해 주시오"라며 헌것 새것 할 것 없이 일습씩 마치노코지 여자의 바느질감을 꾸려 보내니, 이런 기막힐 데가 있는가. 그걸 열어 보니 눈앞이 다 어찔어찔해지는 듯하다. 예스러운 사람은, "어이구, 안됐기도

30 村井康彦, 「待つ女ー拒む女との間」(『国文学』 23-4, 学燈社, 1978) p.36.

> 해라. 그 댁에서는 해드릴 수가 없나 보네"라고 하지만, "변변찮은 여자들만 모여가지고, 진짜 마음에 안 드네요. 그냥 돌려보내면 자기들 변변찮은 생각은 안 하고 우리를 욕하겠지만 그 욕이나 들어줍시다"라고 시녀들이 의논을 한 뒤, 그대로 돌려보냈다. 그랬더니, 아니나 다를까 이곳저곳에다 바느질감 손질을 부탁한다는 소문이다. 그 사람 쪽에서도 너무 쌀쌀맞은 처사였다고 생각했는지, 스무여 날 동안이나 편지 한 통 없다.(상권 · 85-86)

그에 반해 인용⑪에서 확인할 수 있듯이 하권에서는 미치쓰나의 어머니가 순순히 바느질감을 받아들여 변화를 보이고 있으며, 제대로 된 치사를 받지 못하여도 어이없어하며 끝맺을 뿐이다.

> ⑪구월 그믐께 또다시 "'이걸 손질해주시오'라십니다"라며, 끝내는 편지조차 들려 보내지 않은 채 시타가사네를 지을 바느질감을 보냈다. 어떻게 된 일인가 잠시 생각을 좀 하다가, 주위에 있던 시녀들에게 의논을 하니, "역시 이번만은 나으리가 무슨 생각을 갖고 계신지 알아볼 겸 손질해 보내시지요. 그렇지 않으면 나으리에게 미련이 없는 것만 같으니까요"라고 이야기가 되었다. 그래서 의논이 된 대로 바느질감을 받아 말끔하니 손질을 하여 초하룻날 대부에게 들려 보냈다. 그랬더니, "'아주 깨끗하구나'라고 하셨습니다"라는 말이 다였다. 어이없다는 말로도 다 표현할 수 없을 정도이다.(하권 · 334-335)

그리고 미치쓰나의 어머니의 소극적인 저항의 또 다른 방법은 찾아온 남편에 대한 차가운 태도다. 『하쿠닌잇슈』에 실려 널리 알려진 '한숨 내쉬며~'의 와카는 이러한 화자의 냉정한 대도에서 생겨난 것이다.

> ⑫이삼 일 뒤 새벽녘에 문을 두드린 적이 있었다. 그 사람이 온 모양이구나 싶었지만, 분한 마음에 열어 주지 않았더니, 마치노코지 여자네 집일 듯싶은 곳으로 가버렸다. 이른 아침, 이대로 가만히 있을 수는 없다고 생각돼, 다음과 같은 와카를 여느 때와는 달리 공들여 써서 퇴색한 국화꽃에 꽂아 보냈다.
>
> 한숨 내쉬며 나 홀로 지새우는 초겨울 밤이
> 얼마나 기나긴지 당신은 아시나요(상권 · 69-70)

또한 자기 마음대로 안 되는 남편과의 관계, 신분 상승 욕구의 좌절은 "보통 때는 이 정도는 아니었는데 이렇게 마음이 산란하니, 저쪽에 놓여 있는 물건이 무엇인지 보이지 않을 적도 있다"(상권 · 79), "이리도 허무했던 부부 사이였으면서도 어째서 그런 말을 했을 꼬라며 하염없이 생각에 잠겨 불공을 드리고 있자니, 잠시라도 눈물이 마를 새가 없다. 다른 사람들 눈에 띄면 더욱 면목 없고 창피하므로, 눈물을 참으며 날을 보낸다"(중권 · 230)에서 볼 수 있듯이, 히스테리와 자기 연민으로 이어진다.

이렇듯 미치쓰나의 어머니의 강한 자의식은 꿈의 좌절로 쌓인 한을 더욱 심화시켜 갔고, 마음의 안정을 얻기 위해서는 이 같은 강한 자의식을 버릴 수밖에 다른 방도가 없다. 사물에 대한 관점과 시각을 바꾸지 않고서는 미치쓰나의 어머니의 한은 극복될 수 없는 것이었다.

한의 향방

꿈의 좌절과 강한 자의식 때문에 생성되고 심화되었던 한, 즉 미치쓰나의 어머니의 정한과 한탄은 죽음과 재생이라는 통과의례[31]적인 관점을 통해 그 변화 양상을 살펴볼 수 있다. 『가게로 일기』에 나타난 통과의례(죽음과 재생)라는 모티프를 통해 미치쓰나의 어머니가 세계와 어떻게 맞서고 어떻게 대립을 해소해 나가는지를 살펴본다면, 미치쓰나의 어머니가 정한과 한탄 속에서 고통받고 있던 동안은 '죽음', 그 한을 나름대로 극복 · 변용시켜 마음의 안정을 이룬 다음의 상태는 '재생'으로 설명할 수 있을 것이다.

미치쓰나의 어머니가 죽음으로 표현되는 암담한 마음의 상태에서 벗어나 재생을 얻게 되는 계기 중 하나로는 '신앙'과 '여행'이 결합된 양태인 '참배여행'[32]을 들 수 있다. 한은 불의의 체계가 보편적

---

31 인류학자 방 주네(A. Van Gennep)가 확립한 '통과의례'라는 개념은 한 단계에서 다음 단계로 넘어가기 위해 치러지는 특별한 의식을 가리킨다. 탄생의례, 성년식, 혼례식, 장례식 등이 여기에 속한다. 통과의례란 하나의 상태에서 다른 상태로, 또는 하나의 세계로부터 또 다른 세계로의 이행기에 행해지는 모든 의식체계를 의미한다. 통과의례가 시간 경험과 연결될 때 죽고 다시 태어난다는 생각을 기초로 하고 있어서 '죽음과 재생', 즉 낡은 사회에 있어서의 '죽음'과 새로운 사회에서의 '재생'을 이루는 상징적인 행위로 간주될 수 있다.—이광풍, 『현대소설의 원형적 연구』(집문당, 1985) pp. 127-128, 161.

32 '모노모데'(物詣で)를 필자가 처음 번역한 말이다. '모노모데'는 신사나 절에 참배하는 것을 말하며, 사람들은 생활의 침체와 곤궁을 타파하기 위해 참배를 떠난다고 한다.—秋山虔 篇, 『別冊国文学 王朝女流日記必携』(学燈社, 1986) p.163.

진리체계로 여겨지는 곳에서 맺히기 때문에 '한풀이'는 인식적이기보다는 예술적이거나 종교적인 성격을 띤다.[33] 바깥출입이 자유롭지 못하였던 헤이안 시대에 여성들이 신사나 절에 참배를 하러 간다는 것은 집을 벗어나 바깥세상과 접할 수 있는 유일한 기회였기 때문에 참배는 여행의 의미 또한 지니고 있었다. 집 안 깊숙이 틀어박혀 날마다 암울한 세계에 살고 있던 그들에게 참배여행은 단순히 공간적으로 넓은 세계에 나갈 수 있는 기회라는 의미만이 아니라 미지의 세계에 접함으로써 좁은 세계에 머물러 있던 자신을 되돌아볼 수 있는 기회도 제공해 주었다.[34] 여행은 생활 본거지로부터의 격리를 통해 진실한 자기, 또 하나의 자기와 만날 수 있는 장을 제공해 주기 때문에 인격을 향상시킬 수 있는 계기로 작용한다.[35] 이처럼 신앙과 여행이 결합된 참배여행을 통해 갈등이 현존하고 있는 곳을 잠시나마 떠나 있음으로써 객관적으로 자신을 되돌아볼 수 있는 기회를 얻을 수 있는 것이다.

『가게로 일기』에는 이러한 참배여행이 16회에 걸쳐 기술되어 있다. 【표 2】에서도 확인할 수 있듯이 참배여행은 하권에서 가장 많이 나타나고 있다. 하지만 파국으로 치닫는 가네이에와의 갈등, 기사의 구체적인 서술과 긴장감, 작품 전체에서 차지하고 있는 중요도 등을 감안할 때 『가게로 일기』의 참배여행은 중권에서 압권을 이루고 있다. 미치쓰나의 어머니는 가네이에와의 관계가 냉각되거나 꼬여서

33 정대현, 「한(恨)의 개념적 구조」, pp.76-77.
34 増田繁夫, 『右大将道綱母』, p.136.
35 藤井貞和 編, 『別冊国文学 王朝物語必携』(学燈社, 1987) p.103.

【표 2】『가게로 일기』의 참배여행

권	연도	장소
상권	962년 7월	산사=한냐지(般若寺)
상권	966년 9월	이나리 신사(稲荷神社)
상권	966년 9월	가모 신사(賀茂神社)
상권	968년 9월	하쓰세(初瀬)=하세데라(長谷寺)
중권	970년 7월	이시야마데라(石山寺)
중권	971년 6월	한냐지(般若寺)
중권	971년 7월	하쓰세(初瀬)=하세데라(長谷寺)
하권	972년 윤2월	가모 신사(賀茂神社)
하권	972년 3월	아는 사람이 참배하러 가는 곳
하권	972년 3월	기요미즈데라(清水寺)
하권	972년 4월	가모 신사(賀茂神社)
하권	972년 10월	산사=한냐지(般若寺)
하권	973년 11월	사람들이 많이 가지 않는 한적한 곳
하권	973년 11월	가모 신사(賀茂神社)
하권	974년 2월	깊은 산사
하권	974년 5월	어느 신사

참을 수 없는 지경에 이르게 되면 참배여행을 떠나고, 참배와 자연을 통해 마음을 진정시키고 다시 삶의 의욕을 되찾고는 하였다. 따라서 중권에 그려진 세 차례에 걸친 참배여행은 미치쓰나의 어머니의 생명을 지탱시켜 준 생명줄의 역할을 하였다고 볼 수 있으며 반복되는 참배여행을 거치면서 그녀의 한은 나름대로 변용되어 간다고 할 수 있다.[36] 따라서 중권에 기술된 세 차례의 참배여행, 즉 이시야마데라

36 그러나 미치쓰나의 어머니의 참배여행에 대해서는 평범한 가정생활의 일상에서 이탈한 '이상체험'이지만 패배로 귀결될 수밖에 없는 것으로 보는 노무라 세이치(野村精一) 씨의 지적(「蜻蛉の終焉 · 再説」, 『源氏物語の創造 増訂版』, 桜楓社, 1975, pp.39-40)이나, 신사나 절에 참배하거나 칩거하거나 하여도 마음 깊은 곳에서 신불에 귀의한 것

(石山寺), 한냐지(般若寺), 하세데라(長谷寺) 참배여행은 미치쓰나의 어머니를 죽음의 상태에서 건져올려 재생을 얻게 해 준 통과의례의 의미를 지니고 있다고 할 수 있다.

미치쓰나의 어머니의 한의 극복 양상은 작품에 기술된 자연묘사의 변화를 통해 살펴볼 수 있다. 다카하시 분지(高橋文二) 씨에 따르면, '자연묘사'는 점경(點景)으로서의, 또는 배경으로서의 자연묘사에 머무르지 않고 보이는 측면으로서의 '경'과 보는 측의 '정'이 뗄 수 없을 정도로 결합되어 '마음의 모습'(心の形)이라고 할 수 있는 자연이 묘사되어 있는 것을 말한다[37]고 한다. 즉 자연은 작중화자의 감정이 이입되어 있는 대상이기 때문에 '심상 풍경'(心象風景)[38]으로 이해될 수 있으며, 미치쓰나의 어머니는 직접 말로 표현하는 것이 아니라 자신의 감정에 조응하는 대상을 자연 속에서 골라내 심경을 표현하고 있다고 할 수 있다. 휘몰아치는 비바람, 스산한 어스름 녘의 풍경 등은 실제 상황일 수도 있지만, 유독 그러한 풍경이 작품 속에서 강조되고 있을 경우에는 그 속에 화자의 마음이 투영되어 있다고 볼 수 있을 것이다. 화자의 마음이 어두울 때는 자연도 어두운 이미지를 띨 수밖에 없고, 화자가 어두운 상태에서 벗어나면 눈에 비치는 자연 또한 밝은 색조를 띠게 된다고 할 수 있다.

도 아니고 가네이에에 대한 집착을 끊을 수도 없었던 도피에 불과한 것으로 보는 이시하라 쇼헤이(石原昭平) 씨의 지적(「女流文学と日記」, 『日記・随筆・記録』, 大修館書店, 1989, p.68) 등과 같이 부정적인 시각도 있다.

37 高橋文二, 「『蜻蛉日記』の風景描写と女の立場」(『国語と国文学』 68-11, 至文堂, 1991) p.130.

38 鈴木日出男, 「『蜻蛉日記』の物詣での自然」(『論集日記文学』, 笠間書院, 1991) p.245.

미치쓰나의 어머니와 가네이에의 갈등이 극에 달해 파국을 향하여 치닫고 있던 970-971년 사이에 이루어진 세 차례의 참배여행에 나타난 자연묘사를 통해 미치쓰나의 어머니의 심상 풍경을 살펴보도록 한다.

이시야마데라 참배여행

중권 첫머리에서 "서른 날 낮밤은 내 곁에" 있어 달라고 가네이에에 대한 독점욕을 강하게 드러내었던 미치쓰나의 어머니는 그 열망이 충족되기는커녕 한 달 넘게 남편의 얼굴조차 못 보게 되자 고뇌의 늪에 깊이 빠져들게 된다. 그리고 가네이에의 무정한 태도가 오미와 선제의 황녀 등 다른 여자들 때문이라는 것을 알았을 때 미치쓰나의 어머니는 더 이상 집 안에만 있을 수 없어 가까운 시녀만을 데리고 새벽녘에 이시야마데라로 참배를 떠나게 된다. "새벽달은 매우 밝은데 만나는 사람도 없다. 벌판에는 시체까지 나뒹굴고 있다는 말을 들었지만 무섭지도 않다"(중권 · 210)는 기술에는 미치쓰나의 어머니의 절망적인 마음이 드러나 있다.

여동생에게도 알리지 않고 가까운 시녀만을 데리고 새벽녘에 집을 떠나는 미치쓰나의 어머니의 마음은 가모(賀茂) 벌판에 시체가 뒹굴고 있다는 말에도 전혀 개의치 않을 만큼 절망적인 상태라는 것을 알 수 있다. 따라서 절에 도착한 미치쓰나의 어머니의 눈에 비치는 자연 또한 '어둠'의 이미지를 띨 수밖에 없다.

⑬밤이 깊어 밖을 내다보니, 법당은 높은 데 있고 그 아래는 계곡으

로 보였다. 벼랑 한쪽은 나무가 짙게 우거져 더욱 어둡다. 스무날 달, 밤이 깊어 더욱 밝은데, 나무그늘 틈 사이로 달빛이 새어나와 군데군데 지나온 길이 다 보인다. 내려다보니, 산기슭에 있는 샘물은 마치 거울처럼 보인다.(중권 · 212)

저녁때 절에 닿아 괴로운 마음에 처소에서 한바탕 울고 부처님께 흐느끼며 하소연하고 난 뒤 내다본 자연은 미치쓰나의 어머니의 마음처럼 짙은 '어둠'의 이미지를 띠고 있는 것이다. 나무그늘 사이로 보이는 미치쓰나의 어머니가 지나온 길은 격정에 치받쳐 헐레벌떡 달려온 길임과 동시에 가네이에와 쌓아온 열다섯여 해의 기나긴 시간인 것이다. 미치쓰나의 어머니는 달빛에 비친 그 길과 거울 같은 샘물을 내려다보며 자신의 삶을 반추하면서 자기 상처를 어루만지고 있는 것이다. 그리고 인용⑬의 '계곡'이야말로 죽음과 재생의 상징적인 표현이다. 수도자가 아닌 일반인의 참배는 그 자체가 성지라는 이계(異界)에 들어갔다가 나오는 것이기 때문에 죽음과 재생의 의미를 띠며, 이시야마데라의 계곡은 그러한 죽음과 삶의 관념을 더욱 현재화시켜 준다고 볼 수 있다.[39]

미치쓰나의 어머니가 참배여행을 통해 죽고 싶을 정도의 절망을 딛고 일어나 새롭게 자신을 추스르는 모습은 인용⑭와 같이 밝은 이미지로 그려지고 있다.

---

39 原田敦子, 「死と再生の谷」(『日本文学』 42-4, 日本文学協会, 1993) pp.6-7.

⑭날이 밝아 오는 것을 바라보고 있자니, 동쪽에는 바람이 아주 잔잔히 불고 안개가 온통 끼어, 강 저쪽은 그림 같은 풍경이다. 강변에 풀어둔 말들이 먹이를 찾아 돌아다니는 것도 아득히 건너다보인다. 참으로 가슴이 저민다. …… 하늘을 바라보니, 달은 몹시도 갸름하고 달그림자가 호수 위에 비치고 있다. 바람이 휙 불어와 수면에 물결을 일으키니, 쏴 하고 술렁거린다.(중권 · 213, 215)

이제 미치쓰나의 어머니의 마음속에 일었던 격정은 서서히 밝아 오는 아침처럼, 호수 위에 잔잔한 파문을 일으키는 살랑대는 바람처럼 가라앉아 성숙된 모습을 보이고 있다. 미치쓰나의 어머니의 심경은 자연풍물과 굳게 결합되어 관조의 자세를 드러내고 있다고 할 수 있다.

한냐지 참배여행

그러나 격정을 가라앉히고 새롭게 부딪친 현실세계 속에서 미치쓰나의 어머니는 다시금 고뇌에 빠져들게 된다. 새해가 밝았지만 이제까지 한 번도 거른 적이 없었던 정월 초하루 방문을 가네이에가 거른데다 집 앞을 지나가면서도 들르지 않고 며칠 만에야 얼굴을 비추었을 때 미치쓰나의 어머니의 한탄과 원망은 참을 수 없는 지경에 이르렀다. 깔개 위에 쌓인 먼지를 보며 읊은 다음과 같은 와카에는 이러한 미치쓰나의 어머니의 심경이 잘 나타나 있다.

⑮털어버리는 깔개 위 쌓여 있는 저 먼지 수도

내 쉬는 한숨 수엔 미치지 못하리라(중권 · 226)

결국 미치쓰나의 어머니는 친정아버지 집에서 한 달여 넘게 걸린 기나긴 정진(精進)을 마친 뒤 "내 집 앞을 그냥 지나쳐 가시지 않는 세계"(중권 · 234)를 찾아 한냐지로 떠나게 된다. 미치쓰나의 어머니는 애욕에서 고통받는 이 세계를 떠나 한냐지라는 이상적인 세계에서 자신의 한을 풀어 버리고 싶었던 것이다. 그러나 8년 전 행복에 겨워하며 가네이에와 같이 갔던 길을 지금은 홀로 가는 미치쓰나의 어머니의 마음은 한없이 가라앉을 수밖에 없었다.

⑯또 이름도 모르는 풀들이 우거진 가운데, 모란꽃들이 참으로 정취도 없이 꽃잎을 다 떨어뜨리고 서 있는 것을 보니, '꽃도 한때'라는 와카를 거듭 떠올리며 더욱 슬픔에 젖는다.(중권 · 235)

절 마당에 서 있는 꽃잎이 다 져 버려 추레해진 모란꽃의 모습을 보고 동병상련을 느끼는 미치쓰나의 어머니의 눈에 비친 자연 또한 당연히 '어둠'을 나타낸다.

⑰더워서 잠시 문을 열고 주위를 둘러보자니, 법당은 아주 높은 데 세워져 있다. 산에 둘러싸여 품속 같은데다, 나무숲이 짙게 우거져 보기 좋은데, 어스름녘이어서 지금은 어둠뿐이다.(중권 · 236)

여기서도 미치쓰나의 어머니는 어둠 속에 파묻힌 고뇌의 세계, 이제까지 지속되어 온 가네이에와의 관계를 조망하며 자기 자신을 응시하고 있다고 할 수 있다. 그리고 미치쓰나의 어머니는 한냐지 칩거를 통해 "새벽 풍경을 보자니, 안개 같기도 하고 구름 같기도 한 것이 자욱하게 끼어, 마음이 저린 듯 쓸쓸하다"(중권 · 238)라는 기술에서 볼 수 있듯이, 밝은 날을 기약하는 '새벽'이 상징하듯이 조금씩 심리적인 안정을 찾아간다.

그러나 이 안정은 한을 완전히 극복한 데서 온 것이 아닌 만큼 불완전한 성격 또한 띠고 있다.

> ⑱오늘은 열닷샛날, 정진결재(精進潔齋)를 하고 있다. 아침녘에 아이를 억지로 타일러 "생선이라도 먹고 오너라"며 서울로 보내놓고 생각에 잠겨 있는데, 하늘이 어두워지고 솔바람소리가 커지더니, 우르르하고 천둥이 친다. 당장이라도 쏟아질 것만 같은데, 도중에 비라도 내리면 어쩌나, 천둥이 더 심하게 치지는 않을까 생각하니, 몹시 심란하고 슬퍼졌다. 부처님께 빌어서인지 날이 개더니, 얼마 지나지 않아 아이도 돌아왔다.(중권 · 246)

보름날, 정진 때문에 식사를 걸러야 하는 아들이 안쓰러워 집에 가 생선이라도 먹고 오라고 보내 놓고 미치쓰나의 어머니는 갑작스레 험해져 가는 날씨가 걱정이 되어 어쩔 줄을 모른다. 이때 길 떠난 아들을 덮칠지 몰라 미치쓰나의 어머니의 마음을 산란하게 만든 천둥은 이들 모자 앞에 닥친 시련을 상징한다고도 할 수 있다. 즉 미치쓰나의 어머니는 한냐지에 칩거함으로써 어느 정도 혼란스러운 마음을 가라앉히기는 하였지만 완전한 안정과 체념에는 이르지 못하였기에 날씨의 변화에도 민감하게 반응하고 있는 것으로 보인다.

그리고 결국 가네이에가 자기 집 앞을 그냥 지나쳐 가지 않는 세계를 찾으려는 미치쓰나의 어머니의 바람은 가네이에의 권유를 못 이긴 척 받아들여 산을 내려와 일상생활로 되돌아오면서 좌절되어 버렸다.

미치쓰나의 어머니의 한냐지 칩거는 후지오카 사쿠타로(藤岡作太郎) 씨가 작품 전체의 클라이맥스로 지적[40]한 뒤 정설로 여겨져 왔다. 그만큼 한냐지 칩거는 고뇌에 견디다 못한 미치쓰나의 어머니의 절실한 자기 회복 노력이었던 것이다. 노무라 세이치(野村精一) 씨는 이 한냐지 칩거를 미치쓰나의 어머니의 패배로 규정[41]하고 있는데, 이는 일면적인 파악으로 생각된다. 가네이에와의 관계에서 쌓인 고통에 못 이겨 산사에 칩거하였건만 비구니도 되지 못하고 가네이에의 사랑을 독점할 전망도 없는데도 다시 일상생활로 되돌아오는 미치쓰나의 어머니의 모습은 일견 패배로 보이기도 한다. 그러나 다음과 같은 인용에서 확인할 수 있듯이, 산사에서 지내는 동안 미치쓰나의 어머니의 마음은 어느 정도 정리되고 있다는 사실을 알 수 있다.

> ⑲그로부터 일고여드레가 지났다. 지방관이셨던 친정아버지 댁에서 하쓰세로 참배를 떠나신다기에, 함께 갈 생각으로 정진을 하고 계신 곳으로 건너갔다. 장소를 바꾼 보람도 없이, 오시쯤에 갑자기 떠들썩한 소리가 났다. "기가 막히군. 누가 저쪽 문을 열었단 말인가"라며 집 주인인 친정아버지도 놀라 허둥대는데, 그 사람이 불쑥 들어와서

---

40 藤岡作太郎, 『国文学全史 平安朝篇 (二)』(講談社, 1977) p.124.

41 野村精一, 「蜻蛉の終焉・再説」, p.40.

평소 향을 담아두고 불공 때 쓰던 것을 갑자기 이리저리 던져버리고 염주도 기둥 사이 안쪽으로 덧댄 나무 위 선반 위로 던져올리는 등 난폭하게 구니, 참으로 아연할 뿐이었다. 사정을 알고 난 뒤 그 날은 편안하게 지낸 뒤 다음날 돌아갔다.(중권 · 262)

다시 산사에 칩거하려는 줄 알고 쫓아와 행패를 부리는 가네이에를 바라보는 미치쓰나의 어머니의 시선에는 거리감이 느껴진다. 가네이에의 이러한 행동을 자신에 대한 애정의 다른 표현으로 받아들일 수도 있을 터인데도 어이없고 비상식적인 행동으로 받아들이는 미치쓰나의 어머니의 모습에서 남편에 대한 집착이 옅어져 가는 것을 읽을 수 있다.

이렇게 시작된 미치쓰나의 어머니의 심경 변화는 한냐지 칩거 다음에 두 번째 하세데라 참배여행을 다녀온 뒤 중권 말미에서부터 나타나기 시작한 인생을 관조하는 자세로 현재화된다. 즉 미치쓰나의 어머니는 한냐지 칩거를 통해 낡은 자기 자신을 완전히 벗어 버리지는 못하였지만 재생을 이룰 수 있는 발판은 마련하였다고 볼 수 있다.

하세데라 참배여행

그러나 이렇게 산사에서 스무 날 가까운 긴 칩거생활을 끝내고 돌아왔지만 미치쓰나의 어머니의 일상은 별로 달라진 것이 없었다. 인용 ⑳에서 볼 수 있듯이, 가네이에와의 관계는 여전히 회복되지 않고 소원한 상태로 어긋날 뿐이었고 원망과 한탄도 여전히 계속되었다.

⑳그럼 그렇지라고 다시금 생각하니 남보기 부끄럽고 민망하여, 한탄하는 마음을 이루 다 말로 표현할 수 없다. 산사에 그냥 있었더라면 이렇게 기막힌 꼴은 당하지 않았을 텐데 하며, 짐작했던 그대로라고 생각한다. 집안사람들도 모두 이해할 수 없고 기가 막히다며 서로 난리다. 마치 사흘 밤 연거푸 찾아와 혼인이 이루어진 뒤 신랑이 바로 발길을 끊은 듯한 소동이다.(중권 · 259)

오기로 해 놓고 약속을 지키지 않는 가네이에의 처사에 미치쓰나의 어머니는 산사에 그대로 있었으면 하고 후회를 거듭하면서도 가네이에에 대한 기대를 조금씩 버려 가고 있음을 알 수 있다. 이렇게 한숨으로 지새우는 자신을 추스르기 위해 미치쓰나의 어머니는 친정 아버지 도모야스와 함께 하세데라로 다시 참배를 떠나게 된다. 그때 미치쓰나의 어머니의 마음은 앞의 두 참배여행 때와 마찬가지로 암울할 수밖에 없었고 눈에 비친 자연 또한 또다시 어둠에 파묻혀 있다.

㉑겨우겨우 쓰바이치에 도착했다. 여느 때와 다름없이 이런저런 채비를 차리고 길을 떠날 무렵에는 날도 완전히 저물었다. 비바람은 그칠 줄을 모르고, 불을 밝혔지만 바람에 꺼져 칠흑같이 어두운데, 꿈길을 걷는 듯 마음은 산란하고, 이러다 무슨 일이 일어나는 건 아닐까라는 생각까지 들 정도로 정신이 없다.(중권 · 265)

꿈인지 생시인지 알 수 없는 비바람 속의 산길은 17여 년에 걸친 가네이에와 함께한 시간과 관계를 상징하며, 또한 남편에 대한 집착으로 고통스러웠던 미치쓰나의 어머니의 반평생을 가리킨다고 할 수 있다. 그리고 미치쓰나의 어머니는 행복에 겨워하였던 첫 번째 하세데라 참배여행 때와 지금의 자기 처지가 달라졌음을 인정하게 되고, 참배를 마치고 돌아오면서 자기 내면의 소리에 귀 기울이게 된다.

> ㉒숙소로 온 뒤에도 질리지 않고 바라보고 있자니, 평상시처럼 밤새도록 화톳불을 피워 놓고 있다. 깜박 졸고 있는데, 뱃전을 탁탁 두드리는 소리가 마치 날 깨우는 듯해 잠에서 깨어났다.(중권 · 266-267)

우지 강(宇治川)에서 가마우지를 이용하여 고기를 잡는 배들을 구경하다 졸고 있던 미치쓰나의 어머니를 깨운 소리는 단순한 소리가 아니다. 그 소리는 미치쓰나의 어머니의 내면 깊숙이 숨어 있는 마음의 소리이고 자기 자신에게 삶을 직시하라는 경고의 소리라고 생각된다. 이러한 미치쓰나의 어머니의 내면 직시는 하권 첫머리에 나오듯이 "올해는 천하에 다시없을 미운 사람이 있다 해도 한탄하지 않으리라"(하권 · 279)라는 심경 변화를 일으키게 하였고, 이후 미치쓰나의 어머니는 완전한 형태는 아니지만 가네이에에 대한 정한과 자기 신세 한탄에서 벗어나 있는 그대로의 자기 삶을 받아들이려고 노력한다.

이상으로 미치쓰나의 어머니가 '참배여행'이라는 통과의례를 통해 자기 한을 변용시켜 재생에 이르고자 하는 과정을 그녀의 마음이 투영된 자연묘사를 분석하며 살펴보았다. 미치쓰나의 어머니가 '죽음'의 상태에 있을 때 그녀의 눈에 비친 자연은 '어둠'이었지만 그 상태에서 벗어났을 때 자연은 '새벽', '화톳불' 등의 '밝음'으로 표현되고 있음을 알 수 있다. 미치쓰나의 어머니의 재생은 단 한 번의 참배여행으로, 단 한 번의 깨달음으로 얻어진 것은 아니었다. 그녀는 자신의 한이, 자신의 고뇌가 힘에 겨울 때 '성'스러운 공간인 절로 달려갔다. 그러나 다시 '속'된 세상, 자기 한의 근원지인 일상생활로 되돌아오면 약한 인간인 탓에 다시금 고뇌에 휩싸이게 된다. 그렇지만 참배여행의 반복을 통해 미치쓰나의 어머니의 내면에는 서서히 변화의 싹이 돋게 되고, 결국 더 이상 한탄하지 말아야겠다는 그녀의 주체적 의지가 반영된 자기 결심에 이르게 된다.

한과 체념

미치쓰나의 어머니가 완전하지는 않지만 재생을 획득하였다는 근거로 들 수 있는 것은 하권 첫머리에 기술되어 있는 그녀의 심경 변화다.

> ㉓올해는 천하에 다시없을 미운 사람이 있다 해도 한탄하지 않으리라 등등 차분한 마음으로 곰곰이 생각하니, 참으로 마음이 편안하다. 초사흗날은 주상이 관례를 올린다고 하여 세상이 떠들썩하다. 백마절(白馬節)이다 뭐다 하지만, 흥도 안 나고 마음이 썰렁한 채 초이렛날도 지났다.(하권 · 279-280)

괴로웠던 971년을 보내고 새해를 맞이한 미치쓰나의 어머니는 이렇게 자신의 심경을 밝히고 있다. 물론 미치쓰나의 어머니가 이러한 결심을 하였다고 하여 그 뒤 가네이에에 대한 집착을 완전히 끊은 것은 아니었다. 미치쓰나의 어머니가 히로하타나카가와

(廣幡中川)로 이사 가면서 가네이에와의 결혼관계가 단절되기 전까지 미치쓰나의 어머니의 기다림과 한탄은 계속되었다. 그러나 그 한탄의 정도는 상권과 중권에 비하여 급격히 약해진다. 그 단적인 예로는 미치쓰나의 어머니가 읊은 와카 수를 들 수 있다. 『가게로 일기』에서 와카는 주로 미치쓰나의 어머니의 내면을 토로하는 수단이었다. 그런데 상권 62수(연가 1수 포함), 중권 40수(연가 1수 포함)이던 미치쓰나의 어머니의 와카는 하권에 이르러 21수로 줄어들고 있다. 또한 하권에 쓰인 10회의 '나게키' 가운데 미치쓰나의 어머니가 주체가 되어 쓰인 예는 2회에 불과하다는 사실도 이를 뒷받침해 준다.

그리고 하권에서 이야기의 중심은 미치쓰나의 어머니 부부에서 2세인 미치쓰나와 양녀에게로 이행되고 있다. 이러한 하권의 내용을 두고 주제론과 연관시켜 작자 미치쓰나의 어머니가 집필 전에 마음먹었던 '자기 신세'(身の上)라는 주제를 상실하였다고 보는 시각[42]도 있다. 하지만 주제가 상실되었다고 보기보다는 가네이에에 대한 집착에서 벗어났기 때문에 이러한 변화가 노정되었다고 생각한다. 이러한 미치쓰나의 어머니의 변화는 곳곳에서 찾아볼 수 있다.

> ㉔그렇지만, 지금은 그 사람의 발길이 멀어져 자주 찾아오지 않아도 그다지 마음에 담아두지 않게 되었기에, 오히려 무척이나 마음이 편하다. 그래서 밤중에도 아무 생각 없이 누워 잠들어 있는데, 문을 두드리는 소리에 놀라 깨어났다.(하권 · 283)

---

42 野村精一 · 宮崎荘平 · 水野隆 등이 이러한 관점을 지니고 있는 연구자들이다.

㉕시종이 끌채 받침을 갖고 다가가자, 그 사람이 우차에서 뛰어내려 바야흐로 흐드러지게 핀 홍매화 밑을 걸어오는데, 그 모습이 너무나도 풍경과 잘 어울린다. 목소리를 높여 "참으로 보기 좋구나"라면서 방으로 걸어 올라온다.(하권 · 297)

㉖조정에서는 예년과 마찬가지로 야와타 마쓰리가 열리게 되었다. 무료한 나날이기에 살짝 집을 나서 수레를 세우고 구경을 하고 있자니, 눈에 띄게 화려하게 치장을 하고 기세 등등하게 벽제소리를 드높이며 오는 자가 있다. 누구일까라고 생각하며 보니, 앞에서 행렬을 이끄는 자들 가운데 늘 보는 사람들이 있다. 그 사람 행렬이로구나라고 알아채고 바라보자니, 내 신세가 참으로 더욱더 처량하게 느껴진다.(하권 · 326)

인용㉔는 가네이에에 대한 집착에서 탈피한 미치쓰나의 어머니의 모습을, 인용㉕와 인용㉖은 가네이에를 객관적으로 보기 시작하면서 거리감을 느끼는 미치쓰나의 어머니의 심경을 잘 나타내고 있다. 원망으로 가득 찬 눈에는 보이지 않던 가네이에의 화려하고 당당한 모습이 이제 미치쓰나의 어머니의 시선에 객관적으로 포착되기 시작한 것이다. 그러나 한편으로 가슴 아프기는 하지만 가에이에의 화려함이 더 이상 자신의 화려함과 동일시될 수 없다는 자각이 인용㉖에서는 엿보이고 있다. 그리고 가네이에에 대한 정한에서 자유로워지는 미치쓰나의 어머니의 모습은 그가 부탁해 온 바느질감을 되돌려보내지 않고 손질해 주는 데서도 찾아볼 수 있다.

㉗이 달도 이렛날이 되었다. "이걸 좀 손질해줬으면 하오. 근신해야 할 일이 있어서 들르지는 못하오"라는 전갈이 오늘 왔다. 소식도 전해오지 않으면서 옷 손질 부탁하는 것은 변함이 없는지라, "알았습니다"라고만 쌀쌀맞게 답장을 보냈다. 점심 무렵부터 비가 한가롭게 내렸다.(하권 · 302)

그리고 "그 밉살스러운 곳에서는 아이를 출산한 듯하다고 사람들이 두런대고 있다. 그냥 있을 수는 없어, 정말 꼴 보기 싫다고 생각하는 게 인지상정일 텐데, 별로 신경도 쓰이지 않았다"(하권 · 369-370)에서 확인할 수 있듯이, 연적인 오미에 대한 미움조차 잃어버린 30대 후반의 미치쓰나의 어머니의 모습에서 가 버린 세월은 아쉬워하지만 이제 더 이상 정념에 휩싸여 고통받는 모습은 찾아볼 수 없다. 그러면서 미치쓰나의 어머니는 서서히 자기 자신에 대한 집착에서 벗어나 인생을 관조하고 마음의 안정을 찾아간다.

미치쓰나의 어머니가 자기 한을 변용시켜 재생을 획득하는 모습은 하권에 나오는 '비'의 묘사를 통해서도 살펴볼 수 있다.

㉘오늘 한낮부터 굵은 빗방울이 매우 심하게 떨어지기 시작하더니, 심란하게 계속 내린다. 이래서는, 혹여 들를지도 모른다고 생각하던 옅은 기대도 사라져버렸다. 옛날을 되돌아보니, 나에 대한 애정 때문은 아니고 그 사람의 타고난 본성 때문일 수도 있겠지만, 비바람에도 개의치 않고 찾아와주곤 했다.(중권 · 219)

㉙어찌 된 일인지, 요 근래의 날씨는 햇살이 나왔다가 흐렸다가 하

어 봄날씨치고는 추운 해인 듯하다. 밤에는 달이 밝다. 열이틀날에, 동풍과 함께 눈이 이리저리 날린다. 오시쯤부터 눈이 비로 변해 하루 종일 내내 조용히 내리는데, 온 세상이 정취 있게 느껴진다. 그 사람에게서는 오늘까지도 소식이 없어 내가 생각했던 그대로인 듯하다.(하권 · 286)

인용㉘의 중권에서 '심하게' 내리는 것으로 표현되던 비는 인용㉙의 하권에서는 '조용히' 내리게 되었고, 미치쓰나의 어머니의 마음속에서 불던 눈보라는 이제 촉촉이 내리는 이슬비로 바뀌어 갔다. 이는 바로 미치쓰나의 어머니가 자기 한을 변용시켜 일정 정도의 마음의 안정을 찾게 되었다는 것을 의미한다고 할 수 있다.

이러한 미치쓰나의 어머니의 심경 변화를 패배 뒤에 오는 체념과 타협이라고 본 연구자는 노무라 세이치 씨다. 즉 미치쓰나의 어머니의 참배여행은 실질적인 일부다처제라는 모순 앞에서 그 세계에 등을 돌리는 자기 소외의 모습에 불과하기 때문에 패배로 끝나는 것은 당연한 귀결이며, 따라서 하권에 되풀이 기술되어 있는 "마음이 개어서"(心ちはれて), "마음이 평온하다"(こころやすし)라는 표현과 부드럽게 내리는 '비'의 표현도 체념에 어울리는 장치일 뿐이라는 것이다. 또한 미치쓰나와 양녀에 대한 관심의 확대도 패배와 좌절 뒤에 오는 관심의 이동이라고 한다.[43] 그러나 기무라 마사노리 씨는 하권

43 野村精一, 「蜻蛉の終焉 · 再説」, pp.40-43. 또한 미치쓰나의 어머니의 심경 변화를 성립론적 관점에서 일기 집필로 얻어진 결과로 보는 시각도 있다. 후지오카 사쿠타

에 나타난 변화를 중권 말의 세계를 계승한, 격렬한 애정 갈등을 거쳐 고뇌를 극복함으로써 얻어진 평온한 인생의식으로 보고 있다.[44]

미치쓰나의 어머니가 참배여행 끝에 얻게 되는 심경 변화는 체념의 정서이기는 하지만 그 체념이 패배의 결과물이라고는 생각하지 않는다. 즉 체념은 모든 것을 포기하고 패배를 자인한 뒤에 찾아올 수도 있겠지만, 미치쓰나의 어머니가 20여 년 가까운 결혼생활을 거쳐 얻게 된 만큼 그렇게 간단히 가치를 판단할 수 없다고 생각한다. 자기의 한과 맞설 수 있는 방법이 '죽음', '출가', '체념'이라는 세 갈래 길밖에 보이지 않은 상태에서 미치쓰나의 어머니가 선택한 체념은 최선의 길이었다고 생각할 수밖에 없다. 그리고 이 체념은 미치쓰나의 어머니가 도피하지 않고 이 세상을 끝까지 살아낼 수 있게 만든 유일한 선택이었으므로 패배와 부정적인 이미지보다는 극복의 이미지를 띠고 있다고 할 수 있다. 즉 미치쓰나의 어머니가 참배여행이라는 통과의례를 거쳐 얻은 재생은 체념에서 비롯된 것으로, 이는 강한 자의식을 버리고 자기 앞에 주어진 삶의 고통을 수용하는 미치쓰나의 어머니의 인간적 성숙으로 나타난다.

결국 작중화자인 미치쓰나의 어머니가 지니고 있던 정한과 한탄이라는 한의 정서는 참배여행이라는 통과의례를 통해 체념의 정서로 변용되었고, 이를 통해 미치쓰나의 어머니는 '죽음'의 상태에서 벗어나 '재생'을 획득하게 되었다고 할 수 있다.

로(藤岡作太郎), 기타 요시오(喜多義勇), 아키야마 겐(秋山虔), 기쿠타 시게오(菊田茂男) 씨 등의 논에서 이러한 견해를 살펴볼 수 있다.

44 木村正中, 「蜻蛉日記下巻の構造」(『平安朝日記 I』, 有精堂, 1971) p.243.

7. 불행의식의 기저

주관적 불행의식의 문학

남편인 후지와라 가네이에(藤原兼家)와 20여 년 간 함께한 결혼생활의 경위, 즉 "보통 사람과는 다른 내 살아온 평범치 않은 삶"(상권 · 48)을 소상히 토로한 『가게로 일기』(蜻蛉日記)가 작중화자 미치쓰나의 어머니(道綱母)의 불행의식으로 점철된 작품이라는 것은 일기의 서문과 말미 부분 등에 나타나 있는 표현을 통해서도 확인할 수 있는 사실이다. 상권의 서문이자 작품 전체의 서문에 제시되어 있는 "세상에 참으로 의지할 데 없이 이도 저도 아닌 상태로 세월을 보내고 있는 사람"(상권 · 47)이라는 자기규정, 상권 말미의 "이렇게 세월은 흘러가는데도 생각대로 되지 않는 이내 신세를 한탄하고만 있는지라"(상권 · 165)라는 구절에서 확인할 수 있듯이 뜻대로 흘러가지 않는 결혼생활에 대한 한탄, 그리고 섣달 그믐날 지나간 시간을 반추하며 여느 때와 다름없는 시름에 젖어 한 해를 보내는 일기 말미 부분에 기술된 "언제나처럼 끝없는 시름에 잠기게 되니, 그러는 동안 한 해가 다 저물어갔다"(하권 · 383)라는 구절[1]을 통해 『가게로 일기』가 미치쓰나의 어머니의 불행의식으로 가득 찬 자기서사라는 점을 확인할 수 있다.

하지만 이와는 달리 『가게로 일기』, 그 가운데에서도 상권의 내용을 '행복의 기록, 사랑의 기록'이라고 하여 미치쓰나의 어머니가 일기를 통해 스스로의 행복을 자랑하고 있다는 시미즈 요시코(清水好子) 씨의 지적[2] 등도 있다. '옛날'(昔)의 행복하였던 추억의 묘사는 '현재'(今)의 불행을 더욱더 부각시키고 있다는 점에서 상권의 기사는 중 · 하권에 그려져 있는 미치쓰나의 어머니의 불행의식을 더욱더 강조하는 역할을 지니고 있다고 할 수 있다. 이와 더불어 이를 통해 미치쓰나의 어머니의 결혼생활이 불행한 것만은 아니었다는 사실 또한 알 수 있다. 그리고 작품 속에 그려져 있는 가네이에의 행적을 분석함으로써 미치쓰나의 어머니에 대한 가네이에의 애정이 그리 얕지 않다는 점을 논증한 우에무라 에쓰코(上村悦子) 씨의 견해[3] 등을 참고하였을 때, 『가게로 일기』의 기조를 이루고 있는 미치쓰나의 어머니의 불행한 결혼생활은 그 시대 세상 사람들의 시각과 타인의 평가와는 관계없이 작중화자의 '주관적 불행의식'에 기반하고 있다고 규정할 수 있다.

이 장에서는 이렇듯 세상과 타인이라는 타자의 시각과는 달리 스스로의 결혼생활을 불행한 것으로 총괄하고 있는 작중화자의 불행

---

1 『가게로 일기』 작품 전체 속에서 하권 말미 부분이 지니고 있는 의미에 관해서는 이 책 4장 참조.

2 清水好子, 「日記文学の文体」(『国文学解釈と鑑賞』 26-2, 至文堂, 1961) p.31.

3 上村悦子, 「蜻蛉日記の一研究—兼家の行状を中心に—」(『日本女子大学紀要』 1-4, 日本女子大学, 1955) pp.50-68.

의식이 어디에 기반하고 있는지, 그 기저(基底)에 관해 고찰해 보고자 한다. 구체적으로는 '그 사람 마음'(人の心)과 '내 마음'(わたくしの心)이라는 표현에 주목하여, 가네이에의 '마음'의 향방에 연연해하는 미치쓰나의 어머니의 '마음'의 향방에서 그 불행의식의 내실을 분석해 보고자 한다.

'그 사람 마음'과 '내 마음'의 대비 구도

『가게로 일기』 상권에는 다음과 같은 기사가 있다.

> ①짐작했던 대로 나 홀로 날을 보낸다. 세상 사람들 보기에 우리 부부 사이에 무슨 문제가 있는 듯이 여겨질 만한 일은 없다. 단지 그 사람 마음이 내 마음과 다른 것만 문제인 것을. 나만이 아니라 나보다 더 먼저 결혼한 곳에조차 발걸음을 하지 않는다는 소식을 듣고, 편지를 주고받은 일이 있었다. 오월 사나흗날께 이렇게 써서 보냈다.(상권 · 76)

위의 인용은 결혼한 지 2년여가 지난 956년 5월, 미치쓰나의 어머니의 심정이 기술되어 있는 장면이다. 한 해 전부터 미치쓰나의 출산을 전후하여 마치노코지(町の小路) 여자와 관계가 깊어진 남편이 뜸하게 찾아와 수심에 잠겨 있던 터에, 함께 살던 언니가 남편인 후지와라 다메마사(藤原為雅)를 따라 이사를 가 버려 마음속 깊이 외로움을 느끼고 있는 작중화자의 모습을 엿볼 수 있다. 이 가운데 "세상 사람들 보기에 우리 부부 사이에 무슨 문제가 있는 듯이 여겨질 만한 일은 없다. 단지 그 사람 마음이 내 마음과 다른 것만 문제인 것을"이라는 구절은 세상의 시각과는 달리 남편의 마음에 만족하지 못하는 미치쓰나의 어머니의 내면을 가장 잘 드러내 주고 있는 기술이라고 생각된다. 일반적인 세상 사람들의 관점에서 볼 때는 가네이에와의 부부 사이가 그리 나쁘지 않고 보통은 되어 보일 것이라고 생각하지만 남편의 마음, 즉 '그 사람 마음'(人の心)은 내 바람과는 다르다는 미치쓰나의 어머니의 심경을 통해, '주관적 불행의식'의 양상을 확인할 수 있기 때문이다. 그리고 뒤이어 기술되어 있는 '나'(われ)라는 표현은 '그 사람'과 대비되는 표현으로 미치쓰나의 어머니의 자의식을 드러낸다.

『가게로 일기』에는 남편인 가네이에, 친정아버지와 친정어머니, 아들인 미치쓰나 등 타인뿐만 아니라 작중화자 스스로에게도 상권 서문에 기술되어 있듯이, '사람'(人)이라는 객관적이고 3인칭적인 호칭이 많이 쓰이고 있다. 이러한 '사람'이라는 호칭은 일반적으로 『가게로 일기』라는 작품이 모노가타리(物語)적인 수법이 가미된 텍스트로 해석되는 주요한 근거로 여겨지고 있다. 하지만 근대 이전의 일본어에 인칭의 개념이 확립되지 않았으며 '사람'이라는 표현이 고유명사로 불리는 사람이나 남녀의 관계, 또는 '나'에 대비되어 쓰임으로써 "대상을 〈사람〉으로 호칭하면서 그것이 누구를 기점으로 하여 인지하고 있는지를 자연스럽게 드러내는" 비인칭적인 서술형식이라는 다카키 가즈코(高木和子) 씨의 견해[4]도 있다. 이러한 다카키 씨의 견해는 '나'와 대비되는 '사람'이라는 미치쓰나의 어머니의 내면화된

4 高木和子, 「平安散文における「人」―非人称の叙述形式―」(『日本文芸研究』 52-4, 関西学院大学日本文学会, 2001) p.48.

인식을 파악할 수 있다는 점에서 시사적이다.

미치쓰나의 어머니가 남편과 자기를 대비시킴으로써 스스로의 충족되지 못하는 내면을 드러내는 수법은 다음과 같은 인용에서도 확인할 수 있다.

> ②동궁량(東宮亮)이었던 그 사람은 장인두(藏人頭)로 임관이 되었다는 둥 하면서 떠들썩하다. 붕어하신 데 대한 슬픔은 그럭저럭 남들만큼인 듯하고, 승진 축하에 관한 소식만 들린다. 축하인사를 하러 온 사람들에게 답례인사를 하다 보니 약간은 다른 사람들과 비슷한 마음도 들지만, <u>그 사람을 향한 내 사적인 마음</u>은 여전히 다를 바가 없는데, 주위의 소란스러움이란 전과는 하늘과 땅 차이다.(상권 · 144-145)

위의 인용에는 967년 5월, 무라카미 천황(村上天皇, 재위 946-967)이 승하하고 레이제이 천황(冷泉天皇, 재위 967-969)이 즉위함에 따라 동궁 량(東宮亮)이었던 가네이에가 장인 두(藏人頭)가 되어 사람들의 축하인사를 받느라 약간은 보통 사람과 같은 마음이 들었지만, 그래도 여전히 남편의 마음에 만족하지 못하는 미치쓰나의 어머니의 내면이 '내 사적인 마음'(わたくしの心)은 전과 다름없다는 구절에 담겨 있다. 이러한 기술에서 '그 사람'과 대비시켜 '나'의 마음을 드러내는 구도와 더불어 남편의 사회적인 영달도 거리를 두고 응시하고 있는 작중화자의 시각을 읽어 낼 수 있다. 이처럼 『가게로 일기』에는 남편의 마음에 연연해하며 남편과의 관계에 만족하지 못하는 미치쓰나의 어머니의 내면이 '그 사람 마음'과 '내 마음'이라는 대비되는 표현을 통해 드러나 있다.

'그 사람 마음'(人の心 · 人心)이라는 표현은 인용①을 포함하여 전부 7회 기술되어 있다. 이들 표현은 전부 다 남편인 가네이에의 마음에 쓰이고 있다. 주목할 점은 7회 가운데 6회가 상권에 쓰이고 있으며 1회만 중권의 용례라는 점이다.

그 가운데 다음 두 용례는 친정아버지 후지와라 도모야스(藤原倫寧)가 미치노쿠(陸奥) 지방의 지방관으로 부임할 때의 기사에 쓰이고 있다.

> ③계절은 바야흐로 마음이 스산해질 무렵인데다, 그 사람과는 아직 정이 들었다고 할 만큼의 관계도 아닌지라, 함께 지낼 때마다 오로지 눈물만 지으니, 너무나 불안하고 슬픈 마음을 어디에 비할 바가 없다. 그런 내 모습을 지켜보던 그 사람도 너무나 절절하게, 나를 버리거나 하지 않을 거라고 거듭 위로해주지만, 그 사람 마음이 말 그대로 정말 변하지 않을 리는 없다고 생각하는지라 오로지 슬프고 불안하기만 하다.(상권 · 61-62)

> ④이렇게 날이 흘러갈수록 부임지로 향하고 계신 친정아버지의 심경을 생각하며 마음이 몹시 쓸쓸한데, 그 사람의 마음은 아무래도 믿음직스럽게는 여겨지지 않는다.(상권 · 63)

위의 인용에는 결혼한 뒤 몇 달도 지나지 않은 954년 10월, 친정아버지가 미치노쿠 지방의 지방관으로 발령받아 교토(京都)를 떠나게 되면서 의지할 대상이 없어져 홀로 남겨진 듯 허전해하는 미치

쓰나의 어머니의 심경이 그려져 있다. 남편이 옆에서 지켜 줄 거라고 위로해 주지만 그 마음이 미덥지 못하여 슬프고 불안하기만 한 작중화자의 심경이 '그 사람 마음'이라는 표현 속에 드러나 있다고 할 수 있다. 『가게로 일기』에는 '미더운 사람'(頼もし人) 및 그 유사표현은 모두 7회 기술되어 있는데, 친정아버지에게 4회(상권 · 61, 136, 중권 · 255, 하권 · 331), 친정어머니에게 1회(상권 · 120), 언니 1회(상권 · 125), 아들 미치쓰나에 1회(중권 · 237) 쓰이고 있다. 즉 미치쓰나의 어머니에게 미덥고 기댈 수 있는 존재란 경제적 · 정신적으로 기댈 수 있는 혈족, 즉 친정아버지를 주로 가리키고 있으며 남편인 가네이에는 해당되지 않는다.[5]

이렇듯 신혼 초부터 남편의 마음을 미더워하지 못하던 미치쓰나의 어머니의 내면은 다음 인용에도 잘 드러나 있다.

> ⑤안개 밑으로 올 때 보았던 어살도 보였다. 말할 나위 없이 보기가 좋다. <u>그 사람</u>은 강 건너편에서 기다리고 있을 것이다. 먼저 이렇게 와카를 써서 강을 건너게 해 <u>그 사람</u>에게 건넸다.
>
> 어쩌다 가끔 어살에 걸려드는 빙어와 같이
> 귀가 날 알 수 없는 상처 받은 이 <u>마음</u>
>
> 배가 다시 이쪽 강변으로 올 적에 이렇게 답장이 왔다.

5 李美淑, 『源氏物語研究―女物語の方法と主題』(新典社, 2009) pp.229-230.

돌아올 날을 마음속 깊이깊이 손꼽아보며

어살 찾아온 이유 당신 말고는 없네(상권 · 159-160)

인용⑤는 968년 9월, 전부터 바라마지 않던 하세데라(長谷寺)에 참배를 하고 돌아오던 길에 우지(宇治)까지 마중을 나와 준 남편과 와카를 주고받는 장면이다. '그 사람 마음'(人心)을 원망스럽게 여긴다는 미치쓰나의 어머니의 와카는 가네이에의 와카 속의 '마음'이라는 표현을 통해 근거 없는 원망으로 역전되고 있지만, 여전히 미치쓰나의 어머니가 남편의 마음에 만족하지 못하고 있다는 사실을 나타내 주고 있다.

하지만 '그 사람 마음'이 가네이에에 대한 부정적인 시각으로만 쓰이고 있지 않다는 것은 다음의 두 용례를 통해서 확인할 수 있다.

⑥해가 바뀌어도 이렇다 하게 특별한 일도 없다. 그 사람의 마음이 평상시와 달리 나에게 향하고 있을 때는 모든 일이 다 평온하게만 느껴진다. 그 사람은 이 달 초부터 다시 승전(昇殿)하도록 윤허를 받았다.(상권 · 109)

⑦봄이 지나고 여름께, 그 사람은 숙직하는 날이 많아진 듯한 느낌이다. 아침 일찍 찾아와 하루 종일 머물다가 어둑어둑해지면 집을 나서거나 하는 것을 이상하게 여기고 있던 중에 쓰르라미 첫 울음소리가 들려왔다. …… 이렇듯 이렇다 할 일도 없으니, 그 사람의 마음도 한결같이 느껴졌다.(상권 · 113-114)

인용⑥은 963년, 가네이에가 한 해 진인 962년의 관직 인사이동으로 편전에 오르지 못하게 되고 병부성 대보(兵部省大輔)로 실의에 찬 나날을 보내게 됨에 따라, 미치쓰나의 어머니가 남편과 함께 병부성 장관인 노리아키라(章明) 황자와 교류하던 때의 기사다.

인용⑥에 쓰인 "그 사람의 마음이 평상시와 달리 나에게 향하고 있을 때는 모든 일이 다 평온하게만 느껴진다"는 구절과, 그 다음 해 여름의 평온한 나날을 그리고 있는 인용⑦의 "그 사람의 마음도 한결같이 느껴졌다"는 구절에는 남편의 마음에 만족해하며 평온함을 느끼는 작중화자의 심경이 잘 드러나 있다. 인용⑥과 인용⑦에 같이 쓰이고 있는 "이렇다 할 일도 없다"(なでふこともなし)라는 구절을 통해, 남편은 실의에 빠져 있어도 그와 함께 마음을 주고받으며 하루하루를 보낼 수 있다는 데 행복을 느끼는 미치쓰나의 어머니의 내면을 엿볼 수 있다.

이러한 '그 사람 마음'이라는 표현의 의미는 미야자키 소헤이(宮崎莊平) 씨의 지적과 같이 "가네이에의 '마음'이란, 말하자면 미치쓰나의 어머니를 향한 가네이에의 진심이며, 그것에 바탕을 둔 정애(情愛)다. 미치쓰나의 어머니가 희구하고 있는 것은 가네이에의 진심어린 태도이며, 확실한 정애로 충족되는 것이다. 가네이에의 '마음'을 문제 삼고, '마음'의 상태를 추구하는 것은 그 때문이다"[6]라고 할 수 있다.

하지만 이들 상권의 기술에서 간과할 수 없는 점은 이와 같은

---

6 宮崎莊平, 『平安女流日記文学の研究 続編』(笠間書院, 1980) p.156.

'그 사람 마음'이라는 표현들이 미치쓰나의 어머니의 결혼생활을 객관적으로 평가하였을 때 가장 행복한 시절을 기술한 상권에 집중되어 있다는 사실이다. 이 점에 관해서는 다음 절에서 살펴보고자 한다.

'그 사람 마음'과 안나 2년(969)이라는 시점

그런데 7회 기술되어 있는 '그 사람 마음'이라는 표현 가운데 가장 마지막 용례는 다음과 같다.

> ⑧그 달 그믐부터, 어디가 안 좋은 것인지 딱히 이렇다 할 이유도 없이 몸이 무척 괴롭기만 한데, 될 대로 되라는 심정이다. 목숨에 연연해하는 것처럼 그 사람에게 보이기는 싫다고 오직 그 생각만 하며 참고 있었다. …… 그 사람은 이렇게 내가 부정을 멀리하고 재계 중이라는 이유로 보통 때보다도 더 찾아오지를 않고, 신저(新邸)를 짓는다며 오가던 중에 겸사겸사 찾아와서는, 앉지도 않고 선 채 "어떠시오"라고 문안을 한다. …… 그 신저에서 돌아오는 길이라며 연밥 한 줄기를 사람을 시켜 들여보냈다. …… 답장으로는 단지, "'살아 있어도 죽은 것과 별반 다를 게 없네요'라고 말씀드리게"라고 시키고는 생각에 잠겨 누워 있었다. 아아, 사람 목숨이 어찌 될지 모르는데다 <u>그 사람의 마음</u>도 모르는지라, 참으로 너무나도 멋지다는 그곳을, "어서 빨리 당신께 보여주고 싶소"라고 했던 것도 어찌 되든 상관은 없지만, 이걸로 끝나는가 싶어 서글픈 생각이 든다.

꽃 피고 열매 맺듯 활짝 펴가는 세상 버리고
연잎 위 이슬처럼 사라지는가보다

이렇게 생각할 정도로 날이 가도 몸 상태는 여전한지라, 마음이 불안하다.(중권 · 175-176)

969년 윤5월 그믐께, 딱히 이렇다 할 병명도 없이 시름시름 앓고 있는 미치쓰나의 어머니의 모습을 그리고 있는 인용⑧에 쓰이고 있는 "그 사람의 마음"이라는 표현은 "사람 목숨이 어찌 될지 모르는데다"라는 표현과 함께 쓰이면서 '그 사람 마음'에 대한 절망감을 드러내고 있다. 뚜렷하게 아픈 데도 없으면서 병석에 누워 있는 미치쓰나의 어머니의 모습에서, 그녀가 마음의 병을 앓고 있다는 것을 짐작할 수 있다. "살아 있어도 죽은 것과 별반 다를 게 없네요"라는 표현에서 미치쓰나의 어머니의 절망감이 극도로 고조되어 있다는 것 또한 추정할 수 있다. 그리고 미치쓰나의 어머니의 마음의 병이 몸의 병으로까지 악화된 것은 인용문 속에 드러나 있는 "신저(新邸)를 짓는다며 오가던 중에"라는 구절에서 미루어 짐작할 수 있다. '신저'는 그즈음 가네이에가 개축하고 있던 히가시산조인(東三條院) 저택을 말한다. 히가시산조인 저택은 인용⑧에서 처음 언급된 뒤 다음 인용에서 확인할 수 있듯이 다음 해인 970년 봄 완성되었다.

⑨십일월 어느 날 눈이 무척이나 많이 와 두껍게 쌓였는데, 어찌 된 일인지 견디기 힘들 정도로 내 신세가 처량하고 그 사람이 원망스럽고 마음이 너무 슬픈 날이 있었다. 멍하니 밖을 내다보며 생각에 잠

겨 있다가, 이 같은 와카가 떠올랐다.

> 내리는 눈에 쌓이는 내 나이를 헤아려보니
> 죽지도 못하는 내 신세를 한(恨)하노라

이렇게 생각에 잠겨 있노라니, 섣달 그믐날이 지나고, 봄도 성큼 다가와 한창때가 되었다. 그 사람은 멋들어지고 호화스럽게 지어진 새 저택에 내일 이사 간다, 오늘 밤 이사 간다 야단법석이지만, 내 쪽은 예상했던 대로 지금 이대로라도 괜찮지 않느냐로 결말이 난 듯하다.(중권 · 189-190, 193)

『가게로 일기』에 수록된 대표적인 독영가의 하나로 쌓인 눈에 늙어 가는 자신의 연령을 비기면서 읊은 '내리는 눈에~'의 와카는 미치쓰나의 어머니의 고뇌에 찬 심경을 가장 잘 나타내었다고 평가받아 왔다. 969년 11월 눈이 한없이 쌓인 어느 날 어찌 된 일인지 너무나 마음이 괴롭고 슬프다며 죽을 수 없어 살아가고 있는 자신의 처지를 한탄하며 와카를 읊게 되었다는 기술에서, 인용⑧에 토로되어 있던 같은 해 윤5월 이래의 미치쓰나의 어머니의 고뇌가 연말까지 이어지고 있다는 것을 알 수 있다. 나아가 바로 직후에 이어지는 "그 사람은 멋들어지고 호화스럽게 지어진 새 저택에 내일 이사 간다, 오늘 밤 이사 간다 야단법석이지만, 내 쪽은 예상했던 대로 지금 이대로라도 괜찮지 않느냐로 결말이 난 듯하다"라는 구절에서, 969년 한 해 미치쓰나의 어머니를 죽을 만큼 절망에 빠뜨린 직접적인 계기가 남편이 조성하고 있던 히가시산조인 저택에 들어가지 못하게 되었기 때문이라는 것을 알 수 있다.

마스다 시게오(増田繁夫) 씨와 우에무라 에쓰코 씨도 지적[7]하고 있듯이, 이즈음 미치쓰나의 어머니는 가네이에가 조성하고 있던 신저에 자기 모자 대신 도키히메(時姫)와 그 자식들이 들어가게 되면서 자신이 정처(正妻)의 지위에서 멀어졌다는 사실을 깨닫게 되었고, 이를 계기로 가네이에의 처들 가운데서 자신의 위치가 어느 정도인지를 확실히 인식하게 된 것이다.

이처럼 마지막으로 일기에 등장하는 인용⑧의 "그 사람의 마음"이라는 표현이 미치쓰나의 어머니가 가장 절망적인 상태에서 남편의 마음을 모르겠다는 문맥에 쓰이고 있다는 점은 시사적이다. 이는 다시 말하자면, 미치쓰나의 어머니가 자신에 대한 남편의 마음을 어느 정도는 신뢰하고 기대하고 있던 동안에는 '그 사람의 마음'에 연연해하며 불안해하였지만, 남편의 마음이 자신의 기대와는 다르다는 것을 확실히 인식하게 되어 그 기대가 완전히 사라진 969년 이후에는 '그 사람 마음'이라는 표현도 함께 사라졌다는 것을 의미한다.[8]

그런데 '그 사람 마음'이라는 표현이 상권에 집중적으로 쓰이다가 중권에서 1회 쓰인 뒤 더 이상 기술되고 있지 않다는 점에 관해, 요시다 미키오(吉田幹生) 씨는 다음과 같이 지적하고 있다.

---

7 増田繁夫, 「女流日記の発想―かげろふ日記論」(『甲南大学文学会論集』 15, 甲南大学文学会, 1961); 上村悦子, 『蜻蛉日記解釈大成 3』(明治書院, 1987) p.319.

8 『가게로 일기』에 있어서 969년은 일기의 형성과정에서도 무척 중요한 시점이다. 일기에 나타난 현재시점을 나타내는 시간표현에 주목하여 『가게로 일기』가 969년에 겪게 된 미치쓰나의 어머니의 인생인식을 계기로 970년경부터 집필되기 시작하였다는 점에 관해서는 이 책 10장 참조.

> 가네이에의 마음에 주목하여, 그것과의 관계로 스스로의 행복과 불행을 파악하려고 하는 것이 상권에 있어서의 미치쓰나의 어머니의 기본적인 태도다. 그리고 그 같은 태도의 근저에 있는 것이 C(인용 ③—필자 주)로 대표되는 가네이에에 대한 불신감이었다고 생각된다. 그러나 그것이 결혼 당초의 덴랴쿠(天曆) 8년(954년—필자 주)부터 보이는 것을 통해 볼 때, 이 불신감은 구체적인 부부관계를 통해 획득된 것이라기보다는 앞서 기술한 것처럼 선천적인 관념에 유래한 것이었다고 보는 게 타당할 것이다. …… 그러나 그 같은 미치쓰나의 어머니의 자세는 중권에 들어선 무렵부터 크게 바뀌기 시작한다. …… 가네이에의 마음에 구애받고 있던 미치쓰나의 어머니는 덴로쿠(天祿) 원년(970년—필자 주)경을 고비로 하여 점차 고뇌의 원인을 자기 자신 쪽에서 찾게 된다.[9]

미치쓰나의 어머니의 마음의 향방이 남편인 '그 사람 마음'에서 자신의 행복과 불행의 원인을 찾는 단계로부터 '내 마음'(我が心)과 마주보는 단계로 전개되어 간다고 파악하고 있는 요시다 씨의 견

9 吉田幹生,「〈人の心〉から〈我が心〉へ—『蜻蛉日記』試論」(『中古文学』74, 中古文学会, 2004) pp.46, 48. 그 밖에 본론의 논지와는 관계없지만 '그 사람 마음'에 대해 논하고 있는 선행연구로는, 와카 전통 속에서 '그 사람 마음'의 표현이 어떻게 형성되어 왔는지를 밝히고 있는 小山香織「『蜻蛉日記』上巻の「人の心」と「頼む」—和歌の伝統に拠る兼家の不実の強調—」(『日記文学研究誌』7, 日記文学研究会, 2005), 『이즈미시키부 일기』(和泉式部日記)와 『가게로 일기』의 증답가에 나타난 '마음'이라는 표현을 비교분석하고 있는 津崎比呂,「『蜻蛉日記』『和泉式部日記』の贈答歌比較—「人の心」と「心」にみる人間性の相違—」(『筑紫語文』15, 筑紫女学園大学日本語日本文学科, 2006) 등의 논문을 들 수 있다.

해는 매우 흥미롭다. 그러나 첫째로 미치쓰나의 어머니가 '그 사람 마음'에 연연해하는 것은 단순히 남편에 대한 '불신감'에서만 기인한 것은 아니라는 점, 둘째로 미치쓰나의 어머니의 남편에 대한 불신이 "구체적인 부부관계를 통해 획득된 것"이라기보다 "선천적인 관념에 유래"한 것 또한 아니라는 점, 셋째로 미치쓰나의 어머니가 자기 마음과 마주하는 모습은 상권에서부터 그려지고 있다는 점 등에서 요시다 씨의 견해에는 전적으로 수긍할 수 없다.

먼저 앞에서 살펴본 바와 같이, 상권에서 미치쓰나의 어머니가 남편의 마음에 천착하였던 때가 남편에 대한 불신감도 어느 정도 존재하였겠지만 자신에 대한 남편에 대한 사랑을 의식하며 남편에 대해 어느 정도의 기대를 지니고 있었던 시기였다는 점이다. 자신에 대한 남편의 마음이 어느 정도인지 명확히 드러난 969년 이후 더 이상 '그 사람 마음'에 대한 용례가 없어졌다는 데서 이러한 사실을 확인할 수 있다. 그리고 가네이에에 대한 미치쓰나의 어머니의 불신은 다음 절에서 살펴보겠지만, 구혼과정에서부터 싹튼 것으로 "선천적인 관념에 유래"하였다고는 볼 수 없다. 마지막으로 미치쓰나의 어머니가 "덴로쿠(天祿) 원년경을 고비로 하여 점차 고뇌의 원인을 자기 자신 쪽에서 찾게 된" 것이 아니라는 점은, 상권에서부터 등장하고 있는 인용②의 용례를 비롯하여 일기 속에 기술되어 있는 '내 마음'의 용례가 어떻게 분포되어 있는지를 통해 확인할 수 있다.

『가게로 일기』에서 '내 마음'에 해당하는 용례(わたくしの心 · わが心 · わがここち · おのがここち)는 전부 12회 확인할 수 있다. 상권에는 인용②를 포함하여 4회, 중권에는 6회, 하권에는 2회 쓰이고 있다. 그 가운데 중권에 기술된 용례 중 1회(인용(4))는 970년(덴로쿠 원년)

보다 한 해 전인 969년(안나 2년)의 예이며, 1회(인용(5))는 가네이에의 마음을 표현하는 데 쓰이고 있다.[10]

---

10 인용②를 제외한 11회의 '내 마음'의 용례는 다음과 같다.

(1)내 아는 그 사람이 필요한 일들 대부분을 도맡아 처리했기 때문인지, 많은 사람들이 조문하러 왔다. …… 그 날이 지나자 모두 제각각 자기 집으로 흩어져 갔다. 이전보다 내 마음은 더욱더 약해져만 가니, 어떻게 해볼 수도 없다. 그 사람은 약해진 내 마음을 생각해 전보다 더욱 자주 찾아온다.(상권 · 119-120)

(2)스님의 형님은 그럴 만한 사정이 있어서 천태종 사원인 운린인(雲林院)에서 수행하던 사람이었다. 사십구재가 지난 뒤 이렇게 읊어 보냈다.

연기가 되어 구름 숲 사원 두고 떠나갈 줄은
내 어찌 생각이나 할 수나 있었으랴

이렇게 읊었는데, 내 마음 한켠의 쓸쓸함이란 들판이건 산이건 그냥 막 싸돌아다니고 싶기만 했다.(상권 · 120-121)

(3)눈에 띄지 않게 가려고 생각한지라 아랫것들도 많이 거느리지 않고 출발했는데, 내가 그다지 신경 쓰지 않은 탓도 있지만(わが心のおこたりにはあれど), 나 아닌 다른 사람이었다면 얼마나 떠들썩하게 길을 떠났을까라는 생각도 한다.(상권 · 155-156)

(4)부부가 살던 서궁은 다카아키라 전 좌대신이 유배를 가시고 사흘 정도밖에 지나지 않았을 때 불이 나서 다 타버렸다. 하여, 부인께서는 당신의 소유인 모모조노(桃園)에 있는 사저로 옮기신 뒤 몹시도 비탄에 잠겨 계시다는 소식을 전해 들으니 그것만으로도 너무나 슬프다. 내 마음이 개운하지도 않은 탓인지, 멍하니 방에 누워 이 생각 저 생각 이런저런 생각에 빠져 있는 일이 심하다 싶을 만큼 많다.(중권 · 179)

(5)그 다음날도 하루 종일 그 사람이 하는 말이라고는, "내 마음은 전혀 변하지 않았는데 당신이 나쁘게만 보니"라는 말뿐이다. 기가 콱 막힐 따름이다.(중권 · 217)

(6)옛날을 되돌아보니, 나에 대한 애정 때문은 아니고 그 사람의 타고난 본성 때문일 수도 있겠지만, 비바람에도 개의치 않고 찾아와주곤 했다. 오늘 지난날을 되돌아보니, 전에도 마음을 놓을 수는 없었기에, 나를 계속 찾아오기를 바랐던 것은 주제넘은 내 욕심이었구나(わが心のおほけなきにこそありけれ), 슬프다, 비바람에도 개의치 않을 거라 생각해왔는데, 더 이상 그것을 바랄 수는 없겠구나라며, 시름에 잠긴 채 날을 보냈다.(중권 · 219-220)

(7)이렇게 이 사람 저 사람 제각각 하산하도록 권하지만, 내 마음은 흔들리지 않고 태연하기만 하다.(중권 · 246)

(8)다른 사람들은 모두들 이렇게 왁자지껄하지만 내 마음은 가라앉기만 하고, 주위를 둘러보니 참으로 마음에 사무친다.(중권 · 262-263)

(9)두통도 없어졌기에 발 가장자리를 들어 올리고 밖을 내다보면서 생각에 젖는다.

요컨대 미치쓰나의 어머니는 결혼하고 얼마 되지 않아서부터 '내 마음'과는 다른 남편의 마음, 즉 '그 사람 마음'의 향방에 연연해하며 스스로의 불행의식을 증폭시키고 있었지만, 그 의식 속에는 남편에 대한 불신감과 더불어 여전히 기대가 작용하고 있었다고 할 수 있다. 그러나 히가시산조인 저택에 들어가느냐 마느냐의 문제를 계기로 자신에 대한 남편의 마음이 어느 정도인지 뚜렷이 드러남으로써 현실을 파악하게 된 969년을 끝으로 '그 사람 마음'에 대한 천착은 사라지게 된다.

미치쓰나의 어머니의 불행의식은 이렇듯 남편의 마음에 대한 불신에서 싹트게 되었지만 그 불신은 결혼에 대한 기대와 현실의 낙차에서 비롯되었고, 그 불행의식을 더욱더 증폭시킨 것은 지나치게 높았던 미치쓰나의 어머니의 자의식도 한몫하였다고 생각된다.

결혼에 대한 기대와 현실과의 낙차, 그리고 자의식

결혼에 대한 기대와 현실과의 낙차에 따라 미치쓰나의 어머니가 남

아아, 전에 내가 원해서(わが心と) 하쓰세에 참배하러 갔을 적에 서울로 돌아오는 길에, 그 사람이 아가타(県)라는 곳에 있는 그 별장에 오갔던 적이 있었는데 그게 이곳이었구나,(중권 · 263)

(10)이월이 되었다. 홍매화가 다른 해 보다 색깔이 더 짙고 볼 만하게 잔뜩 피어 있다. 그 매화를 나만(わがここちのみ) 홀로 정취가 있다며 감탄하며 보고 있을 뿐 관심 있게 보는 사람도 없다.(하권 · 323-324)

(11)우마조가 말로 표현할 수 없을 정도로 심하게 천연두에 걸렸다. 어찌해야 하나, 소식이 끊긴 그 사람에게도 연락을 해야 하나 할 정도로 심하게 앓으니, 나는(わがここちは) 하물며 어찌할 바를 몰라 하고 있다.(하권 · 367)

편에게 불신감을 갖게 되는 계기는 다음과 같은 구혼 장면에서부터 비롯되었다고 할 수 있다.

> ⑩떡갈나무 높은 나뭇가지 근방으로부터 구혼하고자 하는 뜻을 전해온 적이 있었다. 여느 사람 같으면 중간에 다리를 놓아줄 사람이나 또는 적당한 여인네 등을 물색해 이쪽에 의중을 전할 텐데, 그 사람은 친정아버지에 해당되는 사람에게 직접 농담인지 진담인지도 모를 정도로 넌지시 비추었기에 말도 안 되는 일이라고 했는데도, 짐짓 모르는 척 말에 탄 사자(使者)를 우리 집으로 보내 문을 두드리게 했다. 보낸 사람이 누구인지 물어보라고 하기에는 너무나 빤히 드러나게 소란을 피우기에, 처치곤란해하다 보내온 편지를 받고는 야단법석이 났다. 펼쳐 보니, 종이 등도 구혼 때 흔히 쓰이는 멋들어진 것도 아닌데다, 구혼 때는 혹시 흠이라도 잡힐세라 신경써서 보내는 법이라고 이제껏 들어온 필체 또한 정말 구혼편지일까 싶을 정도로 엉망인지라, 영 납득이 가지를 않았다.(상권 · 51-52)

두 사람의 결혼은 미치쓰나가 955년에 출생한 것으로 보아 954년에 이루어졌고, 이때 미치쓰나의 어머니는 열아홉 살 정도로 추정되고 있다. 당시 가네이에는 우대신(右大臣) 후지와라 모로스케(藤原師輔)의 셋째 아들로 청혼 당시 우병위 좌(右兵衛佐)에 불과하였지만 전도가 유망한 스물여섯 살의 귀공자였다. 두 집안 다 후지와라 씨 북가(北家) 일문이기는 하였지만 미치쓰나의 어머니의 집안은 지방관 계층으로 영락한 상태였기 때문에 두 집안의 사회적인 격차는 매우 컸다. 그리고 당시 미치쓰나의 어머니의 친정아버지는 가네이에와 같은 병위부에서 근무하고 있었거나 공적으로 가까운 사이였다는 사실에서도 두 집안의 격차를 확인할 수 있다.

구혼할 때는 적당한 사람을 물색하여 남자 쪽 의중을 여자 집안에 전하는 게 보통인데도 아무리 일적으로 가까운 사이라 하여도 친정아버지에게 농담 반 진담 반으로 청혼의 뜻을 비치다가 말에 탄 심부름꾼이 직접 찾아와 문을 두드리고, 심부름꾼 편에 들려 보낸 구혼편지 또한 별로 좋지도 않은 종이에 필체도 엉망이라는 구절에서, 미치쓰나의 어머니가 평소 꿈꾸어 오던 결혼에 대한 기대가 구혼 당초부터 깨지고 있었다는 것을 확인할 수 있다. 이렇듯 거친 데다 위압적인 가네이에의 구혼 태도에 관해서는 뒷날 가네이에의 성격을 알게 된 미치쓰나의 어머니가 가네이에다움을 형상화하기 위해 허구로 기술하였다는 견해도 있지만, 그 심층에는 두 사람 집안의 사회적인 위상의 차가 가장 큰 요인으로 자리 잡고 있다고 할 수 있다.

정식 결혼이 성립되려는 날 아침, 가네이에가 보낸 "이른 새벽녘 헤어져 가는 길에 보이는 하늘 애달픈 이내 마음 이슬로 되고 지고"(상권 · 58)라는 와카에, 미치쓰나의 어머니가 읊어 보낸 "이슬과 같이 덧없이 사라져갈 당신 마음을 부질없게도 믿는 나는 뭐란 말인가"(상권 · 58)라는 와카는 이러한 구혼과정에서부터 배태된 가네이에에 대한 불신을 여실히 드러내 주고 있다고 생각된다. 즉 미치쓰나의 어머니는 이 와카에서 남편과의 관계 속에서 배태된 자신의 위치, 자신에 대한 남편의 애정 정도를 '그러한 당신을 믿고 결혼한 나는 뭐란 말인가'라며 묻고 있다.

나아가 가네이에와 결혼한 뒤 미치쓰나의 어머니가 느끼는 불행의식은 "나는 뭐란 말인가"[11]라는 표현에서도 확인할 수 있듯이 그녀의 강한 자의식 때문에 더욱더 심화된 것으로 보인다. 그리고 그러한 미치쓰나의 어머니의 불행의식은 세상 사람들의 일반적인 수준을 뛰어넘는 남편에 대한 기대 탓에 자신에 대한 남편의 마음에 만족하지 못하고 '그 사람 마음'과 '내 마음'의 어긋남에 연연해하는 과정을 되풀이하면서 고착되어 간다. 이러한 점에서 『가게로 일기』는 '주관적인 불행의식의 문학'이라고 할 수 있다.

다음 인용은 세상 사람들의 기대를 한 발짝 물러나 응시하고 있는 미치쓰나의 어머니의 시선이 잘 그려져 있는 대목이다.

> ⑪이런 시절에도 중장(中將)이 되었다느니, 3위(三位)로 승진했다느니 하며 잇따라 경사가 겹친 그 사람은 "따로따로 떨어져 있는 것은 여러 모로 지장이 많고 불편했는데, 가까이 맞춤한 곳이 나왔소"라며 나를 이사시켰다. 탈것을 이용하지 않고 걸어서 올 수 있을 정도로 가까운 곳인지라, 세상 사람들이 보기엔 내가 만족하고 있을 것이라고 생각할 것이다. 그것은 십일월 중순쯤의 일이었다.(상권 · 147)

인용⑪은 967년 11월, 승진을 거듭하던 남편이 탈것도 필요 없을 정도로 자기 집과 가까운 곳에 거처를 마련하여 미치쓰나의 어머

11 『가게로 일기』에 나타난 "나는 뭐란 말인가"라는 표현의 의미에 관해서는 이 책 5장 참조.

니를 이사시켰다는 기사다. 자신에 대한 마음을 잘 드러내 주고 있는 가네이에의 처사에, "세상 사람들이 보기엔 내가 만족하고 있을 것이라고 생각할 것이다"라고 생각하는 미치쓰나의 어머니의 내면을 통해, 세상 사람들의 기준에 만족하지 못하고 자신에 대한 남편의 사랑을 더욱더 갈구하는 작중화자의 모습을 확인할 수 있다. 이렇듯 세상의 일반적인 기대치보다도 높은 남편에 대한 기대는 인용①의 "세상 사람들 보기에 우리 부부 사이에 무슨 문제가 있는 듯이 여겨질 만한 일은 없다"(상권 · 76)라는 표현에 담긴 미치쓰나의 어머니의 속마음과 동일선상에 있다고 할 수 있다.

이렇듯 미치쓰나의 어머니의 결혼생활에 대한 기대와 남편에 대해 갈구하는 사랑이 그 시대 사회적인 기준을 뛰어넘고 있다는 것은 타인의 시선에 연연해하며 '세상 사람들의 비웃음거리가 되는 일'(人笑へ)을 죽음보다도 더 고통스러워하였던 『겐지 모노가타리』(源氏物語)에 형상화된 여성들의 이야기에 비추어보아도 확연하다. 미치쓰나의 어머니의 의식세계는 후견인 없는 자신의 처지를 되돌아보며 사회적으로 위상 차이가 나는 남성과 결혼함으로써 세상 사람들의 입길에 오를까 두려워하는 오이기미(大君), 행복한 결혼생활을 영위하던 중 남편의 마음이 변하여 세상 사람들이 자신을 어떻게 볼 것인가를 저어하며 극심한 고통에 빠지는 무라사키노우에(紫の上)와 같은 『겐지 모노가타리』의 여성 등장인물들과는 다르다. 세상이나 타인의 일반적인 기준으로는 괜찮다고 생각할 만한 처지인데도 스스로는 만족하지 못하고, "생각대로 되지 않는 이내 신세"(思ふやうにもあらぬ身)(상권 · 165)를 한탄하고만 있는 미치쓰나의 어머니의 자의식과 남편에 대한 기대가 그 시대의 사회적인 통념 및 가치

관과는 동떨어져 있다는 사실을 알 수 있다.[12]

하지만 미치쓰나의 어머니가 남편에게 바라 마지않던 "서른 날 낮밤은 내 곁에"(중권 · 170)라며 자기만을 사랑해 주기를 바라는 독점적인 사랑에 대한 기대는 실질적으로 일부다처제 사회였던 헤이안시대(平安時代)의 여성에게는 도저히 이룰 수 없는 소망이었다. 하여, 가네이에와의 결혼생활 내내 미치쓰나의 어머니는 '주관적인 불행의식'에 시달릴 수밖에 없었다. 그리고 결국 가네이에를 "밤에 본 것은 서른여 날, 낮에 본 것은 마흔여 날"(중권 · 198)이나 지났다는 기술에서 알 수 있듯이 남편과 소원해짐으로써, 미치쓰나의 어머니는 객관적으로도 불행한 처지에 처할 수밖에 없게 되었다고 할 수 있다.

이상으로서 『가게로 일기』에 나타난 '그 사람 마음'과 '내 마음'

12 『가게로 일기』에는 다음과 같이 '히토와라에'(人笑へ)에 관한 표현이 2회 기술돼 있다. 그러나 이 표현들은 미치쓰나의 어머니의 내면에 쓰인 것이 아니라, 나루타키(鳴滝)에 칩거하고 있을 때 서울로 돌아가도록 설득하고 있는 주위 사람들의 이야기나 편지에 쓰이고 있다.
ⓐ절에 시주를 하고 안돼 보이는 스님들에게 가타비라(帷子)나 옷감 등 여러 가지를 다 나누어주고, 이런저런 이야기 끝에 다음과 같이 말한다. "이렇게 오게 된 것은 모두 나으리 지시에 따른 것입니다. …… 이제 나으리가 이렇게 돌아오시라는 말씀도 안 하시게 되었을 때 댁으로 돌아가셔서 지내시게 되면, 그 얼마나 남부끄러운 일이겠습니까. 그렇지만 나으리께서 앞으로 한 번은 더 오실 것입니다. 그때도 절을 나서지 않으신다면 참으로 남들의 웃음거리가 되고 말 것입니다."(중권 · 243-244)
ⓑ이렇게 하루하루를 보내고 있는데, 서울에 있는 이 사람 저 사람으로부터 편지가 왔다. 읽어보았더니, 이러하다. "오늘 나으리가 그쪽으로 가실 거라는 이야기를 들었습니다. 이번에도 내려오지 않으면 참으로 냉정하다고 세상 사람들은 생각할 겁니다. 나으리도 다시는 더 안 가실 겁니다. 그 뒤에 내려오시게 되면 그 얼마나 세상의 웃음거리가 될까요."(중권 · 254-255)

이라는 대비되는 표현을 지표로 하여 미치쓰나의 어머니의 불행의식의 기저에 관해 고찰해 보았다. 미치쓰나의 어머니의 결혼생활은 헤이안 시대 당시의 사회적인 통념에 비춰 불행하기만 하였던 것이 아니라는 것은 상권에 그려진 결혼생활 등을 통해 알 수 있는 사실이다. 그러한데도 세상과 타인이라는 타자의 시각과는 달리 스스로의 결혼생활을 불행한 것으로 규정하고 있는 작중화자의 '주관적 불행의식'이 어디에 기반을 두고 있는지를, 가네이에의 마음의 향방에 연연해하는 미치쓰나의 어머니의 마음의 문제에 주목하여 고찰해 보았다.

『가게로 일기』에 7회 기술되어 있는 '그 사람 마음'이라는 표현은 모두 남편인 가네이에의 마음에 쓰이고 있다. 이 가운데 6회는 미치쓰나의 어머니의 결혼생활을 객관적으로 평가하였을 때 가장 행복하였던 시절을 기술한 상권에 쓰이고 있으며, 마지막으로 중권에 1회 쓰이고 있는 '그 사람 마음'이라는 표현은 969년 가네이에가 개축한 히가시산조인 신저에 들어가느냐 마느냐의 문제가 불거지면서 미치쓰나의 어머니가 자신에 대한 가네이에의 마음의 정도를 깨닫게 되는 가장 절망적인 상태에서 쓰이고 있다. 즉 미치쓰나의 어머니는 자신에 대한 남편의 마음에 어느 정도 기대를 걸고 있던 동안에는 '그 사람 마음'에 연연해하며 불안해하였지만, 자신에 대한 남편의 마음의 깊이를 제대로 인식하게 되면서 '그 사람 마음'이라는 표현도 함께 사라졌다는 것을 알 수 있다.

요컨대 미치쓰나의 어머니는 결혼하고 얼마 지나지 않아서부터 '내 마음'과는 다른 '그 사람 마음'의 향방에 연연해하며 스스로의 불행의식을 증폭시키고 있었지만, 그 의식 속에는 남편에 대한 불신과 함께 기대 또한 여전히 지니고 있었다고 할 수 있다. 그리고 미치쓰나의 어머니의 불행의식을 배태시킨 남편의 마음에 대한 불신은 구혼과정에서부터 적나라하게 드러난 결혼에 대한 기대와 현실과의 낙차에서 비롯되었고, 지나치게 높았던 미치쓰나의 어머니의 자의식이 그 불행의식을 더욱더 심화시켰다고 생각된다.

8. 나이 듦과 심경 변화의 상관관계

노년의식과 심경 변화

상 · 중 · 하 3권으로 구성되어 있는 『가게로 일기』(蜻蛉日記) 하권 도입부에는 인용①과 같은 기술이 있다. 중권에서 화자인 미치쓰나의 어머니(道綱母)가 몇 차례에 걸친 참배여행(物詣で)을 통해 남편인 후지와라 가네이에(藤原兼家)와의 결혼생활을 원점에서부터 직시하였던 다사다난한 971년을 보낸 뒤, 972년 신년을 맞이하며 토로한 부분이다.

> ①이렇게 또 새해를 맞이하니, 덴로쿠 3년(天祿三年)이라고 한다. 마치 우울한 내 신세도 원망스러운 일도 모두 다 사라져 마음이 환히 밝아진 듯한 느낌이다. 의관을 정제시켜서 새해인사를 드리라고 대부를 내보냈다. 뜰로 뛰어내려 그길로 춤추듯 새해인사를 올리는 모습을 보자니, 한결 의젓해진 것 같아 눈물이 핑 돈다. 불공을 드리고 싶다고 생각했는데 오늘 저녁부터 부정한 일이 있는 듯하다. 이것은 세상 사람들이 불길하게 여기는 일인지라, 또다시 내 신세가 어떻게

되어가는 것인가 하고 온통 그 생각뿐이다. 올해는 천하에 다시없을 미운 사람이 있다 해도 한탄하지 않으리라 등등 차분한 마음으로 곰곰이 생각하니, 참으로 마음이 편안하다.(하권 · 279-280)

남편인 가네이에로 여겨지는 더할 나위 없이 미운 사람이 있다 하더라도 이제 더 이상 탄식하지 않겠다는 인용①에 그려진 화자의 모습에는 감정을 있는 그대로 드러내던 격정적인 그 이전의 모습은 자취를 감추고 있다. 하지만 이러한 결심에도 불구하고 가네이에에 대한 화자의 집착이 그 후에 완전히 사라졌다고는 볼 수 없고 또한 화자의 심경에 대한 가치판단은 관점에 따라 다를 수밖에 없지만, 이 시점에서 화자인 미치쓰나의 어머니의 내면에 이전과는 다른 변화가 일어났다는 사실은 부정할 수 없다. 또한 이러한 화자의 심경 변화의 계기는 종래 화자의 '나루타키 칩거'(鳴滝籠り)[1]를 비롯한 거듭된 참배여행(物詣で)으로 보는 게 일반적이었다.[2]

이에 이 장에서는 먼저, 중권의 나루타키 칩거 등을 계기로 화자에게 심경 변화, 다시 말해 가네이에를 바라보는 화자의 시선에 변

---

1 예를 들어 후지오카 사쿠타로(藤岡作太郎) 씨는 『国文学全史 平安朝篇』(東京開成館, 1905)에서 "미치쓰나의 어머니는 …… 세상을 한탄스럽게 여기며 눈물에 젖어 세상을 보내다가, 한번은 교토 서쪽에 있는 나루타키에 칩거하여 비구니가 되려고 한 적이 있다. 이 파열(破裂)은 이윽고 이 일기의 초점으로도 볼 만하며, 이 일이 있고 난 전후야말로 이 책을 집필하기 시작하였던 시점이라 할 것이다"(p.306)라고 하여, 나루타키 칩거를 '이 일기의 초점'으로 의미를 부여하고 있다.

2 가네이에와의 관계를 바라보는 화자의 의식이 나루타키 칩거를 비롯하여 971년에 거듭된 일련의 참배와 일정 정도 관련이 있다는 것은 '쓰레나시'(つれなし)와 '나오아라지'(なほあらじ)라는 표현의 쓰임이 변화되고 있다는 데서도 살펴볼 수 있다. 이에 대해서는 이 책 3장 참조.

화가 일어났다는 종래 『가게로 일기』 연구에 있어서 정설로 되어 있는 견해를 재검토함으로써, 가네이에에 대한 화자의 심경 변화가 거듭된 참배여행만을 계기로 하여 초래된 것이 아니라 더 이상 스스로가 젊지 않다고 인식하는 화자의 노년의식 또한 중요한 계기로 작용하고 있다는 점을 확인하고자 한다. 그리고 화자가 자신의 나이를 의식하기 시작한 것은 선행연구에서 지적되고 있듯이 하권에 들어선 뒤부터가 아니라 몇 차례에 걸쳐 참배여행을 떠났던 971년보다 앞선 969년부터였다는 점을 "내리는 눈에 쌓이는 내 나이를 헤아려보니 죽지도 못하는 내 신세를 한(恨)하노라"(중권 · 190)라는 화자의 독영가(獨詠歌)를 지표로 하여 살펴보고자 한다. 나아가 하권에 나타난 이러한 미치쓰나의 어머니의 심경 변화의 내실을 어떻게 규정할 수 있는지에 대해서도 고찰해 보고자 한다. 이러한 고찰을 통해 천 년 전에 실재하였던 한 여성의 '자기서사'[3]로서의 『가게로 일기』의 의의 또한 재조명할 수 있을 것이다.

하권 도입부에 나타난 화자의 심경 변화의 내실을 고찰할 때 다음 인용은 주목할 만한 부분이다. 인용②는 앞에서 살펴본 인용①과 같은 달 중순경의 기술로서 바로 뒤이어 나오는데, 화자의 심경에 변화를 초래하는 데 노년의식이 주요한 위치를 차지하고 있다는 점을 시사해 준다.

②열나흗날쯤에 낡은 조복(朝服) 윗도리를 보내면서, "이거 좀 잘 손

3 이 책 1장 주 48번 참조

질해주시오"라고 한다. "입을 날은……"이라며 날짜도 알려주었지만, 바삐 서둘러 손질하려고는 생각도 않고 있는데, 그 다음날 아침 심부름꾼이 "이리도 늦다니요"라는 말과 함께 이러한 와카를 들고 왔다.

> 이리도 시간 걸리니 기다림에 지쳤네 내 옷
> 너덜거릴 때까지 입을 테니 보내길

그런데 이 전갈을 받기 전에 내 쪽에서 편지도 동봉하지 않고 그 사람 옷만 손질해 보낸지라 길이 어긋났다. 그랬더니, "옷 손질은 꽤 잘 되었구려. 하지만, 보낼 때 순순히 마음을 써줬으면 좋았을 텐데 좀 아쉽구려"라는 전갈을 보내왔기에, 나 또한 이리 읊어 보냈다.

> 늦단 재촉에 법석대며 서두른 보람도 없이
> 오래된 것은 이리 손질 간단치 않네

그 뒤 "관직 인사이동 때문에"라며 소식도 없다. 오늘은 스무사흗날, 아직 격자문도 올리지 않았을 이른 아침 무렵, 내 가까이 있던 시녀가 일어나 쌍여닫이문을 밀어 열고는, "눈이 왔네요"라고 한다. 그때 휘파람새 첫 울음소리가 들려왔지만, 마치 마음까지 더욱더 늙어버린 듯, 여느 때와 같이 별 소용없는 혼자 읊는 와카도 떠오르지 않았다.(하권 · 281-282)

인용②의 "오래된 것"(ほどふるもの)은 신편일본고전문학전집

(小學館)의 두주(頭註)에 "시간이 걸린다는 뜻인 '호도후루'(ほど經る)에 '낡은' 윗도리를 뜻하는 '후루모노'(古物)를 겹쳐 써 이중적인 의미를 나타내게 함과 동시에, 늙어 매력을 잃어버린 작자 자신을 나타낸다"라고 지적되어 있다. 즉 화자인 미치쓰나의 어머니는 바느질감을 제재로 하여 나이 들어 가는 자신에 대해 언급하고 있는 것이다. 화자가 바느질 솜씨가 뛰어나 가네이에에게 옷 손질을 자주 부탁받는 에피소드는 『가게로 일기』에 자주 등장하는 제재이며, 이를 둘러싼 화자의 심정이나 반응을 잣대로 가네이에에 대한 그녀의 심경 변화를 추론할 수 있다.

또한 이른 겨울 아침, 눈이 내린 데다 휘파람새의 첫울음소리까지 들려 가인(歌人)이 와카를 읊을 만한 풍경이 펼쳐졌음에도 "마치 마음까지 더욱더 늙어버린 듯"하여 와카도 떠오르지 않는다는 구절 속의 '마음까지'(ここちも)라는 표현에 주목할 필요가 있다. '모'(も)라는 조사에는 '몸'은 물론이고 '마음'까지 늙어 버렸다는, 자신이 늙었다는 것을 기정사실로 받아들이고 있는 화자의 인식이 내재되어 있다고 할 수 있다.

『가게로 일기』에서 화자가 나이 든 자신을 부끄럽게 여기며 남편과의 인연이 끊어질 것을 우려하는 직접적인 표현은 인용①과 인용②보다 1년 후에 기술된 973년 2월의 다음과 같은 기사에서 확인할 수 있다.

> ③그런데, 그 사람이 초사흗날경 오시쯤에 모습을 보였다. 늙어서 남부끄러운 모습이기에 너무나 괴로웠지만 어떻게 할 것인가. 잠시 머문 뒤, "이쪽 방위가 막혀 있어서"라며 나선다. 내가 물들였기

에 하는 이야기가 아니라, 웃옷 아래 받쳐 입는 시타가사네(下襲)는 참으로 눈부실 정도로 아름다운 능직비단의 사쿠라가사네(櫻襲)인데 지금이라도 쏟아질 듯이 무늬가 도드라지게 짜여 있다. 그리고 그 위에 광택이 도는 단단하게 짠 하얀 위 하카마(表袴)를 입고 저 멀리까지 벽제소리를 드높이며 돌아간다. 그 소리를 듣고 있자니, 아아 괴롭구나, 너무나도 마음을 푹 놓고 있었구나 생각하며 내 옷차림을 보자니 오래 입은 옷은 후줄근하고, 거울을 보니 내 모습이 밉기만 하다. 그 사람은 이번에도 또 정나미가 떨어졌겠구나라고 이런저런 생각이 꼬리에 꼬리를 물고 일어난다. 이런 일들을 하염없이 생각하며 시름에 잠겨 있자니, 초하루부터 매일처럼 비가 내리고 있었다. '더욱더 탄식 싹을 틔울 듯만 하구나'라고밖에 할 수 없다.(하권 · 324-325)

위의 인용은 가네이에와 결혼한 지 20년이 되려고 할 즈음인 화자 서른여덟 살 때의 기사다. 낮에 방문한 남편의 기세당당한 데다 남성다운 모습을 보고, 한낮인 탓에 적나라하게 드러날 자신의 나이 들어 추한 모습과 제대로 옷을 갈아입을 시간이 없어 낡은 옷 그대로의 자기 모습에 부끄러움을 느껴 "거울을 보니 내 모습이 밉기만 하다"라며 화자가 탄식하고 있는 장면이다. 미치쓰나의 어머니는 늙은 모습을 감출 방도도 없이 한낮에 남편과 마주 앉아 있는 데 대해 수치심을 느끼면서도 피할 도리도 없이 함께 시간을 보내고, 자신이 손질한 화려한 의복을 입은 남편이 위세 등등하게 돌아가자마자 자신의 폭 퍼진 모습을 거울에 비춰보며 남편이 자신에게 정나미가 떨어졌을지도 모른다며 시름에 잠겨 있다. 이러한 화자의 모습에서는 실질적인 일부다처제의 혼인제도 속에서 이미 젊음과 미모를 잃어버리고 남편을 자기에게 오게 할 방도를 잃은 나이 들어 가는 여성의 슬픔과 쓸쓸함, 그리고 체념을 읽어 낼 수 있다.

미치쓰나의 어머니의 이 같은 시름은 비가 자주 오는 나날이라는 자연묘사의 장치와 맞물려 깊이를 더하고 있다. 또한 "세월의 두께 흑단 같던 머리에 쌓이었구나 거울 너머 비치는 날리는 흰 눈처럼"(むばたまのわが黒髪に年暮れて鏡の影に降れる白雪, 『拾遺和歌集』· 雑秋)이라는 기 쓰라유키(紀貫之)의 와카에서 '거울'이 노추(老醜)를 있는 그대로 드러내는 도구로 쓰여 "흰머리를 확인한 뒤 늙음을 탄식하는 심경"[4]을 읊은 데서도 확인할 수 있듯이, 늙음을 객관적으로 주시하도록 하는 거울의 기능에도 주목할 만하다.

이처럼 나이가 들어 감에 따라 정치가로서의 지위를 확고히 해 나가면서 관록과 남성다움을 더해 가는 가네이에의 용모와 비교하며 시름에 잠겨 있는 화자의 한탄은, 그 한 해 전인 972년 2월 상순에도 이미 토로되고 있다.

> ④집에 돌아와 방금 도착한 편지를 보자니, 아주 소상하게 쓰여 있다. …… 답장을 보낸 뒤, 참으로 금방 올 듯한 편지였지만, 설마 그런 일은 있을 리가 없겠지, 지금은 잊혀진 존재처럼 되어가고 있는 나인데라고 지레짐작을 하며, 너무하다 싶을 만큼 편한 차림으로 쉬고 있었다. 그런데 오시쯤이 되어, "오십니다, 오십니다"라는 왁자

4 松本真奈美, 「鏡」(『歌ことばの辞典』, 新潮社, 1997) p.213.

지껄한 소리가 들린다. 무척이나 허둥지둥하고 있을 때 그 사람이 들어왔기에, 아연실색해 제정신도 못 차린 상태로 마주 앉아 있자니, 정신이 다 멍하다. 잠시 후에 상을 올리니 조금 먹거나 한 뒤 날이 저물었을 무렵에, …… 멋들어지게 의관을 정제하고 앞에서 행렬을 이끄는 사람들을 많이 거느리고 야단스럽게 벽제소리를 드높이며 집을 나선다. 그 사람이 나가자마자 시녀들이 모두 몰려와, "참으로 기막힐 정도로 푹 퍼져 있었는데, 그런 우리들 모습을 어떻게 보셨을지요"라며 나 보기 민망하다는 말을 제각각 한마디씩 한다. 하지만, 그들보다 내가 더욱더 볼품없었다는 생각에, 그저 그 사람은 이제 나한테 정나미가 떨어졌겠구나라는 생각만 들 뿐이다. …… 열이튿날에, 동풍과 함께 눈이 이리저리 날린다. 오시쯤부터 눈이 비로 변해 하루 종일 내내 조용히 내리는데, 온 세상이 정취 있게 느껴진다. 그 사람에게서는 오늘까지도 소식이 없어 내가 생각했던 그대로인 듯하다.(하권 · 285-286)

위의 인용에는 방문하겠다는 남편의 편지를 받았음에도 설마 오지는 않겠지라며 평상시 모습 그대로 있다가 한낮에 남편이 찾아와 당혹스러워하는 화자의 모습이 기술되어 있다. 인용④의 기술은 몇 가지 점에서 인용③과 유사점을 지니고 있다. 인용③과 마찬가지로 한낮인 오시(午時)에 가네이에가 찾아와 꾸미지 않은 모습으로 함께 시간을 보낸 데 대한 괴로움과 수치심, 멋들어진 모습으로 많은 시종들을 거느리고 위세 등등하게 돌아가는 남편의 모습과 자신의 남부끄러운 모습을 대비시키며 남편이 정나미가 떨어졌을까 걱정하며 시름에 잠겨 있는 모습, 그러한 화자의 심경에 맞춘 듯한 눈과

비라는 자연묘사 등이 그것이다. 이와 같은 유사점에 주목하였을 때 '늙음'(老い)이라는 직접적인 표현은 기술되어 있지 않다고 하더라도 "설마 그런 일은 있을 리가 없겠지, 지금은 잊혀진 존재처럼 되어가고 있는 나인데"라는 표현에서, 나이 든 탓에 남편과 점점 더 소원해져 가는 데 대한 마흔에 가까운 화자의 복잡한 심경을 읽어 낼 수 있다.

인용③과 인용④에서 주목할 점은 화자인 미치쓰나의 어머니가 자신의 용모와 차림새를 수치스럽게 여기게 되는 발단이 남편과의 비교에서 비롯되지만, 그때 남편을 향한 화자의 시선이나 묘사에서 객관성과 함께 일정 정도의 거리감이 느껴진다는 점이다. 이러한 모습은 중권에서 생각대로 되지 않는 남편과의 관계를 고민하다 참배 여행을 되풀이하면서 자신의 감정을 격렬하게 토로하였을 때의 화자의 모습과 대비되면서, 화자의 심경에 변화가 초래되었다는 근거로 생각할 수 있다.

이와 같이 나이가 들어도 빛이 날 정도의 가네이에의 모습과 화사함이 사라진 자신의 용모를 비교하며 화자가 자기 연민에 빠지는 모습은, 인용③에 뒤이어 나오는 같은 해인 973년 3월 기사에도 기술되어 있다.

> ⑤조정에서는 예년과 마찬가지로 야와타 마쓰리가 열리게 되었다. 무료한 나날이기에 살짝 집을 나서 수레를 세우고 구경을 하고 있자니, 눈에 띄게 화려하게 치장을 하고 기세 등등하게 벽제소리를 드높이며 오는 자가 있다. 누구일까라고 생각하며 보니, 앞에서 행렬을 이끄는 자들 가운데 늘 보는 사람들이 있다. 그 사람 행렬이로구나

라고 알아채고 바라보자니, 내 신세가 참으로 더욱더 처량하게 느껴진다. 발을 감아 올리고 안쪽 발을 좌우로 열어서는 옆에다 끼워놓고 있었기에, 어렴풋하게 보일 리도 없다. 내 수레를 발견하고는 슬쩍 부채로 얼굴을 가리고 지나갔다. "편지가 왔습니다"라며 건네진 편지의 답장 끄트머리에, 이렇게 써서 보냈다. "'어제 나으리께서 무척이나 부끄럽다는 듯이 얼굴을 가리며 지나가셨습니다'라고 시녀들이 이야기하고 있습니다만, 어째서 그러셨는지요. 그러지 않으셔도 되었을 텐데, 참으로 젊은 사람들처럼……." 그러자 보내온 답장은 이러했다. "늙은 게 남부끄러워 그랬겠지요. 그런 것을 가지고 부끄러워 얼굴을 가린 것이라고 바라본 사람이야말로 원망스럽구려."

그러고 나서 또 소식이 끊어진 지 열흘여가 되었다. 연락이 없는 게 여느 때보다 더 길게 느껴지기에, 다시금 앞으로 이 사람과의 인연이 어떻게 될 것인가 하는 생각에 젖는다.(하권 · 326-327)

이 장면은 『겐지 모노가타리』(源氏物語) 「아오이」(葵) 권에서 로쿠조미야스도코로(六條御息所)가 마쓰리 행렬 속에 있는 히카루겐지(光源氏)를 바라보고 있는 장면과 매우 유사하다. 사랑하는 남성과 사이가 어긋나 멀어지고 있다는 것을 느끼고 있으면서도 완전히 마음을 정리할 수 없어 군중 속에 묻혀 남성을 바라보는 여성이라는 구도는, 오히려 여성의 마음속에 비참함과 자기 연민을 불러일으켜 두 사람 사이의 갈등을 증폭시키는 기능을 하고 있다고 생각된다. 이 같은 구도는 남성과의 사이에 생긴 간극을 눈에 보이는 물리적인 거리감으로 다시금 인식시킴으로써 관계의 파탄으로 이어질 수밖에 없다.

화자인 미치쓰나의 어머니와 가네이에의 관계 또한 예외는 아니다. 미치쓰나의 어머니가 나이 들어 시들어 가는 자신의 용모에 계속 신경 쓰면서 남편과의 인연이 끊어질지도 모른다는 불안한 심정을 토로한 인용③과 인용⑤와 같은 해인 973년 7월 28일을 마지막으로 가네이에가 그녀를 더 이상 찾지 않게 됨으로써 두 사람의 결혼생활은 끝나게 된다. 결국 화자인 미치쓰나의 어머니는 친정아버지인 후지와라 도모야스(藤原倫寧)의 주선으로 히로하타나카가와(廣幡中川)로 거처를 옮기게 된다. 그 후 편지를 주고받거나 아들인 미치쓰나와 양녀를 매개로 하여 교류를 하거나 하였지만, 가네이에와 실질적인 부부관계는 정리되고 만다.

또한 인용⑤에서 가네이에의 "늙은 게 남부끄러워"라는 발언은 인용③의 "늙어서 남부끄러운 모습이기에"라는 화자의 의식과 유사한 표현이라는 점에서 주목할 만하다. 인용⑤의 가네이에의 발언은 겸양의 표현으로도 해석할 수 있지만 '늙음'과 '부끄러움'이라는 조합을 통해 그 시대 사람들의 '늙음'에 대한 의식의 일단을 엿볼 수 있다. '늙음'이란 부채로 가릴 정도로 타인에게 보여서는 안 되는 수치스러운 것이라는 가네이에의 발언 내지 의식을 통해, 화자가 자신의 나이 들어 늙어 버린 모습을 가네이에에게 환한 대낮에 보이고 난 뒤 수치심과 괴로움을 되풀이하여 토로한 심정을 짐작할 수 있다. 즉 화자는 더 이상 젊음과 미모로는 남편을 잡아 둘 수 없다고 체념함으로써 그 이전과 같이 남편에 대한 대항의식을 드러내지 않고 두 사람의 인연이 다해 간다는 것을 인정하고 있다고 할 수 있다.

이와 같이 분석해 보았을 때, 『가게로 일기』 하권에 나타난 화자의 심경 변화가 그녀의 노년의식과도 밀접한 관련을 지니고 있다는 것은 부정할 수 없는 사실이라고 생각된다.

노년의식의 기점

그런데 하권에 나타난 화자의 심경 변화가 오로지 나루타키 칩거 때문이 아니라는 점은 쓰모토 노부히로(津本信博) 씨의 다음과 같은 지적에서도 찾아볼 수 있다.

> 과연 이 나루타키 칩거로 미치쓰나의 어머니가 자기 변혁을 이룰 만한 힘을 정말 얻을 수 있었을까. …… 뭐라고 해도 작자를 크게 변화시킨 것은 하권 모두(冒頭)의 972년에, 그녀 나이가 37세라는 점일 것이다. …… 37세라는 연령은 "여자 나이 37세는 중액(重厄)이다"라고 『구치즈사미』(口遊), 『사이류쇼』(細流抄)에도 기술되어 있듯이, 『겐지 모노가타리』에서도 후지쓰보(藤壺)가 세상을 뜨고, 무라사키노우에(紫の上)도 중병을 앓게 되는 연령이다. …… 늙음을 눈앞에 두고 있던 미모의 소유자인 작자도 닥쳐오는 세월의 파고는 이길 수 없어, 나이 들어 가는 것에 대한 인식이야말로 미치쓰나의 어머니를 보다 인간적으로 향상시켰는지도 모른다. …… 그러한 변화들은 결코 종교의식에서 온 것이 아니라, 작자 스스로 늙어 가는 데서 오는 관대함, 나아가서는 체념, 그러한 인생의 부침의 실태를 격렬하게 체험한 작자 나름의 감회가 독자에게는 일견 종교체험에서 기인한 인간 변혁인 것처럼 보이는 것은 아닐까.[5]

---

5 津本信博, 「『蜻蛉日記』下巻の構造―「老い」の意識をめぐって―」(『王朝日記の新研究』, 笠間書院, 1995) pp.271, 278-279, 286.

하권 이후의 화자의 심경 변화가 종교 체험이 계기가 된 것이 아니라 노년의식에 기인한 것이라는 쓰모토 씨의 지적은 수긍할 만하다. 그러나 화자의 심경 변화가 여성의 액년인 서른일곱 살이라는 연령 때문이고, 또한 나이를 먹어 가며 늙어 가면서 얻게 된 관대함에서 초래된 것이라는 지적에는 의문이 남는다. 앞에서도 검토하였듯이, '늙음'은 화자에게 있어 인간적인 깊이를 더해 가는 계기가 아니라 가네이에와의 관계를 틀어지게 만들고 가네이에를 단념할 수밖에 없게 만드는 방해물로 인식되고 있다고 생각되기 때문이다. 그리고 화자가 젊지 않은 자신의 연령에 절망감을 느끼기 시작한 것은 하권에 들어선 972년 서른일곱 살 무렵부터가 아니라 서른네 살 무렵인 969년부터라는 점을 간과할 수 없다.

969년 11월 눈이 아주 많이 쌓인 어느 겨울날, 화자는 다음과 같이 "내리는 눈에 쌓이는 내 나이를 헤아려보니 죽지도 못하는 내 신세를 한(恨)하노라"라는 와카를 읊고 있다.

> ⑥이렇게 지내고 있는 동안에 가을은 저물고 겨울이 왔다. 딱히 이렇다 할 특별한 일이 없는데도 마음이 안정되지 않고 시끄러운 채 날을 보내고 있었다. 십일월 어느 날 눈이 무척이나 많이 와 두껍게 쌓였는데, 어찌 된 일인지 견디기 힘들 정도로 내 신세가 처량하고 그 사람이 원망스럽고 마음이 너무 슬픈 날이 있었다. 멍하니 밖을 내다보며 생각에 잠겨 있다가, 이 같은 와카가 떠올랐다.
>
> 내리는 눈에 쌓이는 내 나이를 헤아려보니
> 죽지도 못하는 내 신세를 한(恨)하노라

이렇게 생각에 잠겨 있노라니, 섣달 그믐날이 지나고, 봄도 성큼 다가와 한창때가 되었다. 그 사람은 멋들어지고 호화스럽게 지어진 새 저택에 내일 이사 간다, 오늘 밤 이사 간다 야단법석이지만, 내 쪽은 예상했던 대로 지금 이대로라도 괜찮지 않느냐로 결말이 난 듯하다.(중권 · 189-190, 193)

『가게로 일기』에 수록되어 있는 대표적인 독영가(獨詠歌)의 하나인 '내리는 눈에~'는 종래 화자의 고뇌에 찬 심정을 가장 상징적으로 나타내고 있는 와카로 알려져 왔다. 인용⑥의 장면에는 '늙음'이라는 직접적인 표현은 없지만, 여러 주석서에 지적되어 있듯이 이 와카에서도 화자의 노년의식을 읽어 낼 수 있다.

예를 들어, 가키모토 쓰토무(柿本奨) 씨가 주해한 『가게로 일기 전주석 상권』(蜻蛉日記全注釋 上卷, 角川書店, 1966)에는 "윗구에 보이는 연령의식은 가네이에의 사랑을 충분히 얻지 못하고 있다는 탄식으로 연결된다"(p.308), 이누가이 기요시(犬養廉) 씨가 주해한 『가게로 일기』(蜻蛉日記, 新潮日本古典集成 54, 新潮社, 1982)에는 "소리도 없이 내려 쌓이고 있는 눈을 바라보며 늙어 가는 자기 나이를 헤아려 보며, 눈이라면 사라지련만 괴로운 이 세상에서 사라질 수도 없는 현재의 자기 신세를 한탄스럽게 여기고 있다"(p.105), 이마니시 유이치로(今西祐一郎) 씨의 주해서(新日本古典文學大系 24, 岩波書店, 1989)에는 "내려 쌓이는 눈을 늙어 가는 자기 나이와 같다고 생각하면서, 눈처럼 사라질 수 없는(죽을 수 없는) 자신의 신세를 한스럽게 여긴다"(p.107)고 지적되어 있다.

또한 인용⑥에는 나이 들어 가는 데 대한 화자의 소회가 토로되어 있는 인용②와 인용④에서 살펴볼 수 있는 바와 같이, '눈'이 배경으로 설정되어 있다는 점에도 주목할 만하다.

화자가 쌓인 눈에 늙어 가는 자신의 연령을 비기면서 죽을 수 없어 살아가고 있다며 자신의 처지를 한탄하는 와카를 읊게 된 계기는, 바로 뒤이어 기술되는 "멋들어지고 호화스럽게 지어진 새 저택", 즉 히가시산조인(東三條院) 저택 조성과 관계가 있다고 생각된다.[6] 미치쓰나의 어머니는 가네이에의 신저에 들어갈 수 없게 되면서 정처(正妻)의 지위에서 멀어져 가고 있는 자신의 위치를 확실히 인식하게 된 데다 자신의 남아 있는 생을 의지할 만큼 잘난 구석이 없는 외아들 미치쓰나[7] 말고는 자식이 없는 자신의 객관적으로 불안정한 처지, 그리고 이미 35세가 되려고 하는 늙어 가는 자신의 연령을 새삼스레 인식하게 됨으로써, 이제까지 가네이에의 애정의 기반이 되었던 젊

6 이 점과 관련하여 우에무라 에쓰코(上村悦子) 씨는 『蜻蛉日記解釈大成 3』(明治書院, 1987)에서, "그저 자신의 울적하고 암담한 심정만을 기술하고 있는 것은 어째서일까. …… 히가시산조인이 점차 준공되어 이즈음이 되자 도대체 누가 신저로 들어가는가가 사람들에게 화제가 되고, 도키히메(時姫) 모자는 확실히 신저에서 살게 될 것이지만 미치쓰나(道綱) 모자는 아마도 들어가지 못할 것이라는 소문이 퍼지고, 가네이에(兼家)도 지금은 그것을 부정하지 않고 소문대로 일이 착착 진척되고 있었기 때문은 아닐까. 작자가 무엇보다 바라고 있었던 소망은 평생 가네이에의 정처로서 세상 사람들에게 인정을 받는 것과 미치쓰나가 가네이에의 자식으로서 영달하여 대신 자리에도 오르는 것이었다. 그를 위해서는 꼭 본저에 들어가고 싶었던 것으로 보인다"(p.319)라고 지적하고 있다.

7 후지와라 미치쓰나는 후지와라 사네스케(藤原実資)의 『쇼유키』(小右記)에 "아무것도 모르는 자"(一文不通の人)라고 기술되어 있을 정도로 뛰어난 구석이 없는 인물로 전해지고 있다. 미치쓰나의 어머니는 이런 아들의 모습과 도키히메가 낳은 미치타카(道隆), 미치카네(道兼), 미치나가(道長)를 비교하며, 아들과 자신의 장래를 불안하게 생각한 것으로 보인다.

음과 미모가 스러져 가는 데 대해 크나큰 위기감을 느끼고 있는 것이다.

이 같은 화자의 불안은 970년 이후 "밤에 본 것은 서른여 날, 낮에 본 것은 마흔여 날"(중권 · 198)이라는 표현에서도 확인할 수 있듯이 점점 더 발길을 끊는 가네이에의 행동, 오미(近江)라는 새로운 여성과 관계가 진전되면서 화자의 집 앞을 그냥 지나치는 가네이에의 행동으로 현실화된다. 이에 화자는 가라사키 불제(唐崎祓い, 중권 · 199-204), 이시야마데라 참배(石山詣で, 중권 · 209-215)를 거쳐 971년 6월, "내 집 앞을 그냥 지나쳐 가시지 않는 세계"(중권 · 234)를 찾아 교토(京都) 북서쪽에 있는 나루타키(鳴滝) 한냐지(般若寺)로 참배를 떠나게 된다.

또한 미치쓰나의 어머니의 몇 차례에 걸친 참배여행이 신앙심에서가 아니라 일시적으로 고뇌의 현장을 벗어나 마음속에 가득 찬 울분을 해소하고자 이루어졌다[8]는 점을 고려하였을 때, 하권 도입부

---

8 아래와 같은 인용을 통해 이러한 화자의 참배여행의 동기를 살펴볼 수 있다. 그리고 이 점에 관해서는 李美淑, 「『蜻蛉日記』と『意幽堂関北遊覧日記』一日韓女流日記と旅」(『国文学』 51-8, 学燈社, 2006) p.18에서 살펴본 바 있다.
①이런 상태로 스무날도 지나가니, 내 마음은 어떻게 할 바를 모르겠고 이상하게도 마음 둘 곳이 없는데, 시원한 곳이라도 어데 없을까, 기분도 바꿀 겸 어디 물가에라도 가서 불제라도 꼭 했으면 싶어 가라사키(唐崎)로 출발했다.(중권 · 199)
②이때는 다른 것에는 일절 마음을 주지 않고 그저 날이 밝으나 저무나 내 신세를 한탄하기만 한다. 그렇다면, 아주 날씨가 더운 때이기는 하지만 이렇게 죽도록 탄식만 해봤자 무슨 소용인가 싶어 마음을 다잡고, 이시야마데라(石山寺)로 열흘쯤 가 있자고 마음을 먹었다.(중권 · 210)
③그런데 생각해 보니 이렇게 떠올리는 것만으로도 가슴이 답답해지고 전처럼 분한 일이 또 일어날 수도 있으니, 역시 잠시 물러나 있자고 마음을 먹고, 평상시 자주 참배하러 가는 니시야마(西山)에 있는 절로 가자, 그 사람의 재계가 끝나기 전에 출발

의 화자의 심경 변화를 종교적인 체험에서 획득된 것으로 보는 것 또한 무리가 있다고 생각한다.

즉 이제까지 살펴본 바와 같이, 화자가 참배여행을 떠나기까지의 과정이나 그 이전의 '내리는 눈에~'라는 와카에 담긴 나이 들어가는 데 대한 화자의 불안과 탄식에 주목하였을 때, 하권 도입부에 토로된 화자의 심경 변화는 자신의 나이를 의식하며 가네이에와의 관계에 불안을 느꼈던 시점, 참배여행을 떠나기 전의 시점부터 화자의 내면에 이미 배태되어 있었다고 볼 수밖에 없다. 그리고 마음속에 가득 찬 울분을 해소할 목적으로 참배여행을 떠났던 동기에 주목하였을 때, 하권 도입부의 화자의 심경 변화를 종교적인 체험에서 획득된 것으로 보기에는 무리가 있다고 여겨진다.

체념과 미련의 교착

그렇다면 인용①과 같은 하권 도입부에 그려진 화자의 심경 변화의 내실을 어떻게 규정할 수 있을까.

미치쓰나의 어머니가 『가게로 일기』에서 쓰려고 하였던 것, 작품의 중심적인 제재는 상권 서문에도 제시되어 있듯이 "보통 사람과는 다른 내 살아온 평범치 않은 삶"(상권 · 48), 즉 가네이에와의 결혼생활의 경위가 중심이 된 반평생에 걸친 그녀의 삶이다. 미치쓰나의 어머니의 결혼은 객관적인 평가야 어찌 되었든 작중화자인 미치쓰나

하자고 생각해, 나흗날에 집을 나섰다.(중권 · 232-233)

의 어머니 본인에게는 행복한 때가 없었던 것은 아니지만 총괄적으로는 불행한 것으로 기술되어 있다. 미치쓰나의 어머니는 끊임없이 가네이에와의 불안정한 부부관계와 거기에서 초래된 자기 자신의 고뇌를 독자에게 호소하고 있다. 따라서 미치쓰나의 어머니의 심경 변화란 가네이에에 대한 미치쓰나의 어머니의 인식 변화를 의미한다고 할 수 있다. 앞에서도 언급하였듯이 하권 첫머리에서 "천하에 다시없을 미운 사람이 있다 해도 한탄하지 않으리라"(하권 · 279) 하고 결심하는 화자의 모습을 보았을 때, 남편인 가네이에와의 관계를 바라보는 미치쓰나의 어머니의 의식 및 시선에 변화가 일어난 것은 부정할 수 없는 사실이다.

하권 도입부에 나타난 이러한 화자의 심경 변화에 관한 종래의 견해로는 패배 뒤에 오는 체념과 타협으로 보는 견해와, 격렬한 애정 갈등을 거쳐 고뇌를 극복함으로써 얻어진 중권 말미의 세계를 계승한 평온한 인생인식으로 보는 견해로 크게 대별할 수 있다.

먼저, 전자의 견해로는 노무라 세이치(野村精一) 씨의 견해를 들 수 있다. 노무라 씨는 하권 도입부의 화자의 변화를 "패배 뒤에 오는 것은 체념과 타협밖에 없다"며, 하권에 그려진 양녀 입양과 후지와라 도노리(藤原遠度)의 구혼담과 관련된 기사는 "패배와 좌절 후의 (가네이에에 대한) 관심 표출방법"이라고 규정하고 있다.[9]

이에 반해 기무라 마사노리(木村正中) 씨는 "상 · 중권을 거치며 작자 안에 확립된 조화된 인간 관조"가 하권의 끝까지 지속되는 것은

9 野村精一, 「蜻蛉の終焉 · 再説」(『源氏物語の創造 增訂版』, 桜楓社, 1975) pp.42-43.

아니라고 지적하면서도, 하권 도입부의 화자의 심경 변화를 "격렬한 애정 갈등을 거친 뒤 그 고뇌를 극복함으로써 얻을 수 있는 조용하고 평온한 인생인식"이라고 규정하고 있다.[10]

이렇듯 하권 도입부에 그려진 미치쓰나의 어머니에게 찾아온 심경 변화가 패배감에서 온 것인지 또는 고뇌의 극복에서 온 것인지에 관해서는 견해가 엇갈리는 부분이지만, 이때의 화자의 심경 변화는 '체념'의 정서로 규정할 수 있다고 생각된다.[11] 하지만 실질적인 일부다처제라는 자신의 힘으로는 도저히 넘어설 수 없는 사회구조화된 모순 속에서 남편과의 20여 년 가까운 결혼생활 끝에 도달한 체념의 심정을 단순히 패배의 산물로만은 볼 수 없다고 생각한다. 즉 체념은 모든 것을 포기하고 패배를 인정한 뒤에 찾아올 수도 있겠지만, 화자가 자신의 고뇌와 맞서 싸울 수 있는 방법이 죽음이거나 출가라는 극단적인 선택뿐이었다는 점을 생각해 보았을 때, 체념은 이 세상을 끝까지 살아나갈 수 있도록 해 주는 유일한 선택인 것으로 보인다. 따라서 화자가 오랜 고뇌 끝에 획득한 체념의 심경은 패배라는 부정적인 이미지라기보다는 자기 앞에 주어진 삶의 고통을 있는 그대로 수용하는 데서 획득된 최선의 선택으로 여겨진다.

> ⑦그렇지만, 지금은 그 사람의 발길이 멀어져 자주 찾아오지 않아도 그다지 마음에 담아두지 않게 되었기에, 오히려 무척이나 마음이 편

---

10 木村正中,「蜻蛉日記下巻の構造」(『平安朝日記 Ⅰ』, 有精堂, 1971) p.243.

11 秋山虔,『王朝女流文学の形成』(塙書房, 1967) p.243에는 '나루타키 한냐지 칩거' 후 미치쓰나의 어머니는 가네이에에 대한 집착을 버리고 '체념'의 심경으로 변화되었다고 지적되어 있다.

하다. 그래서 밤중에도 아무 생각 없이 누워 잠들어 있는데, 문을 두드리는 소리에 놀라 깨어났다. 이상하게 여기고 있는데, 하인이 불쑥 문을 열어주었기에 내심 당황하고 있자니, 쌍여닫이문 앞에 서서 "어서 문을 여시오, 빨리"라고 하는 듯하다. 앞에 있던 시녀들도 모두 편안한 차림으로 있던 터라, 다들 도망쳐 숨어버렸다. 보고만 있기가 꼴사나워 문 가까이 무릎걸음으로 다가가, "혹시나 오실까 싶어 문단속을 할까 말까 망설이는 일조차 없어졌기에, 좀체 열리지 않네요" 하며 문을 여니, "오로지 이리로만 발길을 재촉해 왔는데, 어찌 이리 문이 열리지 않는단 말이오"라고 한다.(하권 · 283)

가네이에가 찾아오지 않아도 지금은 더 이상 괴롭다고 생각되지 않을 만큼 오히려 마음이 편해졌다는 인용⑦의 화자의 심경은 체념에서 온 평온함을 잘 나타내 주는 예다. 그렇다고 하여 하권 도입부에 표출된 체념의 심경에도 불구하고 가네이에에 대한 화자의 집착이 그 후에 완전히 사라졌다고는 볼 수 없다. 이는 가네이에의 관록이 붙은 당당한 모습을 바라보며 자신의 늙어 가는 모습에 의기소침해지는 화자의 심리, 그리고 남편과의 부부관계가 완전히 끊어졌음에도 불구하고 양녀를 둘러싼 구혼문제를 통해 남편의 관심을 끌어 보려는 듯한 화자의 심리 등을 통해 확인할 수 있다. 인용⑤에서도 살펴보았듯이, 몰래 마쓰리를 구경하던 중 기세등등하게 지나가는 남편의 모습을 바라보며 "내 신세가 참으로 더욱더 처량하게 느껴진다"(하권 · 326)라는 대목에서 여전히 가네이에에 대한 집착을 완전히 버리지 못하고 미련에 괴로워하는 미치쓰나의 어머니의 모습을 확인할 수 있다.

결국 화자인 미치쓰나의 어머니는 마지막까지 가네이에를 완전히 단념하지 못하고 체념과 미련 사이를 오가는 모습으로 『가게로 일기』에 형상화되어 있지만, 이러한 모습이야말로 가감 없는 '자기서사'로서의 일기문학의 본모습이라고 생각된다.

이상으로서 『가게로 일기』 하권 도입부에 그려진 화자인 미치쓰나의 어머니의 심경 변화에 초점을 맞춰 노년의식과 심경 변화의 관계, 심경 변화를 일으킨 노년의식의 기점, 그리고 심경 변화의 내실에 관해 살펴보았다.

하권 도입부의 화자의 심경 변화는 선행연구에서 많이 지적되고 있듯이 971년 6월에 있었던 나루타키 한냐지 칩거 등의 참배여행만을 계기로 하여 획득된 것이 아니라, 그녀의 노년의식 또한 연동(連動)되어 초래된 변화라고 생각된다. 즉 화자는 더 이상 자신이 젊지 않다는 점을 의식함으로써 가네이에에 대한 애집(愛執)을 어쩔 수 없이 떨쳐 버리려 하였고 체념을 띤 어느 정도 평온한 심경에 도달한 것이다. 따라서 화자의 심경 변화는 나이를 먹어 감에 따라 자연스레 얻게 된 관대함에서 비롯된 것이 아니라, 도저히 자기 힘으로는 맞설 수 없는 '쌓이는 나이'에 대한 체념에서 비롯된 쓸쓸함으로 가득 찬 것이었다.

그리고 거리를 두고 남편인 가네이에를 객관적으로 주시할 수 있도록 화자의 심경에 변화를 초래한 노년의식의 기점은 하권 이후부터인 972년부터 표출된 것이 아니라, 가네이에가 새로 지은 저택에 자기 모자(母子)가 들어가 살 수 없게 되었다는 사실을 확실히 알게 된 그녀 나이 서른네 살 무렵인 969년이라고 생각된다.

또한 하권 도입부의 화자의 심경 변화가 그다지 완전한 것이 아니라는 것은 앞에서 살펴본 것처럼 화자인 미치쓰나의 어머니가 그 이후에도 가네이에에 대한 집착에서 완전히 벗어나지 못한 채 고뇌하고 있는 모습, 나이 든 자신과 관록이 붙은 가네이에의 모습을 비교하며 가네이에와 인연이 완전히 끊어지지는 않을까 노심초사하는 체념과 미련을 오가는 모습에서 확인할 수 있다.

제4부

시간과 공간

9. 연중행사와 주제

『가게로 일기』와 시간, 그리고 연중행사

『가게로 일기』(蜻蛉日記) 하권에는 오본(お盆)을 앞두고 작중화자 미치쓰나의 어머니(道綱母)가 그 준비를 걱정하며, 남편인 후지와라 가네이에(藤原兼家)와의 불안정한 관계에 심란해하는 다음과 같은 기사가 실려 있다.

> ①그런데 그때 지방관으로 다니시던 친정아버지의 집이 없어져 우리 집으로 옮아왔다. 많은 친척들이 함께 지냈던지라 이런저런 일이 끊이지 않고 생겨 북적대며 지내고 있는데, 다른 사람들이 우리 부부 사이를 어떻게 볼 것인가 신경이 쓰일 정도로 그 사람에게서는 연락이 없다. 칠월 열흘날이 지나 손님들이 모두 돌아갔기에, 그 부산함은 전부 어디로 갔는지 무료하기만 하다. 오본에 쓰일 물품을 어떻게 마련하냐며 이러쿵저러쿵 한탄하는 주위 사람들의 한숨소리를 듣자니, 마음도 아프고 편치가 않다. 열나흗날에 예년과 다름없이 오본 때 소용되는 물품 일습을 꾸려, 그 사람네 집안 살림을 도맡

아 보는 정소의 송장(送狀)을 함께 첨부해 보내왔다. 언제까지 이렇게 뒤를 봐주는 일이 이어질까라고 입 밖으로 내지는 않고 마음속으로 생각한다.(하권 · 313-314)

972년 7월, 오본을 앞둔 시점에서 기술된 인용①은 가네이에를 완전히 체념하지는 못한 탓에 흔들리고 있는 미치쓰나의 어머니의 내면을 엿볼 수 있는 기사다.[1] 미치쓰나의 어머니는 점점 소원해져 가는 남편과의 관계에 지쳐 참배여행을 거듭하였던 971년을 보내고 난 뒤, 더 이상 젊음과 미모로는 남편을 잡아 둘 수 없다는 자신의 '쌓이는 나이'(つもる年=老い)를 인식함으로써 가네이에에 대한 집착에서 일정 정도 벗어나게 되었다. 그러면서도 그다음 해인 973년 7월, 가네이에의 마지막 방문이 있고 나서 두 사람의 부부관계가 해소된다는 점에서 인용①은 두 사람의 관계가 끝나기 직전의 양상이 오본이라는 연중행사를 제재로 하여 형상화되어 있다고 할 수 있다. 옛날 같았다면 아무런 걱정도 하지 않았던 오본에 소용되는 물품 마련을 근심하고 있는 시녀들의 모습과 다행히 남편이 보내 준 물품을 받고서도 언제까지 이런 마음 씀씀이가 이어질까 시름에 잠긴 미치쓰나의 어머니의 모습 속에 거의 끝나가는 두 사람의 관계가 상징적으로 드러나고 있는 것이다.

『가게로 일기』에는 정월 초하루(元日), 백마절(白馬), 정월 대보름(十五日), 삼월 삼짇날(三月三日), 춘분(彼岸), 단오절(端午), 궁중 활

1 미치쓰나의 어머니의 가네이에를 향한 심경 변화와 노년의식의 상관관계에 대해서는 이 책 8장 참조.

쏘기 시합(內裏の賭弓), 칠석(七夕), 스모 축제(相撲), 오본(お盆), 다이조에(大嘗會), 혼제(御魂), 구나(驅儺) 등의 연중행사가 전권에 걸쳐 형상화되어 있다. '백마절'이란 1월 7일 좌우 마료(左右馬寮)에서 내놓은 백마를 천황이 구경한 뒤 신하들에게 연회를 베푸는 행사다. '삼월 삼짇날'은 '모모노셋쿠'(桃の節句)라고 하며 이날은 복숭아꽃을 술에 띄워 마셨다. '궁중 활쏘기 시합'은 천황이 나와 구경하는 궁중의 활쏘기 시합으로 연중행사로는 1월 18일에 열렸다. 『가게로 일기』에는 970년 3월 15일 열린 임시행사가 기술되어 있다. '스모 축제'는 7월 말께 전국에서 역사(力士)들을 모아 궁중에서 씨름을 벌이게 하여 천황이 관람하는 행사다. '오본'은 우란분(盂蘭盆)을 말하는데, 음력 7월 13-15일경 사후의 괴로움의 세계에서 조상의 영을 구제하기 위한 불교행사다. '다이조에'란 그해 나온 햇곡식을 신에게 올려 제사지내는 행사인 신조에(新嘗會) 행사 가운데 천황이 즉위한 첫 해에 열리는 행사를 특별히 일컫는 용어다. 다이조에는 음력 11월 묘일(卯日)에 열리는데, 그 전달인 10월 하순에 천황은 가모(賀茂) 강변에서 목욕재계를 하였다. '혼제'는 그믐날에 죽은 이의 영혼이 찾아온다고 하여 그 영혼을 위해 연 마쓰리(祭り)를 말한다. '구나'는 '쓰이나'(追儺)라고도 하며 그믐날 밤에 악귀와 역병을 내쫓는 행사다. 원래 궁중의 연중행사였지만 절이나 신사, 민간에서도 열리게 되었다. 도깨비로 분장한 자를 당상관들이 복숭아나무 활과 갈대 화살로 쏘며 뒤쫓았다. 7세기 말 중국에서 들어왔으며 근세 이후 민간에서는 입춘 전날 밤에 열렸다.

이러한 『가게로 일기』의 연중행사는 하루하루의 일을 기록한 공적인 남성의 한문일기와 달리 시간이 축적된 형태의 삶을 회고하여 여성들이 가나(仮名) 문자로 쓴 일기문학의 성격상 작품 내에서 시간적 배경을 드러내 주는 일차적 기능을 담당하고 있다. 예를 들어 "해가 높이 올라오니, 그쪽에서는 설음식을 드시는 듯하고, 우리도 그렇게 했다. 정월 대보름도 예년과 다름없이 지냈다"(상권 · 151)와 같이, 새해와 정월 대보름을 언급하며 시간의 경과를 나타내는 표현으로 쓰이는 것이 그 전형적인 예라고 할 수 있다.

하지만 시간의 흐름을 나타내는 기능 이외에도 『가게로 일기』에 기술된 연중행사는 작품의 주제의식을 형상화해 나가는 제재로, 그리고 작품 전체의 틀을 형성해 나가는 제재로도 쓰이고 있다는 데 주목할 필요가 있다.

이 장에서는 『가게로 일기』에 나타난 연중행사의 묘사에 주목하여 이러한 연중행사가 일본 고전문학 속에서 지니는 의미, 그리고 연중행사가 단순히 연대기적인 시간표현에 그치는 것이 아니라 작품 주제의 형상화 및 일기 전체의 틀과 어떻게 관련되어 묘사되어 있는지에 관해 고찰해 보고자 한다.

일기문학은 이시하라 쇼헤이(石原昭平) 씨가 지적한 대로 "시간을 어떻게 체험하고, 회상 속에서 작자가 그것을 어떻게 소유하는가라는 고유한 내적 체험의 문학"[2]이라고 할 수 있다. 따라서 일기문학의 시간이란 곤도 가즈이치(近藤一一) 씨가 지적하고 있는 것처럼 "작자 스스로가 몸소 살아온 시간"[3]이라고도 할 수 있다. 또한 「와카나」

---

2 石原昭平, 「日記文学における時間—回想 · 他者 · 語り—」(『女流日記文学とは何か』, 女流日記文学講座 第1巻, 勉誠社, 1991) p.127.

3 近藤一一, 「蜻蛉日記の日付表現」(『一冊の講座 蜻蛉日記』, 有精堂, 1981) p.216.

(若菜) 권 이래의 『겐지 모노가타리』(源氏物語)의 세계를 '연대기적인 시간'인 외적 시간과 '내 삶의 궤적을 회고'하는 내적 시간의 상호 침투에 의한 독자적인 세계로 파악하고 있는 아키야마 겐(秋山虔) 씨의 견해[4]를 원용한다면, 『가게로 일기』의 시간은 연대기적인 '외적 시간'만으로는 설명되지 않는 '내적 시간'의 성격을 지니고 있다고 생각한다. 『가게로 일기』에 그려진 연중행사의 기사는 이러한 미치쓰나의 어머니의 내적 시간을 작품 표층에 드러내는 중요한 표현방법의 하나라고 할 수 있다.

그런데 『가게로 일기』에 그려진 연중행사는 『가게로 일기』만의 독자적인 방법이라기보다는 헤이안 시대(平安時代) 사람들의 계절의식에 바탕을 둔 것으로, 와카(和歌) 등의 선행문학 속에서 구축되어 온 계절의식에 영향을 받아 형상화된 것으로 보인다.

『가게로 일기』에 나타난 연시관(年始觀)에 주목한 사토 세키코(佐藤勢紀子) 씨의 다음과 같은 지적은 『가게로 일기』의 시간의식과 계절의식의 관계를 고찰하는 데 있어서 시사적이다.

> 상대에서 중고 초기에 걸쳐 일본인을 지배하는 시간의식이 순환하는 시간에서 직진하는 시간으로 변해 가고 있다는 것은 이미 지적되고 있는 바다. 만요슈에서 순환하는 자연과의 공생이 구가되고 있었다면, 고킨슈에서 한탄하고 있는 것은 재생하는 자연과는 대조적인, 변천하지 않을 수 없는 일회성의 세상사(人の世)였다. 고킨슈가 찬

4 秋山虔, 「外的時間と内的時間」(『国文学』 15-6, 学燈社, 1970) p.91.

집, 유포되고 나서 그다지 많은 시간이 흐르지 않은 단계에서 성립된 『가게로 일기』가 마찬가지로 세상사—'내 신상에 관한 일만 적는 일기'(身の上をのみする日記)이기 때문에 남녀 사이가 세상사의 중심을 이루고 있지만—의 변천을 간파하는 시각을 지니고 집필되어, 직진하는 시간이라는 시간의식에 많은 영향을 받고 있었다는 것은 충분히 생각할 수 있다.[5]

현존하는 문학작품 가운데 계절의식이 드러난 최초의 작품으로는 계절의식에 따라 시를 분류한 『만요슈』(萬葉集)라고 할 수 있다. 권제8 · 제10에서 「봄 잡가 · 연가」(春の雜歌 · 相聞), 「여름 잡가 · 연가」(夏の雜歌 · 相聞), 「가을 잡가 · 연가」(秋の雜歌 · 相聞), 「겨울 잡가 · 연가」(冬の雜歌 · 相聞)로 분류한 데서 그 사실을 확인할 수 있다. 그 뒤 계절의식에 바탕을 두고 와카를 분류하는 방법은 「봄 노래 상 · 하」(春歌上 · 下), 「여름 노래」(夏歌), 「가을 노래 상 · 하」(秋歌上 · 下), 「겨울 노래」(冬歌)로 분류한 『고킨와카슈』(古今和歌集)에 이르러 확립되었다. 그리고 이후에 간행된 "칙찬 와카슈(勅撰和歌集)를 비롯하여 우타아와세(歌合) · 사찬집(私撰集) · 사가집(私家集) 등의 와카에서도 이러한 분류방법을 확인할 수 있으며, 렌가(連歌) · 하이카이(俳諧)에 이르러 계절어(季題 · 季語)로까지 발전하여 일본의 운문문학을 지탱하는 불가결한 요소"[6]가 되었다고 할 수 있다.

---

5 佐藤勢紀子, 「道綱母の年始観をめぐる一考察—時間意識解明の手がかりとして—」(『かげろふ日記 回想と書くこと』, 有精堂, 1987) p.141.

6 麻生磯次 他, 『日本文学概論』(秀英出版, 1968) p.48.

또한 이러한 계절의식은 산문문학에도 파급되어 『겐지 모노가타리』[7]에서는 대표적으로 춘하추동에 바탕을 두어 저택을 조성한 로쿠조노인(六條院)의 조영으로 나타나고 있다. 『마쿠라노소시』(枕草子)에 이르러서는 작품 첫머리 부분에서 계절의 정취를 풍물과 결합시켜 '봄날 새벽, 여름날 밤, 가을날 저물녘, 겨울날 이른 아침'이 가장 정취가 있다고 묘사하고 있는 것을 확인할 수 있다. 그리고 헤이안 시대 귀족들의 일상생활에 뿌리내린 연중행사는 궁중의 행사에서 출발하여 이러한 계절의식을 바탕으로 성립된 것이다.

『가게로 일기』에는 권말 가집을 제외하고도 261수에 이르는 와카(그중 미치쓰나의 어머니가 읊은 와카는 123수)가 수록되어 있다. 이들 와카 속에 선행 와카의 가어나 구절, 작가(作歌) 방법이 폭넓게 인용되어 있다는 사실을 볼 때 계절의식에 바탕을 둔 『가게로 일기』의 연중행사 또한 일본 고전문학의 흐름 속에서 나타난 작품 형성의 한 방법이라고 할 수 있다. 즉 계절의식에 기반을 둔 『가게로 일기』의 연중행사는 고대 일본문학의 전통 속에서 생성된 문학 형성의 한 방법으로 볼 수 있으며, 연중행사의 기술이 단순한 시간표현에 머무르지 않고 일기의 주제를 형상화하고 일기 전체의 틀과 밀접한 관련을 맺으며 그려짐으로써 『가게로 일기』의 형성에 중요한 위치를 차지하고 있다고 할 수 있다.

---

7 구라하야시 쇼지(倉林正次) 씨는 「文学にみる年中行事—源氏物語の場合—」(『国文学解釈と鑑賞』 46-1, 至文堂, 1981) p.142에서, 「다마카즈라 10첩」(玉鬘十帖)과 「마보로시」(幻) 권에 묘사된 연중행사에 주목하여 『겐지 모노가타리』의 연중행사는 "영화로운 생활과 인생 종언의 우수에 찬 생활"이라는 대조적인 사항을 그리는 데 쓰이고 있다고 지적하고 있다.

연중행사와 주제

미치쓰나의 어머니가 『가게로 일기』에서 형상화하려고 하였던 것은 상권 말미(인용⑨)에 제시되어 있듯이 "생각대로 되지 않는 이내 신세"(思ふやうにもあらぬ身, 상권 · 165), 즉 남편인 가네이에와 영위한 결혼생활의 경위다. 따라서 가네이에에 대한 미치쓰나의 어머니의 심경과 결혼생활에서 초래된 미치쓰나의 어머니의 고뇌가 어떻게 전개되고 변화되어 가는가가 『가게로 일기』 본래의 요체일 것이다. 미치쓰나의 어머니가 자기 신세(身)를 토로하려고 한 주제의식[8]은 『가게로 일기』의 말미까지 관철되어 있으며, 연중행사라는 제재를 통해서도 두 사람의 관계성의 내실은 자연스럽게 표출되어 있다고 생각된다.

연중행사 중에는 다음과 같은 예에서 볼 수 있듯이, 미치쓰나의 의젓한 모습을 보며 부모로서 기쁨을 함께 나누는 두 사람의 행복한 한때를 그리고 있는 기술도 있다.

> ②삼월 열흘날께 궁중에서 활쏘기 시합을 하기로 되어 있어서, 대대적으로 준비하고 있다는 소문이다. 우리 집 어린것이 후발대로 뽑혀 출장을 하게 되었다. …… 행사 당일이 되어 그 사람이 아침 일

8 『가게로 일기』의 주제에 관해서 아베 아키오(阿部秋生) 씨는 "생각대로 되지 않는 이내 신세"(「思ふやうにもあらぬ身)(『源氏物語研究序説 上』, 東京大学出版会, 1959, p.312)라고 지적하였다. 기무라 마사노리(木村正中) 씨도 「蜻蛉日記の主題と構造」(『明治大学人文科学研究所紀要』 5, 明治大学人文科学研究所, 1967, p.16)에서, 『가게로 일기』의 주제를 "허무한 신세"(はかなき身の上)라고 규정하였다.

찍부터 건너왔다. 사람들이 아주 많이 몰려와 난리법석을 피우며 춤출 때 필요한 의복 등을 준비해 내보냈다. 나는 또다시 활쏘기 시합에서 좋은 결과가 있기를 마음속으로 비는데, …… "패배가 거의 확실하다고 사람들이 말하던 후발대가 도련님이 쏜 활들 덕분에 무승부가 됐습니다"라고 잇따라 알려주는 사람도 있다. 무승부가 되었기에, 먼저 선발대의 아이부터 능왕무(陵王舞)를 추었다. 그 아이도 비슷한 또래의 소년으로 내 조카이다. …… 그런 뒤 우리 아이가 이어서 춤을 추었는데, 평판이 좋았는지 주상으로부터 옷을 하사받았다. 궁중에서 퇴출할 때 그 사람이 우차 뒤편에 능왕무를 추었던 조카도 함께 태워 그길로 우리 집으로 왔다. 오늘 있었던 일들을 이것저것 이야기하며, 자기 체면을 세워주었다는 것, 공경(公卿)들이 모두 눈물을 흘리며 대견해했다는 것 등을 거듭거듭 눈시울을 붉히며 이야기한다. …… 나는 처량한 신세라는 것도 잊어버리고 기쁘기 이를 데 없다.(중권 · 193-196)

③십일월이 되어 다이조에라서 경황이 없을 텐데, 그 기간 동안에는 조금 자주 찾아오는 듯한 느낌이다. 아이가 종5위 하로 서위(敍位)되게 되어 그 사람도 나와 마찬가지로 위계를 수여받을 때 아이가 추어야 하는 춤 솜씨가 불안하게만 여겨졌는지 연습하라며 여러 모로 신경을 써주기에, 마음이 무척 분주하다. 다이조에가 끝난 날, 밤이 그다지 깊지 않았을 때 찾아와, "주상의 행차를 마지막까지 수행하지 못해 송구스러웠지만, 밤이 깊어질 듯해 꾀병을 앓는 체하며 물러나 이리 온 것이라오. 사람들이 뭐라고 할런지. 내일은 이 아이의 옷을 갈아입혀서 나갑시다"라고 하니, 얼마간은 옛날과 같은 관계로

> 돌아온 듯한 느낌이다. …… 아이의 경사스러운 서위인사를 함께 하러 다니니, 참으로 가슴이 뿌듯하고 기쁘기 그지없다.(중권 · 218-219)

인용②는 임시 궁중 활쏘기 시합에서 활약한 미치쓰나를 보며 기뻐하는 가네이에와 그런 모습을 보며 자신의 처량한 신세도 잊어버릴 만큼 기쁨에 겨워하는 미치쓰나의 어머니의 모습이 묘사되어 있는 대목이다. 인용③ 또한 다이조에를 맞아 종5위 하로 임명된 미치쓰나의 서위인사를 가네이에가 신경써 주며 함께하러 다니는 모습을 보고 기뻐하는 미치쓰나의 어머니의 모습이 형상화되어 있는 기사다. 두 예는 모두 미치쓰나의 일로 부모로서 느끼는 부부의 기쁨이 연중행사와 맞물려 기술되어 있다.

하지만 『가게로 일기』에 묘사된 연중행사와 관련된 기사는 인용①을 비롯하여 아래와 같은 인용④와 인용⑤를 통해 볼 수 있듯이, 자기로부터 점차 마음이 떠나가는 남편의 모습을 바라보며 미치쓰나의 어머니가 "생각대로 되지 않는 이내 신세"를 인식하거나 한탄하게 되는 계기로 작용하는 경우가 대부분이다.

> ④조정에서 스모 축제를 여는 계절이 다가왔다. 어린것이 구경하러 입궐하고 싶어하는 것 같기에, 의관을 정제해 내보냈다. 먼저 부친 댁으로 가야겠다고 생각해 갔더니, 수레 뒤에 태워 데려갔다고 한다. 저녁 무렵에는 우리 집 쪽으로 퇴궐하시는 적당한 사람에게 아이를 부탁하고, 본인은 저쪽 집으로 갔다고 들으니, 더욱더 참담하기만 하다. 그 다음날도 어제와 마찬가지로 입궐했지만 그저 그뿐으로 전혀 돌봐주지를 않고, …… 아이 홀로 돌아왔다. 아이 마음이 어떨

까, 전처럼 부모님 사이가 좋다면 함께 퇴궐했을 텐데라고 어린 마음에 생각하지는 않을까, 풀이 죽어 집으로 들어오는 것을 보자니, 너무 안타깝고 가슴이 미어지지만, 무슨 소용이 있겠는가. 온몸을 전부 다 도려내듯이 고통스러울 따름이다.(중권 · 216)

⑤그런데, 지금까지 그 사람과 함께한 세월을 되돌아보니, 어떻게 그럴 수 있었는지, 정월 초하룻날 그 사람이 찾아오지 않았던 적은 없었다. 그래서 올해도 그러려니 하면서도 마음이 쓰였다. 미시쯤에 벽제(辟除)소리가 요란스럽게 들려왔다. 그 사람이 오는가보다 하며 사람들이 수런거리고 있는 동안에 집 앞을 쑥 지나쳐 갔다. 급한 일이 있었나보다 하고 마음을 돌려보았지만, 다시 찾아오지 않은 채 그 밤이 지나갔다. …… 이렇게 또 이삼 일이 지나갔다. 초나흗날도 신시 무렵, 초하룻날보다도 더욱 요란스럽게 행차를 알리며 오는데, "오십니다, 오십니다"라고 아랫것들이 계속 말하는데도, 초하루 같은 일이 또 벌어지면 어쩌나, 민망할 텐데라고 생각하며 그래도 가슴 졸이며 기다리고 있었다. 그런데 행차가 가까워져 우리 집 하인들이 중문을 활짝 열고 무릎 꿇고 기다리고 있는데도, 아니나 다를까 그대로 또 스쳐 지나갔다. 오늘 내가 어떤 마음이었는지 상상에 맡기겠다.(중권 · 223-224)

인용④에는 스모 축제 때 미치쓰나를 제대로 보살펴 주지 않는 가네이에를 보며 아들에 대한 연민으로 가슴 아파하는 미치쓰나의 어머니의 모습이 그려져 있다. 그리고 인용⑤에는 새해 첫날이면 늘 찾아오던 남편이 나흘이나 지나도 오지 않고 집 앞을 그냥 스쳐 지나가기만 하는 모습을 보며 아랫사람들 보기에 민망하고 치욕스러워 몸 둘 바 몰라 하는 미치쓰나의 어머니의 모습이 그려져 있다. 즉 인용④의 스모 축제 기사와 인용⑤의 정월 초하루 기사에는 부부 사이가 원만치 않은 탓에 자식의 마음까지 다치게 만들고 아랫사람들 보기도 남우세스럽기도 해서 고통스러워하며 참담해하는 미치쓰나의 어머니의 내면의식이 연중행사를 계기로 드러나 있다고 할 수 있다.

이와 같은 용례를 통해서도 볼 수 있듯이, 『가게로 일기』에 그려진 연중행사의 기술은 시간의 흐름을 나타내는 연중행사의 일차적인 기능 이외에도 가네이에와의 관계성을 일상 속에서 드러내 주는 계기, 그리고 미치쓰나의 어머니의 자기인식을 드러내 주는 계기로 작용함으로써 "생각대로 되지 않는 이내 신세"라는 작품주제를 형성해 나가는 유효한 제재로 쓰이고 있다고 할 수 있다.

그런데 가네이에와 영위한 결혼생활에 대한 미치쓰나의 어머니의 의식을 기준으로 분석해 보았을 때, 『가게로 일기』는 세 차례 거듭되는 971년의 참배여행(物詣で)을 경계로 하여 그 이전과 이후로 나눌 수 있다. 『가게로 일기』에 있어서 971년은 작품 전체의 흐름 속에서 중요한 의미를 지니고 있는 해이며 『가게로 일기』라는 작품의 구조를 크게 이분할 수 있는 분기점이 될 수 있다는 지적은 텍스트 분석을 통해 확인할 수 있는 사실이다.[9] 미치쓰나의 어머니의 의식에 일정 정도의 변화를 가져온 971년의 참배여행 중 가장 주목할 만한 것은 가네이에가 오미(近江)라는 여성과 관계가 깊어지면서 그녀의

9 이 책 3장 참조.

집 앞을 지나가면서도 들르지 않고 그대로 지나치는 '마에와타리'(前渡り)를 되풀이함으로써 미치쓰나의 어머니가 거기에 충격을 받고 "내 집 앞을 그냥 지나쳐 가시지 않는 세계"(중권 · 234)를 찾아 감행한 '나루타키 한냐지 칩거'(鳴滝般若寺篭り)라고 할 수 있다. 이를 계기로 미치쓰나의 어머니의 의식은 971년 6월 이전의 '고뇌의 세계'에서 971년 6월 이후의 '체념의 세계'로 변화되었다고 할 수 있다.[10]

그러나 이러한 관점에서 보았을 때, 미치쓰나의 어머니와 가네이에의 관계성을 형상화하는 데 쓰이고 있는 『가게로 일기』에 나타난 연중행사의 기술은 971년을 기준으로 하여 기계적으로 뚜렷한 묘사의 변화를 보이고 있지는 않다. 970년 7월 말의 스모 축제 기사를 그린 인용④에는 남편과의 사이가 소원해져 자식에게 아픔을 주었다며 괴로워하는 미치쓰나의 어머니의 모습이 그려져 있는 데 반해, 같은 해 11월의 다이조에 행사를 그린 인용③에서는 "얼마간은 옛날과 같은 관계로 돌아온 듯한 느낌"이 든다고 할 정도로 미치쓰나에게 신경을 써 주는 가네이에의 모습을 보며 기뻐하고 있는 작중화자의 모습이 그려져 있는 데서 확인할 수 있는 사실이다.

또 다음과 같은 인용에서 볼 수 있듯이 971년 이전의 상권 기사에서도 이미 연중행사는 두 사람의 관계에 불안감을 느끼는 미치쓰

---

10 일기 내에서 차지하는 '나루타키 한냐지 칩거'의 의미에 관해서는 후지오카 사쿠타로(藤岡作太郎) 씨가 『国文学全史 平安朝篇』(東京開成館, 1905, p.306)에서 평한 "이 일기의 초점"이라는 표현 속에 잘 담겨져 있다. 또한 아키야마 겐(秋山虔) 씨는 『王朝女流文学の形成』(塙書房, 1967, p.234)에서 '나루타키 한냐지 칩거' 후 미치쓰나의 어머니는 가네이에에 대한 집착을 버리고 '체관'(諦観)의 심경으로 변화되었다고 지적하고 있다.

나의 어머니의 모습을 형상화하는 제재로 쓰이고 있다.

> ⑥해가 바뀌어 삼월쯤이 되었다. 복숭아꽃 등을 준비해 두었던 때였나 싶은데, 기다려도 오지 않았다. 또 한 분도 여느 때는 늘 집에만 계신 듯하더니, 하필 오늘따라 보이지를 않는다. 그러더니 나흗날 이른 아침에는 두 사람 다 모습을 나타냈다. 전날 밤부터 내내 기다리고 있던 시녀들이 그대로 두는 것보다는 낫다며, 삼월 삼짇날 행사에 쓸 물건들을 여기저기서 들어냈다. 어제 쓰려고 준비해두었던 복숭아꽃을 꺾어서 안에서 가지고 나오는 걸 보자니 마음이 편치를 않아, 연습 삼아 적당히 끼적댔다. …… 이러면서 이제는 마치노코지 여자네 집에 드러내놓고 드나들게 되었다. 그 사람과의 인연조차, 어쩐 일인지 후회스럽게 생각되는 듯한 때가 많았다. 말할 수 없이 비참하게 여겨져도 어떻게 할 것인가.(상권 · 73-75)

인용⑥은 결혼한 지 이태밖에 지나지 않은 956년의 기사다. 마치노코지(町の小路) 여자네 집에 드나드느라 가네이에가 삼월 삼짇날 찾아오지 않자 두 사람의 인연을 회의적인 시각으로 바라보는 미치쓰나의 어머니의 내면이 묘사되어 있다.

즉 『가게로 일기』에 그려진 연중행사의 기사는 결혼 초반부터 미치쓰나의 어머니와 가네이에의 부부관계가 해소되고 일기가 끝나는 시점에 이르기까지, 결혼생활 속에서 느끼는 기쁨과 행복보다는 연중행사라는 특별한 날을 계기로 더욱 표면화되는 남편과의 멀어진 관계를 형상화하는 제재로 대부분 쓰이고 있다. 결국 『가게로 일기』에 그려진 연중행사의 기사는 가네이에와의 결혼생활 속에서 형성된

"생각대로 되지 않는 이내 신세"라는 미치쓰나의 어머니의 자기인식을 형상화하는 데 중요한 역할을 담당하고 있다고 할 수 있다. 이와 같은 연중행사의 묘사는 『가게로 일기』라는 작품세계의 내실을 이해하는 중요한 지표가 될 수 있으리라 생각한다.

연중행사와 구조

『가게로 일기』 하권의 말미이면서 작품 전체의 결말[11] 부분은, 다음과 같이 묘사되어 있다.

> ⑦올해는 날씨가 심하게 거칠지도 않고 조금씩 흩날리는 눈이 두어 번 내렸을 뿐이다. 우마조가 초하룻날 입궐할 때 입을 의복과 백마절 때 입고 갈 의복을 정돈하고 있던 중에 한 해 마지막 그믐날이 되어버렸다. 내일 설날 때 답례품으로 쓸 옷 등을 접고 말고 하며 손질하는 일을 시녀들에게 맡기거나 하며, 생각에 잠긴다. 생각해보니, 이렇게 오랫동안 목숨을 부지하며 오늘까지 살아온 일이 참으로 기가 막힐 뿐이다. 혼제(魂祭) 등을 보는데도 언제나처럼 끝없는 시름

11 상 · 중 · 하 세 권으로 구성되어 있는 『가게로 일기』는 하권이 끝난 뒤 권말 가집이 이어져 있다. 권말 가집은 미치쓰나의 호칭 등으로 볼 때 1007년 이후의 성립으로 여겨져 일기 성립시점으로 추정되는 974년경과는 30여 년의 차를 보이고 있다. 이러한 권말 가집의 의미를 적극적으로 평가하여 하권 말미에 연속하는 것으로 보는 사이토 나호코(齋藤菜穂子) 씨의 「『蜻蛉日記』と「巻末歌集」の連続性—二字下げ表記の視点から—」(『日記文学研究 第3集』, 新典社, 2009) 등의 논고도 있지만, 이 장에서는 작품 전체에서 차지하는 하권 말미의 의미 및 권말 가집의 성립시기 등을 근거로 하권 말미를 『가게로 일기』 전체의 결말로 보고자 한다.

에 잠기게 되니, 그러는 동안 한 해가 다 저물어갔다. 내 집은 서울 변두리인지라, 밤이 이슥하게 깊어서야 구나하는 사람들이 문을 두드리며 다가오는 소리가 들린다.(하권 · 383)

한 해가 다 저물어 가는 날, 서울(교토) 변두리에서 "언제나처럼 끝없는 시름"(例の盡きせぬこと)에 잠겨 있는 작중화자 미치쓰나의 어머니라는 구도는 『가게로 일기』 작품 전체의 틀을 생각할 때 무척 상징적인 묘사라고 생각된다. 그중에서도 섣달 그믐날의 연중행사인 혼제와 구나는 한 해의 마지막 날이라는 일기의 실제적인 '시간'을 드러냄과 동시에 혼제를 보며 돌아가신 어머니를 생각하고 자신의 고뇌에 찬 내면을 응시하도록 하는 계기로 작용하고 있다. 그리고 깊은 밤에 이르러서야 구나 행렬이 문을 두드리며 다가온다는 기술을 통해 남편인 가네이에와 함께하였던 교토 중심부에서의 결혼생활이 해소되고 지금은 히로하타나카가와(廣幡中川)라는 주변부로 물러나와 쓸쓸히 지내고 있는 미치쓰나의 어머니의 말년이 독자에게 가감 없이 전달되고 있다. 이렇듯 하권 말미의 기술은 작품 내적 의미와 결부된 '시간'을 형상화하고 있다는 점에서 헤이안 시대 문학작품에 나타난 연중행사의 의미를 다시금 생각해 볼 수 있는 계기가 되고 있다.

인용⑦의 『가게로 일기』의 결말 부분에서 주목할 점은 일기의 결말이 한 해의 순환과 맞물리듯이 한 해가 저물어 가는 마지막 날을 시간적인 배경으로 하여, 그해의 마지막 연중행사인 구나의 문 두드리는 소리로 하권 나아가서는 일기 전체가 막을 내리고 있다는 사실이다. 이를 통해 작품 결말에 대한 『가게로 일기』 나름의 독자적인

방법 또한 살펴볼 수 있으리라 생각된다.[12]

한 해의 마지막 날, 교토 변두리인 히로하타나카가와 강변 집에서 혼제 등을 지켜보며 이제까지 살아온 자신의 인생을 되돌아보면서 생각대로 이루어지지 않았던 20여 년 간에 걸친 가네이에와의 결혼생활을 곰곰이 생각하고 있는 미치쓰나의 어머니의 모습은, 한 해가 저물어 가듯 자신의 인생도 시간의 흐름과 함께 저물어 가는 것을 지긋이 주시하는 쓸쓸함으로 가득 차 있다. 중심부에서 떨어진 변두리에서의 적막한 생활을 강조라도 하듯이 밤 깊어 집 가까이로 구나 행렬의 문 두드리는 소리가 다가온다는 작품 결말은, 한 해가 저물어 가는 데 일기의 결말을 겹쳐 그 의미를 강조하는 의도된 구상으로 생각된다. 인용⑦의 결말 부분에 기술된 구나 장면에 관해, "이들 행사에 작자의 슬픔이 침투하여 완전히 심정화되고 내재화된『가게로 일기』연중행사의 극치"[13]라고 지적하고 있는 기무라 마사노리(木村正中) 씨의 견해는 시사적이다.

『가게로 일기』에서 이처럼 한 해가 저물어 가는 데 일기의 결말을 겹치는 수법이 의도된 구상이었다는 것은 중권 말미를 통해서도 확인할 수 있다.『가게로 일기』에 선달 그믐날의 구나 행사가 그려진 것은 하권 말미인 인용⑦ 이외에도 상권과 중권에서 한 차례씩 찾아볼 수 있다.

---

12 한 해의 마지막 연중행사인 구나 행사로 막을 내리고 있는『가게로 일기』말미 부분의 의미에 관해서는 이 책 4장 참조.

13 木村正中,「女流日記 · 随筆」(『年中行事の文芸学』, 弘文堂, 1981) p.136.

> ⑧섣달 그믐께에 정관전 마마가 궁중에서 퇴궐하셔서 내가 이사 온 곳의 서쪽 채에 잠시 머무르셨다. 그믐날이 되어 구나(驅儺)라고 하는 액막이 행사를 여는지 아직 한낮 무렵부터 어디서나 쿵쿵대고 떠들썩하여, 홀로 웃음을 짓거나 하고 있던 중에 새해가 밝았다. 낮 동안은 손님으로 계신 분께는 새해인사차 방문하는 남자손님도 들르지 않으므로 한가롭다.(상권 · 149)

상권에 묘사된 인용⑧의 구나 장면은 가네이에의 여동생인 정관전 도시(貞觀殿 登子)가 그믐날에 궁중에서 퇴궐하여 나온 모습을 그리는 데 묘사되어 있다. 여기에 쓰인 구나의 액막이 행사는 한 해를 보내는 연말 분위기에 어울리는 풍경으로 그려져 있다고 볼 수 있지만, 967년 연말의 일이므로 968년까지 기록하고 있는 상권의 결말에는 해당되지 않는다.

그러나 다음과 같은 인용⑨의 상권 말미 기사에서도 볼 수 있듯이 흘러가는 세월과 새로 밝아오는 한 해를 바라보며 느끼는 감회로 상권이 막을 내리는 데서, 한 해의 흐름과 권의 구성을 일치시키고자 하는『가게로 일기』나름의 집필의식을 엿볼 수 있다.

> ⑨이렇게 세월은 흘러가는데도 생각대로 되지 않는 이내 신세를 한탄하고만 있는지라, 새해가 밝아도 기쁘지 않고 변함없이 허무함을 느끼고 있으니, 있는지 없는지도 모를, 아지랑이처럼 허무한 여자의 처지를 기록한 일기라고 할 수 있겠다.(상권 · 165)

이 밖에 "이렇게 허무하게 세월을 보내던 중 새해 첫날이 되었다"(중권 · 169)로 시작하는 중권 도입부, "이렇게 또 새해를 맞이하니, 덴로쿠 3년(天祿三年)이라고 한다"(하권 · 279)로 시작하는 하권 도입부를 통해서도 한 해의 흐름에 맞춰 일기를 구성하고자 하는 집필 의식을 확인할 수 있다.

이에 반해 인용⑩의 중권 말미 기사에서는 인용⑦의 하권 말미 기사와 마찬가지로 선달 그믐날의 구나 의식으로 한 권의 막을 내리고자 하는 구상을 확인할 수 있다.

> ⑩내가 진절머리를 내며 싫어하는 곳에 밤마다 그 사람이 찾아간다고 알려준 사람이 있었기에 마음 편치 않게 날을 보내고 있는데, 세월은 여전히 흘러흘러 액신을 내쫓는 구나 시기가 되었다. 하지만 어이없고 참담해하며 갖은 생각에 시달리며 가슴 아파하고 있는 내게, 어린아이고 어른이고 할 것 없이 주위 사람들이 "귀신은 사라져라, 사라져라" 하며 난리법석을 피우는 모습은 참으로 거리감만 느껴지기에, 나 홀로 가라앉은 마음으로 지켜보고 있다. 이런 귀신 쫓는 행사 같은 것은 흡사 행복에 겨워 만족해하고 있는 곳에서나 하고 싶어하는 행사인 듯이 여겨졌다. 눈이 펑펑 내린다고 외치는 소리가 들린다. 한 해가 끝날 무렵에는 무슨 일에나 온갖 시름을 맛보지 않겠는가.(중권 · 275)

인용⑩에 그려진 구나 의식의 소란스러움은 "우울한 미치쓰나의 어머니의 귀에는 단순히 불협화음으로밖에 울리지 않는다"[14]라고

---

14 小町谷照彦, 「追儺」(『年中行事の文芸学』, 弘文堂, 1981) p.417.

할 정도다. 가네이에가 오미(近江)라는 여성에게 뻔질나게 드나든다는 소식을 듣고 마음이 편치 않은 미치쓰나의 어머니의 마음을 더욱 심란하게 만드는, "행복에 겨워 만족해하고 있는 곳에서나 하고 싶어 하는 행사"로 그려져 있을 정도다. 즉 "주위의 법석거림이 오히려 고독한 작자 심정의 어두움을 뚜렷하게 드러내 주는 것"[15]으로 작용하고 있다고 할 수 있다.

그리고 중권 말미인 인용⑩의 구나 의식의 기술 또한 "한 해가 끝날 무렵"(年の終はり)의 풍물로서 미치쓰나의 어머니의 시름을 두드러지게 하는 장치로 기능하고 있으며, 인용⑦의 하권 말미와 마찬가지로 중권 또한 저물어 가는 한 해와 맞물리며 막을 내리고 있다는 데는 주목할 필요가 있다.

이처럼 저물어 가는 한 해와 맞물리면서 막을 내리는 작품 형성방법은 『가게로 일기』 나름의 명확한 집필구상에 의한 것으로 생각된다. 이러한 기술은 『겐지 모노가타리』 정편 마지막 권인 「마보로시」(幻) 권 말미 부분[16]에서도 볼 수 있다. 「마보로시」 권에 나타난 구나 의식에 관해 고마치야 데루히코(小町谷照彦) 씨는 "히카루겐지 일

15 今井源衛, 「日本文学と年中行事」(『年中行事の文芸学』, 弘文堂, 1981) p.50.

16 年暮れぬと思すも心細きに、若宮の、「難やらはんに、音高かるべきこと、何わざをせさせん」と、走り歩きたまふも、をかしき御ありさまを見ざらんこととよろづに忍びがたし。

　　もの思ふと過ぐる月日も知らぬ間に年もわが世も今日や尽きぬる

朔日のほどのこと、常よりことなるべくとおきてさせたまふ。親王たち、大臣の御引出物、品々の禄どもなど二なう思しまうけてとぞ。(「幻」・4・550)

―阿部秋生 他 校注・訳, 『源氏物語 ④』(新編日本古典文学全集 23, 小学館, 1996).

생을 마감하는 데 어울리는, 한 해 마지막을 장식하는 연중행사"[17]라고 지적하고 있다.

즉 한 해의 순환과 작품의 결말을 대비시키는 방법은 『가게로 일기』만의 독자적인 방법이라기보다는 계절의 추이(推移)와 세상사를 대비시키는 헤이안 시대 사람들의 의식이 문학작품 속에 발현된 것으로 볼 수 있다.

이상으로서 『가게로 일기』에 나타난 연중행사의 묘사에 주목하여 이러한 연중행사가 일본 고전문학 속에서 지니는 의미, 작품주제의 형상화 및 작품 전체의 틀과 어떻게 관련되어 묘사되어 있는지에 관해 고찰해 보았다.

『가게로 일기』에 그려진 연중행사에 관한 기술은 회고문학이라는 일기문학의 성격상 당연히 쓰일 수밖에 없는 단순한 연대기적인 시간표현에 그치지 않고, 일기의 주제의식을 부각시키는 제재로서 기능한다고 볼 수 있다. 또한 중권 · 하권의 말미 장면을 통해 확인할 수 있듯이 저물어 가는 한 해와 일기(또는 권)의 말미를 맞물리게 하면서 일기의 막을 내림으로써, 여운을 극대화시키는 일기 집필의 한 방법으로 구상되었다고도 할 수 있다. 또한 계절의식에 기반을 둔 『가게로 일기』의 연중행사의 묘사는 고대 일본문학의 전통 속에서 생성된 문학 형성의 한 방법으로 볼 수 있으며, 연중행사의 기술이 단순한 시간표현에 머무르지 않고 일기의 주제를 형상화하고 일

17 小町谷照彦, 「追儺」, p.409.

기의 구조와도 밀접한 관련을 맺으며 그려짐으로써 『가게로 일기』의 작품세계를 구성하는 데 중요한 의미를 지니고 있다고 할 수 있다.

10. 집필기점과 일기의식

회상 선언과 '지금 · 현재'를 나타내는 표현, 그리고 성립

후지와라 가네이에(藤原兼家)와 결혼한 지 12년 남짓 지난 966년 4월, 『가게로 일기』 상권에는 다음과 같은 기술이 있다.

> 때는 바야흐로(このごろ) 사월, 마쓰리 구경을 나갔더니, 그 댁에서도 나와 있었다. 그래 보이기에 맞은편에 우차를 세웠다.(상권 · 134)

작중화자 미치쓰나의 어머니(道綱母)가 교토 가모 마쓰리(賀茂祭)를 구경하러 나갔다가 가네이에의 첫 부인인 도키히메(時姬)를 만났다는 위 인용의 기술 시점은, 『니혼키랴쿠』(日本紀略)에 따르면 966년 4월 14일의 일이다. 그 직전인 3월, 마침 자기 집에 와 있던 남편이 병이 난 게 계기가 되어 작중화자 미치쓰나의 어머니가 남편의 집을 방문하였다는 좀체 경험할 수 없는 체험 직후의 기술이다. 위의 기술에서 "때는 바야흐로"로 번역된 '요즈음'(このごろ)이라는 '지금 · 현재'(今)를 나타내는 시간표현은 『가게로 일기』의 형성을 생각해 볼 때 주목할 만한 표현이라고 생각한다. 왜냐하면 이 표현은 전권(全巻)의 서문이기도 한 상권 서문에서 "지나간 세월 동안의 일들"(過ぎにし年月ごろのこと)인 "보통 사람과는 다른 내 살아온 평범치 않은 삶"(人にもあらぬ身の上)까지를 '일기'로서 집필한다며 지나간 자신의 결혼생활을 회상하여 쓰겠다고 선언한 집필방법과 모순되기 때문이다. 또한 종래의 다양한 성립설에서 지적되어 온 집필기점, 그중에서도 가장 이른 시점인 안나(安和) 2년(969)의 시점보다도 이른 시점임에도 불구하고, 지나간 시점을 나타내는 '그즈음'(そのころ)이 아닌 '요즈음'(このごろ)이라는 '지금 · 현재'의 시점에 선 기술방식을 보이기 때문이기도 하다.[1] 위의 인용에 기술된 '요즈음'(このごろ)이라는 표현에 관해서는 종래의 제 주석(諸註釋)에도 '이례'적인 용법이라고 주에 지적되어 있기도 하다.[2]

『가게로 일기』에 기술된 '지금 · 현재'를 나타내는 시간표현으로서는 위에서 언급한 '요즈음'(このごろ)이라는 표현 이외에 '지금'(いま), '오늘'(今日), '올해'(今年) 등의 표현도 들 수 있다. 이 장에서는 이들 '지금 · 현재'를 나타내는 시간표현의 용법에 주목하여, 회

1 참고로 『가게로 일기』에 기술된 '그즈음'(そのころ)의 용례는 8회이며, '요즈음'(このごろ)의 용례는 27회다. 이 점을 통해서도 '회상의 문학'이라고 선언되면서도 '지금 · 현재'의 시점에 입각한 『가게로 일기』 나름의 표현의 특징을 엿볼 수 있다.

2 예를 들어, 우에무라 에쓰코(上村悦子) 씨의 『蜻蛉日記解釈大成 2』(明治書院, 1986, p.298)에는 "'요즈음'(このごろ)에 거기다 '사월'을 첨가하였기 때문에, '때는 바야흐로 사월, 마쓰리 구경을 나갔더니……'가 되었다"라고 지적되어 있다. 또한 이와나미 서점(岩波書店)의 신일본고전문학대계의 주에는 "'요즈음은'(このごろは) 뒤에는 지속하는 행위나 사상(事象)이 기술되는 것이 보통. 몇 월이라든가 가모 마쓰리(賀茂の祭) 구경이라는 일회적인 사건이 기술되는 것은 이례"라고 지적되어 있다.

상하여 집필한다고 선언하면서도 '지금 · 현재'를 나타내는 시간표현이 작품 상권을 비롯하여 전권에 걸쳐 빈번히 쓰이고 있는 작품 내외적인 의미에 관해 고찰해 보고자 한다. 구체적으로는 이와 같은 '지금 · 현재'를 나타내는 시간표현의 용법을 실마리로 하여 『가게로 일기』의 집필기점과 미치쓰나의 어머니의 '일기'에 대한 의식, 그리고 이 작품의 형성 등에 관해 생각해 보고자 한다.

『가게로 일기』라는 작품이 작중화자 미치쓰나의 어머니에 의해 자신의 "지나간 세월 동안의 일들"인 "보통 사람과는 다른 내 살아온 평범치 않은 삶"을 '일기'로 쓴 것, 즉 '회상의 문학'이라는 것은 "이렇게 내 반평생의 세월은 흘러가고, 세상에 참으로 의지할 데 없이 이도 저도 아닌 상태로 세월을 보내고 있는 사람이 있었다"(상권 · 47)라는 과거형으로 집필하기 시작하였던 서문을 통해서도 확인된다.[3] 이 서문의 집필시점이 언제든지 간에 『가게로 일기』는 작중화자 미치쓰나의 어머니가 회상하여 집필한다는 전제에 서 있는 작품으로 선언되어 있으며, 그와 같은 목적은 선행연구[4]에서도 지적되어 있는 것처럼 '이었다'(けり), '이었다'(き), '이었다'(ぬ), '옛날'(昔), '옛날'(いにしへ) 등의 '옛날'(昔)을 나타내는 표현을 통해 어느 정도 성취되었다고도 말할 수 있다.

---

3 이 점에 관해 三谷邦明, 「蜻蛉日記の時間意識—詩人の日記あるいは和歌的時間の文学—」(『一冊の講座 蜻蛉日記』, 有精堂, 1981)에는, "이 작품에서는 〈회상〉이라는 시간의 거리와 〈서술〉이라는 쓰기의 초월성이 〈체험〉의 일직선적인 시간과 착종하면서 본문을 엮어 만들어 허구를 감싸고 가는 것이어서, 무엇보다도 먼저 이 가게로 일기는 〈회상의 문학〉이라는 것이 서문에는 표출되어 있다"(p.225)고 지적되어 있다.

4 伊藤博, 「『蜻蛉日記』の時間表現」(『蜻蛉日記』, 女流日記文学講座 第2巻, 勉誠社, 1990); 伊牟田経久, 「『蜻蛉日記』の〈ケリ止め文〉」(『王朝日記の新研究』, 笠間書院, 1995) 등.

하지만 '회상의 문학'이라고 선언되어 있음에도 불구하고 그 시제가 반드시 과거형으로 통일되어 있지 않고, 게다가 '날짜표현'이나 '지금 · 현재'를 나타내는 표현 등이 일기 곳곳에 빈출하고 있다는 점에서 일기의 성립이나 형성을 둘러싸고 다양한 견해가 제시되고 있다는 것은 주지의 사실이다. 다양하게 제시되어 있는 견해들을 크게 분류해 보면, '상권 회상 집필, 971년 이후는 매일매일의 기록'으로 보는 후지오카 사쿠타로(藤岡作太郎) 씨의 견해를 필두로 하는 이른바 이원 · 다원(二元 · 多元)적 성립설[5]과, '982년 전후 전권 회상 집필'로 보는 오카 가즈오(岡一男) 씨의 견해를 필두로 하는 이른바 일원(一元)적 성립설[6]이라는 두 견해로 나누어 볼 수 있다고 생각한다.

---

5 藤岡作太郎, 『国文学全史 平安朝篇』(東京開成館, 1905)에는, "상권은 그때그때 집필된 것이 아니고 후에 기억을 떠올려 쓴 것일 것이다. 중권은 969년과 970년, 971년의 일, 하권은 972년, 973년, 974년의 일인데, 기사는 이러한 해에 이르러 비로소 소상하다. 971년과 972년 같은 것은 특히 상세하여 며칠에 비가 내리고 바람이 불고 불이 났다는 등 일일이 기술한 것을 보면 이들 내용은 그날그날 기술한 것일 것이다"(p.307)라고 지적되어 있다. 상세한 내용에 있어서는 다르기는 하지만, 광범위하게 이원 · 다원적 성립론의 연구자로서는 기타 요시오(喜多義勇), 모리야 쇼고(守屋省吾), 우에무라 에쓰코(上村悦子), 고가 노리코(古賀典子), 후지모토 도시에(藤本俊枝), 미즈노 다카시(水野隆), 이마니시 유이치로(今西祐一郎), 나카무라 마사코(中村マサ子), 노무라 가즈미(野村一三) 씨 등을 들 수 있다.

6 岡一男, 『源氏物語の基礎的研究』(東京堂, 1954)에는, "『가게로 일기』에 『우쓰호 모노가타리』(宇津保物語), 『야마토 모노가타리』(大和物語)의 영향이 보이며 또한 『고킨로쿠조』(古今六帖)도 관계하고 있다고 생각되지만, 이 세 책의 성립 연대는 976-982년 경으로 추정되기에 그 유포 기간을 고려하면 이 일기는 앞에서 언급한 일기의 내적 증거 및 작자의 전기 연구를 통한 결과와 일치하여 982년 전후의 성립으로 판단된다"(p.230)라고 지적되어 있다. 세세한 논지에 있어서는 다르지만, 이케다 기칸(池田亀鑑), 이시하라 쇼헤이(石原昭平), 이마이 다쿠지(今井卓爾), 가키모토 쓰토무(柿本奨) 씨 등도 넓은 의미에서 일원적 성립론에 속해 있는 것으로 보인다. 그렇기는 하지만, 이들 견해는 원 자료의 존재와 이어서 집필되어 생성 · 발전하였다는 견해를 지니고

그러나 이들 성립시점에 관한 견해를 '회상'이라는 관점에서 재조명해 보면, 전권을 회상 집필로 보는가 아니면 상권만을 회상 집필로 보는가의 문제라고 할 수 있으며 그때 어느 쪽 견해를 수용하든 상권은 회상하여 집필된 것으로 간주된다.

상권이 회상의 성격을 강하게 지니고 있다는 것은 "상권 15년의 기록은 명확하게 회상의 기록"이며 "세월을 뛰어넘어 사계절을 단위로 한 시간이 흐른다는, 대체로 일기의 시간답지 않은 기술방법으로 되어 있다. 이것은 요 15년간의 기록이 날마다의 기록 등과는 대체로 먼, 굉장히 개략적인 회상시점에서 구성되어 있다"는 곤도 가즈이치(近藤一一) 씨의 지적[7], "『가게로 일기』에서는 당사적 서술(當事的敍述)과 회상적 자세가 가장 절실한 대응과 연관을 맺으며 작자의 신상(身の上)을 독자적인 인생의 흐름으로 표현하고 있다. 상권에는 회상적 자세를 특별히 강하게 제시하여 작품의 심리적 통괄을 꾀하는 듯한 부분도 있다"는 기무라 마사노리(木村正中) 씨의 지적[8] 등을 통해 확인할 수 있다. 그러나 이때 회상기라는 성격과는 양립할 수 없는 상권에 나타난 '지금 · 현재'를 나타내는 시간표현의 존재를 어떻게 볼 것인가가 문제가 된다.

이 장에서는 『가게로 일기』에 나타난 '지금'(いま), '오늘'(今日), '올해'(今年), '요즈음'(このごろ)이라는 '지금 · 현재'를 나타내는 시간

있기 때문에 반드시 일괄 집필설이라고는 말하기 어렵다.

7 近藤一一, 「蜻蛉日記上巻の時間の問題」(『愛知淑徳大学論集』 8, 愛知淑徳大学, 1982) pp.272, 280.

8 木村正中, 「日記文学の特質 時間と回想」(『日記 · 随筆 · 記録』, 日本文学講座 7, 大修館書店, 1989) p.14.

표현의 용법에 주목하여, 그 용례의 추이를 통해 추정되는 집필기점을 비롯하여 이들 표현이 빈도수에 있어서는 차이가 있지만 중권·하권만이 아니라 상권에도 나타나고 있을 뿐만 아니라 그 용법에 있어서도 큰 차이가 없다는 점의 의미 등에 관해 생각해 보고자 한다.

'지나간 세월 동안의 일'의 현재화 의미

그런데 『가게로 일기』에 기술된 '지금·현재'를 나타내는 시간표현으로는 '지금'(いま) 102회, '오늘'(今日) 67회, '올해'(今年) 6회, '요즈음'(このごろ) 27회 등을 들 수 있다.[9] 이들 현재시점의 표현에 관해 가키모토 쓰토무(柿本奨) 씨는 "기술방식에 역사적 현재는 많지만 명확히 그날그날 썼다고 볼 만한 기사는 없으며, 모두 회고에 의한 것으로 생각되며, …… 집필시기는 일기 마지막인 974년 말로부터 멀지 않은 시기가 아니었을까"[10]라고 지적하면서, 회고 중의 '역사적 현재'를 나타내는 것으로 보고 있다. 또한 가미오 노부코(神尾暢子) 씨는 "회상한 과거의 체험을, 작자는 집필하는 현재와 대치하는 과거의 성립으로 규정하지 않았다. 체험하였던 과거시점 각각에 집필하는 작자가 공기(共起)하는 형식으로 규정하고 있는 것이다. …… 당사자가 입각한 시점을 표현하는 '올해', '지금', '오늘' 등으로 규정되는 시점이 어느 것이든, 회상시점도 집필시점도 아닌 체험의 시점을 표현한

9 용례수는 佐伯梅友·伊牟田経久 編, 『改訂新版 かげろふ日記総索引 索引篇』(風間書房, 1981)을 참고하여 본문과 대조, 확인한 것이다.

10 柿本奨 注釈, 『蜻蛉日記全注釈 下巻』(角川書店, 1966) p.287.

다"[11]고 하며, '지금 · 현재'를 나타내는 표현을 『가게로 일기』 표현방식의 한 특징으로 간주하고 있다.

'지금 · 현재'를 나타내는 표현의 성격을 '역사적 현재'와 '체험의 시점'을 나타내는 것으로 보는 가키모토 씨와 가미오 씨의 지적에는 대체로 수긍한다. 그렇기는 하지만 용례의 쓰임으로부터 추정되는 집필기점이라는 일기 내적인 의미, 일기의 형성 경위와 원 자료의 존재라고 하는 일기 외적인 의미 등 이들 표현이 지닌 일기 내외적인 의미에 관해서는 충분히 논의되고 있지 않다.

그런데 『가게로 일기』에 쓰이고 있는 '지금'(いま), '오늘'(今日), '올해'(今年), '요즈음'(このごろ)의 용례 중 문학적인 시간의 발현인 와카(和歌) 또는 히키우타(引歌)라고 하는 와카 구절의 인용 등에 쓰이고 있는 용례, 발화(發話) 시점의 시간 발현인 회화문의 용례, 관용적인 의미로 쓰이고 있는 용례,[12] 파생적인 의미[13]로 쓰이고 있는 '지금'(いま)의 용례를 제외하고 명확히 현재시점을 나타내는 시간표현으로 지문에 쓰이고 있는 용례를 정리해 보면, '지금'(いま) 23회, '오늘'(今日) 30회, '올해'(今年) 4회, '요즈음'(このごろ) 22회다.

이들 용례의 분석을 통해 지적할 수 있는 것은 먼저, 몇몇 사항에 이와 같은 '지금 · 현재'를 나타내는 시간표현이 집중적으로 쓰이고 있다는 것이다. 그것은 바로 마치노코지(町の小路) 여자와 관련되는 일련의 기사와 친정어머니의 죽음과 관련된 기사, 그리고 참배여

11 神尾暢子, 「蜻蛉日記の往昔表現」(『王朝日記の新研究』, 笠間書院, 1995) p.185.

12 예를 들어 'いまはとて', 'いまより', 'いままで', 'いまや', '昨日今日', '今日や今日や' 등.

13 예를 들어 'さらに', '今にも', 'ちょうど', 'もう' 등.

행(物詣で)의 기사다.

그 가운데 다음과 같은 용례는 주목할 만하다.

(1)이러면서 이제는(いまは) 마치노코지 여자네 집에 드러내놓고 드나들게 되었다.(상권 · 75)-956년 3월

(2)이제는(いまは) 어찌하면 보지도 않고 듣지도 않고 지낼 수 있을까라고만 생각하고 있는데, '옛날에는 애정이 깊었던 사람도 지금은 관계가 끊어졌다든가'라고 하는 등 그 사람에 관해 이러쿵저러쿵 뒷말하는 것을 들으니, 불쾌하게만 생각돼 저물녘이 되면 마음만 울적할 뿐이다.(상권 · 80)-956년 7월

(3)내가 고통스러워했던 것보다는 조금 더 한탄스러워할 것이라고 생각하니, 지금은(いまぞ) 속이 다 시원하다.(상권 · 90)-957년 10월-962년 5월

(4)하지만 그 사람은 지금은(いまぞ) 본래 드나들던 댁에 발길을 끊었을 때 쌓였던 먼지를 털어내고 자주 출입한다는 소문이다. 내 집에는 평소와 별반 다름없이 가끔 찾아오기에 걸핏하면 마음이 불편한 일들이 많았다.(상권 · 90)-957년 10월-962년 5월

(5)눈엣가시처럼 여겨지는 여자 집에서는, 지금은(いまは) 세상에 있는 모든 방책을 동원해 그 사람 마음을 돌리려 애쓴다는 소식을 전해 들으니, 속이 시원하다.(상권 · 100)-962년 5월경

(6)그런데 요즈음(このごろ) 그 사실을 모르는 사람들이 떠받드는 대로 저 잘났다고 나대다가 갑자기 이렇게 되었으니, 그 속이 어떠할 것인가.(상권 · 90)-957년 10월-962년 5월

(7)긴병 끝에 그리 된 어머니는 지금은(いまは) 어찌할 도리가 없다고 생각하고, 울고 있던 사람들이 모두 나한테 달라붙어 어머니 돌아가셨을 때보다 더, "이를 어쩌나. 어쩌자고 이렇게까지"라며 또다시 정신없이 우는 사람들이 많다.(상권 · 116)-964년 가을

(8)이제는(いまは) 너무나 휑하니 쓸쓸함이 감도는 산사에 모여 상중에 있다.(상권 · 117)-964년 가을

(9)병세가 안 좋아지셨을 때 부처님의 가호를 얻고자 수계(受戒)를 받으셨던 날, 그 자리에 있던 스님의 가사를 걸쳐 입었는데, 어머니 죽음으로 부정을 탄 바로 그 가사가 물건들 사이에 섞여 있는 것이 [지금](いまぞ) 눈에 띄었다.(상권 · 120)-964년 가을

(10)그래도 역시나 옛날에 어머니와 함께 보냈던 날을 그리워하며 눈물로 지새고 있는데, 해가 바뀌었다. 봄, 여름도 지나니, 이제(いまは) 일주기 마지막 불사를 열게 되었다. 이번만은 어머니가 숨을 거두신 그 산사에서 치렀다.(상권 · 123)-965년 가을

(11)서둘러 집으로 돌아가고 싶지는 않지만 하고 싶은 대로 다 할 수는 없는 일이기에, 오늘(今日) 모두 떠나가는 날이 왔다.(상권 · 118)-

964년 가을

⑿이렇게 날을 보내던 중 많은 동기간들 중에서도 특히 미덥게 여기며 지내던 사람이, 올 여름부터 멀리 떠나기로 되어 있었는데, 어머니상이나 마치고 떠나가려고 미루고 있었던 터라 요즈음(このごろ) 떠나가게 되었다. 언니와 헤어질 생각을 하니, 마음이 허전하다는 말로는 너무나 부족하다.(상권 · 125)-965년 9월

인용(1)-(5)의 '지금'(いま)의 용례와 인용(6)의 '요즈음'(このごろ)의 용례는 마치노코지 여자와 관련된 기사 가운데 쓰이고 있으며, 인용(7)-⑽의 '지금'(いま)의 용례와 인용⑾의 '오늘'(今日)의 용례, 인용⑿의 '요즈음'(このごろ)의 용례는 친정어머니의 죽음과 관련된 기사 가운데 쓰이고 있다. 이들 용례에서 주목할 만한 것은 회상하여 집필된 것이 확실한 상권에 기술된 표현이라는 점이다. 이 점은 『가게로 일기』의 바탕이 된 원 자료의 존재를 생각할 때 시사적이라고 생각된다.

다음으로 지적할 수 있는 것은 그 빈도수에 있어서는 차이가 있지만 '지금 · 현재'를 나타내는 시간표현은 상 · 중 · 하권 전권에 걸쳐 기술되고 있다는 점이다. 회상기(回想記)의 성격을 지니고 있다고 규정되는 상권에서도 '지금'(いま) 10회, '오늘'(今日) 3회, '올해'(今年) 1회, '요즈음'(このごろ) 5회의 용례가 확인된다. 특히 '지금'(いま)의 경우는 중권의 4회, 하권의 9회보다도 상권의 용례수가 더 많으며, 그 용법 또한 중권 · 하권과 그다지 다르지 않다는 사실에는 주목할 필요가 있을 것이다.

이와 같은 '지금 · 현재'를 나타내는 시간표현 중 '지금'(いま)이라는 용례에 관해서는 곤도 가즈이치 씨의 지적이 있다. 곤도 씨는 '옛날'(昔)이라는 표현과 대응되어 기술되어 있는 '지금'(いま)이 쓰이고 있는 구절[14]의 의미에 주목하여 "'지금은'(今は)이라는 표현은 흘러가는 나날들을 순간적으로 절단하여 현재를 다시금 재조명하는 표현"이며, "이 표현은 필연적으로 '옛날'(昔)에 대응한다"[15]고 지적하고 있다. 하지만 그와 같은 '지금'(いま)의 용법 이외에 이른바 '체험의 시점'을 나타내는 '지금'(いま)의 용법에도 주목할 필요가 있을 것이다. 후카자와 도오루(深澤徹) 씨는 하권 도입부인 972년 2월 기사에 기술되어 있는 "사흗날이 된 한밤중에 내린 눈이 서너 촌(寸)쯤 쌓였는데, 지금도 여전히 내린다"(하권 · 285)라는 기술에 쓰이고 있는 '지금'(いま)이라는 용례에 주목하여, "여기서 언급되고 있는 '지금'이라는 시간은 체험할 때의 바로 그때를 살아가는 입장에서의 그것과 다르지 않다"[16]고 지적하고 있다. 그리고 '지금 · 현재'를 나타내는 시간표현 가운데 '오늘'(今日)이라는 표현에 관해서는, '오늘'(今日)이라는 '지금 · 현재'를 나타내는 시간표현이 집중되어 있는 중권 971년 근방의 기술을 통해 "일기풍의 문장이 기록되어 있었"던 "비망록의 기록"이 자료로 쓰였을 가능성을 지적한 이토 히로시(伊藤博) 씨의 견

---

14 "'옛날에는 애정이 깊었던 사람도 지금은 관계가 끊어졌다든가'라고 하는 등 그 사람에 관해 이러쿵저러쿵 뒷말하는 것을 들으니,"(상권 · 80)

15 近藤一一, 「日記文学に於ける時間の問題一蜻蛉日記を中心に一」(『平安朝日記 Ⅰ』, 有精堂, 1971) p.33. 초출은 『国語国文学報』 1962年 5月.

16 深沢徹, 「『蜻蛉日記』下巻の変様—夢の〈記述〉とその〈解釈〉をめぐって—」(『かげろふ日記 回想と書くこと』, 有精堂, 1987) p.234. 초출은 『日本文学』 1985年 9月号.

해[17]가 시사적이다.

그렇기는 하지만, '지금 · 현재'를 나타내는 시간표현의 용례를 분석한 데서 주목할 점은『가게로 일기』에 있어서 이른바 '체험의 시점'을 나타내는 '지금 · 현재'를 나타내는 시간표현이 중권 · 하권만이 아니라 상권에도 기술되어 있다는 의미와 971년 이전 시점에서의 이 같은 시간표현의 용법의 추이에도 초점을 맞출 필요가 있지 않는가 하는 점이다. 예를 들어, '오늘'(今日)이라는 시간표현은 971년에 기술된 9회에 비해 용례 수에 있어서는 적지만 상권에도 3회, 중권인 970년 기사에도 2회 쓰이고 있다.[18] '회상의 문학'인 상권과 종래

---

17 伊藤博,『蜻蛉日記研究序説』(笠間書院, 1976) p.4. 초출은『国文学 言語と文芸』第55号, 1967年 11月. 그리고 이토(伊藤) 씨는 '오늘'(今日)이라는 시간표현이 집중되고 있다는 점 말고도 970년 4월부터 그다음 해 971년 5월까지 미치쓰나의 어머니의 고뇌를 드러내는 비유표현과 심정표현이 집중되는 데다 독영가가 집중되고, 미치쓰나에게 쓰이게 된 '미더운 사람'(頼もし人), '대부'(大夫)라는 호칭 변화 등 특색 있는 표현 · 기술이 발견된다는 점에서, 이 시기를 "작자가 가게로 일기의 집필을 결심한 시점"(p.16)으로 추측하고 있다. 또한 이토 씨는「『蜻蛉日記』の時間表現」(『蜻蛉日記』, 女流日記文学講座 第2巻, 勉誠社, 1990)에서, "중권인 971년, 하권인 972년에 그 수가 많다는 사실은 소재와 집필 시의 시간적 〈거리〉가 적다는 것을 엿볼 수 있다"(p.175)고 지적하고 있다.

18 ①또 한 분도 여느 때는 늘 집에만 계신 듯하더니, 하필 오늘따라 보이지를 않는다.(상권 · 73)-956년 3월

②서둘러 집으로 돌아가고 싶지는 않지만 하고 싶은 대로 다 할 수는 없는 일이기에, 오늘 모두 떠나가는 날이 왔다.(상권 · 118)-964년 가을

③오늘도 역시 절 같은 곳에서 묵고, 그 다음날은 쓰바이치(椿市)라는 곳에 묵는다.(상권 · 157)-968년 9월

④오늘 한낮부터 굵은 빗방울이 매우 심하게 떨어지기 시작하더니, 심란하게 계속 내린다.(중권 · 219)-970년 12월

⑤나에 대한 애정 때문은 아니고 그 사람의 타고난 본성 때문일 수도 있겠지만, 비바람에도 개의치 않고 찾아와주곤 했다. 오늘 지난날을 되돌아보니, 전에도 마음을 놓을 수는 없었기에, 나를 계속 찾아오기를 바랐던 것은 주제넘은 내 욕심이었구나,(중권 · 219)-970년 12월

집필기점으로 많이 지적되어 온 971년 이전에도 기술되어 있는 것이 『가게로 일기』에 있어서 어떠한 의미를 지니는지에 대해 주목할 필요가 있다고 생각된다.

덴로쿠 원년(970)이라는 집필기점

중권에 쓰이고 있는 '지금 · 현재'를 나타내는 시간표현을 분석해 보면 '지금'(いま)의 용례는 970년에 2회, 971년에 2회 나타나 있으며, '오늘'(今日)의 용례는 970년에 2회, 971년에 9회 쓰이고 있다. '올해'(今年)의 용례는 969년에 1회, '요즈음'(このごろ)의 용례는 969년에 1회, 970년에 4회, 971년에 4회 쓰이고 있다. 연도별 내역을 통해 확인할 수 있듯이, 『가게로 일기』의 집필기점으로 널리 지적되어 온 나루타키 칩거(鳴滝籠り)가 있었던 971년에 전혀 뒤지지 않을 만큼 그 전해인 970년에도 '지금 · 현재'를 나타내는 시간표현은 쓰이고 있다.

971년 이전의 중권에 기술되어 있는 '지금 · 현재'를 나타내는 시간표현의 용례는 다음과 같다.

> ①그 일행을 앞질러 그곳을 떠나 [이제는](いまは) 앞으로 길을 재촉하니, 오사카 관문을 넘은 뒤 우치이데(打出) 호숫가에 금세라도 죽을 것처럼 기진맥진한 채 도착했다.(중권 · 212)-970년 7월

> ②선달 초순이 되었다. 초이렛날쯤 한낮에 잠깐 들렀다. 지금은(いまは) 얼굴을 마주하고 싶은 마음도 들지 않기에 휘장을 늘어뜨린 칸막이를 끌어당기고, 어두운 표정으로 앉아 있었다.(중권 · 219)-970년 12월

③오늘(今日) 한낮부터 굵은 빗방울이 매우 심하게 떨어지기 시작하더니, 심란하게 계속 내린다. 이래서는, 혹여 들를지도 모른다고 생각하던 옅은 기대도 사라져버렸다.(중권 · 219)-970년 12월

④옛날을 되돌아보니, 나에 대한 애정 때문은 아니고 그 사람의 타고난 본성 때문일 수도 있겠지만, 비바람에도 개의치 않고 찾아와주곤 했다. 오늘(今日) 지난날을 되돌아보니, 전에도 마음을 놓을 수는 없었기에, 나를 계속 찾아오기를 바랐던 것은 주제넘은 내 욕심이었구나, 슬프다, 비바람에도 개의치 않을 거라 생각해왔는데,(중권 · 219)-970년 12월

⑤올해는(今年は) 오월이 윤달이라서 이런 와카를 읊은 듯하다.(중권 · 170)-969년 1월

⑥그 사람은 요즘(このごろ) 한창 잘 나가는 사람인지라, 사람들이 인사차 많이 찾아와 붐비는데다 서둘러 입궐도 해야 하는 상황이라 무척 시끌벅적하고 정신없는 듯했지만, 이렇게 써서 보내주었다.(중권 · 170)-969년 1월

⑦"그쪽 편이 이기면 그 조가 다 함께 춤도 추어야 한다"라고 하기에, 요즈음은(このごろは) 만사 다 제쳐놓고 오직 이 일에만 신경을 쓴다.(중권 · 194)-970년 3월

⑧그곳을 지나쳐 산길로 접어들어 서울과는 다른 풍경을 보자니, 요

즘처럼(このごろの) 심란한 내 마음 탓이겠지만, 참으로 정취 있어 보인다.(중권 · 199)-970년 6월

⑨이때는(ただこのころは) 다른 것에는 일절 마음을 주지 않고 그저 날이 밝으나 저무나 내 신세를 한탄하기만 한다.(중권 · 210)-970년 7월

⑩빗발은 여전히 세찬 채로 등불을 켜야 할 무렵이 되었다. 남쪽 채에는 요즈음(このごろ) 오가는 사람이 있다. 발소리가 들리기에, "그분 같구나. 아아, 이런 날에 잘도 오셨네"라고 부글부글 끓는 속마음은 제쳐두고 중얼거렸다.(중권 · 220)-970년 12월

특히 '지금 · 현재'를 나타내는 시간표현 가운데 9회의 '요즈음'(このごろ)이라는 표현이 중권에서 969년에 1회(인용⑥), 970년에 4회(인용⑦-⑩), 971년에 4회(그중 3회는 6월에 쓰임) 쓰이고 있다는 점은 흥미로운 사실이다. 종래 『가게로 일기』의 집필기점으로서 널리 지적되어 온 것은 971년의 시점[19]이었는데, 이른바 '역사적 현재' 또는 '체험의 시점'을 나타내는 이와 같은 '지금 · 현재'를 나타내는 시간표현의 용법을 지표로 하였을 때 그보다 1년 전인 970년이라는 시점이 의미를 지니고 있으며, 그것은 『가게로 일기』의 형성과도 관련되어 있다고 생각되기 때문이다.

19 예를 들어 藤岡作太郎, 『国文学全史 平安朝篇』(東京開成館, 1905) p.307.

이때 969년 연말 가까운 11월 어느 날 미치쓰나의 어머니가 홀로 읊은 "내리는 눈에 쌓이는 내 나이를 헤아려보니 죽지도 못하는 내 신세를 한(恨)하노라"(중권 · 190)라는 와카는 중요한 의미를 지니고 있는 듯이 여겨진다. 미치쓰나의 어머니가 내려 쌓인 눈에 늙어가는 자신의 나이를 비기면서 죽을 수도 없어 살아 있는 자신의 처지를 한탄하는 와카를 읊게 된 계기는, 선행연구[20] 등에도 지적되어 있듯이 "멋들어지고 호화스럽게 지어진 새 저택"(중권 · 193), 즉 히가시산조인(東三條院)에 가네이에가 새 저택을 지어 이사를 가게 된 일이었다.

미치쓰나의 어머니는 가네이에의 신저에 들어갈 수 없게 되었다는 사실에서 명확해진, 정처의 지위에서 멀어진 자신의 부인으로서의 위치와 기댈 구석이 없는 아들 하나밖에 없다는 자신의 객관적으로 보아도 불안정한 처지를 새삼스럽게 인식하게 된 것이다. 나아가 이미 30대 중반을 맞이하고 있는 자신의 젊지 않은 나이를 생각함으로써, 이제까지 가네이에의 애정의 기반이 되었던 젊음과 미모가 쇠퇴해 가는 자신의 처지에 몹시 위기감을 느끼고 있는 듯이 보인다. 이와 같은 미치쓰나의 어머니의 불안은 970년 이후 "밤에 본 것은 서른여 날, 낮에 본 것은 마흔여 날"(중권 · 198)이라는 기술에서 확인할 수 있듯이, 찾아오는 간격이 뜸해져만 가는 가네이에의 발길, 오미(近江)라는 새로운 여성과 관계가 깊어지면서 미치쓰나의 어머니의 집

20 増田繁夫, 「『蜻蛉日記』の成立」(『蜻蛉日記』, 女流日記文学講座 第2巻, 勉誠社, 1990) p.94. 이 견해가 처음 제시된 것은 「女流日記の発想ー かげろう日記論」(『甲南大学文学会論集』 15, 甲南大学文学会, 1961).

앞을 그냥 지나쳐 가기를 되풀이하는 가네이에의 행동 등으로 현실화된다. 이 시점에 이르러 미치쓰나의 어머니의 불안과 자신의 결혼생활에 대한 허무함은 심각한 상황에 이르렀다는 것을 알 수 있다.

모리야 쇼고(守屋省吾) 씨는 이 점과 관련하여, "'내리는 눈에~'의 와카에서 찾아볼 수 있는 깊디깊은 자기 응시의 자세와 내 인생을 연속상(連續相)으로서 성찰하는 발상은 …… 서문 모두에 제시되었던 자기인식과 표리(表裏)의 관계에 있으며, 동시에 …… 상권 발문과 확실히 호응하고 있다. 아마 상권은 어디까지나 하나의 통합된 것으로서 일회적인 개별성을 지니고 집필된 것"[21]이라고 지적하고 있다. 이 장면에 나타난 미치쓰나의 어머니의 자기인식이 서문 모두(冒頭)에 제시된 자기인식과 표리의 관계에 있다는 지적은 상권의 성립시점을 생각할 때 매우 시사적인 견해라고 생각한다.[22]

요컨대 '지금 · 현재'를 나타내는 시간표현 가운데 971년에 기술된 용례보다 그 수에 있어서는 적기는 하지만, 970년에 기술된 2회의 '지금'(いま)의 용례, 2회의 '오늘'(今日)의 용례, 4회의 '요즈음'(このごろ)의 용례에 주목하였을 때 『가게로 일기』의 집필기점으로서 970년이라는 시점을 충분히 고려할 수 있다. 미치쓰나의 어머니가

21 守屋省吾, 『蜻蛉日記形成論』(笠間書院, 1975) p.264.

22 이 점과 관련하여 守屋省吾, 「蜻蛉日記上巻の成立について」(『立教大学日本文学』 14, 立教大学日本文学会, 1965)에서는, 종래의 상권 · 중권 일괄 연속 기술을 부정하고 상권의 집필시기를 '969년부터 970년 5월까지'로 지적하고 있다. 또한 古賀典子, 「「蜻蛉日記」上巻の成立に関する私論」(『語文研究』 25, 九州大学国語国文学会, 1968)에서도, 969년 가을 무렵까지 "상권 전체를 통일하여 흐르고 있는 사가집(私家集)적 의식과 공통되는 의식이 메모 위에서 보인다"(p.47)라는 점에서 상권 집필시기를 '969년 가을부터 겨울에 걸친 시기'로 지적하고, 969년을 『가게로 일기』 집필기점으로 보고 있다.

일기를 집필하게 된 계기로서는 앞에서 기술한 970년 전후의 히가시산조인 저택으로 옮아가는 문제를 지적할 수 있으며, '내리는 눈에~'라는 독영가(獨詠歌)에 담긴 결혼생활, 나아가서는 자기 자신의 인생에 대한 절망과 공허함에 자극받아 미치쓰나의 어머니는 자신의 인생을 '일기'로 정리해 내야겠다고 결심하였다고 생각된다.

이처럼 여러 상황을 고려해 보았을 때, 970년을 거쳐 971년부터 더욱더 빈출하게 되는 '지금 · 현재'를 나타내는 시간표현과 그 묘사의 정밀함은 '매일매일의 기록'이기 때문이라기보다는 실제로 상권을 집필함으로써 더욱더 현실적이 된, 자기 자신의 '신세'(身の上)를 '기록'으로서 남기려고 하는 의식의 발현이었다고 할 수 있을 것이다.

'보통 사람과는 다른 내 살아온 평범치 않은 삶'의 기록과 '일기'

그런데 상권에 기술되어 있는 '지금 · 현재'를 나타내는 시간표현이 마치노코지 여자와 관련된 기사나 친정어머니의 죽음과 관련된 기사 가운데 집중적으로 기술되어 있다는 것은 이미 지적한 바 있다. 일기에 있어 이러한 사실이 지니는 의미는 작중화자 미치쓰나의 어머니가 '일기'를 바라보는 의식과 관련시켜 고찰할 수 있다고 생각된다.

『가게로 일기』가 자기 자신의 인생을 '기록'으로 남기려는 의도에서 집필된 작품이라는 것은 '일기'라는 양식에 대한 작자의 의식에서 확인할 수 있다. 『가게로 일기』에 '일기'의 용례는 서문에 기술된 "보통 사람과는 다른 내 살아온 평범치 않은 삶이라도 일기로 써 풀어내면"(상권 · 48)이라는 용례, 상권 말미에 기술된 "이렇게 세월은 흘러가는데도 생각대로 되지 않는 이내 신세를 한탄하고만 있는 지라, 새해가 밝아도 기쁘지 않고 변함없이 허무함을 느끼고 있으니, 있는지 없는지도 모를, 아지랑이처럼 허무한 여자의 처지를 기록한 일기라고 할 수 있겠다"(상권 · 165)라는 용례, 그리고 미나모토 다카아키라(源高明) 유배 기사에 기술된 "내 신상에 관한 일만 적는 일기에는 넣기에 어울리지 않는 내용이지만, 몹시 슬퍼한 건 다른 사람이 아닌 바로 나이기에 기록해두는 것이다"(중권 · 174)라는 용례를 포함하여 3회 확인할 수 있다.

이들 3회의 '일기' 용례에서 지적할 수 있는 것은 미치쓰나의 어머니는 일기 제재의 범위를 자신의 '개인적'인 일과 관련된 사적인 일에만 한정하고 있으며, 또한 "기록해두는 것이다"라는 표현을 통해서도 알 수 있듯이 일기를 '기록'으로 이해하고 있다는 것이다. 이 점과 관련해서는 헤이안 시대에 성립된 일기의 용례 분석을 통해 '일기 쓰다'(日記す)를 "어떠한 사항을 기록하는 의미로 쓰여 날마다 기록하는 의미로는 쓰이고 있지 않다"[23]고 지적한 다마이 고스케(玉井幸助) 씨의 견해, "내 작품을 일기로 규정하려고 한 의식 뒤에는 역시 시대의 일기 개념이 크게 작용하고 있었을 것"이며 "'내 신상에 관한 일만'을 일기로 쓰겠다고 하는 것 뒤에는 당시의 통상적인 남성 한문일기로 대표되는 것—날짜를 명기한 실기(實記)로서의 일기의식이 명확히 존재하고 있었다"[24]고 지적하는 가도데 준코(門出順子) 씨의 견

23 玉井幸助, 『日記文学概説』(図書刊行会, 1982) p.242.

24 門出順子, 「蜻蛉日記上巻の成立に関して—「日記」及び「けり」表現の問題から—」(『立教大学日本文学』3, 立教大学日本文学会, 1976) p.29. 또한 柳瀬あや子, 「「蜻蛉日記」についての一考察—上巻に於ける時間経過のとらえ方—」(『神戸文化短期大学研究紀要』19, 神

해가 시사적이다. 그리고 이 같은 '기록'의 의미로서 집필된 '일기'가 후대에 남기려고 하는 '효용의식'에 기반하고 있다는 점에 관해서는 "내 인생 체험을 기록하여 '전례'(ためし)로서 후대에 남겨 얼마간 도움이 되었으면 하고 기대하고 있다"[25]고 지적한 가키모토 쓰토무(柿本奨) 씨의 견해가 있다.

그런데 공적인 한문일기에 영향을 받은 남성귀족들이 써서 남긴 『쇼유키』(小右記), 『곤키』(權記), 『미도칸파쿠키』(御堂關白記) 등의 사적인 한문일기가 날마다 날짜를 수반하고 있는 데 반해 가나(仮名) 문자로 집필한 『가게로 일기』와 같이 여성이 쓴 일기는, "처음부터 일록(日錄)"이 아니라 "달력은 중요하지 않고 자신을 중심에 놓은 시간"이 있으며, "이른바 진행형으로 날짜와 함께 전개되는 남성일기와는 달리 내 인생의 한 시기에 대한 회고가 있고 그 기간 동안의 시간 흐름에 마음을 담아 신세를 의탁하는"[26] 것, "작자 스스로가 몸소 살아온 시간"[27]이라고 널리 지적되어 온 대로다.

그렇지만 이미 확인한 바와 같이 실제로 『가게로 일기』에는 '매일매일'은 아니라고 하여도 현재시점에 입각한 '지금 · 현재'를 나타내는 시간표현과 많은 '날짜표현'이 있으며, 그것은 "'일기'라는 의식하에 하나의 저작으로서 정리하려고 하였을 때" "시간을 기축으로

戸文化短期大学, 1995)에서도 시간(時)의 표기를 통해 작자의 '일기'에 대한 의식을 파악하고 있다.

25 柿本奨, 「『蜻蛉日記』を書かせたもの」(『国文学解釈と鑑賞』 43-9, 至文堂, 1978) p.98.

26 武者小路辰子, 「断続の日記 · 連続の日記—男の時間 · 女の時間—」(『王朝日記』, 鑑賞日本古典文学 第10巻, 角川書店, 1975) p.442.

27 近藤一一, 「蜻蛉日記の日付表現」(『一冊の講座 蜻蛉日記』, 有精堂, 1981) p.216.

삼지 않으면 안 되었기"[28] 때문일 것이다. 미타니 구니아키(三谷邦明) 씨의 지적처럼 "〈회상의 문학〉이기는 하지만" "항상 날짜 같은 시간 질서가 작품을 규정"[29]하고 있기 때문이기도 할 것이다. 단 『가게로 일기』의 시간 추이의 기술은 사계절의 추이와 월(月)의 추이[30]로 기술되어 가고 있으며, 날짜 표기는 "연중행사 및 사건 전후와 관계가 있는 날짜"[31]라는 데는 주의할 필요가 있을 것이다.

회상기이면서도 상권에 '지금 · 현재'를 나타내는 시간표현의 용례가 마치노코지 여자와 친정어머니의 죽음을 둘러싼 기사에 빈출하고 있는 사실을 통해서는 집필할 때 원 자료가 존재하였으리라는 것을 추정할 수 있다. 위와 같은 기사에 형상화되어 있는 상세하고 임장감(臨場感)이 있는 묘사와 심정표현에 주목하였을 때, 일기를 집필할 때 자신의 인생을 '기록'으로 남기려고 생각하여 정리하고 있었던 미치쓰나의 어머니의 '비망록'(備忘錄)과 같은 것이 원 자료로서 활용되었다고 생각한다.[32]

요컨대 『가게로 일기』 내 '지금 · 현재'를 나타내는 시간표현은

28 野口元大, 「蜻蛉日記の日記意識」(『王朝日記の新研究』, 笠間書院, 1995) p.95.

29 三谷邦明, 「蜻蛉日記の時間意識―詩人の日記あるいは和歌的時間の文学―」, p.225.

30 宮崎荘平, 「女流日記文学における叙述法の一特性―時間的構成を支える叙述の方法について―」(『国語と国文学』 44-5, 東京大学国語国文学会, 1967); 石原昭平, 「日記文学における時間―日次と月次をめぐって―」(『日本文学』 26-11, 日本文学協会, 1977).

31 石原昭平, 「日記文学の時間と回想」(『平安文学の風貌』, 武蔵野書院, 2003) p.175.

32 『가게로 일기』의 형성에 있어서 원 자료와 같은 것이 활용되었을 가능성에 관해서는 岡一男, 『源氏物語の基礎的研究』, p.231에 언급된 "기행 시의 메모 · 서찰 · 구주력(具注暦)에 적어 둔 메모"를 위시하여, 아키야마 겐(秋山虔), 가키모토 쓰토무(柿本奨), 이토 히로시(伊藤博), 이시하라 쇼헤이(石原昭平), 미타니 구니아키(三谷邦明) 씨 등도 지적하고 있는 바다.

미치쓰나의 어머니라는 작자의 '일기'에 대한 의식에 의해, 날짜표현과 '지금'(いま), '오늘'(今日), '올해'(今年), '요즈음'(このごろ)이라고 하는 '지금 · 현재'를 나타내는 '일기' 본래의 시간표현이 상권처럼 명확한 '회상의 문학' 속에서도 그대로 온존하게 되었다고 생각할 수 있다.

이상과 같이 '지금 · 현재'를 나타내는 시간표현의 용법과 집필시점이 긴밀하게 관련되어 있다는 관점에서 『가게로 일기』 내 '지금'(いま), '오늘'(今日), '올해'(今年), '요즈음'(このごろ)이라는 '지금 · 현재'를 나타내는 시간표현에 주목하였을 때, 이 일기는 결혼생활과 인생에 대한 절망과 공허함이라는 969년 연말의 미치쓰나의 어머니의 인생인식을 계기로 하여 집필되었다고 생각되며 970년을 집필기점으로 간주할 수 있을 것이다. 한편 회상기인 상권에 쓰인 '지금 · 현재'를 나타내는 시간표현이 친정어머니의 죽음과 마치노코지 여자를 둘러싼 기사에 집중되어 있다는 점을 통해서는, 원 자료로서의 '비망록'과 같은 자료의 존재도 추정할 수 있을 것이다. 나아가 '회상의 문학'이라는 것을 표면에 내세우면서도 '지금 · 현재'를 나타내는 시간표현을 쓰게 된 근저에는, 현재의 '기록'을 '일기'의 방식으로 내면화한 작자의 '일기'에 대한 의식과 그 의식의 표출이기도 한 '표현'에 천착하는 작자의 의식이 담겨 있다고 생각한다.

11. 시간 경과의 비유적 표현

'먼지만 쌓인 자리'의 의미

『가게로 일기』(蜻蛉日記)에 있어서 971년은 작품 전체의 흐름 속에서 매우 중요한 의미를 지니고 있는 해다. 왜냐하면 『가게로 일기』는 미치쓰나의 어머니(道綱母)의 '허무한 신세', 즉 남편인 후지와라 가네이에(藤原兼家)와 함께한 21년간에 걸친 결혼생활의 경위를 기술한 작품이지만, 971년을 경계로 하여 가네이에에 대한 미치쓰나의 어머니의 인식에 변화가 초래된 데다 미치쓰나의 어머니의 인생관 또한 일정 정도 변화되고 있음을 확인할 수 있기 때문이다.[1] 미치쓰나의 어머니의 의식 변화를 초래한 971년에 생긴 일로서는 가네이에의 거듭되는 '마에와타리'(前渡り), 즉 작자의 집 앞을 가네이에가 그냥 스쳐 지나가는 데 충격을 받고 "내 집 앞을 그냥 지나쳐 가시지 않는

1 971년이 미치쓰나의 어머니의 인생관이나 가네이에에 대한 인식에 있어서 갈림길이 되고 있다는 것은 이 책 3장에서 작품 중의 '쓰레나시'(つれなし)와 '나오아라지'(なほあらじ)라는 표현의 용법이 어떻게 변화해 나가는가를 근거로 하여 고찰한 바 있다.

세계"(중권 · 234)를 찾아 감행한 미치쓰나의 어머니의 '나루타키 칩거'(鳴滝籠り)가 널리 지적되고 있다.

다음 인용은 미치쓰나의 어머니의 우수(憂愁)가 점차 고조되어 가는 971년 2월의 기사다.

> 이월도 열흘날여가 지났다. 그 사람은 소문으로 들었던 곳에 사흘 밤 잇따라 방문했다고 이러쿵저러쿵 말들이 많다. 쓸쓸히 하릴없이 지내던 중에 춘분 법회가 가까워졌기에 그냥 이대로 있기보다는 정진이라도 하자고 마음을 먹고, 다다미 위에 깔아놓은 화려한 윗돗자리를 깨끗한 보통 돗자리로 바꿔 깔라고 시켰다. 먼지를 털고 있는 모습 등을 보고 있는데도, 이러한 일이 있을 줄은 예상도 하지 못했건만이라고 생각하니 가슴이 미어져, 이렇게 읊었다.
>
> 털어버리는 깔개 위 쌓여 있는 저 먼지 수도
> 내 쉬는 한숨 수엔 미치지 못하리라(중권 · 225-226)

위의 인용에서 미치쓰나의 어머니는 가네이에와 오미(近江)라는 새로운 여성의 관계가 깊어지고 그에 따라 자신의 집에는 가네이에의 발길이 멀어져 버린 상황을 돗자리에 쌓인 먼지로 표현하고 있다. "남편이 부재하는 처의 침실 베개나 잠자리에 쌓인 '먼지'는 남녀의 만남이 끊어진 날수의 상징으로 왕조적 규원(閨怨)의 대표적인 소재"[2]로 와

2 片野達郎 他 編著, 『歌ことばの辞典』(新潮社, 1997) p.96.

카에 쓰여 왔던 것이다. 하지만 남편이 밤에 찾아오지 않는 상황을 나타내는 표현으로 쓰이고 있는 '먼지'라는 가어(歌語)는 한편으로는 '기다리는 여자'[3]인 미치쓰나의 어머니가 '먼지가 쌓일' 정도로 가네이에를 '기다리는 시간'[4], 다시 말하자면 가네이에의 부재의 시간을 나타내는 비유적 표현으로 해석할 수도 있다.

이시하라 쇼헤이(石原昭平) 씨가 지적한 대로 "일기문학은 시간을 어떻게 체험하고 회상 속에서 작자가 그것을 어떻게 소유하는가, 하는 고유의 내적 체험의 문학"[5]이다. 따라서 "일기문학의 시간 특질은 …… 작자 스스로가 몸소 살아온 시간"[6]이며, "이 일기 속을 흐르고 있는 시간은 옛날부터 지금까지, 과거로부터 현재로 흘러온 단순히 객관적인 시간만이 아니라, 작자의 심정을 포함한 발전성, 계속성을 지닌 시간"[7]이기도 하다. 즉 『가게로 일기』의 시간 또한 연대기적인 '외적 시간'만으로는 모두 설명할 수 없는 '내적 시간'[8] 또한 포함하고 있는 것이다.

이 장에서는 미치쓰나의 어머니가 '스스로가 몸소 살아온 시간'

---

3 '기다리는 여자'에 관해서는 村井康彦, 「待つ女—拒む女との間」(『国文学』 23-4, 学燈社, 1978)에서 상세히 다루고 있다.

4 近藤一一, 「蜻蛉日記の日付表現」(『一冊の講座 蜻蛉日記』, 有精堂, 1981) p.219에서는 『가게로 일기』의 시간을 '기다리는 시간'(待つ時間)으로 정의하고 있다.

5 石原昭平, 「日記文学における時間—回想 · 他者 · 語り—」(『女流日記文学とは何か』, 女流日記文学講座 第1巻, 勉誠社, 1991) p.127.

6 近藤一一, 「蜻蛉日記の日付表現」, p.216.

7 柳瀬あや子, 「『蜻蛉日記』についての一考察—上巻に於ける時間経過のとらえ方—」(『神戸文化短期大学研究紀要』 19, 神戸文化短期大学, 1995) p.3.

8 秋山虔, 「外的時間と内的時間」(『国文学』 15-6, 学燈社, 1970)에서는 '연대기적 시간'을 외적 시간, '내가 걸어온 역사에 대한 회고'를 내적 시간으로 설명하고 있다.

을 어떠한 방식으로 작품으로 형상화해 나가는가, 특히 그 시간의 경과를 어떠한 방식으로 표현해 나가는가에 관해 고찰하고자 한다.

첫째, 『가게로 일기』에 나타난 시간의 경과를 나타내는 비유적 표현의 양상을 미치쓰나의 어머니를 축으로 하여 셋으로 나누어 검토하고, 그 비유적 표현의 특징과 의미를 생각해 보고자 한다.

둘째, 그 같은 시간의 경과를 나타내는 비유적 표현 가운데 '먼지'라는 표현에 주목하여 『가게로 일기』에 선행하는 와카에 나타난 '먼지'의 비유적 의미를 고찰하여, 종래의 이미지가 『가게로 일기』에 이르러 어떠한 의미의 변용을 보이고 있는지에 관해 고찰하고자 한다.

시간의 경과를 나타내는 비유적 표현

비유표현의 기능과 연구 의의에 관해, 하시모토 나카미(橋本仲美) 씨는 다음과 같이 기술하고 있다.

> 비유표현은 그 표현 효과의 측면을 조망해 보면, 성립 계기가 지성적이든 감성적이든 어느 쪽이든 비유를 사용하지 않는 서술 이상으로 사물이나 현상을 구상화하여 더 강하게 상대의 감정에 호소하는 데 있다. 즉 추상적이고 관념적인 이론이나 또는 본 적이 없는 사물에 대해 비유는 우리들의 감정에 호소하여 구체적으로 우리들이 감지할 수 있는 것으로 만들어 이해시키는 것이다. 그리고 어떠한 경우에는 특히 문학작품 등에 있어서는 이해시키는 것뿐만 아니라 미적 감각을 일으키는 것이다. …… 비유는 물론 비유되는 것과 비유

하는 것의 관계 속에서 성립된다. 일반적으로 비유되는 것을 본의(本義)라고 하며 비유하는 것을 유의(喩義)라고 한다. …… 유의로 사용되는 소재의 질을 분석함으로써 표현 주체의 발상 성격과 그 한계를 알 수 있다는 것이다. …… 유의로 사용된 소재는 단순히 표현된 결과로서의 문장 서술을 나타내는 것만은 아니다. 표현 주체의 발상과 밀착하여 유의의 소재를 분석하는 것은 바로 표현 주체의 발상을 분석하는 것에 다름 아닌 것이다.[9]

화자(표현 주체)인 미치쓰나의 어머니를 중심에 두고 『가게로 일기』에 나타난 시간의 경과를 나타내는 비유적 표현[10]을 분석해 보면 세 종류로 나눌 수 있다. 첫째로 미치쓰나의 어머니의 기다리는 시간(가네이에가 부재한 시간), 둘째로 미치쓰나의 어머니의 지나간 시간(가네이에와 함께한 결혼생활의 시간), 셋째로 미치쓰나의 어머니가 부재한 시간이 그것이다. 시간의 경과를 나타내는 세 표현법에 관해 구체적으로 살펴보도록 한다.

(1) 미치쓰나의 어머니의 기다리는 시간

'미치쓰나의 어머니의 기다리는 시간'이란 바꿔 말하자면 '가네이에

---

9 橋本仲美, 「比喩の表現論的性格と『文体論』への応用 (1)(2)」(『国文学』 14-11/12, 学燈社, 1969) (1)의 p.212, (2)의 pp.204-205.

10 이 장에서 쓰고 있는 '비유적 표현'이란 '유'(喩)와 상통하는 개념이다. '유'란 비유되는 것과 비유하는 것의 관계를 직유 · 은유 · 환유 등으로 형태로부터 분절화하는 '비유'(比喩)와 달리, '비유'의 완성된 형태를 취하지 않는 표현이라 하더라도 비유적인 관계성을 인정할 수 있는 것까지를 포함하는 광의의 개념이다.— 河添房江, 『源氏物語の喩と王権』(有精堂, 1992) p.7 참조.

가 부재한 시간'이기도 하다. 그 시간의 경과를 나타내는 비유적 표현은 『가게로 일기』에서 네 대목을 지적할 수 있다.

(1)이 생각 저 생각에 시름에 잠겨
산처럼 쌓여 있는 원앙금침의
베갯머리 먼지도 홀로 지새는
외로운 밤 수에는 못 미치리라(상권 · 93)

(2)평소라면 올 날을 훨씬 건너뛰니 너무도 낯이 뜨겁고, 장난삼아 한 말이라고 나는 생각했건만, 이렇듯 허무한 두 사람의 관계인지라 이렇게 끝날 수도 있겠다고 생각하며 심란한 마음으로 수심에 잠겨 있는데, 그 사람이 나가던 날 머리와 수염 만질 때 사용했던 물이 그릇에 그대로 담겨 있다. 보니, 물 위에 먼지가 떠 있다. 이렇게까지 시간이 흘렀나 싶어 기가 막혀서, 이렇게 읊었다.

이게 끝인지 그림자만 있어도 물어보련만
당신 남긴 물 위엔 물풀 같은 먼지만

이런저런 생각에 잠겨 있던 바로 그날, 모습을 보였다.(상권 · 137-138)

(3)그 사람이 그러하니 하물며 내 쪽에서 어째서 오시지 않나요, 이상하군요 하고 어찌 말할 수 있겠는가라고 생각하며, 날을 보내고 있다. 그러던 어느 날, 격자문을 올리니 밖이 내다보이는데, 밤새 비

내리는 소리가 들리더니 나뭇가지 등에 이슬이 달려 있다. 그 광경을 보자마자 떠오른 와카는 이러했다.

> 밤 사이 내내 기다리며 눈물만 맺히는구나
> 동 트니 이슬처럼 꺼질 듯한 이 마음(중권 · 197)

(4)이월도 열흘날여가 지났다. 그 사람은 소문으로 들었던 곳에 사흘 밤 잇따라 방문했다고 이러쿵저러쿵 말들이 많다. 쓸쓸히 하릴없이 지내던 중에 춘분 법회가 가까워졌기에 그냥 이대로 있기보다는 정진이라도 하자고 마음을 먹고, 다다미 위에 깔아놓은 화려한 윗돗자리를 깨끗한 보통 돗자리로 바꿔 깔라고 시켰다. 먼지를 털고 있는 모습 등을 보고 있는데도, 이러한 일이 있을 줄은 예상도 하지 못했건만이라고 생각하니 가슴이 미어져, 이렇게 읊었다.

> 털어버리는 깔개 위 쌓여 있는 저 먼지 수도
> 내 쉬는 한숨 수엔 미치지 못하리라(중권 · 225-226)

인용(1)의 장면은 957년에 가네이에를 상대로 미치쓰나의 어머니가 읊은 장가(長歌)의 일부분이다. 여기에서 "베갯머리 먼지"(枕の塵)는 "쓰지 않아 베개에 쌓인 먼지. 가네이에가 방문하지 않는 것을 드러낸다"[11]라는 해설에서도 알 수 있듯이 밤에 찾지 않는 것을 나타

11 今西祐一郎 他 校注, 『土佐日記 蜻蛉日記 紫式部日記 更級日記』(新日本古典文学大系 24, 岩波書店, 1989) p.58.

내는 표현으로 해석하는 것이 일반적이다. 그러나 이 표현을 시간의 관점에서 보면, 미치쓰나의 어머니가 고뇌한 시간의 정도를 나타내고 있다고 해석할 수도 있다. 또한 미치쓰나의 어머니의 고뇌는 가네이에가 자신의 집으로 찾아오지 않는 데서 초래된 만큼 산처럼 쌓인 "베갯머리 먼지"는 가네이에가 부재한 날의 수, 미치쓰나의 어머니가 기다리는 시간을 나타내고 있다고도 생각된다.

인용(2)의 기사는 사소한 일로 말다툼을 벌이고 작자의 집을 나간 가네이에가 대엿새가 지나도 찾아오지 않는 상황을 그날 사용하였던 물그릇 물 위에 뜬 먼지를 들어 표현한 것이다. 여기에서 미치쓰나의 어머니는 먼지를 수초(水草)에 비유하여 수초가 생길 정도로, 즉 물그릇 물 위에 먼지가 뜰 정도로 가네이에가 밤에 찾아오지 않는 나날들이 이어졌다고 한탄하고 있다. 따라서 물그릇 물 위에 뜬 먼지는 가네이에가 부재한 시간, 미치쓰나의 어머니의 기다리는 시간의 경과를 상징하고 있다고 생각된다.

인용(3)의 와카는 가네이에를 기다리면서 아침을 맞이한 날, 밤새 나무에 내린 이슬을 보고 읊은 것이다. 이 와카는 후지와라 가쓰미(藤原かつみ)의 "저녁 무렵엔 솔에도 내려앉는 흰 이슬이여 님 배웅하는 아침 사라져 버리련가"(夕暮は松にもかゝる白露のをくる朝や消えは果つらむ, 『後撰和歌集』 · 巻九 · 戀一)라는 『고센와카슈』(後撰和歌集)[12]에 실린 와카를 인용하여 읊었다. 본가(本歌)에서는 함께 밤을 보내고 헤어지는 아침의 괴로움을 읊었지만 미치쓰나의 어머니는 홀로 밤을

12 『고센와카슈』의 인용은 片桐洋一 校注, 『後撰和歌集』(新日本古典文学大系 6, 岩波書店, 1990)에 의한다.

지새우고 난 아침으로 바꾸어 읊어, 작자 고유의 인생의 괴로움을 드러냈다고 할 수 있다. 미치쓰나의 어머니는 이 와카에서 '기다림'(待つ/마쓰)과 '솔'(松/마쓰)이라는 동음이의어를 사용하여, 가네이에가 오기를 기다리며 외롭게 지새운 하룻밤을 밤새 나무에 내린 이슬로 구체화하고 있는 것이다.

인용(4)의 와카는 오미(近江)라는 여성에게 빠져 좀체 얼굴을 보이지 않는 가네이에를 기다리다 지친 미치쓰나의 어머니가 춘분을 맞아 정진(精進)이라도 하려고 자리를 바꿔 깔도록 할 때 눈에 띈 먼지를 보고 읊은 것이다. 여기에서 "깔개 위 쌓여 있는 저 먼지 수"는 가네이에의 부재가 길다는 사실을 미치쓰나의 어머니에게 환기시켜 주는 작용을 함과 동시에, 미치쓰나의 어머니의 기다리는 시간의 경과를 드러낸다.

이처럼 쌓여 있는 먼지, 내린 이슬로 형상화되어 있는 '미치쓰나의 어머니의 기다리는 시간'은 자기 자신의 신세, 즉 가네이에와 함께한 결혼생활의 경위를 기술하려 하였던 미치쓰나의 어머니의 집필의도를 통해 처음부터 예정되어 있었던 시간이었다고 생각된다.

(2) 미치쓰나의 어머니의 지나간 시간

'미치쓰나의 어머니의 지나간 시간'이란 바꿔 말하자면 '가네이에와 함께한 결혼생활의 시간'이기도 하다. 954년 결혼하였을 때부터 자신의 결혼생활을 되돌아보게 된 시점까지의 시간이다. 미치쓰나의 어머니는 자기 자신의 지나가 버린 시간을 와카를 통해 회상하고 있는 것이다.

(5)유월이 되었다. 새 달에 접어들어서도 오랫동안 비가 심하게 내린다. 밖을 내다보다가 혼잣말로 중얼거렸다.

> 수심에 잠겨 내리는 비 멍하니 바라보는 새
> 나뭇가지 아랫잎 어느샌가 시들고(상권 · 77)

(6)십일월 어느 날 눈이 무척이나 많이 와 두껍게 쌓였는데, 어찌 된 일인지 견디기 힘들 정도로 내 신세가 처량하고 그 사람이 원망스럽고 마음이 너무 슬픈 날이 있었다. 멍하니 밖을 내다보며 생각에 잠겨 있다가, 이 같은 와카가 떠올랐다.

> 내리는 눈에 쌓이는 내 나이를 헤아려보니
> 죽지도 못하는 내 신세를 한(恨)하노라

이렇게 생각에 잠겨 있노라니, 선달 그믐날이 지나고, 봄도 성큼 다가와 한창때가 되었다.(중권 · 189-190)

(7)구월이 되었다. 아침 일찍 격자문을 들어 올리고 밖을 내다보자니, 저택 안 개울에도 바깥 강물 위에도 물안개가 잔뜩 끼어 산중턱도 보이지 않는 산이 바라다보이는데, 그 풍경이 무척이나 마음을 슬프게 한다. 그래서 이런 와카를 읊었다.

> 긴 세월 동안 변함없다 굳건히 믿어왔건만
> 나카 강 물 마르듯 멀어진 우리 사이(하권 · 332-333)

인용(5)의 와카는 『고킨와카슈』(古今和歌集)[13]에 수록된 오노 고마치(小野小町)의 와카인 "꽃잎 색깔은 이리도 허무하게 변해 가누나 이 세상 살아가며 탄식하던 동안에"(花の色はうつりにけりないたづらにわが身世にふるながめせしまに, 『古今和歌集』・春下)를 인용하여 읊은 미치쓰나의 어머니의 첫 독영가(獨詠歌)다. 여기에서 미치쓰나의 어머니는 자기 자신을 "나뭇가지 아랫잎"(下葉)에 비유하여 장마 탓에 나뭇가지 아랫잎의 색깔이 변하였듯이 자기 자신도 시름에 잠겨 있는 동안에 미모가 퇴색되어 버렸다고 한탄하고 있다. 결혼한 지 겨우 2년밖에 지나지 않은 시점에서 읊은 와카치고는 지나치게 자신의 감정을 토로하고 있는 듯하지만, 미치쓰나의 어머니는 나뭇잎 색깔이 퇴색될 때까지의 시간과 미모가 쇠퇴해 버릴 정도로 근심이 많았던 자기 자신의 2년쯤 되는 결혼생활을 대비시키고 있다.

인용(6)의 와카에 관한 해석 중 "내려 쌓인 눈을 늙어 가는 자신의 나이와 같다고 생각하면서 눈처럼은 사라질 때가 없는(죽을 수 없는) 자신의 신세를 원망스럽게 생각한다"[14]는 지적은 시사적이다. 미치쓰나의 어머니가 이처럼 비통한 독영가에 자신의 심정을 의탁한 원인으로 들 수 있는 것은, 가네이에의 신저(新邸)인 "히가시산조(東三條) 저택이 점점 준공되어 가고 …… 도키히메(時姫) 모자는 확실히 신저에서 살게 될 터이지만 미치쓰나의 어머니 모자는 아마도 들어갈 수 없으리라는 소문이 퍼져 …… 소문대로 일이 착착 진척되어 가

13 『고킨와카슈』의 인용은 小沢正夫・松田成穂 校注・訳, 『古今和歌集』(新編日本古典文学全集 11, 小学館, 1994)에 의한다.

14 今西祐一郎 他 校注, 『土佐日記 蜻蛉日記 紫式部日記 更級日記』, p.107.

고 있었기"[15] 때문이었을 것이라고 지적되고 있다. 이 와카에서 미치쓰나의 어머니는 내려 쌓이는 눈에 자신의 연령을 비기면서 15년 남짓한 가네이에와 함께한 결혼생활을 되돌아보고 있다고 생각된다.

인용(7)의 와카는 973년 7월 가네이에가 마지막으로 방문한 직후에 옮아간 교토(京都) 외곽 히로하타나카가와(廣幡中川)의 집에서 미치쓰나의 어머니가 읊은 독영가다. 이 와카에서 미치쓰나의 어머니는 나카 강 강물이 말랐다는 표현을 사용하여 가네이에와의 부부관계가 끝나 버렸다는 것을 암시하고 있다. 강물의 흐름은 미치쓰나의 어머니가 가네이에의 부인으로 살아왔던 세월의 흐름을 비유한 것으로도 볼 수 있는데, 이제까지 흘러왔던 나카 강은 20여 년 간 지속되어 온 부부 사이를 상징하고 있으며 『가게로 일기』에 기술되어 있는 미치쓰나의 어머니의 지나간 시간 전부를 나타내고 있다고 생각된다. 이 와카에 대해 사토 가즈요시(佐藤和喜) 씨는 "'무척이나 마음이 슬퍼서'라는 현재적 심정을 그대로 와카로 읊는 것이 아니라, 이제까지 온 길을 되돌아보며 과거로부터 현재까지 시간의 흐름에 대한 영탄으로 바뀌고 있다"[16]고 평하고 있는데, 시사적인 견해라고 생각한다.

미치쓰나의 어머니의 '지난 시간'을 나타내고 있는 와카 세 수는 모두 독영가인데, 홀로 차분하게 자기 자신의 과거를 회상하고 있어 독영가일 수밖에 없다고 생각된다.

---

15 上村悅子, 『蜻蛉日記 (中)』(講談社, 1992) p.71.

16 佐藤和喜, 「蜻蛉日記歌における拾遺集的変貌」(『かげろふ日記 回想と書くこと』, 有精堂, 1987) pp.209-210.

(3) 미치쓰나의 어머니가 부재한 시간

미치쓰나의 어머니가 자신의 집을 비운 것은 나쁜 방위를 피할 때나 참배여행을 할 때뿐이었지만, 본문에 그와 같은 미치쓰나의 어머니의 부재는 집에 남아 있던 시녀들의 '먼지 털기'라는 행위를 통해 환기되고 있다.

> (8)머나먼 길을 서둘러 와 도착하니, 때는 벌써 해시가 되었다. 서울 집에는 낮에 그 사람이 찾아갈 거라고 연통을 넣어준 사람들이 마음을 써서 먼지를 털어내고 문도 열어 두었기에, 안으로 들어가 멍한 상태로 수레에서 내렸다.(중권 · 257)

인용(8)은 미치쓰나의 어머니가 『가게로 일기』의 클라이맥스라고도 일컬어지고 있는 '나루타키 칩거'(鳴滝籠り)[17]를 마치고 20여 일 만에 교토의 집으로 돌아오는 장면이다. 여기에서 미치쓰나의 어머니를 맞이하기 위해 시녀들이 준비할 때 나오는 "먼지를 털어내고" 라는 표현은, 청소를 한다는 표면적인 의미도 지니고 있겠지만 집주인의 짧지 않았던 부재를 암시하는 표현이기도 한 것이다.

이상으로 『가게로 일기』에 나타나 있는 시간의 경과를 나타내는 비유적 표현 세 가지에 대해 검토해 보았다. 그 결과는 다음과 같이 지적할 수 있다고 생각한다.

---

17 미치쓰나의 어머니의 '나루타키 칩거'(鳴滝籠り)를 작품 전체의 '초점'이라고 지적한 것은 후지오카 사쿠타로(藤岡作太郎)이다.—藤岡作太郎, 『国文学全史 平安朝篇』(東京開成館, 1905) p.306.

첫째, 시간의 경과를 나타내는 표현의 유의(喩義)인 '먼지'('물풀'), '이슬', '눈', '아랫잎', '강'은 대응하는 동사와 함께 사용되어 그 비유적인 의미를 띠고 있다는 점이다. 즉 '쌓이다'(앉다), '내리다', '변하다', '흐르다'라고 하는 시간의 속성을 표현하고 있다고도 해석할 수 있는 동사와 결부됨으로써 비로소 그 비유성은 형성되었다고 할 수 있다. 또한 그 시간의 속성이란 누적성(累積性, 쌓이다, 앉다, 내리다)과 유전성(流轉性, 변하다, 흐르다)으로 나눌 수 있을 것이다.

둘째, 시간의 경과라고 하는 추상적인 본의(本義)는 '먼지'('물풀'), '이슬', '눈', '아랫잎', '강'이라는 구체적인 물상(物象)에 비유되고 있다는 점이다. 추상화로부터 구상화로의 전화(轉化)는 비유표현의 본래 기능이기도 하지만, 미치쓰나의 어머니가 고정성이라는 마이너스적인 이미지를 지니고 있는 이 같은 물상을 비유의 소재로 삼고 있다는 것은 『가게로 일기』의 표현론을 생각할 때 시사적이라고 생각된다. 미치쓰나의 어머니의 이와 같은 표현의 경향은 '가정부인'(家の女)[18]이라는 그녀의 존재기반에서 초래된 것으로 보인다.

먼지의 비유

다음으로 『가게로 일기』에 나타난 비유적 표현의 형성방법을 이해하는 하나의 수단으로 시간의 경과를 나타내는 비유적 표현의 제재 중

---

18 '가정부인'(家の女)에 관해서는 益田勝実, 「源氏物語の荷ひ手」(『日本文学史研究』 11, 1951); 菊田茂男, 「家の女—蜻蛉日記」(『国文学』 20-16, 学燈社, 1975)에 상세히 기술되어 있다.

하나인 '먼지'에 주목하여, 종래의 비유적 이미지가 『가게로 일기』에 이르러 어떠한 변용을 보이고 있는지에 관해 고찰해 보고자 한다.

『가게로 일기』에는 권말 가집을 제외하고 261수의 와카가 수록되어 있다. 『가게로 일기』 내 와카의 전거(典據)로서는 『만요슈』(萬葉集), 『고킨와카슈』(古今和歌集), 『고센와카슈』(後撰和歌集), 『슈이와카슈』(拾遺和歌集), 『고킨와카로쿠조』(古今和歌六帖) 및 몇몇 사가집(私家集)의 와카를 들 수 있으며, 와카의 영법(詠法) 때문에 이와 같은 선행하는 와카에서 형성된 가어(歌語)가 다수 도입되어 있다. 가어란 "와카의 표현 역사와 전통이 키워 온 와카 고유의 언어로서 그 표현사를 안으로 끌어안음으로써 독특한 음영과 미를 지니며, 와카를 와카답게 만들도록 작용하는 언어를 가리켜 말한다. …… 와카에 고유하게 쓰이는 독특한 어(語) 구성과 비유성을 지닌 표현까지를 총체적으로 가리킨다"[19]라고 규정할 수 있다. 따라서 『가게로 일기』에 있어서 비유적 표현을 검토할 때 가어의 고찰은 반드시 필요하다고 생각한다.

우선 『가게로 일기』에 앞서 나온 작품에서 '먼지'의 비유성이 어떻게 나타나 있는지를 검토한 뒤, 그 이미지가 『가게로 일기』에 이르러 어떻게 변화되어 왔는지에 관해 고찰해 보도록 한다.

(1) 선행 와카의 '먼지' 비유

『가게로 일기』에 앞서 나온 와카[20]에 나오는 '먼지'라는 가어는 『만

---

19 森朝男, 「歌ことば」(『キーワード100 古典文学の述語集』 国文学臨時増刊号, 学燈社, 1995) p.96.

20 조사 대상으로 삼은 선행하는 작품으로는 『만요슈』, 『고킨와카슈』, 『고센와카슈』, 『다케토리 모노가타리』(竹取物語), 『이세 모노가타리』(伊勢物語), 『야마토 모노가타

요슈』[21]에 1회, 『고킨와카슈』에 5회, 『고센와카슈』에 3회, 『야마토 모노가타리』(大和物語)[22]에 3회, 『우쓰호 모노가타리』(宇津保物語)[23]에 7회 찾아볼 수 있다.

『만요슈』에 1회 나오는 '먼지'라는 가어는 나카토미 야카모리(中臣宅守)와 사노 오토가미의 딸(狹野弟上娘子)이 주고받은 증답가 가운데 1수[24] 나온다. '진니'(塵泥)라는 표현으로 쓰이고 있으며 '보잘것없고 초라한 신세'의 비유로 쓰이고 있다고 생각된다. 『고킨와카슈』에 나오는 '먼지'라는 가어가 포함된 와카는 5수[25]다. 『고킨와카슈』에 쓰이는 '먼지'라는 가어는 '남편이 밤에 찾아오지 않는 것', '보잘것없고 초라한 신세', '하잘것없는 것', '선례'(先例)의 비유로 쓰이고 있

리』, 『우쓰호 모노가타리』, 『도사 일기』(土佐日記)이다. 이 중 『다케토리 모노가타리』, 『이세 모노가타리』, 『도사 일기』에서는 용례가 발견되지 않았다.

21 『만요슈』의 인용은 佐竹昭広 他, 『萬葉集 訳文篇』(塙書房, 1972)에 의한다.

22 高橋正治 他 校注・訳, 『竹取物語 伊勢物語 大和物語 平中物語』(新編日本古典文学全集 12, 小学館, 1994).

23 『우쓰호 모노가타리』의 인용은 河野多麻 校注, 『宇津保物語 一・二・三』(日本古典文学大系 10-12, 岩波書店, 1988)에 의한다.

24 塵泥の数にもあらぬ我故に思ひわぶらむ妹がかなしさ(巻十五・三七二七・宅守)

25 ①年をへて花の鏡となる水はちりかかるをやくもるといふらむ(巻一・春歌上・四十四・伊勢)

②塵をだにすゑじとぞ思ふ咲きしより妹とわが寝るとこ夏の花(巻四・秋歌上・一六七・凡河内躬恒)

③知るといへば枕だにせで寝しものを塵ならぬ名のそらに立つらむ(巻十三・恋歌三・六七六・伊勢)

④風のうへにありかさだめぬ塵の身はゆくへも知らずなりぬべらなり(巻十八・雑歌下・九八九・読人しらず)

⑤今もおほせの くだれるは 塵に継げとや 塵の身に 積もれる言を 問はるらむ(巻十九・雑體歌・一〇〇三・壬生忠岑)

다. 『고센와카슈』에 '먼지'를 포함하고 있는 와카는 3수[26] 확인할 수 있다. 이 또한 '남편이 밤에 찾아오지 않는 것', '하잘것없는 것'의 비유로 쓰이고 있다. 그리고 『야마토 모노가타리』에 '먼지'라는 가어가 쓰이고 있는 와카는 3수[27] 확인할 수 있으며 전부 140단에 수록되어 있다. 이들 3수의 와카는 모토요시 친왕(元良親王)과 미나모토 노보루의 딸(源昇女)의 증답가이며, '먼지'라는 가어는 남성이 밤에 찾아오지 않는 것의 상징으로 쓰이고 있다. 그리고 와카에 쓰이고 있는 '기다리다'(待つ)라는 표현은 '쌓이는 먼지'='기다리는 시간'이라는 도식으로 해석할 수 있다고 생각된다. 이처럼 『야마토 모노가타리』의 '먼지'라는 표현은 '남편이 밤에 찾아오지 않는 것'을 상징함과 동시에 여성의 '기다리는 시간'의 비유로 쓰이고 있다고 생각된다. 마지막으로 『우쓰호 모노가타리』에 나오는 '먼지'라는 가어를 포함하고 있는 와카는 7수[28] 찾아볼 수 있다. 『우쓰호 모노가타리』에 쓰이고 있

---

26 ①夏の夜はあふ名のみして敷妙の塵はらふ間に明けぞしにける(巻四・夏・一六九・藤原高)
②吹風の下の塵にもあらなくにさも立ちやすき我が無き名哉 (巻十六・雑二・一一八〇・伊勢)
③塵に立我が名清めんもゝしきの人の心を枕とも哉(巻十八・雑四・一二六六・伊勢)

27 ①しきかへずありしながらに草枕ちりのみぞゐるはらふ人なみ
②草枕ちりはらひにはからころもたもとゆたかに裁つを待てかし
③からころも裁つを待つまのほどこそはわがしきたへのちりもつもらめ

28 ①恨むれど歎くかずにもゐぬ塵や 深き愛宕のみねと成るらん(「藤原の君」・一・二〇九頁)
②たびごとに空にたちぬる塵なれや 露ばかりにも浮ぶなるかな(「藤原の君」・一・二二〇頁)
③君がためちりとてたつる魂や つもれば恋の山となるらん(「菊の宴」・二・七十頁)
④我くだく心のちりは雲となり 落つる涙は海となるかな(「菊の宴」・二・七十三頁)

는 '먼지'는 '하잘것없는 것', '번뇌', '사람의 발길이 끊어지는 것'의 비유이며 아테미야(あて宮)와 그 구혼자들이 와카를 주고받는 장면에 많이 쓰이고 있다.

『가게로 일기』에 앞서 나온 작품에 쓰이고 있는, 고찰한 범위 내에서 분석된 19회의 '먼지'의 비유는 '하잘것없는 것'(8회), '남편이 밤에 찾아오지 않는 것'(5회), '보잘것없고 초라한 신세'(3회), '사람의 발길이 끊어지는 것'(1회), '선례'(1회), '번뇌'(1회) 순으로 쓰이고 있다고 할 수 있다.

(2) 『가게로 일기』의 '먼지' 비유

그렇다면 주로 '하잘것없는 것', '남편이 밤에 찾아오지 않는 것', '보잘것없고 초라한 신세'의 비유로 쓰여 온 '먼지'라는 가어가 『가게로 일기』에 이르러서는 어떠한 의미의 변용을 보이고 있는지 살펴보도록 한다. 『가게로 일기』에서 '먼지'의 용례는 8회 확인할 수 있는데, 그중 가어로 쓰이고 있는 것은 3회다.

(a)이 생각 저 생각에 시름에 잠겨
산처럼 쌓여 있는 원앙금침의
베갯머리 먼지도 홀로 지새는

---

⑤かぜ雲のおどろく亀の甲の上に いかなるちりか山とつもりし(「菊の宴」· 二 · 七十三頁)

⑥水を浅みひく人もなきあし曳の 山の小川は塵ぞしらぶる(「初秋」· 二 · 一九七頁)

⑦ちりつもる山もなにせん雲かゝる ことのほかなる宿をうれしみ(「楼上下」· 三 · 五二一頁)

외로운 밤 수에는 못 미치리라(상권 · 93)

(b)잠시만 헤어지는 이별이라면
당신의 잠자리도 깔끔할 텐데
먼지만 쌓이는 게 허무만 하여
눈물로 베개 행방 모를 정도네(중권 · 182)

(c)털어버리는 깔개 위 쌓여 있는 저 먼지 수도
내 쉬는 한숨 수엔 미치지 못하리라(중권 · 226)

이와 같은 3수의 와카에 쓰인 '먼지'에 관해 여러 주석서에서는 다음과 같이 해석하고 있다.

인용(a)에 관해 전강(全講)[29]에는 "사용하지 않는 쪽의 베개에 쌓이는 먼지"(p.60), 전주석(全註釋)[30]에는 "가네이에의 출입이 없기 때문에 사용하지 않는 침소의 베개에 먼지가 쌓였다고 한다"(p.104), 집성(集成)[31]에는 "가네이에가 찾아오지 않는 날이 이어져 침소도 사용하지 않기에 베개의 먼지도 쌓이도록 놓아두었다"(p.37), 신대계(新大系)[32]에는 "쓰지 않기에 베개에 쌓인 먼지. 가네이에가 찾아오지 않는 것을 나타낸다"(p.58)라고 지적되어 있다.

---

29 喜多義勇, 『全講蜻蛉日記』(至文堂, 1961).

30 柿本奨 注釈, 『蜻蛉日記全注釈 上巻』(角川書店, 1966).

31 犬養廉 校注, 『蜻蛉日記』(新潮日本古典集成 54, 新潮社, 1982).

32 今西祐一郎 他 校注, 『土佐日記 蜻蛉日記 紫式部日記 更級日記』.

인용(b)는 대재부(大宰府) 임시 장관인 권수(權帥)로 좌천된 미나모토 다카아키라(源高明)의 정실부인에게 미치쓰나의 어머니가 읊어 보낸 장가(長歌)의 일부분이다. 이 와카에 관해 대계(大系)[33]에는 "일시적이지 않은 이별인 탓에 밤의 잠자리 또한 흐트러져 먼지만 쌓일 것이다"(p.180), 신대계에는 "'잠자리가 흐트러졌다'는 것은 동침하지를 않게 되어 잠자리가 방치된 모습"(p.102)이라고 지적되어 있다.

인용(c)에 관해 대계에는 "나으리와의 사이가 끊어져 잠자리 돗자리에 먼지가 쌓였다. 부부 사이에서는 잠자리의 돗자리는 바꿔 깔지 않는다고 하는데 먼지를 털고 돗자리를 바꿔 까는 것은 마음이 아프고, 아예 잠자리의 돗자리를 깔지 않아야겠다고 생각하는 뜻"(p.212), 전강에는 "많이 쌓인 먼지 수보다도 역시 내 한숨 수 쪽이 많다고 생각한다"(p.242), 전주석에는 "한탄을 거듭한 횟수가 많았다는 것을 말하려고 셀 수 없이 많다고 여겨지는 먼지를 비교 대상으로 삼아 그 수 또한 미치지 못할 것이라고 말한 독자술회(獨自述懷)의 와카"(p.399), 전집(全集)[34]에는 "발길이 끊어진 사이에 쌓인 잠자리의 먼지를 털고 남편을 맞는다는 뜻"(p.150), 집성에는 "털 정도로 먼지가 쌓인 것은 남편이 밤에 찾아오지 않는 나날이 이어졌기 때문이다"(p.135)라고 해석되어 있다.

이와 같은 주석을 통해, 이들 와카에 수록되어 있는 '먼지'라는

33 川口久雄 他 校注,『土左日記 · かげろふ日記 · 和泉式部日記 · 更級日記』(日本古典文学大系 20, 岩波書店, 1957).

34 松村誠 · 木村正中 · 伊牟田経久 校注 · 訳,『土佐日記 蜻蛉日記』(日本古典文学全集 9, 1973).

가어는 일반적으로 '남편이 밤에 찾아오지 않는 것'의 상징으로 해석되고 있다는 것을 알 수 있다. 이들 3수의 와카는 『가게로 일기』에 앞서 나온 와카에서 형성되어 온 종래의 '먼지'라는 가어의 이미지를 배경으로 하여 읊어진 와카인 만큼 그와 같은 해석을 부정할 수는 없다. 그러나 시간의 관점에서 '먼지가 쌓이는' 장면에 주목한다면, 삼자리나 베개에 먼지가 쌓이는 동안 남편의 방문을 계속 기다리고 있는 여성의 '기다리는 시간'이 중첩되어 있다고 생각된다.

『가게로 일기』에 나타난 '먼지'가 종래의 이미지 중 하나인 '남편이 밤에 찾아오지 않는 것'의 상징뿐만 아니라, '미치쓰나의 어머니의 기다리는 시간'의 경과 또한 나타내고 있다는 근거는 작품 내외적으로도 고찰할 수 있다고 생각한다.

먼저 작품 내부의 근거로서는 앞에서 살펴본 인용(2)와 인용(8) 장면을 들 수 있다고 생각한다. 인용(2)의 장면에서 주목할 만한 것은 먼지가 베개나 잠자리(자리)에 쌓여 있는 것이 아니라 머리를 다듬을 때 사용되는 물그릇이라고 하는 가네이에가 일상적으로 사용하는 물건에 떠 있다는 것과 '물풀'(水草)에 비유된 먼지가 지닌 상징성이다. 『가게로 일기』에 앞서 나온 작품에 나타난 '남편이 밤에 찾아오지 않는 것'의 상징으로 쓰이고 있는 '먼지'는 '잠자리'(床), '침구'(敷妙), '베개'(枕)와 쌍을 이루며 쓰이고 있는 것이 특징이었다. 그것이 『가게로 일기』에 이르러 '물그릇의 먼지'(泔坏の塵)로 확대되고 있는 것이다. 미치쓰나의 어머니는 가네이에가 집을 나선 날에 사용하였던 물그릇에 떠 있는 먼지를 보고 가네이에를 생각하고, 가네이에가 밤에 찾아오지 않는 것, 즉 가네이에의 부재의 시간과 자기 자신의 기다리는 시간을 다시금 절감하지 않으면 안 되었던 것이다.

또한 『가게로 일기』에 앞서 나온 와카[35]에 나타난 '물풀'은 『만요슈』에 3수[36], 『고킨와카슈』에 1수[37] 찾아볼 수 있다. 이 중 『만요슈』 378번가와 『고킨와카슈』 1079번가는 '물풀'의 비유적 의미를 생각할 때 주목할 만하다고 생각한다. 두 수 모두 '물풀이 난' 이유를 윗구에서 밝히고 있는데, 『만요슈』 378번가에서는 "세월이 지났기"(年深み) 때문에, 『고킨와카슈』 1079번가에서는 "인가가 멀어 물을 길으러 오는 사람이 없어서"(里遠み人し汲まねば)라고 한다. 즉 '물풀'은 시간의 경과와 인적이 끊어지거나 남성이 밤에 찾아오지 않게 된 것을 가리키는 상징성을 지니고 있었다는 것을 알 수 있다. 그리고 이와 같은 '물풀'의 이미지가 『가게로 일기』에 이르러 가네이에가 부재한 시간, '미치쓰나의 어머니의 기다리는 시간'을 나타내는 표현으로 쓰였다고 생각된다. 인용(8)의 지문에 기술되어 있는 "먼지"는 '미치쓰나의 어머니를 맞이하기 위해 청소를 하였다'는 표면적인 의미로도 해석되지만, 집주인이 부재한 시간, 즉 '미치쓰나의 어머니가 부재한 시간'을 나타내는 표현으로도 해석할 수 있을 것이다.

다음으로 『가게로 일기』에서 '먼지'가 '미치쓰나의 어머니의 기다리는 시간'을 나타내고 있다는 작품 외적인 근거로서는 『야마토 모노가타리』 140단에 나오는 "당의 짓기를 기다리는 동안의 그 시간

35 조사의 범위는 주 20번과 같다.

36 ①古の 古き堤は 年深み 池の渚に 水草生ひにけり(巻三・三七八)
②春されば 水草の上に 置く霜の 消つつも我は 恋ひ渡るかも(巻十・一九〇八)
③秋付けば 水草の花の あえぬがに 思へど知らじ 直に逢はざれば(巻十・二二七二)

37 わが門の板井の清水里遠み人し汲まねば水草生ひにけり(巻二十・神遊びの歌・一〇七九)

만큼 내 침구에 그만큼 먼지도 쌓이리라"(からころも裁つを待つまのほどこそはわがしきたへのちりもつもらめ)라는 와카를 들 수 있다고 생각한다. 당의(唐衣)의 완성을 기다리는 사이 쌓이는 먼지는 '쌓이는 먼지'='기다리는 시간'의 등식으로 환언할 수 있을 것이다.

이상으로 『가게로 일기』에 앞서 나온 와카에 쓰이고 있는 '먼지'의 비유와 『가게로 일기』에 나오는 '먼지'의 비유에 관해 고찰해 보았다. 종래 '먼지'의 비유적 의미는 『가게로 일기』에 이르러 '물풀'의 와카와 지문에 있는 '먼지를 터는' 장면에서 알 수 있듯이, '남편이 밤에 찾아오지 않는 것'이라는 의미와 함께 '미치쓰나의 어머니의 기다리는 시간' 또한 나타내는 비유적인 표현이 되었다고 생각한다.

이상과 같은 고찰을 정리해 보면, 다음과 같은 점을 지적할 수 있다.

첫째, 『가게로 일기』에서 시간의 경과를 나타내는 비유적 표현은 '미치쓰나의 어머니의 기다리는 시간', '미치쓰나의 어머니의 지나간 시간', '미치쓰나의 어머니가 부재한 시간'으로 나누어 고찰할 수 있다. 그리고 그 시간의 속성은 누적성(累積性)과 유전성(流轉性)으로 정리할 수 있다.

둘째, 『가게로 일기』에서 '먼지'라는 표현이 '남편이 밤에 찾아오지 않는 것'이라는 종래의 이미지를 이어받은 형태로서 쓰이고 있는 것은 사실이다. 그러나 '먼지'가 '물풀'에 비유될 뿐 아니라 한 달 가까이 미치쓰나의 어머니가 산에 칩거하는 동안 부재하였다는 사실을 나타내는 제재로 쓰임으로써, '먼지'는 시간의 경과를 나타내는 표현으로 변용되어 있다고도 할 수 있다.

셋째, '먼지가 쌓이다'라는 표현이 시간의 경과를 나타내는 비유적 표현이 되었다는 것은, 『가게로 일기』라는 작품에 있어서 시간 표현의 중요성을 역으로 이야기하고 있다고 생각된다.

넷째, 『가게로 일기』는 이처럼 종래의 이미지를 이어받으면서도 자기 나름의 표현의 독자성을 구축하고 있다고 할 수 있다.

12. 미치쓰나의 어머니의 공간
—비일상 공간으로 가는 길, 참배여행—

미치쓰나의 어머니의 일상 공간과 비일상 공간

971년 6월 초나흗날, 미치쓰나의 어머니(道綱母)는 교토(京都) 중심가인 이치조(一條)에 있는 자신의 집을 황망히 나서 교토 서북쪽 외곽의 나루타키(鳴滝) 북쪽에 있는 한냐지(般若寺)를 향해 서둘러 발걸음을 재촉하였다. 한냐지는 미치쓰나의 어머니가 남편과 단 둘이 가끔 가기도 하였고, 친정어머니가 임종을 맞고 사십구재도 지냈던 절로 추정될 만큼 그녀의 집안과 관계가 깊은 절이었다. 한 며칠 절에서 지내며 마음을 추스르려는 마음으로 떠난 길이었지만, 그녀의 칩거는 주위 사람들에게 출가에 뜻이 있는 것으로 비쳐져 본의 아니게 스무여 날이나 절에 머무르게 되었다. 이 참배여행은 『가게로 일기』(蜻蛉日記)의 클라이맥스로 일컬어질 만큼 미치쓰나의 어머니의 결혼생활의 분수령이 되었다.

954년 권문세가의 자제인 후지와라 가네이에(藤原兼家)와 결혼한 지 17여 년이 지난 만큼 이때 두 사람 사이는 세월의 두께만큼 틈 또한 벌어져 있었다. 결혼 당시 남편을 독점하고 그의 정처가 되어 사회적으로도 인정받기를 꿈꾸었던 그녀의 꿈은 이미 거의 사그라진 상태였다. 그녀의 눈앞에 펼쳐진 현실은 한창때를 지난 나이에 홀로 빈 방을 지키는 자신의 모습이었다. 결혼한 뒤 한 번도 거르지 않고 해마다 정월 초면 그녀의 집을 찾아왔던 남편이 그해에는 여드레나 되어서야 겨우 얼굴을 보였다. 남편의 수레 소리가 들리면 혹시나 자기 집을 찾아오나 싶어 가슴을 두근대며 기다려 보아도 기대와는 달리 수레는 자신의 집 앞을 그냥 지나쳐 다른 여자 집을 향하는 일이 되풀이되었다. 결혼한 뒤 자기 집에 머물며 남편이 찾아오기만을 기다리는 헤이안 시대(平安時代) 여성에게 기다림은 숙명이었지만, 내 집 앞을 그냥 지나쳐 다른 여성의 집을 찾아가는 남편을 보는 것만큼 더 큰 모욕과 정신적인 고문은 없었다. 함께 지내는 시녀와 하인들 보기에도 민망하고 무정한 남편에 대한 섭섭함으로 몸 둘 바 몰라 하다가, 미치쓰나의 어머니는 잠시나마 일상 공간인 교토를 떠나 있자고 마음먹고 한냐지로 길을 떠나게 된 것이다.

삐걱거리는 남편과의 뒤틀려 가는 관계 때문에 가슴속에 쌓이고 쌓인 고뇌를 떨쳐 내기 위해 미치쓰나의 어머니가 선택할 수 있었던 방법은 여행, 그것도 참배여행(物詣で)밖에 없었다. 이렇듯 헤이안 시대 한 여성이었던 미치쓰나의 어머니에게 참배여행은 일상 공간인 교토의 자신의 집에서 잠시나마 자신을 해방시키는 계기가 되었다. 그녀는 가네이에와 결혼생활을 함께하던 20여 년 동안 몇 번에 걸쳐 교토를 벗어났다. 그런 만큼 참배여행이라는 명목으로 감행된 그녀의 교토 탈출기와 그 행로는 『가게로 일기』에 그려진 두 사람의 결혼생활과 미치쓰나의 어머니의 심경을 드러내는 바로미터라고 할 수 있다. 참배여행은 자신의 인생을 '아지랑이'에 비유하며 자기

삶을 가나(仮名) 문자라는 표현수단을 이용하여 '일기'라는 문학양식에 담아낸 미치쓰나의 어머니의 결혼생활을 꿰뚫는 핵심적인 제재인 것이다. 여성(또는 여성으로 가장한 남성)들이 가나 문자로 자신의 삶을 회상하여 풀어쓴 『가게로 일기』와 같은 '일기문학'은 그 시대 여성들의 실제적인 삶과 사랑 등 생활사를 가장 잘 드러내 주고 있다는 점에서, 하루하루의 공적인 사실을 한문으로 기록한 남성들의 '일기'와는 달랐다. 결혼생활로 쌓인 고뇌가 극에 달할 때마다 참배여행을 내세워 교토를 떠나곤 하는 미치쓰나의 어머니의 공간 이동을 통해, 부유(浮遊)하고 있는 그녀의 결혼생활의 구체적인 실상을 조망할 수 있다고 생각한다.

이 장에서는 자신의 집이라는 일상 공간에서 삶의 대부분을 보내야 하였던 헤이안 시대 여성에게 잠시나마 일상 공간을 벗어날 수 있었던 참배여행이 어떠한 의미를 지니고 있으며 그녀들이 참배여행을 떠나게 된 계기가 무엇인지를, 미치쓰나의 어머니가 교토의 집이라는 일상 공간을 탈출하여 떠났던 가라사키(唐崎), 이시야마데라(石山寺), 한냐지, 하세데라(長谷寺) 참배여행기를 통해 살펴보도록 한다.

여성과 여행, 일상 공간으로부터의 해방

일상생활의 단조로움과 삶에 지쳤을 때 많은 사람들이 선택하는 방법의 하나는 여행일 것이다. 여행은 생활에 매몰된 자신을 객관적으로 바라볼 수 있는 장소와 시간을 제공해 준다는 점에서, 출구가 없는 듯이 느껴지는 삶에 숨통을 틔워 주는 기능을 지니고 있다고 할 수 있다. 그래서 오늘날과 마찬가지로 옛사람들도 삶의 전기(転機)를 맞이하였을 때 산천을 유랑하거나 유람하며 마음속에 켜켜이 쌓인 고뇌를 풀어냈던 것이다. 남성과 달리 행동에 많은 제약을 받았던 여성들, 남성에 비해 상대적으로 고뇌를 밖으로 배출할 방도가 적었을 여성들은 어떻게 자신의 고뇌를 풀어냈을까.

우리나라의 고전문학 속에서 여행을 떠나는 여성의 모습은 많이 발견할 수 없다. 신라 향가의 〈헌화가〉나 옛이야기, 설화 등을 통해 집안을 벗어난 여성들의 모습을 가끔 접할 수는 있지만, 여성 스스로가 본격적으로 여행을 떠나는 자신의 모습을 그린 현존하는 작품은 『의유당관북유람일기』(意幽堂關北遊覽日記) 정도일 것이다. 혼란스러운 정정(政情)의 불안과 평소 일상적인 삶 속에서 쌓인 향수에서 비롯된 괴로움을 떨쳐 버리기 위해 여행이라는 방법을 선택한 의유당 남씨와 같은 여성의 모습은 시대와 공간은 다르지만 일본 고전문학 속에서도 많이 찾아볼 수 있다. 그중 실질적으로 일부다처제라는 혼인제도 속에서 "서른 날 낮밤은 내 곁에"(중권 · 170) 있어 주기를 간절히 바랐던 남편이 그 바람과는 달리 점점 멀어져 가는 상황에 지쳐, 쌓이고 쌓인 괴로움을 풀기 위해 몇 번에 걸쳐 참배여행을 떠난 『가게로 일기』의 미치쓰나의 어머니의 경우는 대표적이다.

인생의 몇 고비를 넘기고 머리칼이 희끗희끗한 나이 지긋한 여성들이 자주 하는 말 중에 '내가 살아온 걸 소설로 쓰면 몇 권을 써도 모자란다'라는 말이 있다. 오늘날의 시각에서 볼 때 결코 행복하다고 할 수 없는 남편과의 결혼생활, 호된 시집살이, 불안한 세상의 흐름과 없는 살림살이 속에서도 알뜰살뜰 키워 낸 한둘도 아닌 자식농사 등등. 듣고 있노라면 한 여성만의 특별한 삶이 아니라 시대나 공간을 뛰어넘어 어디서나 있을 법한 이야기이지만, 삶의 끝을 바라보고 있는 당사자들에게는 회한으로 가득 찬 남다른 자기만의 이야기일 수밖에 없다.

이러한 여성들의 인식은 사회구조와 시대 · 문화의 차이로 인해 조금씩 내용에서는 차이를 보이지만 세계 어느 나라, 어느 시대에서나 볼 수 있으며, 여성이 자기의 삶을 자기만의 가슴속에 담아 두지 않고 글로 써 남겼을 때 그것은 하나의 문학작품으로 남게 된다. 우리나라에서는 「규한록」(閨恨錄), 『ᄌᆞ긔록』(自己錄), 『한중록』(恨中錄)이 그 범주에 들어가며, 10세기 후반 첫 선을 보인 『가게로 일기』를 필두로 고대 일본에서 잇따라 등장하기 시작한 '여성 일기문학'이라는 일련의 작품들은 그 대표적인 예다. 남성들이 공적인 사실을 한문으로 기록한 '일기'와는 달리 여성들이 가나 문자로 자기의 삶을 회상하여 구구절절이 기록한 이 작품들이 '문학'으로 자리매김하게 된 것은 단지 시간 순에 따른 객관적 기술이 아니라 자기 삶을 기본 제재로 하면서도 이를 탄탄한 구성력을 바탕으로 하나의 독립된 작품으로 형상화해 내었기 때문이다.

『가게로 일기』는 일본 헤이안 시대에 쓰인 일본 최초의 여성 일기문학이다. 작자는 후지와라 미치쓰나(藤原道綱)의 어머니로, 문학사에서는 보통 '미치쓰나의 어머니'로 일컬어지고 있다. 이 작품은 상 · 중 · 하 세 권으로 구성되어 있으며, 실질적인 일부다처제라는 혼인 제도 속에서 남편인 후지와라 가네이에와의 21년간에 걸친 결혼생활을 축으로, 마음과는 달리 자꾸 꼬여만 가는 부부 사이의 내밀한 사연과 심적 갈등을 소상하게 기록한 작품이다.

초나흗날도 신시 무렵, 초하룻날보다도 더욱 요란스럽게 행차를 알리며 오는데, "오십니다, 오십니다"라고 아랫것들이 계속 말하는데도, 초하루 같은 일이 또 벌어지면 어쩌나, 민망할 텐데라고 생각하며 그래도 가슴 졸이며 기다리고 있었다. 그런데 행차가 가까워져 우리 집 하인들이 중문을 활짝 열고 무릎 꿇고 기다리고 있는데도, 아니나 다를까 그대로 또 스쳐 지나갔다. 오늘 내가 어떤 마음이었는지 상상에 맡기겠다.(중권 · 224)

위의 인용은 결혼한 뒤 한 번도 거르지 않고 새해 첫날이면 꼭 들르던 남편이 오미(近江)라는 다른 여자 때문에 자기한테서 마음이 떠나 자기 집 앞을 그냥 스쳐 지나가는 모습을 그린 것이다. 이 인용을 통해 아랫사람에 대한 민망함과 무정한 남편에 대한 섭섭함으로 몸 둘 바를 몰라 하는 미치쓰나의 어머니의 정점에 달한 고뇌의 정도를 짐작할 수 있다. 그리고 삐걱거리는 남편과의 뒤틀려 가는 관계 때문에 가슴속에 쌓이고 쌓인 고뇌를 떨쳐 내기 위해, "생각해보니 이렇게 떠올리는 것만으로도 가슴이 답답해지고 요전처럼 분한 일이 또 일어날 수도 있으니, 역시 잠시 물러나 있자고 마음을 먹고"(중권 · 232) 미치쓰나의 어머니가 선택한 방법 또한 여행, 그것도 참배여행이었다.

이렇듯 혼돈스러운 정치상황 속에서 느껴지는 불안과 고향에 대한 그리움 탓에 쌓인 괴로움, 남편과의 관계 속에서 쌓인 괴로움이라는 고뇌의 내용에는 차이가 있지만, 고뇌를 풀기 위해 여행을 하나의 방법으로 선택한 것은 『의유당관북유람일기』의 의유당 남씨나 『가게로 일기』의 미치쓰나의 어머니나 마찬가지였다. 이를 통해 한국과 일본, 18세기의 조선시대와 10세기의 헤이안 시대라는 공간과 시간을 초월하여 옛 여성들에게 여행이 일상 공간으로부터의 해방을 의미하였다는 것을 확인할 수 있다.

비일상 공간으로의 이동 수단, 참배여행

그런데 『가게로 일기』를 비롯한 일본 헤이안 시대 여성 일기문학에는 여행과 불교신앙이 결합된 형태의 참배여행이 여성의 고뇌를 배출시키는 중요한 통로로 반복적으로 형상화되어 있다. 바깥출입이 자유롭지 못하였던 일본 헤이안 시대의 여성들에게 신사나 절에 참배하러 간다는 것은 집이라는 일상 공간을 떠나 바깥세상과 접할 수 있는 유일한 통로였기 때문에, 참배여행은 단순히 종교적인 의미만이 아니라 비일상 공간으로 이동할 수 있는 여행의 의미도 띠고 있었다.

헤이안 시대 문학 텍스트에 그려진 참배여행에 주목하였을 때 눈에 띄는 점은 여성들이 주로 참배를 떠났던 절이 이시야마데라, 한냐지, 하세데라라는 점이다. 이 세 절은 관음신앙의 영험으로 유명하였던 영지(靈地)였다. 10세기 헤이안 시대 중엽 무렵부터 일본에서는 귀족사회를 중심으로 관음신앙이 융성하게 되었다. 귀족들이 즐겨 참배한 교토 주변의 관음사원이 바로 이들 절이었다. 관음신앙은 현세이익을 기원하는 신앙으로서 특히 여성들이 열성적으로 믿었다. 관세음보살의 불력(佛力)은 내세보다는 현세를 살고 있는 중생의 고통을 없애 주고 행복을 가져다준다고 여겨졌다. 귀족들은 자기 집안의 번영과 자신의 병 치료와 연명을 기원하였다. 『가게로 일기』의 미치쓰나의 어머니도 부처에게 남편과의 관계가 회복되기를 빌고 자식, 특히 딸을 더 낳기를 기원하고 외아들 미치쓰나의 출세를 간절히 염원하였다.

또한 미치쓰나의 어머니도 참배하였던 시가 현(滋賀縣) 비와 호(琵琶湖) 주변에 있는 이시야마데라와 나라 현(奈良縣)에 위치한 하세데라는 교토에서 거리가 먼 탓에 이들 절로 참배를 떠나는 것은 종교적인 의미 외에도 여행의 의미 또한 띠고 있었다. 헤이안 시대 귀족여성들에게 참배여행의 의미는 각별하였다. 그들은 일상 공간에서 영위하는 일상생활의 침체와 곤궁에서 벗어나기 위해 참배여행을 떠났고, 그들에게 참배여행은 단순히 공간적으로 넓은 세계로 나갈 수 있는 기회뿐만 아니라 비일상적인 미지의 세계와 접함으로써 좁은 세계에 머물러 있던 자기 자신을 되돌아볼 수 있는 기회 또한 제공해 주었다. 귀족여성들은 성스러운 비일상 공간 속에서 신과 부처에게 비참한 자기 처지와 답답한 마음을 털어놓고 복을 빌고 위로를 받았을 뿐만 아니라, 일상 공간 속에서 꼬인 갈등 상황을 잠시나마 떠나 있음으로써 객관적으로 자신을 되돌아볼 수 있는 기회를 얻을 수 있었다.

『가게로 일기』에는 이와 같은 비일상 공간으로 이동할 수 있는 수단인 참배여행이 16회에 걸쳐 그려지고 있다. 그중 남편인 가네이에와의 갈등이 극에 달하여 결혼생활이 파국으로 치달아가던 970-971년에 그려진 세 번의 참배여행은 가장 대표적이라고 할 수 있다. 미치쓰나의 어머니는 남편과의 관계가 냉각되거나 꼬여서 참을 수 없는 지경에 이르게 되면 일상 공간을 벗어나 참배여행을 떠나 신앙심과 자연을 통해 마음을 진정시키고 다시 삶의 의욕을 되찾고는 하였다. 즉 참배여행은 일상 공간 속에서 죽음의 상태에 빠져 있던 그녀를 건져 올려 재생을 얻게 해 준 비일상 공간으로의 통과의례(通過儀禮)라는 의미를 지니고 있다고 할 수 있다.

'물'로 씻은 시름, 가라사키 불제

970년 6월 하순, 미치쓰나의 어머니는 불제(祓除)를 하기 위해 가라사키로 떠났다. 시원한 물가에서 불제라도 한다면 "밤에 본 것은 서른여 날, 낮에 본 것은 마흔여 날"(중권 · 198)이라고 한탄할 정도로 오랫동안 남편의 발길이 끊긴 탓에 어찌할 바를 모르는 마음이 좀 진정될까 싶어서였다. 가라사키로 떠나기 이전에 미치쓰나의 어머니는 968년 9월 하세데라를 참배한 적이 있었다. 하지만 하세데라 참배는 가네이에가 우지(宇治)로 마중을 나오는 등 두 사람의 행복하였던 한때를 상징하는 여행으로, 마음속에 덧쌓인 고뇌를 배출하기 위해 교토를 탈출하다시피 한 가라사키 불제와 그 이후의 다른 참배여행과는 의미가 달랐다.

가라사키는 시가 현 오쓰(大津)에 있는 비와 호 서쪽 호숫가에 있는 곶(串)이다. 불제란 신에게 빌어 죄와 부정, 재액 등을 없애는 행위다. 곶은 육지의 끝이고 땅과 바다가 만나는 지점으로 일본인들은 예로부터 곶을 이상향인 '도코요'(常世)로 떠나가는 장소이자 도코요로부터 신들이 오는 장소로 신성하게 여겨왔다. 곶 앞을 지나가는 뱃사람들이나 어민들은 곶에 깃들어 있는 신에게 기도를 드려 뱃길이 무사하도록 비는 일이 많았다.[1] 가라사키는 비록 바다가 아닌 땅과 호숫가의 곶이지만 바다 못지않게 드넓은 비와 호의 곶이기에 그곳 또한 신성한 곳으로 여겨진 것으로 보인다. 지금도 그 자리에는 가라

1 野元寛一, 『神々の風景』(白水社, 1990) pp.46, 51.

사키 신사가 자리 잡고 있다.

가라사키에서 불제가 어떤 식으로 거행되었는지 구체적인 내용은 알 수 없다. 『가게로 일기』를 통해 알 수 있는 사실은 가라사키가 참으로 협소한 곳으로 수레를 대는데 수레 뒤편이 물가에 닿을락 말락 할 정도였고, 바람은 꽤 불어오지만 나무그늘이 없어 무척이나 더운 곳이라는 것 정도다. 하지만 물은 엘리아데가 지적한 것처럼 형태를 해체하고 폐기하며 죄를 씻어 버리고 정화하고 생명을 부여하는 매개로 생명의 상징이며 물과 접촉한다는 것은 재생을 의미[2]하기에, 가라사키 불제 또한 물로써 부정을 없애는 행위였다는 것을 짐작할 수 있다.

이러한 종교적인 행위 이외에도 여행은 미치쓰나의 어머니의 어두운 심경을 밝게 만들었다. 미치쓰나의 어머니는 새벽녘인 인시(寅時)쯤 교토의 집을 나서 점심 무렵에 가라사키에 도착하였다. 교토에서 가라사키로 가기 위해서는 가모 강(鴨川), 오사카 관문(逢坂關), 오쓰, 시미즈(淸水)를 거쳐야 하였다. 호숫가의 정경은 오사카 관문을 지나면서부터 눈앞에 펼쳐졌다. 남편이 발길을 끊은 탓에 너무 기가 막혀 아무것도 생각할 수 없고 멍하니 앉아 눈물을 참으며 시름에 잠겨 있던 미치쓰나의 어머니의 심경은 가모 강을 지나쳐 접어든 산길의 경치, 오사카 관문에서 바라다본 눈물이 날 만큼 아름다운 비와 호, 가까이에서 본 호숫가 정취, 그리고 돌아오는 길에 쉬었던 오사카 관문 근처의 맑은 샘가에서 손발을 담그고 시원하게 물에 밥을 말아

2 미르치아 엘리아데 지음, 이은봉 옮김, 『종교형태론』(한길사, 1996) p.265.

먹거나 하면서 피곤한 몸과는 달리 점차 가벼워졌다.

새벽녘에 허둥지둥 떠난, 이시야마데라 참배

하지만 가라사키 불제를 다녀온 뒤 일시적으로 기분은 전환되었지만 일상적인 공간에서 그녀의 삶이 그대로 유지되는 한 결정적인 삶의 변화는 있을 턱이 없었다. 남편과의 관계는 여전히 꼬인 상태였고, 미치쓰나의 어머니는 전과 다름없이 날이 밝으나 날이 저무나 자기 신세를 한탄하며 하루하루를 보냈다. 남편의 무정한 태도가 오미라는 여성을 비롯한 여성들과의 관계 때문이라는 것을 알게 된 미치쓰나의 어머니는 더 이상 집 안에만 있을 수 없어, 970년 7월 주위에도 알리지 않고 새벽 일찍 이시야마데라로 참배를 떠났다. 교토에서 이시야마데라로 가기 위해서는 가라사키로 가던 길을 되짚어 가야 하였다.

이시야마데라는 시가 현 오쓰 시 이시야마에 있는 절로 8세기 중엽에 건립되었으며 여의륜관음(如意輪觀音)을 본존으로 모셨다. 장애를 가진 사람이나 난치병에 걸린 사람들이 신분의 높낮이에 관계없이 절에 머물며 참배하였다는 기록이 『이시야마데라 연기』(石山寺緣起) 등 여러 문헌에 전해지고 있다.[3] 교토와 그리 멀지 않아 귀족여성들의 참배도 활발하였다. 『겐지 모노가타리』(源氏物語)의 작자인 무라사키시키부(紫式部) 또한 이시야마데라에 머물며 집필하였다는 이야기가 전

3 加納重文, 『源氏物語の舞台を訪ねて』(宮帯出版社, 2011) p.187.

하고 있으며, '겐지노마'(源氏の間)라는 방이 본당 옆에 붙어 있다.

동기간에게도 알리지 않고 가까운 시녀만을 데리고 새벽녘에 집을 떠난 미치쓰나의 어머니의 마음은 벌판에 시체까지 나뒹굴고 있다는 말을 들었어도, 달빛에만 의지하여 마주치는 사람도 없는 길을 가는데도 무섭지도 않을 만큼 절망적인 상태였다. 눈물을 흘리며 가모 강과 아와타 산(粟田山)을 지나쳤고, 야마시나(山科)라는 곳을 지날 무렵 날이 밝아 오면서부터는 지나가는 사람들이 모두들 자기 일행을 바라보며 수군거리는 듯하여 견디기 힘들어 하였다. 오사카 관문 근처의 샘터에서 도시락을 먹을 때 오늘날의 후쿠이 현(福井縣)인 와카사(若狹) 지방 지방관의 수레가 기세 좋게 지나가는 것을 보고는 가슴이 미어지는 듯하였고, 비와 호 우치이데(打出) 호숫가에서 기진맥진한 상태로 배를 타고 처량한 신세를 한탄하는 모습에서는 미치쓰나의 어머니가 이때 얼마나 스스로의 처지에 자격지심을 느끼고 있었는지를 알 수 있다.

그녀의 이러한 마음은 저물녘 절에 도착하여 괴로운 마음에 자기 처소에서 한바탕 울고 그것도 모자라 법당에 올라가 흐느끼며 자기 신세를 하소연하고 난 뒤 바라다본 바깥풍경의 묘사에서도 확인할 수 있다. 밤이 깊어 밖을 바라다보니, 법당은 높은 데 있고 아래는 계곡으로 보이고 벼랑 한쪽은 나무가 짙게 우거져 더욱 어두웠다. 스무날 달이 밤이 깊어 더욱 밝은데 나무그늘 틈 사이로 여기저기 지나온 길이 다 보였다. 나무그늘 사이로 보이는 그녀가 지나온 길은 격정에 치받쳐 헐레벌떡 달려온 길임과 동시에 남편과 쌓아온 열다섯여 해의 시간이었다. 미치쓰나의 어머니는 달빛에 비친 그 길을 내려다보며 자신의 삶을 되돌아보았고, 몸이 지칠 정도로 이틀에 걸쳐 밤을 지새우다시피 예불을 올리면서 자기 상처를 치유하는 시간을 보냈다. 예불을 마친 후 눈앞에 펼쳐진 잔잔한 바람이 부는 그림 같은 강 건너편의 풍경, 돌아가는 길에 달그림자가 호수 위에 비친 모습 등은 여전히 마음을 쓸쓸하게 만들었지만, 집에 돌아온 뒤 부재 중 난리가 났었다는 사람들의 말에 담담히 반응하는 미치쓰나의 어머니의 모습에서, 비록 그녀가 고뇌를 모두 떨쳐 버리지는 못하였지만 죽을 만큼 괴로웠던 격정의 시간을 흘려보냈다는 것을 알 수 있다.

미치쓰나의 어머니의 삶의 분수령, 나루타키 한냐지 칩거

그러나 격정을 가라앉히고 새로운 마음으로 부딪친 현실세계 속에서 미치쓰나의 어머니는 다시금 고뇌에 빠져들게 된다. 새해가 밝았지만 결혼 후 한 번도 거른 적이 없었던 새해 첫날 방문을 가네이에가 거른데다 그녀의 집 앞을 지나가면서도 들르지 않고 겨우 며칠 만에야 얼굴을 비췄을 때 미치쓰나의 어머니의 한탄과 원망은 참을 수 없는 지경에 이르렀다. 깔개 위에 쌓인 먼지를 보며 "털어버리는 깔개 위 쌓여 있는 저 먼지 수도 내 쉬는 한숨 수엔 미치지 못하리라"(중권 · 226)고 읊은 와카(和歌)에 그녀의 심경이 잘 나타나 있다. 결국 미치쓰나의 어머니는 아버지 집에서 부정(不淨)을 피하며 긴 정진기간을 보낸 뒤, "당신이 내 집 앞을 그냥 지나쳐 가시지 않는 세계도 있지 않을까 싶어 오늘 출발합니다"(중권 · 234)라는 편지를 남편에게 남기고 971년 6월 초나흗날 한냐지로 떠난다. 애욕에서 비롯된 정한(情恨) 때문에 고통받는 현실세계를 떠나 한냐지라는 이상적인 세계에서 자신의 가슴속에 쌓인 한을 풀어 버리고 싶었던 것이다.

이러한 심경이 반영된 탓인지 옛날 남편과 함께 칩거하였던 일을 떠올리며 눈물을 흘리며 도착한 절에서 미치쓰나의 어머니의 눈에 비친 자연은, "꽃도 한때"라는 옛 와카를 떠올리며 동병상련을 느낄 만큼 꽃잎이 다 져 버려 추레해진 절 마당에 서 있는 모란꽃이었다. 그러나 완전히 고뇌에서 벗어난 것은 아니었지만 한냐지 칩거를 통해 조금씩 심리적 안정을 찾아가며 가네이에가 자기 집 앞을 그냥 지나쳐 가지 않는 세계를 찾으려는 미치쓰나의 어머니의 시도는, 친정아버지인 후지와라 도모야스(藤原倫寧)를 비롯한 가족들의 거듭된 하산 종용과 남편의 권유에 못 이긴 척 산을 내려와 일상생활로 되돌아오면서 좌절되어 버렸다. 스무여 날 산사에서 긴 칩거생활을 보내고 돌아왔어도 미치쓰나의 어머니의 일상과 남편의 태도는 별로 달라진 게 없었다.

하지만 한냐지 칩거는 고뇌에 견디다 못한 미치쓰나의 어머니의 갈등 배출을 통한 절실한 자기 회복 노력이었다고 할 수 있으며 그녀 삶의 분수령이었다. 이후 남편에 대한 미치쓰나의 어머니의 시선은 서서히 변화를 보이게 되며, 한냐지 칩거에 이어 하세데라로 두 번째 참배여행을 다녀온 뒤 그녀는 '옛날'과는 달라진 '현재'의 남편과의 관계를 어쩔 수 없이 받아들이게 된다.

관세음보살 찾아 떠난 먼 길, 하세데라 참배

미치쓰나의 어머니는 하세데라를 두 번 참배하였다. 첫 번째는 968년 9월, 두 번째는 971년 7월이었다. 한냐지에 칩거하고 난 뒤에도 남편과의 관계는 여전히 회복되지 않고 소원한 상태가 이어지자, 미치쓰나의 어머니는 한숨으로 지새는 자신을 추스르기 위해 친정아버지와 함께 하세데라로 두 번째 참배여행을 떠나게 된다.

하세데라는 나라 현 사쿠라이 시(櫻井市) 하쓰세(初瀨)에 있는 절로 7세기 중엽에 창건되었다고 전해지며 현세이익으로 영험 높은 십일면관세음보살과 모란꽃으로 유명하다. 지명을 따서 보통 하쓰세라고 부른다. 교토에서 하세데라로 가기 위해서는 요도미(淀) 길이나 우지 길을 통하여 가야만 하였다. 헤이안 시대 귀족여성들은 대부분 우지 길을 거쳤다.[4] 교토에서 가는 데 며칠이나 걸리기 때문에 하세데라 참배는 여행의 의미가 더욱더 강하였다. 미치쓰나의 어머니도 우지 길로 하세데라를 두 차례 참배하였다. 우지, 니에노(贄野) 연못, 이즈미 강(泉川), 하시데라(橋寺), 요타테 숲, 가스가 신사(春日神社), 아스카데라(飛鳥寺), 쓰바이치(椿市)를 거쳐 산속으로 들어간 곳에 하세데라가 있었다.

미치쓰나의 어머니는 비바람이 세차게 불어대는 가운데 절에 도착하여 하룻밤을 보내고, 돌아오는 길에는 세 해 전 첫 번째 하세데라 참배여행 때 가네이에와 함께 다정한 한때를 보냈던 우지 강변의 별장에서 하룻밤 머물렀다. 그때 그녀는 현재의 쓸쓸한 자기 신세를 절감하며 옛날과는 완전히 달라진 자기 처지를 인정하게 되면서 내면의 소리에 귀 기울이게 된다. 비바람은 그칠 줄을 모르고 불을 밝혔지만 바람에 꺼져 칠흑같이 어두운데다 꿈길을 걷는 듯 마음은 산란한데, 우지 강에서 가마우지를 이용하여 고기 잡는 배들을 구경

4 加納重文, 『源氏物語の舞台を訪ねて』, p.354.

하다 깜박 졸다가 뱃전을 탁탁 두드리는 소리가 마치 자신을 깨우는 듯하여 미치쓰나의 어머니는 잠에서 깨어났다. 이때 미치쓰나의 어머니를 깨운 소리는 그녀의 내면 깊숙이 숨어 있는 자기 삶을 직시하라는 경고의 소리였다.

이러한 그녀의 내면 직시는 그다음 해 연초에 "올해는 천하에 다시없을 미운 사람이 있다 해도 한탄하지 않으리라 등등 차분한 마음으로 곰곰이 생각하니, 참으로 마음이 편안하다"(하권 · 279-280)라는 심경 변화를 일으키게 하였다. 그렇다고는 하여도 이후에도 미치쓰나의 어머니는 남편에 대한 정한과 자기 신세 한탄에서 완전히 벗어나지는 못하였지만, 그녀는 남편을 체념하면서 서서히 아들과 양녀에게 시선을 돌리며 나이 들어 가는 있는 그대로의 자신을 받아들이려 애쓰게 된다. 이러한 그녀의 모습은 극적인 형태는 아니지만 '재생'으로 볼 수 있다. 미치쓰나의 어머니의 재생은 단 한 번의 참배여행, 극적인 깨달음으로 얻어진 것은 아니었다. 그녀는 자신의 삶의 고뇌가 너무 힘겹게 느껴질 때 그 배출구를 찾아 '성'스러운 공간인 절로 달려갔다. 그러나 다시 '속'된 세상, 자기의 고뇌와 갈등의 근원지인 일상생활로 되돌아오면 다시금 고뇌에 휩싸이게 된다. 하지만 몇 차례에 걸친 참배여행을 통해 미치쓰나의 어머니의 내면에는 서서히 변화의 싹이 돋게 되고, 있는 그대로의 자신을 받아들이려는 마음의 자세를 지니게 되었다.

관음신앙과 영험을 기원하는 여성들

앞에서도 언급하였듯이, 『가게로 일기』를 비롯한 일본 헤이안 시대

문학작품에 그려진 참배여행에 주목하였을 때 눈에 띄는 점은 여성들이 주로 참배를 떠났던 절이 기요미즈데라(清水寺), 이시야마데라, 하세데라라는 점이다. 이 세 절은 관음신앙의 영험으로 유명하였다. 그중 시가 현 비와 호 주변에 있는 이시야마데라와 나라 현에 위치한 하세데라는 교토에서 거리가 멀어 종교적인 의미 외에도 여행의 의미도 지니고 있었다.

헤이안 시대 중엽 무렵부터 중세를 거치면서 일본에서 융성하게 된 관음신앙은 현세이익을 기원하는 신앙으로서 특히 여성들이 열성적이었다. 관세음보살의 불력은 내세보다는 현세를 살고 있는 중생의 고통을 없애 주고 행복을 가져다준다는 "현세이익적인 색채가 특히 농후"[5]하였다. 관세음보살에게 현실의 고통에서 벗어나고자 영험을 비는 여성들의 모습은 『겐지 모노가타리』와 『사라시나 일기』(更級日記) 등 헤이안 시대 다른 여성문학에서도 많이 찾아볼 수 있다.

11세기 초 무라사키시키부가 쓴 일본의 대표적 고소설인 『겐지 모노가타리』「다마카즈라」(玉鬘) 권에는 다음과 같은 장면이 있다.

> "다음엔 부처님 중에서도 일본 내에서 뚜렷한 영험을 보이신다고 중국에까지 알려진 하쓰세(初瀨)에 참배하러 갑시다. 하물며 아가씨가 머나먼 벽지에서 사셨어도 우리나라에서 오래 살아오셨으니 자비를 베푸실 겁니다"라며 참배하시기를 권하였다. 그래서 정성을 보이느라 일부러 걸어가기로 하였다. 걷는 게 익숙지 않아 너무나 힘들고

5 速水侑,『観音信仰』(塙書房, 1970) p.239.

괴로웠지만 사람들의 말에 따라 정신없이 걸으셨다. "무슨 죄가 이리 깊어 이렇게 떠돌아다니는 걸까. 우리 어머님이 세상을 떠나셨다 하여도 저를 불쌍히 여기신다면 계신 곳으로 이끌어 주소서. 혹여 이 세상에 살아 계신다면 만나게 해 주소서"라며 부처님께 기원하면서, 살아 계실 때 모습이 기억나지 않는지라 단지 어머님이 살아 계신다면, 이라고 슬퍼서 한탄만 해 오셨지만 이렇게 당장 자기 처지가 견딜 수 없이 괴로우니 새삼스럽게 슬퍼하며, 어렵사리 쓰바이치(椿市)라는 곳에 나흘째 되는 날 오전 열시쯤 다 죽어가며 도착하였다.(「다마카즈라」· 3 · 104)[6]

여기서 말하는 '하쓰세'란 나라 현 쓰바이치에 있는 하세데라를 가리킨다. 이 장면은 『겐지 모노가타리』의 주인공인 히카루겐지(光源氏)와 젊은 시절 사랑을 나눴던 유가오(夕顔)의 딸인 다마카즈라가 하세데라에 참배하러 가는 장면이다. 이 인용에서도 하세데라의 부처님은 일본뿐만 아니라 중국에까지 널리 알려질 정도로 영험이 있으며, 다마카즈라의 참배 또한 어머니를 만나거나 소식을 들어 본인의 불안정한 생활을 타개하고자 하는 현세적인 목적임을 알 수 있다.

다마카즈라는 히카루겐지의 친구인 두중장(頭中將)과 유가오 사이에서 태어난 딸로 어머니가 실종(=사망)된 뒤 유모와 함께 지금의 규슈(九州) 지방인 쓰쿠시(筑紫) 지방에 내려가 살다, 스무 살 무렵 지방 토호(土豪)의 강제적인 구혼을 피하여 귀경하게 된 여성이다. 그리

6 阿部秋生 他 校注 · 訳, 『源氏物語 ①-⑥』(新編日本古典文学全集 20-25, 小学館, 1994-1998).

고 하세데라 관음의 영험이 있었는지 다마카즈라는 참배하러 간 길에 어머니의 시녀였던 우근(右近)과 재회하게 되어, 히카루겐지의 사계절 저택인 로쿠조노인(六條院)의 여름 저택에 살다가 히게쿠로(鬚黑) 대장과 결혼하게 되고 궁중에도 출사하게 된다. 즉 서너 살 때부터 시작된 다마카즈라의 고단한 유랑생활은 하세데라 참배로 끝나게 되고 그녀는 하세데라 관음의 영험으로 현세적인 행복을 손에 넣게 되었다. 하세데라 관음의 영험을 보여 주는 『겐지 모노가타리』에 기술된 또 하나의 영험담으로는 자살을 기도하였다가 하세데라에 참배한 공덕으로 소생하게 되는 우키후네(浮舟) 이야기를 들 수 있다.

최초의 여성 일기문학인 『가게로 일기』와 어깨를 나란히 하는 『사라시나 일기』에도 『가게로 일기』와 마찬가지로 관음신앙에 바탕을 둔 참배여행에 관한 내용이 많이 기술되어 있다. 1060년께 쓰인 이 작품의 작자는 중류귀족 스가와라 다카스에의 딸(菅原孝標女)로서, 그녀가 『가게로 일기』의 작자인 미치쓰나의 어머니의 이복 여동생의 딸, 즉 조카라는 점은 그 시대 여성문학의 흐름상 흥미로운 사실이다.

『사라시나 일기』는 작자가 쉰 고개를 넘긴 뒤 자기 일생을 회고하여 쓴 자전적 작품이다. 10대 중반에 결혼하는 게 일반적이었던 그 시대에 서른셋의 늦은 나이에 다치바나 도시미치(橘俊通)와 결혼하였지만 쉰한 살 때 남편과 사별한 뒤 인생의 헛됨을 절절히 느끼며 쓴 이 작품은, 여성이 삶의 한 고비를 겪어 낸 뒤 자기 삶을 되돌아보며 썼다는 점에서는 다른 여성 일기문학과 다를 바 없다. 하지만 일본 고전문학의 최고봉이라 일컬어지는 『겐지 모노가타리』가 이 작품의 주요 모티프, 더 나아가 한 여성의 삶의 키 워드가 될 정도로 큰

비중을 차지하고 있어 『겐지 모노가타리』가 세상에 나온 지 50여 년 후 주요 독자층인 여성들에게 어떻게 향유되고 있었는지 그 구체적인 양상을 보여 준다는 점에서 다른 작품과는 다른 문학사적 의의를 지니고 있다. 그뿐 아니라, 스가와라 다카스에의 딸이 말년에 도달하게 되는 인생인식에서 모노가타리, 즉 이야기에 대한 탐닉이 종교에 귀의하는 것과 대비되는 불행의 요인으로 거론되고 있다는 점은 주목할 만하다.

> 『겐지 모노가타리』(紫の物語)에 우지 하치노미야(八の宮)의 따님들의 이야기가 있었는데, 어떤 곳이기에 그런 곳에서 살게 하였을까 하고 전부터 와 보고 싶어 하였던 곳이다. 참으로 정취 있는 곳이로구나 생각하며 겨우 강을 건너, 관백의 영지인 우지 전(宇治殿)에 들어가 저택 안을 둘러보는데도 우키후네 아가씨가 이런 곳에 살았구나라는 생각이 먼저 떠올랐다.[7]

『사라시나 일기』의 작자는 생전에 관음신앙으로 유명한 기요미즈데라, 하세데라, 이시야마데라에 모두 참배하였다. 하지만 위의 인용에서 확인할 수 있듯이, 참배하러 하세데라로 가는 길에 우지를 지나면서 『겐지 모노가타리』와 그녀가 동경하던 우키후네를 떠올리는 모습에서 그녀에게는 참배라는 행위로 상징되는 '종교'보다 '이야기'라는 허구의 문학이 더 중요시되고 있었다는 것을 알 수 있다.

---

7 藤岡忠美 · 中野幸一 · 犬養廉 · 石井文夫 校注 · 訳, 『和泉式部日記 紫式部日記 更級日記 讃岐典侍日記』(新編日本古典文学全集 26, 小学館, 1994) p.343.

스가와라 다카스에의 딸에게 있어 이야기가 단순한 소일거리가 아닌 그녀의 삶에 대한 태도를 비추는 거울이라는 것은, 남편을 잃고 홀로 된 인생의 늘그막에 삶의 헛됨을 깨달으며 지나칠 정도로 이야기와 그 속의 허구세계를 동경하던 자기 자신의 옛 모습을 참담하게 응시하는 화자의 시선을 통해 살펴볼 수 있다. 『겐지 모노가타리』 전권을 처음 통독하던 때 꿈속에 스님이 나타나 "법화경 5권을 빨리 배우거라"(p.298)라고 일러 주셨지만 배울 생각도 하지 않았다는 회한에 찬 기술, 작품 말미의 "옛날부터 허황된 모노가타리나 와카 등에만 열중하지 말고 밤낮으로 한마음으로 부처님께 기도하였다면, 이렇듯 꿈같이 허무한 말년을 보내지 않아도 됐을 텐데"(p.357)라는 구절 속에 그러한 인식이 가장 뚜렷이 나타나 있다.

이렇듯 『사라시나 일기』 속에서 종교와 참배여행으로 나타나는 관음신앙이 젊었을 때는 『겐지 모노가타리』로 대표되는 이야기보다도 경시되다가, 말년에 와서는 지나치게 이야기에 탐닉한 나머지 현실생활을 경시하고 종교생활을 소홀히 한 것이 작자의 박복하고 불행한 삶의 주요 원인으로 인식되고 있다는 데서, 헤이안 시대 여성에게 종교가 차지하는 의미와 위치를 엿볼 수 있다.

신불의 불완전한 융합

그런데 헤이안 시대 사람들의 신앙이 이제까지 살펴보았던 것처럼 오로지 불교에만 집중되었던 것은 아니었다. 불교보다 더 오래전부터 뿌리를 내리고 있었던 또 하나의 종교는 일본이라는 나라가 발생하였을 때부터 존재하면서 천황제를 지탱하고 있었던 신도(神道)였다. 즉 헤이안 시대 사람들은 신도와 더불어 나라를 진호(鎭護)하는 데서부터 개인의 화복(禍福)까지 관장하는 외래종교인 불교 또한 믿고 있어서, 신도와 불교가 양대 종교로 자리 잡고 있었던 것이다. 하지만 헤이안 시대 이전의 나라 시대(奈良時代)에 편찬된 시가집(詩歌集)인 『만요슈』(萬葉集)에서는 신에 대한 숭배가 읊어졌던 것이 헤이안 시대 문학에서는 부처에 대한 찬양으로 바뀌어 가는 데서 알 수 있듯이, 불교가 일반인들에게 점점 더 세력을 확장해 가면서 개인 구제(救濟)의 가르침이 농후해지고 있다는 것을 알 수 있다. 국가 수호를 중심으로 하는 신도 또한 개인과도 밀접한 관련을 맺고 있다고는 하지만 정토(淨土)에 대한 희구라는 문제에 봉착하게 되면 불교에 뒤질 수밖에 없었고, 게다가 현세 긍정적인 신도와 내세 긍정적인 불교라는 두 종교의 상반되는 성격도 현세이익을 기원하는 불교의 관음신앙이 융성하면서 그 역할 분담이 애매해진 것이다.

이렇듯 자연발생적으로 생긴 민족종교로서 자연숭배와 조상숭배를 주요 내용으로 하고 있는 신도와 외래종교인 불교는 오늘날에는 아무런 모순 없이 일본인의 생활 속에 융합되어 존재한다. 하지만 헤이안 시대에는 완전한 융합이 이루어지지 않은 과도기였던 탓에 그 시대 문학작품 속에는 신도와 불교 사이에서 갈등하고 죄의식을 느끼는 사람들의 모습이 형상화되어 있다.

『겐지 모노가타리』「스마」(須磨) 권의 다음 인용은 불교와 절연(絶緣)하고 신도에 치우칠 수밖에 없어 죄의식을 느끼는 여성의 모습을 잘 나타내 주고 있다.

"역시 현실의 일이라고는 생각되지 않는 거처에 관해 듣는데도, 새지 않는 밤중에 헤매는가 싶기에……. 그렇기는 하여도 거기서 세월은 오래 보내시지 않을 것이라 짐작되는데도, 죄가 깊은 이 몸이야말로 다시 뵙고 말씀드릴 날 또한 머나먼 일이겠지요. …… 여러 가지로 생각하자니 마음이 산란한 세상 돌아가는 모습 또한, 여전히 어찌 되려는지요."(「스마」 · 2 · 194)

이 인용문은 복잡한 정치상황 속에서 스마 지방으로 물러나게 된 히카루겐지에게 보낸 그의 옛 연인 로쿠조미야스도코로(六條御息所)의 안부편지 중 일부분이다. 여기서 주목할 점은 로쿠조미야스도코로가 자기 자신을 죄 많은 존재로 인식하고 있다는 점이다. 한때 동궁비였다가 남편의 죽음으로 홀몸이 된 뒤 히카루겐지와 사랑을 나누었던 그녀는 그때 히카루겐지와의 관계를 청산하고 이세 신궁(伊勢神宮)의 재궁(齋宮)이 된 딸을 따라 이세에 머물고 있었다.

미에 현(三重縣) 이세 시에 있는 이세 신궁은 내궁과 외궁에 아마테라스오미카미(天照大御神)와 도요우케노오카미(豊受大神)를 제신으로 모시고 있는 일본 황실의 종묘(宗廟)다. 헤이안 시대 때는 천황이 바뀔 때마다 미혼의 황녀나 황자의 여식 중에서 두 명을 뽑아 이세 신궁과 가모 신사(賀茂神社)에 봉사하게 하였는데, 전자를 재궁, 후자를 재원(齋院)이라고 한다. 뒤에 레이제이 천황(冷泉天皇)의 중궁이 되는 로쿠조미야스도코로의 딸은 히카루겐지의 이복형인 스자쿠(朱雀) 천황이 즉위하면서 재궁이 되어 어머니와 함께 이세로 내려가 있었던 것이다.

로쿠조미야스도코로의 "죄가 깊은 이 몸"이라는 죄의식은 이

안부편지만으로는 확실히 알 수 없지만, 스자쿠 천황의 양위로 6여 년 만에 딸과 함께 귀경한 뒤 중병에 걸려 출가하게 되는 모습을 그린 「미오쓰쿠시」(澪標) 권에 나오는, "갑자기 중병을 얻으셔서 참으로 마음이 불안하게 여겨지시기에, 죄 많은 곳에서 오랜 세월을 지낸 것 또한 몹시 불안하게 여기셔서 비구니가 되셨다"(「미오쓰쿠시」 · 2 · 309-310)에 나오는 "죄 많은 곳"이라는 표현을 통해 짐작할 수 있다.

즉 로쿠조미야스도코로는 불교를 금하는 이세 신궁에 몇 년이나 머물고 있었던 것을 죄로 인식하고 그 죄를 없애기 위해 출가한 것이다. 따라서 히카루겐지에게 보낸 편지 속에 나오는 죄의식 또한 딸을 따라 이세 신궁에 와 있으면서 불교와 절연하고 있는 데서 기인하고 있다는 것을 알 수 있다. 이러한 로쿠조미야스도코로의 죄의식은 죽은 지 18여 년이나 지난 다음 히카루겐지의 일생의 반려자인 무라사키노우에(紫の上)에게 사령(死靈)으로 나타나 딸인 아키코노무 중궁(秋好中宮)에게 전해 달라며, "재궁으로 계셨을 때 그때의 죄가 가벼워지도록 공덕을 반드시 쌓으시도록. 참으로 후회스럽기만 합니다"(「와카나 하」 · 4 · 237)라고 「와카나 하」(若菜下) 권에서 당부의 말을 남기는 데서도 확인할 수 있다.

이렇듯 불교와 절연하고 신도에 경도됨으로써 느끼는 로쿠조미야스도코로의 죄의식은 신도와 불교가 아직 완전히 융합하지 못한 상태를 보여 줌과 동시에, 관음신앙을 주 내용으로 하는 불교가 세력을 확장하면서 그동안 일반 민중 사이에 뿌리 깊게 자리 잡고 있었던 신도의 위치가 흔들리고 있는 모습을 보여 주고 있다고 할 수 있다.

이상으로서 일본 헤이안 시대의 여성문학을 통해 옛 일본여성들이 일상 공간에서 생활하며 쌓인 자신의 고뇌와 갈등을 '참배여행' 이라는 수단을 통해 비일상 공간으로 이동함으로써 해소하는 모습과, 관음신앙이라는 그 시대 현세지향적인 불교의 모습을 살펴보았다. 우리나라의 『의유당관북유람일기』를 통해서도 알 수 있듯이 공간과 시대를 초월하여 여행은 옛 여성들에게도 일상으로부터의 해방을 의미하였고, 특히 옛 일본여성들에게는 여행에 종교적인 의미가 결합된 참배여행이 그녀들의 삶의 고뇌와 인간관계의 갈등을 해소할 수 있는 배출구였다.

결국 미치쓰나의 어머니는 교토에 있는 자신의 집이라는 일상 공간에서 쌓인 고뇌를 참배여행이라는 수단을 통해 비일상 공간인 절이나 신사 등으로 이동하여 그곳에서 자신의 고뇌를 가라앉히고 일상 공간으로 되돌아오기를 반복하고 있다. 하지만 미치쓰나의 어머니의 고뇌가 축적되고 있는 일상 공간에서 고뇌의 원인이 되고 있는 가네이에와의 관계가 근원적으로 해결될 수는 없기에, 비일상적인 공간에서의 고뇌 해소는 일시적인 해결이 될 수밖에 없었다. 『가게로 일기』를 공간의 관점에서 본다면, 일상 공간과 비일상 공간을 오가며 자신의 삶에서 배태된 고뇌를 해소하고자 하였던 한 여성의 삶의 기록이라고 할 수 있을 것이다.

제5부

해석과 영향

13. 본문 해석의 실제

'운 좋은 사람'과 '오랫동안 함께 지내온 사람'

후지와라 가네이에(藤原兼家)와 결혼한 지 10여 년이 지난 964년 여름, 미치쓰나의 어머니(道綱母)는 불안정한 자기 신세를 다음과 같이 토로하고 있다.

【인용1】
봄이 지나고 여름께, 그 사람은 숙직하는 날이 많아진 듯한 느낌이다. 아침 일찍 찾아와 하루 종일 머물다가 어둑어둑해지면 집을 나서거나 하는 것을 이상하게 여기고 있던 중에 쓰르라미 첫 울음소리가 들려왔다. 언제 벌써 정취 있는 가을이 왔나 하고 무척 놀라서, 이렇게 읊었다.

이상하게도 밤사이 당신 행적 알 수가 없네
오늘은 하루 종일 쓰르라미 우는데

그러자, 나가기가 멋쩍었는지 그대로 머물렀다. 이렇듯 이렇다 할 일도 없으니, 그 사람의 마음도 한결같이 느껴졌다. 달밤에 달빛을 받으며 두 사람이 이야기를 나누면 불길하다고 하지만, 서로 감추는 것 없이 마음속 깊은 이야기들을 나누었던 옛일을 생각하니 마음이 우울해져, 이렇게 읊었다.

정처도 없는 내 신세와 구름 낀 밤의 달님과
어느 쪽이 더욱더 갈 곳 몰라 헤매나

답장 온 것을 보니, 능치듯 이렇게 읊었다.

어둔 밤 달이 서쪽으로 향하듯 당신의 앞날
바로 내가 너무나 잘 알고 있는 것을

이를 보자니, 미더운 듯이 여겨지기도 하지만, 그 사람이 자기 집이라고 생각하는 곳은 달리 있는지라, 참으로 부부 사이는 생각대로 되지를 않는다. 운 좋은 사람(さいはひある人)이 되기에는, 그 사람과 오랫동안 함께 지내온 사람(年月見し人)이라고는 하지만, 자식을 많이 두지 못한지라, 이렇게 마음이 허전하고 이래저래 수심에 잠길 때가 많다.(상권 · 113-115)

【인용1】은 결혼생활과 남편과의 부부관계에 커다란 문제가 있는 것도 아니고 평온한 일상생활을 보내면서도, 마음속에 불안감을 지니고 있는 미치쓰나의 어머니의 마음의 편린을 기술하고 있는 대

목이다. 『가게로 일기』에서 미치쓰나의 어머니가 끊임없이 호소하고 있는 "생각대로 되지 않는 이내 신세"(상권 · 165)라는 고뇌의 내실이 형상화되어 있는 대목이기도 하다. 미치쓰나의 어머니는 남편이 "자기 집이라고 생각하는 곳"이 자신의 집은 아닌 듯이 여겨져 부부 사이, 즉 결혼생활이라는 것은 예상대로는 흘러가지 않는냐고 한탄하면서 자식들도 많지 않은 데다 힘겨운 현 상황에서 벗어날 길이 없어 괴로워하고 있다. 실질적인 일부다처제 하에서 정처가 될 가능성도 없는 채 결혼생활을 보낼 수밖에 없는, 불안정한 부인의 지위에 불안감을 지니고 있는 미치쓰나의 어머니의 심경을 읽어 낼 수 있는 것이다.

이 장면에서 "운 좋은 사람이 되기에는, 그 사람과 오랫동안 함께 지내온 사람이라고는 하지만, 자식을 많이 두지 못한지라, 이렇게 마음이 허전하고 이래저래 수심에 잠길 때가 많다"(幸運に恵まれたあの人のために、長い年月連れ添ってきたわたしなのに、大勢の子供に恵まれているわけではないので、このように頼りないありさまでは、思い悩むことばかりあれこれと多い, 新全集 · 상권 · 129)라는 기술에 관해서는 종래 다양한 해석이 이루어져 왔다. 『가게로 일기』의 문장은 '당사자적 표현'[1]이라고 일컬어질 만큼 화자 중심의 주관적인 문체를 특징으로 하며, 주어와 술어 또한 많이 생략되어 있기 때문에 해석의 폭이 넓다고 지적되어 왔다. 위의 기술은 그중에서도 난문(難文)으로 간주되어 온 문장이다.

---

1 渡辺実, 『平安朝文章史』(東京大学出版会, 1981) p.97.

이 장에서는【인용1】에 나오는 "운 좋은 사람"과 "오랫동안 함께 지내온 사람"에 대한 종래의 해석을 검토하면서, 미치쓰나의 어머니가 생각하는 '운'(さいはひ)의 내실과 '운이 좋지 않은 신세'라는 자기인식의 근저에 위치하는 자식의 존재에 관해서도 고찰해 보도록 한다.

'운 좋은 사람'과 미치쓰나의 어머니

그런데 『가게로 일기』의 주석서 중 가장 최근에 출간된 신편일본고전문학전집(新編日本古典文學全集, 小學館)에서는, "운 좋은 사람"에 관해서는 "운이 좋은 사회적으로 눈부시게 약진해 가는 사람, 즉 가네이에", "오랫동안 함께 지내온 사람"에 관해서는 "오랫동안 부부로서 생활해 온 사람, 즉 작자"라고 하여 '운 좋은 사람'='가네이에', '오랫동안 함께 지내온 사람'='미치쓰나의 어머니'라고 주석을 달고 있다. 그리고 현대어역에서는 "운이 좋은 그 사람에게(과) 오랜 세월 함께 해 온 나이건만, 자식이 많은 것도 아니기에 이처럼 의지할 데 없는 모습으로는 고민할 일만 이래저래 많다"고 해석하고 있다.

그러나 "운 좋은 사람"이라는 표현 직전에 그 '운'이라는 것과는 동떨어져 있는 '부부관계'(世), 즉 예상과 달리 생각대로 되지 않는 가네이에와의 결혼생활에 대한 미치쓰나의 어머니의 심경이 기술되어 있으며, 그 '운'의 필요조건이기라도 하듯이 '많은 자식'의 필요성과 그 부재로 인한 불안함이 잇따라 기술되어 있는 데 주목하였을 때, '운이 좋은 사람'='가네이에'라는 해석에는 이질감을 느끼지 않을 수 없다. 오히려 위의 인용에 나오는 "운 좋은 사람"이란, "생각대로 되지 않는" 가네이에와의 결혼생활 때문에 시름에 잠거 있는 미치쓰나의 어머니의 현재의 모습과는 정반대인, '생각대로 되는' 이상적인 모습으로 간주할 수 있다. 그렇게 보았을 때 "운 좋은 사람"이란 운이 좋은 '일반인'으로 해석되고, "운 좋은 사람"이 되기 위해서는 많은 자식들의 존재가 전제조건이 된다.

이제까지 나온 제 주석서에는 "운 좋은 사람"과 "오랫동안 함께 지내온 사람"이 【표】와 같이 해석되어 왔다.

【표】 제 주석서별 "운 좋은 사람" 및 "오랫동안 함께 지내온 사람"의 해석[2]

주석서	운 좋은 사람	오랫동안 함께 지내온 사람
叢書	미치쓰나의 어머니	나카마사(仲正)의 딸
講義	미치쓰나의 어머니	미치쓰나의 어머니
大系	미치쓰나의 어머니	미치쓰나의 어머니
新釋	미치쓰나의 어머니	미치쓰나의 어머니
全註釋	일반인	가네이에
全集	가네이에	미치쓰나의 어머니
櫻楓	도키히메	미치쓰나의 어머니
集成	가네이에	미치쓰나의 어머니
大成	가네이에	미치쓰나의 어머니
新大系	일반인?	일반인?
新全集	가네이에	미치쓰나의 어머니

2 참고한 주석서는 다음과 같다.

叢書 物集高量, 『竹取物語 伊勢物語 大和物語 落窪物語 土佐日記 蜻蛉日記』(日本文学叢書, 廣文庫刊行会, 1918).

講義 喜多義勇, 『蜻蛉日記講義』(至文堂, 1944).

大系 川口久雄 他 校注, 『土左日記 · かげろふ日記 · 和泉式部日記 · 更級日記』(日本

【표】에서도 알 수 있듯이, 이제까지의 해석을 보면 "운 좋은 사람"은 가네이에의 선처(先妻)인 도키히메(時姫)나 일반인으로 해석되는 경우도 있지만, 주로 미치쓰나의 어머니의 신세를 비꼬거나 역설적으로 말할 때, 또는 가네이에를 가리키는 표현으로 해석되고 있다. 한편 "오랫동안 함께 지내온 사람"의 경우는 후지와라 나카마사(藤原仲正)의 딸이나 가네이에, 일반인으로 해석하는 주석서도 있지만, 거의 대부분 미치쓰나의 어머니로 해석되고 있다. 게다가 가장 대표적인 『가게로 일기』 주석서인 우에무라 에쓰코(上村悦子) 씨의 대성(大成)에는 앞에서 제시한 신전집(新全集)의 해석과 마찬가지로 "운 좋은 사람"이 가네이에, "오랫동안 함께 지내온 사람"이 미치쓰나의 어머니로 해석되고 있으며, 그 현대어역은 "운 좋은 그 사람에게(과) 오랜 세월 함께해 온 나 자신 또한 자식이 많지 않기 때문에, 이처럼 불안한 모습으로 고민하는 일만 많다"(幸運に恵まれたあの方のために、長い年月連れ添って来たわたし自身も大ぜいの子どもに恵まれていないので、この

古典文学大系 20, 岩波書店, 1957).

新釈 次田潤・大西義明,『かげろふの日記新釈』(明治書院, 1960).

全注釈 柿本奨 注釈,『蜻蛉日記全注釈 上巻・下巻』(日本古典評釈・全注釈叢書, 角川書店, 1966).

全集 松村誠・木村正中・伊牟田経久 校注・訳,『土佐日記 蜻蛉日記』(日本古典文学全集 9, 1973).

桜楓 橋豊・田口守,『蜻蛉日記』(桜楓社, 1978).

集成 犬養廉 校注,『蜻蛉日記』(新潮日本古典集成 54, 新潮社, 1982).

大成 上村悦子,『蜻蛉日記解釈大成 2』(明治書院, 1986).

新大系 今西祐一郎 他 校注,『土佐日記 蜻蛉日記 紫式部日記 更級日記』(新日本古典文学大系 24, 岩波書店, 1989).

新全集 菊地靖彦・木村正中・伊牟田経久 校注・訳,『土佐日記 蜻蛉日記』(新編日本古典文学全集 13, 小学館, 1995).

ように心細い有様で思い悩むことばかり多いのである, 大成 · 2 · 114)로 해석되어 있다. 즉 현재의 『가게로 일기』 주석서에서는 "운 좋은 사람"과 "오랫동안 함께 지내온 사람"이 '가네이에'와 '미치쓰나의 어머니'의 호칭적인 표현으로 자리 잡고 있는 듯하다.

신전집의 주석 작업을 담당한 기무라 마사노리(木村正中) 씨의 지적[3]과 같이, 그즈음 가네이에는 962년에 종4위 하로 동궁 승전(東宮昇殿)을 하게 되고, 【인용1】의 시점인 964년에는 우경 대부(右京大夫)가 되고 967년에 장인 두(藏人頭)에 취임하는 등 사회 · 정치적으로 활약하기 시작한 시기였다. 이 사실은 '운 좋은 사람' = '가네이에'라는 견해를 뒷받침하는 하나의 근거로도 볼 수 있을 것이다.

그러나 본문의 'さいはひある人のためには'의 '-は'의 의미와 『가게로 일기』에 있어서 '운'(さいはひ)이라는 표현의 용법에 주목하였을 때, '운 좋은 사람'은 다른 해석도 가능하다.

먼저, 'さいはひある人のためには'의 '-は'에 관해서 살펴보면, 신전집과 대성(大成)의 "운 좋은 그 사람에게(과) 오랜 세월 함께해 온 나인데(나 자신 또한)"라는 해석에는, 'さいはひある人のためには'의 '-は'의 의미가 충분히 반영되어 있지 않은 듯하다.

구도 시게노리(工藤重矩) 씨는 이 문제와 관련해, '-のためには'는 헤이안 시대에 일반적으로 '-에 있어서는' 또는 '-에 대해서는'의 의미로 쓰이고 있으며, 일부 주석서에서 취하고 있는 '-가 되기 위해서는' 또는 '-이기 위해서는'이라는 의미로 헤이안 시대의 텍스트에

---

3 木村正中, 「「さいはひある人のためには」について」(『蜻蛉日記 (上)』, 中古文学論集 第2巻, おうふう, 2002) p.256. 초출은 『国文学解釈と鑑賞』 1960年 2月号.

쓰인 예가 없다고 지적하고 있다. 따라서 【인용1】의 '-のためには' 또한 '-에 있어서는' 또는 '-에 대해서는'으로 해석해야만 한다는 것이다.[4] 이를 기반으로 하여 구도 씨는 '운 좋은 사람'='도키히메', '오랫동안 함께 지내온 사람'='가네이에'로 해석하면서, 'さいはひある人のためには-'라는 기술을 "운 좋은 사람〔도키히메〕에 대해서는 오랫동안 보살펴 준 사람〔가네이에〕도, [나는 도키히메와 달리 운도 없고] 많은 자식을 두지 못하였기에, [가네이에의 관심을 받지 못하고] 이처럼 의지할 데 없는 상태로 고민할 일만 많다"[5]라고 해석하고 있다.

그러나 이와 같은 해석은 문장 그대로는 의미가 통하지 않아 내용을 많이 보충하지 않으면 안 된다는 한계를 지니고 있다. 또한 구도 씨는 헤이안 시대에 '-のためには'라는 표현이 '-가 되기 위해서는'이나 '-이기 위해서는'이라는 의미로는 쓰인 예가 없다고 지적하였지만, 현존하는 모노가타리(物語)보다 사라진 모노가타리가 더욱더 많을 것으로 추정되는 헤이안 시대의 알려지지 않은 모노가타리의

---

4 『가게로 일기』에 나타난 '-ため'라는 표현은 【인용1】의 용례를 제외하면 다음과 같이 5회 확인할 수 있다.

①年ごとにあまれば恋ふる君がためうるふ月をばおくにやあるらむ(新全集 · 中巻 · 170)

②いにしへを思へば、わがためにしもあらじ、心の本性にやありけむ、(新全集 · 中巻 · 215)

③行基菩薩は、ゆくすゑの人のためにこそ、(新全集 · 中巻 · 219)

④山の末と思ふやうなる人のために、はるかにあるに、ことなるにも、身の憂きことはまづおぼえけり。(新全集 · 中巻 · 238)

⑤わがためは、ましてところせきにこそあらめと思へば、(新全集 · 下巻 · 272)

5 工藤重矩, 「『かげろふ日記』「さいはひある人のためには」の解釈—運不運をめぐる道綱母の嘆き—」(『福岡教育大学紀要(文科編)』 48, 福岡教育大学, 1999) pp.19-20.

존재에 주목하였을 때 현존하는 텍스트 내에 나타나는 어법만을 근거로 '-のためには'의 의미를 한정할 필요는 없다고 생각한다. 그뿐만 아니라【인용1】의 시점에서 미치쓰나의 어머니가 부인으로서 자기 자신의 지위를 불안정하게 생각하고는 있었지만, 미치쓰나의 어머니와 도키히메의 부인으로서의 지위는 아직 확실하게 결정되지 않은 가변적인 것이었고 두 부인에 대한 가네이에의 대우나 애정 또한 그다지 차이가 있었다고는 생각지 않는다.

미치쓰나의 어머니가 부인으로서의 지위라는 면에서 도키히메와 다르다는 사실을 의심할 여지없이 인식하게 된 것은, 다음과 같은【인용2】의 기술을 통해서도 알 수 있듯이【인용1】의 시점보다 5, 6년 후인 969년부터 970년에 걸친 시점에서다.

【인용2】

이렇게 지내고 있는 동안에 가을은 저물고 겨울이 왔다. 딱히 이렇다 할 특별한 일이 없는데도 마음이 안정되지 않고 시끄러운 채 날을 보내고 있었다. 십일월 어느 날 눈이 무척이나 많이 와 두껍게 쌓였는데, 어찌 된 일인지 견디기 힘들 정도로 내 신세가 처량하고 그 사람이 원망스럽고 마음이 너무 슬픈 날이 있었다. 멍하니 밖을 내다보며 생각에 잠겨 있다가, 이 같은 와카가 떠올랐다.

내리는 눈에 쌓이는 내 나이를 헤아려보니
죽지도 못하는 내 신세를 한(恨)하노라

이렇게 생각에 잠겨 있노라니, 선달 그믐날이 지나고, 봄도 성큼 다가와 한창때가 되었다. 그 사람은 멋들어지고 호화스럽게 지어진 새 저택에 내일 이사 간다, 오늘 밤 이사 간다 야단법석이지만, 내 쪽은 예상했던 대로 지금 이대로라도 괜찮지 않느냐로 결말이 난 듯하다. 그렇다면, 참으로 그 사람이 약속을 지키지 않는 데는 질렸기에 오히려 마음을 편히 먹고 지내고 있다.(중권 · 189-190, 193)

『가게로 일기』에 수록되어 있는 대표적인 독영가(獨詠歌)의 하나인 '내리는 눈에~'의 와카는 종래 미치쓰나의 어머니의 고뇌에 찬 심경을 가장 잘 상징적으로 표현하고 있는 것으로 주목받아 왔다. 미치쓰나의 어머니가 내려 쌓인 눈에 늙어 가는 자신의 나이를 비기면서 죽지도 못한 채 살아 있는 자신의 처지를 한탄하는 와카를 읊게 된 계기는, 뒤이어 나오는 기술을 통해 "멋들어지고 호화스럽게 지어진 새 저택", 즉 히가시산조인(東三條院)의 신축과 관계 있다는 것을 알 수 있다. 우에무라 에쓰코 씨의 지적과 같이, "본저에 들어감으로써 도키히메는 가네이에의 정실(正室)과 같은 존재가 되고 작자는 일개 처(妻)"[6]로 결정된 것이며, 미치쓰나의 어머니는 가네이에의 신저에 들어가지 못한 데서 명확해진 정처의 자리에서 멀어져 가는 자신의 부인으로서의 지위, 믿음직스럽지 않은 외아들밖에 없다는 자신의 객관적으로 불안정한 입장에 관해 새롭게 인식하게 된 것이다. 나아가 이미 서른다섯 살이 되려고 하는 자신의 늙어 가는 나이를 의식함으로써 이제까지 가네이에의 애정의 기반이 되었던 젊음과 미모가 쇠퇴

6 上村悅子, 『蜻蛉日記解釈大成 3』(明治書院, 1987) p.319.

해 가는 자신의 처지에 몹시 위기감을 느끼고 있는 것이다.

다음으로, 『가게로 일기』에서 '운'(さいはひ)이라는 표현의 용법에 주목할 필요가 있다. 『가게로 일기』에는 【인용1】의 용례를 제외하고 3회에 걸쳐 '운'(사이와이, 幸ひ)이라는 용례가 등장한다.

(1)사월 초하룻날, 어린것을 불러 "이제 긴 정진을 시작할까 한다. '함께 하도록' 하라는구나"라며 정진에 들어갔다. 그렇기는 하지만, 나는 처음부터 야단스럽게는 하지 않고, 그저 토기(土器)에 향을 가득 담아 팔걸이 좌의자 위에 놓고, 그대로 기대어 염불만 드린다. 염불을 드리는 마음속 생각이란, 참으로 그저 불행한 신세(幸ひなかりける身)였습니다, 오랜 세월을 오로지 세상에 마음 편할 날 없이 괴롭다고만 생각해 왔는데, 결국에는 이렇게 기가 막힌 신세가 되었습니다, 어서 빨리 성불하게 해주시어 번뇌를 끊을 수 있게 해주시옵소서 하며 근행(勤行)을 하고 있자니, 눈물만 뚝뚝 떨어진다.(중권 · 230)

(2)또 나 자신이 그저께 밤에, 오른쪽 발바닥에 대신문(大臣門)이라는 글자가 갑자기 적히기에 놀라서 발을 움츠린 꿈을 꾸었다고 말하니, "좀 전에 풀어드린 꿈과 같은 꿈을 꾸신 겝니다"라고 한다. 이것도 너무 어처구니없는 일이기에 얼토당토않은 일이라고 생각했지만, 이런 일이 전혀 이루어질 수 없는 미천한 일족도 아니기에, 하나밖에 없는 내 자식이 혹시라도 생각지도 못한 행운을 붙잡지는 않을까(さいはひもや) 하고 마음속으로 생각해본다.(하권 · 288)

(3)나는 봄밤에도 늘 그럴 뿐만 아니라 적적한 가을날에도, 참으로 가슴 저미는 깊은 시름에 잠겨만 있기보다는 내가 죽고 난 다음 남아 있을 사람들이 추억으로라도 볼 수 있게끔 그림을 그리고 있다. 그러고 있는 중에도, 이제 죽을까, 오늘 죽는 건 아닐까라고 끊어지길 기다리는 목숨인데, 죽는다던 달이 되어 점차 하루하루 날이 흘러가기만 한다. 역시 생각대로구나, 나 같은 사람이 설마 죽을 리가 없는 것을, 운 좋은 사람(さいはひある人)이나 되어야 목숨 줄이 짧지라고 생각하고 있었더니, 예상했던 대로 죽지도 않고 구월이 되었다.(하권 · 318)

인용(1)은 미치쓰나의 어머니의 고뇌가 정점을 치닫고 있던 971년 4월 기사다. 염불드리는 가운데 나온 "불행한 신세"라는 미치쓰나의 어머니의 자기인식은 뒤이어 나오는 기술을 보았을 때 뒤틀려 버린 가네이에와의 부부관계 때문이라는 것을 알 수 있다. 미치쓰나의 어머니에게 행복이란 정처의 자리에 올라 안정된 결혼생활을 보내는 것으로 추정된다. 그러나 이제까지 오랜 동안 마음 편할 날이 없었다는 데서 그녀가 결혼생활에 걸었던 기대가 생각대로 이루어지지 않았다는 것을 알 수 있다. 그리고 인용(2)에서 확인할 수 있듯이그 같은 "불행한 신세" 대신에 미치쓰나의 어머니는 외아들 미치쓰나의 "행운", 즉 정치적인 영달을 꿈꾸었을 것이다. 인용(3)에 기술된 "운 좋은 사람"은【인용1】과 같은 용례인 만큼 가장 주목할 필요가 있다. 죽지조차 못하는 자신의 신세를 한탄하면서, "운 좋은 사람"이야말로 단명한다는 일반론을 통해 여기에 쓰인 용례 또한 일반인을 나타내고 있다는 것을 알 수 있다. 즉 미치쓰나의 어머니는 많은 자식을 둔 사람, 오래 살아 살아가는 괴로움을 실컷 맛보는 일 없이 단명하는 사람을 "운 좋은 사람"이라고 하면서 "불행한 신세"인 자신의 처지를 기술하고 있는 것이다.

이상과 같은 『가게로 일기』에 기술된 '운'(さいはひ)과 관련된 용례를 통해, 『가게로 일기』에서 '운 좋은 사람'이라는 표현이 일반인을 나타내는 표현으로 쓰이고 있다는 점과 미치쓰나의 어머니의 '운'에 대한 염원이 최종적으로는 외아들 미치쓰나에게 향하고 있다는 점 등을 확인할 수 있다.

'오랫동안 함께 지내온 사람'과 '많은 자식'

그런데 '운 좋은 사람'을 일반인으로 해석하는 것은 【표】를 통해서도 확인할 수 있듯이, 전주석(全註釋)과 신대계(新大系)에도 이미 지적되어 있다. 그러나 신대계의 주석에서는 "운 좋은 사람이라면 자식이 많지 않아도 오랫동안 부인으로서 남편과 함께한다는 경우도 있는데"(p.67)라고 하여, '-のためには'의 해석이 원래의 의미와는 동떨어져 있다. 한편, 가키모토 쓰토무(柿本奨) 씨의 전주석에는 'さいはひある人のためには'에 관해, "운이 있는 사람이기 위해서는. 운이 있는 사람이 되기 위해서는. 바로 뒤에 자식이 많지 않으면 안 되는데, 라는 뜻이 담겨 있다. 여기의 '사람'이란 일반적으로 말한 것이다"(상권 · 140)라고 지적되어 있다. 그러나 가키모토 씨는 '오랫동안 함께 지내온 사람'에 관해서는 "오랫동안 나를 처로 삼은 사람. 가네이에를 가리킨다"(상권 · 140)라고 하면서, "행복한 사람이 되기 위해서는 오래 함께한 남편이건만, 자식이 많이 태어나지 않은 것이 신경 쓰

여 이처럼 불안한 신세로 이래저래 끊임없이 초조해하기만 한다"(상권 · 139)와 같이 해석하고 있다.

그러나 '오랫동안 함께 지내온 사람'은 『가게로 일기』 나름의 제3자적인 표현으로서 '오랫동안 결혼생활을 해온 사람' 또는 '오랫동안 부부였던 사람', 즉 미치쓰나의 어머니 본인을 가리키는 표현, 자기 자신을 객관화한 표현으로 이해하여도 문제될 것이 없다고 생각한다. 『가게로 일기』에서는 상권 서문에 기술된 "이렇게 내 반평생의 세월은 흘러가고, 세상에 참으로 의지할 데 없이 이도 저도 아닌 상태로 세월을 보내고 있는 사람이 있었다"(상권 · 47)에서도 볼 수 있듯이, 미치쓰나의 어머니가 자기 자신을 '-사람'과 같이 제3자적으로 드러내는 표현을 많이 찾아볼 수 있다.

또한 『가게로 일기』에 기술된 6회의 '세월'(年月)이라는 용례 또한 그 근거가 될 수 있다고 생각한다. 【인용1】의 용례를 제외하고 『가게로 일기』에 나타난 '세월'의 예는 다음과 같이 5회 확인할 수 있다.

> ①이렇게 세월(年月)은 흘러가는데도 생각대로 되지 않는 이내 신세를 한탄하고만 있는지라, 새해가 밝아도 기쁘지 않고 변함없이 허무함을 느끼고 있으니, 있는지 없는지도 모를, 아지랑이처럼 허무한 여자의 처지를 기록한 일기라고 할 수 있겠다.(상권 · 165)

> ②정관전 마마께서 재작년 상시(尙侍)가 되셨다. 그런데 이상하게도 이렇게 지내는 나에게 안부편지 한 장 없다. 멀어질 리 없는 남매 사이가 껄끄러워져 나까지 멀게 느껴지시는 걸까, 이렇게 그 사람과 나 사이가 소원해진 것조차 모른 채 계시는 걸까라고 생각하다가,

편지를 드리는 김에 겸사겸사 이렇게 읊어 보냈다.

거미줄처럼 그 사람과 나 사이 다한다 해도
당신과는 한시도 멀어지고 싶잖네

답장을 보내셨는데, 몹시 가슴에 와닿는 이런저런 말씀을 많이 해 주신 다음에, 이렇게 와카를 읊으셨다.

두 사람 사이 끊어졌다 들으니 슬픔만 가득
함께 보낸 긴 세월(年月) 구름 한 점 있었나

이것을 보는데도 마마께서는 우리 부부 사이를 가까이에서 다 보고 들으셨기에 이미 다 알고 계시는구나라고 깨달았다.(중권 · 205-206)

③이렇게 써서 지금쯤 도착했을까 생각할 즈음, 격자문도 올리지 않은 남쪽으로 향한 방 바깥에 사람이 온 듯한 기척이 있다. 집안의 다른 사람들은 다들 알아채지 못하고 나 홀로 이상하게 여기고 있는데, 쌍여닫이문을 열어젖히고 그 사람이 쑥 들어왔다. 비가 몹시도 쏟아 붓고 있던 중이라 기척도 잘 듣지 못했다. 그제야 "우차를 어서 빨리 안으로 들여라"라며 웅성거리는 소리가 들린다. "오랫동안(年月) 쌓인 노여움이 있더라도 오늘 이런 날씨에 찾아온 것으로 용서받을 수 있다고 생각한다오"라며 이런저런 이야기를 많이 한 다음, "내일은 저쪽 집 방위가 막히오. 그리고 모레부터는 근신이라오. 지키지 않을 수도 없고 말이오"라며 말을 번드레하게 한다.(중권 · 271)

④그 다음날, "돌아오셨는지요. 답장을 주셨으면 합니다"라고 말로 재촉하니, "어제 와카는 너무 옛이야기를 배경으로 읊으셔서 옛 느낌이 나기에 뭐라 답장을 드릴 수가 없습니다"라고 아랫사람을 시켜 대신 말을 전해 왔다. 그 다음날, "일전에 보낸 와카는 예스럽다고 하셨는데, 당연한 말씀이십니다"라며, 이렇게 읊어 보냈다.

당연한지고 말없이 한탄만 한 그 긴 세월(年月)도
후루 신사(布留神社)와 같이 예스럽기만 하네

그러나 "오늘과 내일은 근신기간입니다"라며, 답장은 오지 않았다.(하권 · 317)

⑤우마조는 병석에서 일어난 다음 외출한 첫날, 길을 가다 전에 편지를 보내곤 했던 여인과 우연히 마주쳤는데, 이게 어찌 된 셈인지 수레 바퀴통이 걸려서 고생을 했다고 한다. 그래서 그 다음날, 이런 편지를 보냈다.

"어젯밤에는 전혀 알아뵙지를 못했습니다. 그렇긴 해도,

세월(年月)이 가도 어쩌다 이리 뵐 날 있기도 하네
어젯밤 수레바퀴 걸려 멈추었듯이"(하권 · 369)

이들 용례 중 인용②의 용례는 도시(登子)의 와카에, 인용④와 인용⑤는 미치쓰나의 와카에 쓰이고 있다. 이들 용례에 나타난 '세

월'은 단순한 의미의 세월만이 아니라 남녀 사이에 흐른 시간, 둘 사이에 쌓인 시간이라고 생각한다. 따라서 【인용1】에 나타난 '세월'(年月) 또한 가네이에와 미치쓰나의 어머니가 함께한 결혼생활의 세월로서 볼 수 있으며, '오랫동안 함께 지내온 사람'이란 가네이에와 함께 부부로서 시간을 공유해 온 사람, 즉 '미치쓰나의 어머니' 본인이라고 할 수 있을 것이다.

그런데 【인용1】에서 '운 좋은 사람'이 되기 위한 필요조건으로 언급된 '많은 자식'은 제대로 된 후견인이 없는 헤이안 시대 여성의 불안정한 결혼생활의 실상을 부각시키고 있는 표현이다.

『겐지 모노가타리』(源氏物語)에 나타난 7회의 '운 좋은 사람'(幸ひ人)('운'(幸ひ)은 27회)의 용례에서는 결혼한 지 10여 년이 되는 미치쓰나의 어머니의 불안에 가득 찬 심경, 그 불행의식의 원인을 추측할 수 있다. 고사카이 게이코(小酒井敬子) 씨에 의하면, 『겐지 모노가타리』에 있어서 '운 좋은 사람'(幸ひ人)으로 인식되는 것은 신분이나 후견인이 별 볼 일 없는 여성에 편중되어 있으며, 그녀들은 달리 의지할 데가 없기 때문에 남편의 애정이 식는 것은 치명적이며, 남편의 애정에 불안을 느끼기 시작하였을 때부터 다시금 불안정한 신세를 자각하고 '운'(幸ひ)이 '세상 사람들의 비웃음거리'(人わらへ)로 이어지지 않도록 처신해 나가고자 하는데, 주위 사람들로부터는 그 불안과 절실한 노력을 이해받지 못하는 고립된 상황에 처해 있다고 한다.[7] 『겐지 모노가타리』에서 '운 좋은 사람'은 무라사키노우에(紫の

---

7 小酒井敬子, 「『源氏物語』の「幸ひ人」―不幸を抱えた女君たち―」(『新大国語』 24, 新潟大学教育学部国語国文学会, 1998) pp.60, 68.

上)에 1회, 나카노키미(中の君)에 2회, 우키후네(浮舟)에 1회, 아카시노키미(明石の君)에 1회, 아카시 비구니 스님(明石の尼君)에 1회, 유기리의 유모(夕霧の乳母)에 1회 쓰이고 있다.

그중 히카루겐지(光源氏)와 니오노미야(匂宮) 두 남성과의 결혼생활 속에서 '운 좋은 사람'으로 간주되었던 무라사키노우에, 아카시노키미, 나카노키미의 결혼생활은 '운 좋은 사람'이 되기를 기대하였지만 '많은 자식들'을 두지 못하여 시름에 잠겨 있는 미치쓰나의 어머니의 상황을 추정할 수 있는 방증이 되리라고 생각한다. '운 좋은 사람'으로 인식되었지만 친자식을 두지 못하여 제대로 된 후견인이 없는 여성의 행복이 얼마나 무너지기 쉬운가를 보여 준 무라사키노우에, 참된 행복인지 아닌지는 모르겠지만 자식을 둠으로써 안정된 결혼생활을 보내게 된 아카시노키미와 나카노키미 이야기를 통해, 제대로 된 후견인이 없는 헤이안 시대 여성에게 자식의 존재가 어떠한 의미를 지니고 있는지를 짐작할 수 있다. 믿음직한 후견인이 없는 여성이 운 좋게 높은 신분의 남성과 결혼하였어도 남편의 애정이 식어 갈 때 두 사람의 관계를 유지하여 그 행운을 강고하게 만들 수 있는 것은 자식의 존재인 것이다.

이러한 점에 주의를 기울이면서 964년 당시 미치쓰나라는 믿음직스럽지 않은 아들만 한 명 둔 미치쓰나의 어머니의 불안한 상황에 주목하였을 때, 【인용1】에 기술된 『가게로 일기』의 '운 좋은 사람'이 지닌 의미는 더욱더 명확하게 부각될 것이다. 가네이에가 "자기 집이라고 생각하는 곳"인 도키히메, 그리고 그녀가 낳은 많은 자식들과 대비되면서 미치쓰나의 어머니의 불안은 더욱더 강조되고 있다. 그 당시 도키히메는 이미 미치타카(道隆), 조시(超子), 미치카네(道兼), 센시(詮子)라는 네 명의 자식을 두고, 『가게로 일기』의 집필시점에 이르러서는 미치나가(道長)까지 다섯 명의 자식을 두었기에, 같은 중류귀족의 딸이면서도 미치쓰나의 어머니는 도키히메라는 존재를 항상 의식하지 않을 수 없었던 것이다.

이와 같은 도키히메의 처지를 근거로 구도 시게노리 씨와 같이 '운 좋은 사람'을 도키히메로 해석하는 견해도 있지만, 앞서 기술하였듯이 '운 좋은 사람'이란 미치쓰나의 어머니가 생각하는 '생각하는 대로 되는' 이상적인 결혼생활, 많은 자식들을 두고 안정된 결혼생활을 영위하는 운 좋은 일반인으로서 해석될 수 있을 것이다. 따라서 'さいはひある人のためには'라는 표현은 '운 좋은 사람이기(이 되기) 위해서는'으로 해석될 수 있다고 생각한다.

그런데 인용(1)에서 "불행한 신세"(幸ひなかりける身)는 『가게로 일기』에서 미치쓰나의 어머니가 기술하려고 하였던 "생각대로 되지 않는 이내 신세"의 내적인 의미와 겹치는 표현이라고 생각된다. 미치쓰나의 어머니가 『가게로 일기』에서 집필하려고 하였던 것은 상권 말미에 기술하고 있듯이, 자기 자신의 "생각대로 되지 않는 이내 신세", 즉 가네이에와 함께한 결혼생활의 경위다. 따라서 "불행한 신세"라는 미치쓰나의 어머니의 불행의식은 자신이 생각하였던 대로 전개되지 못하였던 가네이에와의 결혼생활 때문이라는 것은 말할 나위도 없다. 그리고 그 불행의식의 근저에는 【인용1】의 기사를 통해 이제까지 확인해 온 바와 같이, 자기 자신의 기댈 데 없는 허무한 신세를 타개해 나가기 위해서는 많은 자식들을 둘 필요가 있었지만 변변치 못한 아들 하나밖에 두지 못하였다는 점이 존재하고 있다고 생각된다.

이상과 같은 검토를 통해【인용1】에서 "さいはひある人のためには、年月見し人も、あまたの子などもたらぬを、かくものはかなくて、思ふことのみしげし"라는 본문 구절은, "운 좋은 사람이 되기에는, 그 사람과 오랫동안 함께 지내온 사람이라고는 하지만, 자식을 많이 두지 못한지라, 이렇게 마음이 허전하고 이래저래 수심에 잠길 때가 많다"로 해석될 수 있으며, "운 좋은 사람"이란 '일반인'을 가리키는 일반적인 어법, "오랫동안 함께 지내온 사람"이란 '미치쓰나의 어머니'로 읽을 수 있다. 이 같은 기술 속에는 행복해지기를 끊임없이 염원해 온 실질적인 일부다처제 하의 어디 기댈 데 없는 여성의 깊은 한숨과 탄식이 담겨 있으며, "생각대로 되지 않는 이내 신세"라는『가게로 일기』의 주제성이 집약되어 있다고 할 수 있다.

14. 『가게로 일기』에서 『겐지 모노가타리』로

『가게로 일기』와 『겐지 모노가타리』

정편 41권 속편 13권으로 이루어진 『겐지 모노가타리』(源氏物語) 속편에는 「가게로」(蜻蛉)라는 권이 있다. '가게로'라는 권명의 유래는 가오루(薫)가 하치노미야(八の宮)의 여식인 우지(宇治)의 아가씨들을 생각하며 시름에 잠겨 있던 저물녘에 하루살이(蜻蛉)가 날아다니는 모습을 보고 읊은, "있다 보여도 손에 잡히지 않고 보면 또다시 어디 간지 모르게 사라진 하루살이"(ありと見て手にはとられず見ればまた行く方もしらず消えしかげろふ, 「蜻蛉」 · 6 · 275)[1]라는 와카(和歌)에 나오는 표현에 따른다. 한편 『가게로 일기』(蜻蛉日記)의 '가게로'라는 서명은 상권 발문(跋文)에 나오는 "있는지도 없는지도 모를, 아지랑이처럼 허무한 여자의 처지를 기록한 일기라고 할 수 있겠다"(あるかなきかの

1 『겐지 모노가타리』의 본문 인용은 阿部秋生 他 校注 · 訳, 『源氏物語 ①-⑥』(新編日本古典文学全集 20-25, 小学館, 1994-1998)에 의하며, 괄호 안에 권명, 권수, 쪽수를 표기하였다. 『겐지 모노가타리』의 한국어역은 필자에 의한다.

ここちするかげろふの日記といふべし, 상권 · 165)에 따른 것으로, 두 작품의 원문에 나오는 '가게로'는 모두 'かげろふ'라는 히라가나로 표기되어 있다. 그런데 일본어 고어에서 '가게로'란 단어는 '아지랑이, 하루살이, 잠자리' 등의 다중적인 의미를 띠고 있는 표현이었기 때문에 서명의 해석은 연구자의 작품 이해에 따라 차이를 보여 왔다. 그러나 『가게로 일기』에 쓰인 '가게로'는 그 직전에 성립된 『고센와카슈』(後撰和歌集, 951년경)에 실린 와카들[2]에 쓰인 '가게로'라는 표현이 『가게로 일기』와 마찬가지로 "있는지 없는지"(あるかなきか)라는 표현과 함께 '아지랑이'라는 의미로 쓰이고 있다. 이러한 점 등을 고려하였을 때, 『가게로 일기』에서 '가게로'는 20여 년에 걸친 자신의 결혼생활을 되돌아보니 아지랑이처럼 실체가 잡히지 않을 만큼 허무함을 느낀다는 화자의 의식을 나타내는 상징적인 표현으로 볼 수 있다. 그에 반해 『겐지 모노가타리』의 '가게로'는 "가게로가 허무하게 어지럽게 날아다니다"(蜻蛉のものはかなげに飛びちがふを)라는 표현이 와카 바로 직전에 기술되어 있기 때문에 '하루살이'로 볼 수 있다.

이처럼 『가게로 일기』의 '가게로'와 『겐지 모노가타리』의 '가게

---

2 ①아지랑이를 본 듯 어렴풋하게 본 탓이런가 정처 없이 헤매는 물떼새 같은 사랑(かげろふに見し許にや浜千鳥ゆくゑも知らぬ恋にまどはむ, 巻第十 · 恋二 · 六五四)
②아지랑이를 흘끗 본 듯한 만남 허무하기에 저물녘 꿈이었나 기억만 더듬누나(かげろふのほのめきつれば夕暮の夢かとのみぞ身をたどりつる, 巻第十二 · 恋四 · 八五六)
③먹먹하다고 슬프다고도 않네 있듯 없는 듯 아지랑이와 같이 사라져 갈 이 세상(あはれともうしとも言はじかげろふのあるかなきかに消ぬる世なれば, 巻第十六 · 雜二 · 一一九一)
④이 세상이란 아지랑이와 같이 있듯 없는 듯 잡히지 않을 만큼 짧은 시간일지니(世中と言ひつる物かかげろふのあるかなきかのほどにぞ有ける, 巻第十八 · 雜四 · 一二六四)

로'라는 표현은 '아지랑이'와 '하루살이'로 그 의미는 다르지만 둘 다 허무함을 상징한다는 점에서 두 작품의 연관관계라는 측면에서 주목할 만하다. 『가게로 일기』가 성립되고 나서 30여 년 뒤에 『겐지 모노가타리』가 성립한 데다 미치쓰나의 어머니(道綱母)와 무라사키시키부(紫式部)가 같은 후지와라(藤原) 씨로서 당시 주류의 정치 · 문화계에 속해 있었던 만큼 무라사키시키부가 『가게로 일기』의 존재를 몰랐다고는 볼 수 없다. 게다가 '가게로'라는 『가게로 일기』의 서명을 권명으로 쓰고 있다는 점 또한 『가게로 일기』와 『겐지 모노가타리』의 영향관계를 방증하는 요소의 하나라고 생각한다.

종래 『가게로 일기』와 『겐지 모노가타리』의 영향관계, 『가게로 일기』에서 『겐지 모노가타리』로 이어진 여성문학의 계보에 관해서는 많은 지적이 이루어져 왔다. 그중 가장 핵심적인 지적은 『가게로 일기』가 가나(仮名) 문자를 표현수단으로 하여 여성의 내면 심리를 치밀하게 그림으로써 여성이 여성의 문제에 천착하여 형상화한 여성문학의 단초를 제공하였고, 『겐지 모노가타리』가 그 주제의식과 표현기법을 이어받아 여성문학을 완성시켰다는 점일 것이다. '모노하카나시'(ものはかなし)라는 표현에 주목하여, 『겐지 모노가타리』에 형상화된 '허무한 여성 이야기'(ものはかなき女の物語)를 형성하는 데 『가게로 일기』의 영향을 지적하고 있는 이마니시 유이치로(今西祐一郎) 씨의 지적 또한 그에 속한다.[3] 기무라 마사노리(木村正中) 씨 또한 여성문학으로서의 『겐지 모노가타리』의 창조에 영향을 미친 『가게로

3 今西祐一郎, 「『蜻蛉日記』から『源氏物語』へ」(『蜻蛉日記覚書』, 岩波書店, 2007) p.86.

일기』의 의미를 적극적으로 평가하고 있다. 기무라 씨는 '여성 이야기'(女の物語)의 생성에 결정적인 역할을 한 작품이 『가게로 일기』였으며 황당하고 허망한 '옛이야기'(古物語)에 대항하여 실제 인생에 바탕을 둔 사실적인 작품을 만들어 냈다고 한다. 그뿐만 아니라 오히려 더 근본적으로는 이 일기가 작자 미치쓰나의 어머니의 인생을 절실한 내면세계로서 주체적으로 구축하였으며, 그 점이야말로 『겐지 모노가타리』의 창조를 향해 내적으로 이어지는 길이라고 지적[4]하였다.

이 장에서는 『가게로 일기』와 『겐지 모노가타리』의 작품세계가 어떻게 이어지고 있는지를 '가시와기'(柏木)와 '오모와누카타'(思はぬかた)라는 표현에 주목하여 살펴보고자 한다. 이들 표현의 용법과 의미를 통해 미치쓰나의 어머니와 가네이에의 관계가 『겐지 모노가타리』에 형상화된 오치바노미야(落葉の宮)와 가시와기(柏木)의 관계에 어떻게 투영되어 있는지 그 실제적인 양상을 고찰해 보도록 한다.

'가시와기'와 '오모와누카타'

『겐지 모노가타리』「와카나 상」(若菜上) 권 이후의 모노가타리 세계는 히카루겐지(光源氏)의 만년을 형상화함으로써 산다는 것의 허무함이라는 문제를 정면에서 다루고 있다. 히카루겐지와 관련되면서 전개되는 무라사키노우에(紫の上)와 온나산노미야(女三の宮) 이야기라는 주류의 '여성 이야기' 외에 간과할 수 없는 것은 온나산노미야의 이

---

4 木村正中, 「物語につながる男と女—物語文学史における「女」の意義—」(『蜻蛉日記(上)』, 中古文学論集 第2巻, おうふう, 2002) p.355.

복 언니인 온나니노미야(女二の宮), 즉 오치바노미야를 둘러싼 이야기라고 생각한다. 왜냐하면 오치바노미야 이야기는 '안쓰러운' 여성의 힘든 삶의 문제가 가장 집약적으로 형상화된 이야기이기 때문이다. 오치바노미야는 가시와기와 결혼함으로써 모노가타리에 등장한다. 남편이 그녀의 동생인 온나산노미야와 결혼하기를 바랐지만 그것이 이루어지지 않아 대신 그녀와 결혼한 탓에 부부 사이가 격조하였고, 가시와기와 사별한 뒤 자신의 뜻과는 달리 남편의 친구인 유기리(夕霧)와 관계를 맺게 되는 여성이다. 그리고 가시와기와 유기리라는 남성과의 관계 속에서 전개되고 있지만, 오치바노미야 이야기는 가시와기 이야기, 유기리 이야기라는 '남성 이야기'(男の物語)의 틀 속에서 언급되면서도 그 틀을 넘어 더욱더 존재감을 강하게 드러낸다는 지적이 있다. "「유기리」 권은 히카루겐지의 자식인 유기리를 위해 설정된 이야기라고 하기보다도 온나니노미야로 상징되는 여성의 비극적인 인생을 나타낸 것"이라는 아키야마 겐(秋山虔) 씨의 지적[5]이나 "유기리 이야기는 유기리의 사랑에 의해 초래된 여성의 비극을 묘사한 것이라는 표현도 가능"하다고 한 야마가미 요시미(山上義實) 씨의 지적[6] 등이 대표적인 견해라고 할 수 있다.

그런데 오치바노미야 이야기를 형상화하는 데는 선행하는 작품의 영향, 구체적으로는 『가게로 일기』의 영향이 지적되고 있다. 『겐지 모노가타리』「유기리」 권 주(「夕霧」 · 4 · 464)에 지적되어 있는 바와 같이, 두 작품의 유사한 장면 및 서술로 들 수 있는 것은 미치쓰나

5 秋山虔, 『源氏物語』(岩波書店, 1968) p.160.

6 山上義実, 「『源氏物語』夕霧の物語試論」(『秋田語文』 3, 秋田語文研究会, 1973) p.55.

의 어머니와 오치바노미야가 나루타키(鳴滝)와 오노(小野)에서 교토(京都)로 강압적으로 끌려오는 장면(『가게로 일기』 · 중권 · 255-257, 『겐지 모노가타리』 · 「夕霧」 · 4 · 464)과 친정어머니의 죽음 이후 미치쓰나의 어머니와 오치바노미야가 교토로 돌아오는 장면(『가게로 일기』 · 상권 · 118, 『겐지 모노가타리』 · 「夕霧」 · 4 · 464) 등이 그것이다.[7] 그 밖에도 '가을날 산사(또는 산골)에 끼어 있는 안개'라는 풍경의 설정과 그리고 그 의지의 정도는 어떠하든 간에 미치쓰나의 어머니와 오치바노미야가 출가를 바랐지만 실현되지 않았다는 상황 설정을 통해서도 두 작품의 유사성을 지적할 수 있을 것이다.

그러나 오치바노미야 이야기에 있어서 『가게로 일기』의 수용 문제를 생각할 때, 이와 같은 장면의 유사성이나 서술의 유사성 말고도 더욱더 본질적인 측면으로부터의 영향을 지적할 수 있다고 생각한다. 오치바노미야 이야기를 구성하고 있는 두 개의 이야기, 즉 오치바노미야와 가시와기, 오치바노미야와 유기리 이야기를 관통하고 있는 남녀관계의 구도와 오치바노미야의 삶 속에 드러나 있는 자기 의지와는 무관한 여성의 삶의 방식을 형성하는 데도 『가게로 일기』의 영향을 지적할 수 있는 것이다. 그리고 이와 같은 두 작품의 관계는 '떡갈나무'(柏木) '밑의 풀'(した草)과 '낙엽'(落葉), '생각하지 않은 방

---

7 그리고 沢田正子, 「蜻蛉日記―源氏物語への揺曳―」(『言語と文芸』 104, 国文学言語と文芸の会, 1988)에서는 "어머니의 죽음과 나루타키 기술에서 오치바노미야 이야기에 투영된 것을 엿볼 수 있다"(p.64)며 양 작품의 유사장면을 비교 검토한 뒤, "가게로 일기의 인상적인 장면을 의식한 겐지 작자가 주위와의 불협화음 속에 초래되는 여성의 뜻대로 되지 않는 문제를 파고든 것이 오치바 이야기의 한 측면이었다고 할 수 있을지 모른다"(pp.66-67)고 지적하고 있다.

면'(思はぬかた)이라는 표현을 통해서 확인할 수 있다고 생각한다.

이 장에서는 오치바노미야와 가시와기, 오치바노미야와 유기리라는 두 남녀관계의 본질을 고찰하면서, 『가게로 일기』에 형상화된 미치쓰나의 어머니와 가네이에의 관계 및 미치쓰나의 어머니의 삶의 방식이 『겐지 모노가타리』의 오치바노미야 이야기에 어떻게 이어지고 있는지에 관해 구체적인 표현의 용법을 지표로 하여 고찰해 보고자 한다.

'떡갈나무' '밑의 풀'과 '낙엽'

오치바노미야와 가시와기의 관계의 본질은 '명전자성'(名詮自性), 명칭은 그 자체의 성질을 드러낸다는 불교용어에도 있듯이 두 사람의 통칭으로부터 읽어 낼 수 있다. 두 사람은 모노가타리 내에서 '온나니노미야'(女二の宮)와 '온나미야'(女宮), '위문 독'(衛門督)과 '위문 독님'(督の君) 등으로 기술되어 있으며, '오치바노미야'와 '가시와기'라는 통칭은 와카 속에서 두 사람을 비유하는 비유표현에 따른 것이다. 그러나 작자가 와카에서 두 사람을 '오치바'(落葉)와 '가시와기'(柏木)로 비유한 데는 양자 간의 관계 구도를 독자에게 전달하려고 하는 일정한 의도가 작용하고 있다고 생각한다.

스자쿠인(朱雀院)의 둘째 황녀인 온나니노미야가 '오치바노미야'(落葉の宮)라는 통칭으로 독자에게 불리고 주석서 등에도 언급되게 된 것은, 가시와기가 온나산노미야와 밀통을 하고 난 직후에 읊은, "모로카즈라 어이 하여 낙엽을 주웠던 걸까 이름만은 정다운 머리장식이건만"(もろかづら落葉をなにに拾ひけむ名は睦ましきかざしなれ

ども, 「若菜下」· 4 · 233)이라는 와카에 의한다. 가모 마쓰리(賀茂祭) 때 족두리풀을 계수나무 가지에 꽂아 발에 꽂거나 머리에 장식하는 것을 '모로카즈라'(もろかづら, 諸蔓)라고 한다. 이 와카에서는 이복자매인 온나니노미야와 온나산노미야의 비유로서, 가시와기는 온나산노미야와 결혼하지 못하고 별 볼 일 없는 '낙엽' 같은 온나니노미야와 결혼한 자신의 처지를 한탄하고 있다.

히카루겐지의 친구인 치사 대신(致仕の大臣, 옛 두중장)의 아들인 가시와기는 원래부터 황녀와 결혼하기를 꿈꾸었다. 그중에서도 온나산노미야와 결혼하기를 바랐지만 스자쿠인이 히카루겐지를 선택한 탓에 그 꿈을 이룰 수 없었다. 온나산노미야가 히카루겐지와 결혼한 그 이듬해 어느 봄날, 가시와기는 로쿠조노인(六條院)에서 공차기를 하던 중 우연히 온나산노미야를 엿보게 되었다. 음력 3월 말 어느 저물녘 온나산노미야는 어스름한 벚꽃나무 밑에서 공차기를 하는 젊은 귀공자들의 모습을 발을 쳐 둔 방 안에서 구경하고 있었다. 그때 키우던 큰 고양이가 작은 고양이를 쫓아 나오다 목줄이 발에 엉키는 바람에 발 끝이 말려 올라가 그 틈으로 온나산노미야가 서 있는 모습이 드러났다. 혈육과 남편 이외의 남성에게는 모습을 드러내지 않던 그 시대에 여성의 모습을 엿본 남성이 사랑에 빠지는 것은 정해진 연애의 공식이었다. 게다가 오랫동안 짝사랑해 오던 여성의 모습을 처음으로 엿본 가시와기의 욕망은 더욱더 강해지게 되었다. 그 뒤 가시와기는 중납언(中納言)으로 승진하여 금상(今上)의 신임도 얻게 되고 온나산노미야의 언니인 온나니노미야와 결혼도 하였지만 온나산노미야에 대한 그의 욕망은 여전하였다. 온나산노미야를 엿본 뒤 6년여가 지난 4월의 어느 날, 무라사키노우에(紫の上)가 병들어 히카루겐지가

간병하느라 인적이 드물어진 로쿠조노인에서 두 사람은 끝내 인연을 맺게 되었다.

가시와기는 밀통한 뒤 두렵고 어쩐지 부끄러운 마음이 들어 집에 칩거하였다. 가모 마쓰리 날에도 병을 구실로 집에서 시름에 잠겨 있었었다. 그의 침울한 기색에 온나니노미야도 점차 우울해져 쟁금을 타는데, 그 모습을 본 가시와기가 그녀와 결혼하게 된 만족스럽지 않은 자기 신세를 한탄하며 부른 와카가 '모로카즈라~'의 와카이다. 가시와기는 이 와카에서 같은 스자쿠인의 황녀이기는 하지만 어째서 자신은 '낙엽'(落葉)과 같은 온나니노미야와 결혼하였는가 하고 탄식하고 있는 것이다. 이 '모로카즈라~'의 와카나 '낙엽'이라는 표현 속에는 오치바노미야와 가시와기의 관계성뿐만 아니라 오치바노미야 이야기의 주제성 또한 함축되어 있다고 생각한다.

이에 대해 안도 다로(安藤太郎) 씨는 "이 작중 와카에 한해서만 보았을 때 오치바노미야는 연약하고 가련한 여성으로 보기보다도 우선 가시와기에게는 낙엽처럼 쓸데없는 여성의 비유"[8]로 쓰이고 있다고 지적하고 있다. 그리고 "자매 중 하잘것없기만 한 딸, 그것이 낙엽이다. …… 이리하여 니노미야(二の宮)는 오치바노미야가 되어 퇴색하여 정처 없이 떠돌게 되는 숙명을 작자로부터 떠맡게 된 것이다. …… 니노미야는 결혼 당초부터 가시와기의 에고와 부모로서의 스자쿠인(朱雀院)의 사려 깊지 않은 마음 때문에 '오치바노미야'가 되도록

8 安藤太郎,「源氏物語「夕霧の巻」鑑賞ー落葉の宮の叙述を中心としてー」(『東京成徳短期大学紀要』5, 東京成徳短期大学, 1972) p.14.

운명이 정해져 있었다"[9]라고 하는 시라카타 마사루(白方勝) 씨의 견해는 '낙엽'이라는 표현에 담겨 있는 모노가타리의 방향성을 지적하고 있다.

온나니노미야가 '낙엽'에 비유된 것은 온나산노미야가 황통을 이어받은 후지쓰보 여어(藤壷女御) 소생인 데 비해 그녀는 신분이 낮은 나인인 갱의(更衣) 소생이기 때문이다. 오치바노미야는 모친의 낮은 신분 탓에 결혼 당초부터 가시와기에게 무시당해 왔던 것이다. 가시와기와 오치바노미야의 결혼은 모리 이치로(森一郎) 씨의 지적[10]처럼 "온나산노미야에 대한 가시와기의 숨겨진 연모 때문"이며, "끝내는 온나산노미야와 밀통한 사실과 그것이 밝혀짐으로써 남편이 비참한 죽음을 맞이함으로써 미망인이 되는 불행한 결혼"이었던 것이다. 그리고 "가시와기와의 결혼이 후견관계라는 것만으로 성립한 이상 남편과 사별한 것은 세상 보기 부끄러운 일"[11]이기도 하였다. 스자쿠인 쉰 살 축하연 시악(試樂)에 참여하기 위해 오랜만에 로쿠조노인을 방문한 가시와기는 히카루겐지의 따가운 시선을 느끼며 그가 모든 것을 알고 있다는 것을 알게 되고 두려움과 고뇌 끝에 병들게 된다. 병석에서 온나산노미야의 출산과 출가 소식을 듣고 그는 중태에 빠졌고, 친구인 히카루겐지의 아들인 유기리에게 뒷일을 부탁하고 세상을 하직하였던 것이다. 가시와기와 사별한 오치바노미야의 처지는 친정어머니인 미야스도코로(御息所)에게도 '세상 사람들의 비웃음거

9 白方勝, 「まめ人の乱れ」(『源氏物語の探究』 第9輯, 風間書房, 1984) pp.161-163.

10 森一郎, 「皇女の結婚—源氏物語主題論の一節—」(『源氏物語考論』, 笠間書院, 1987) p.171.

11 大軒史子, 「落葉の宮」(『源氏物語必携 Ⅱ』, 学燈社, 1982) p.47.

리'(人わらへ)로 비추어질 정도였다. 결국 '낙엽'[12]이라는 비유에는 온나산노미야를 대신하여 가시와기의 처가 된 온나니노미야의 입장이 단적으로 드러나 있다고 할 수 있다.

다음으로, '가시와기'(柏木)라는 통칭은 "떡갈나무에 수목 신은 계시지 않는다 해도 사람 다가오게 할 내 집 가지 끝인가"(かしは木に葉守の神はまさずとも人ならすべき宿のこずゑか, 「柏木」· 4 · 338)라는 오치바노미야의 와카에 유래한다. 이 와카는 가시와기가 병사한 뒤, 가시와기로부터 오치바노미야를 잘 돌보아 달라고 부탁받은 유기리가 그녀의 저택인 이치조노미야(一條宮)를 방문하였을 때 유기리의 와카에 대한 답가로 읊은 것이다. 앞뜰의 나무숲을 바라보고 있던 유기리가 나뭇가지가 얽혀 있는 떡갈나무(가시와기, 柏木)와 단풍나무를 보고 깊은 정으로 얽힌 부부의 연을 비유하는 연리지(連理枝)에 비기어 넌지시 구애의 와카를 읊은 데 대한 답가였다.

고마치야 데루히코(小町谷照彦) 씨는 이 장면에 대해, "유기리가 보낸 와카는 오치바노미야에게 직접적으로 호소한 것으로 아무리 해도 오치바노미야가 답가를 읊을 수밖에 없는 형식으로 되어 있으며, 오치바노미야가 스스로 유기리와 관계를 맺도록 모노가타리를 진전

---

12 『겐지 모노가타리』에는 이 밖에 '낙엽'(오치바, 落葉)의 용례를 1회 더 찾아볼 수 있다. 히카루겐지의 발언 중에 나오는데 내대신(內大臣)의 사생아인 오미노키미(近江の君)를 가리키는 데 쓰이고 있으며, 내대신의 정실부인 소생인 구모이노카리(雲居雁)를 염두에 둔 표현이다. 이 용례를 통해 『겐지 모노가타리』에서 '오치바'는 두 여성을 비교하여 신분이나 자질 등에서 뒤떨어지는 쪽을 가리키고 있다는 것을 알 수 있다. 그리고 '오치바'의 '오치'(おち)는 영락하다라는 의미의 '오치아부루'(おちあぶる)의 '오치'와도 상통하는 점이 있다는 데서, 후견인을 잃고 영락해 버린 여성의 신세를 나타내고 있다고 해석할 수 있다.

시킴과 동시에 오치바노미야 이야기의 전개를 선취하여 암시하는 듯한 역할을 담당하고 있다. 떡갈나무와 단풍나무는 가시와기와 오치바노미야를 상징하는 것"[13]이라고 지적하고 있다.

유기리와 오치바노미야의 증답가에서 주목하고 싶은 것은 치사 대신의 장남이 '떡갈나무'(가시와기)에 비유되고 있다는 것이다. '떡갈나무'(가시와기)라는 것은 『마쿠라노소시』(枕草子) 47단에 기술[14]되어 있는 바와 같이, 병위부 독 · 좌 · 위(兵衛の督 · 佐 · 尉) 등의 이칭으로 일반적으로 쓰이던 표현이다. 그것이 우위문 독(右衛門の督)이었던 치사 대신의 장남을 가리키는 호칭으로 쓰이게 된 것이다.

이 점에 관해, 다마가미 다쿠야(玉上琢彌) 씨는 다음과 같이 기술하고 있다.

> 가시와기는 『고계도』(古系圖)에서는 가시와기 권대납언(權大納言)이라고 하는데, 후세에서는 가시와기 우위문 독(右衛門の督)이라고 부른다. 독자의 인상에 강하게 남아 있는 것은 우위문 독 시절이고 권대납언이 된 것은 죽기 직전이었기 때문이다. 그러나 가시와기는 원래 병위부의 이칭이기 때문에 가시와기 우위문 독이라고 하여서는 모순되고 가시와기 권대납언 또한 어울리지 않는 셈이다. 그렇기는

---

13 小町谷照彦, 「夕霧の造型と和歌—落葉の宮物語をめぐって」(『源氏物語の歌ことば表現』, 東京大学出版会, 1984) p.180.

14 柏木いとをかし。葉守りの神のますらむも、いとをかし。兵衛督、佐、尉などをいふらむも、をかし。
—松尾聰 · 永井和子 校注 · 訳, 『枕草子』(日本古典文学全集 11, 小学館, 1974) pp.133-134.

하지만, 독자가 이 사람의 통칭을 '가시와기'라고 하게 된 것은 그 미망인의 와카인 '떡갈나무에 수목 신은 계시지 않는다 해도~'에 의한 것이기 때문에 병위부의 이칭과는 관계가 없다.[15]

그리고 이에이 미치코(家井美千子) 씨[16]는 『겐지 모노가타리』 이전의 와카나 가론서(歌論書) 등을 분석하여 '가시와기'는 '병위'만을 가리키는데도 불구하고 이 모노가타리에서 '우위문=가시와기'라는 등식이 이루어진 것은 모노가타리 속에서 옛 두중장(頭中將)의 장남 관직명이 주로 우위문 독으로 기술되어 있기 때문이라고 지적하고 있다.

그러나 오치바노미야와 결혼하였던 시점에서 이미 중납언(中納言)으로 승진한 가시와기의 호칭[17]이 그 이후에도 주로 '위문 독'(衛門督)이나 '위문 독 님'(督の君)으로 기술되어 있으며, 실제로 『겐지 모

15 玉上琢弥, 「源氏物語作中人物呼び名の論」(『源氏物語研究』, 源氏物語評釈 別巻1, 角川書店, 1966) p.426.

16 家井美千子, 「右衛門督—『源氏物語』における—」(『中古文学』 36, 中古文学会, 1986) p.19.

17 중납언(中納言)으로 승진한 전후 가시와기의 호칭이 어떻게 사용되고 있는지를 몇 개 살펴보면 다음과 같다.

①右衛門督の下にわぶなるよし、尚侍のものせられし、その人ばかりなん、位などいますこしものめかしきほどになりなば、などかはとも思ひよりぬべきを、まだ年いと若くて、むげに軽びたるほどなり。(「若菜上」· 4 · 29-30)

②まことや、衛門督は中納言になりにきかし。今の御世には、いと親しく思されて、いと時の人なり。(「若菜下」· 4 · 208)

③督の君は、まして、なかなかなる心地のみまさりて、起き臥し明かし暮らしわびたまふ。(「若菜下」· 4 · 222)

④衛門督、昨日、暮らしがたかりしを思ひて、今日は、御弟ども、左大辯、藤宰相など奥の方に乗せて見たまひけり。(「若菜下」· 4 · 229)

노가타리』에서 '위문 독 · 위문 독 님=가시와기'라는 등식이 성립되어 있는 데 중점을 둔다면, 병위부(兵衛府)가 아닌 위문부(衛門府)의 독(督)을 가시와기로 비유한 것이 잘못이라는 지적보다는, 작자가 옛 두중장의 장남을 '가시와기'에, 스자쿠인의 온나니노미야를 '오치바'에 비유한 모노가타리의 의도에 더욱더 주목할 필요가 있을 것이다.

이와 같은 관점에서 바라보았을 때 간과해서는 안 되는 점은 『가게로 일기』에 나타난 '가시와기'(떡갈나무)와 '시타쿠사'(나무 밑 풀, した草)의 구도로부터 읽어 낼 수 있는 '수직적인 상하관계'의 구도[18]다. 그것은 부부관계를 주요 제재로 하고 있는 『가게로 일기』의 작품세계에 의한 것이지만, 그와 같은 가네이에와 미치쓰나의 어머니의 관계 구도가 『겐지 모노가타리』의 가시와기와 오치바노미야의 관계에 이어졌다고 볼 수 있는 것이다. 『겐지 모노가타리』의 오치바노미야 이야기에 있어서 작자가 '위문 독'이나 '위문 독 님'이라는 호칭에 집착함으로써 도출된 '떡갈나무와 낙엽=가시와기와 오치바노미야'라는 관계 구도는, 『가게로 일기』에 형상화된 '떡갈나무와 그 밑의 풀=가네이에와 미치쓰나의 어머니'라는 부부관계의 구도를 의식하여 구상된 것으로 생각된다. 왜냐하면, '나무 밑 풀'(した草)과 '낙엽'(落葉)은 둘 다 '떡갈나무'(柏木)라는 나무 밑에 있을 수밖에 없는, 또는 나무 밑에 떨어져 있는 열등한 존재의 비유라는 같은 속성을 지니고 있기 때문이다. 나아가 '낙엽'에는 '나무 밑 풀'이 지닌 속성에 더하여 다른 여성에게 뒤질 수밖에 없는 버림받은 여성의 이미지가 부가

---

18 이 책 5장 〈'떡갈나무 숲 풀'과 같은 내 신세〉 절 참조.

되어 더욱더 비참한 여성의 비유로 쓰이고 있기 때문이다.

일기와 모노가타리라는 장르의 차이 때문에 『가게로 일기』에서는 미치쓰나의 어머니 자신에 의해 자기인식을 드러내는 데 쓰였던 그와 같은 양자의 관계가 『겐지 모노가타리』에서는 작자에 의한 인물조형과 인물관계의 형상화에 쓰이게 되었다는 점은 다르다. 하지만 '상하의 구도'로 형상화된 양 작품에 나타난 남녀의 관계 구도라는 본질에 있어서는 서로 통하는 점이 있다고 생각된다. 그리고 이러한 사실을 통해서도 『가게로 일기』에서 『겐지 모노가타리』로 이어지는 양 작품의 긴밀한 관계의 일단을 엿볼 수 있다.

'안쓰러운' 여성의 이야기

그러면 오치바노미야와 유기리의 관계에서 보이는 자기 뜻대로 되지 않는 여성의 삶의 방식에 초점을 맞추어, 오치바노미야 이야기의 주제와 『가게로 일기』와의 관련 등에 관해 생각해 보도록 한다.

온나산노미야와 밀통사건이 있고 난 후에 몸이 늘 좋지 않았던 가시와기가 유기리에게 오치바노미야를 부탁하고 죽은 뒤, 오치바노미야 이야기는 오치바노미야와 가시와기의 이야기에서 오치바노미야와 유기리 이야기로 옮아가게 된다. 『겐지 모노가타리』에서 이 세상에서 좀체 볼 수 없는 '신실한 사람'(まめ人)으로 조형되어 있는 유기리가 오치바노미야를 방문하게 된 계기는 친구에 대한 의리 때문이었다. 오치바노미야의 저택인 이치조노미야를 유기리가 방문하기 시작한 것은 어디까지나 친구의 유언을 따르는 의리 있는 남자, '신실한 사람'의 행동원리에 따른 것으로 보인다. '신실한 사람' 유기리

의 사랑의 본질을 '후견'(後見)의 역할로 해석하고 있는 것은 이시다 조지(石田穣二) 씨[19]다. 그러나 이치조노미야를 거듭 방문하면서 '신실한 사람' 유기리의 심중에는 점차 연심이 생기게 된다. 유기리는 가시와기와는 달리 겉모습을 보고 사람을 판단하는 것이 아니라 여성의 마음 씀씀이를 소중히 여기는 사람이었다. 평범한 용모이면서 한창때가 지난 오치바노미야와 같은 여성에게 유기리와 같은 '신실한 사람'이 사랑을 하고 상대 여성이 구애를 거부한다는 패턴은 히카루겐지[20]와 우쓰세미(空蟬) 이야기[21]로부터도 확인할 수 있으며, 이른바 '거부하는 여성 이야기'(拒む女物語)에서 공통적으로 찾아볼 수 있는 유형이기도 하다. 그러나 그와 같은 유기리의 연심은 오치바노미야 모녀에게는 세상의 시선을 의식하지 않을 수 없는 곤욕스러운 행위에 불과하였다. 오치바노미야에게 유기리는 살아가는 데 있어 남편을 대신할 수 있는 후견인이라는 점에서는 필요한 존재였지만, 그

19 石田穣二, 「夕霧の巻について」(『学苑』 313, 昭和女子大学光葉会, 1966) pp.45-46.

20 『겐지 모노가타리』에서 히카루겐지는 '신실한 사람'(まめ人)으로서 기술되어 있지는 않다. 篠原義彦, 「源氏物語における人物造型の系譜について一髭黒・夕霧・薫の場合—」(『解釈』 16-1, 解釈学会, 1970)에 따르면, '신실한 사람'으로 그려지고 있는 남성은 히게쿠로(鬚黒)・유기리(夕霧)・가오루(薫) 세 명이라고 한다. 그러나 우쓰세미 이야기(空蝉物語)에서 히카루겐지는 '신실한 듯한'(まめだつ) 사람으로 2회 기술되어 있으며, '신실한 사람'과 '신실한 듯한' 사람은 그 성격이 같지는 않지만 여성과의 관계에 있어서 '신실함'을 기본적인 태도로 취하고 있다는 점에서는 마찬가지라고 생각한다. 이 점에 관해 高橋文二, 「常世の面影『源氏物語』小見—「まめ人」「まめ」をめぐって—」(『日本文学』 34-4, 日本文学協会, 1985)에는 "히카루겐지 또한 유기리나 가오루와 마찬가지로 '신실함'(まめ)의 일면을 지니고 있었다. 다른 점은 그에게는 동시에 '호색심'(好き心)의 일면"(p.28)이 있었다고 지적되어 있다.

21 우쓰세미 이야기에 관해서는 이미숙, 「空蝉物語の表現と方法—『初音』巻を起点として—」(『일어일문학연구』 43, 한국일어일문학회, 2002)에서 고찰한 바 있다.

렇다고 하여 황녀라는 신분상 재혼은 '세상 사람들의 비웃음거리'가 되는 행위이기도 하다는 점에서 이율배반적인 성격을 지니고 있었다.

그리고 「가시와기」 권에서 시작된 오치바노미야와 유기리의 관계는 「요코부에」(横笛) · 「스즈무시」(鈴虫) 권을 거쳐 「유기리」 권에 이르러 클라이맥스에 도달한다. 이제까지 가슴 깊숙이 숨겨 두었던 오치바노미야에 대한 유기리의 연모는 오치바노미야의 친정어머니인 미야스도코로가 정양하고 있던 오노 산골마을에서 표면화하였다. 「유기리」 권에서 가을이라는 계절이나 가을안개가 자욱이 낀 오노라는 산골마을의 설정이 상징적인 의미를 지니고 있다고 지적한 것은 우에사카 노부오(上坂信男) 씨[22]다. 또한 하타 요시에(畑佳江) 씨는 우에사카 씨의 논문을 인용하면서 "'안개'에는 유기리를 끌어당기는 오치바노미야의 우수와 함께 생각하는 대로 진전되지 않는 신실한 사람 유기리의 사랑을 상징하는 의미가 있다"[23]고도 지적하고 있다. 이와 같은 상징성을 지닌 안개가 낀 가을날 유기리의 구혼은 오치바노미야에게 거부당한다. 하지만 유기리의 마음을 오해한 미야스도코로의 죽음을 겪으면서 두 사람의 관계는 세간의 입길에 오르게 되어 오치바노미야는 궁지에 빠지게 된다. 더하여 출가하고자 하는 오치바노미야의 염원까지 부친인 스자쿠인이 반대함으로써 오치바노미야는 살아가는 데 대한 괴로움을 통절하게 느끼게 된다.

---

22 上坂信男, 「小野の霧 · 宇治の霧—源氏物語心象研究断章—」(『言語と文芸』 61, 国文学言語と文芸の会, 1968) p.30.

23 畑佳江, 「源氏物語における「身」の意識—「中空」なる女君」(『岡大国文論稿』 18, 岡山大学文学部言語国語国文学会, 1990) p.10.

스자쿠인이 오치바노미야의 출가를 반대한 것은 그녀를 제대로 후견해 줄 사람이 없었기 때문이었다. 여성이 출가하기 위해서는 출가생활을 뒷받침하여 불도 수행에 전념할 수 있도록 해 주는 남성 후견인이 반드시 필요하였지만, 남편과 친정어머니와 사별한 오치바노미야에게 그러한 후견을 해 줄 사람은 없었던 것이다. 그 때문에 스자쿠인은 출가 후의 생활을 지원해 줄 후견인도 없는 오치바노미야가 불문에 귀의한 후에도 유기리와 관계를 지속할지도 모른다고 생각하여 반대한 것이다. 이러한 스자쿠인의 훈계를 통해 여성이 처신하기가 얼마나 어려운지 그 실상을 짐작할 수 있다.

출가하고자 하는 염원마저 포기할 수밖에 없었던 오치바노미야는 사촌인 야마토 지방 지방관(大和守)으로 대표되는 주위 사람들로부터 유기리와의 결혼을 강요받게 된다. 오치바노미야를 교토로 데리고 가기 위해 유기리가 보낸 우차(牛車)가 도착하였는데도 불구하고 귀경(=유기리와의 결혼)을 거부하는 오치바노미야에게 "아무리 여성이 강한 마음을 지니고 있어도 남성의 보살핌 없이는 운신할 수 없다"고 훈계하는 야마토 지방 지방관의 발언은, 여성의 삶의 방식에 대한 당시 세상 일반의 생각으로 보아도 무리가 없을 것이다. 그리고 이러한 지방관의 충고는 제대로 된 후견인이 없는 오치바노미야에게 자신의 처지를 재인식하게 만드는 계기가 되었다고 생각한다. 그리하여 오치바노미야는 자신의 의지와는 달리 귀경할 수밖에 없었고, 이 세상에서 살아가기 위해 새로운 후견인을 받아들일 수밖에 없었던 것이다. 오치바노미야에게 있어 결혼이 지니는 의미와 그 딜레마에 관해 시노하라 쇼지(篠原昭二) 씨는 "오치바노미야는 황녀의 체면을 지키기 위해 후견인을 필요로 하였지만, 후견을 받는다는 것은 동시에 세간의 시각으로 보아서는 체면을 잃는 재혼으로 통한다는 모순된 정황에 처해 있는 것"[24]이라고 기술하고 있다.

『겐지 모노가타리』 내에서 오치바노미야 이야기의 역할과 기능에 대해서는 몇 가지 지적이 있다. 그중 가장 주목할 만한 것은「와카나 상」(若菜上) 권 이래 형성되어 온 여성의 삶의 방식에 관한 여주인공 무라사키노우에(紫の上)의 인식을 토로시키는 계기가 되었다는 것이다.[25] 여성의 삶의 방식에 관한 무라사키노우에의 인식은 오치바노미야와 유기리의 관계에 대해 소문을 들은 뒤 토로한 "여자만큼 처신하기가 옹색하고 안쓰러운 존재는 없다"(女ばかり、身をもてなすさまもところせう、あはれなるべきものはなし,「夕霧」· 4 · 456)는 심중사유(心中思惟)에 담겨 있다. 이와 같은 무라사키노우에의 심중사유에 관해서는 종래 작자의 여성관의 표출이라는 견해[26]와 오치바노미야 이

24 篠原昭二,「夕霧の巻の成立」(『源氏物語の論理』, 東京大学出版会, 1992) p.246.

25 이 밖에 『겐지 모노가타리』에서 오치바노미야 모노가타리의 의의로서는 부친인 스자쿠인의 발언에 담긴 여성관을 지적할 수 있다. 스자쿠인의 발언에서는 결혼을 계기로 하여 괴로운 경험을 할 가능성이 높아지는 여성의 숙명에 관한 위구(危懼)를 엿볼 수 있다. 스자쿠인의 이러한 걱정은 자신이 출가한 뒤 사랑하는 딸인 온나산노미야의 장래를 걱정하여 나온 것이지만, 스자쿠인의 아버지로서의 위구는 온나산노미야만이 아니라 오치바노미야 이야기에까지 구현된다는 점에서「와카나 상」권 이후의 '여성 이야기' 전체의 복선이라고도 할 수 있다. 그리고 『겐지 모노가타리』 내에서 오치바노미야 이야기의 세 번째 기능과 의의로서는 속편의 오이기미(大君) 이야기와의 관련성이 지적되고 있다. 오치바노미야와 오이기미라는 두 여성의 인물상과 두 이야기에 나타난 유사점에 관한 고찰은 '여성 이야기'의 주제를 지표로 하여 정편과 속편의 관계성을 생각하려고 할 때 유효한 방법이 되리라고 생각한다.

26 이와 같은 견해로서는 秋山虔,『源氏物語』(岩波書店, 1968) p.163; 河内山清彦,「紫上の晩年 (下)―女性哀史的発想を排す―」(『青山学院女子短期大学紀要』 27, 青山学院女子短期大学, 1973) p.54에 지적된 기술 등을 들 수 있다.

야기와 깊이 관련되어 있으면서도 무라사키노우에의 삶이 반영된 것이라는 견해[27]가 제시되어 왔다. '겐지 이야기'(源氏の物語)인 정편에서 어렸을 때부터 히카루겐지와 맺은 관계 속에서만 그 존재 가치를 인정받았던 무라사키노우에의 이와 같은 인식에서는 히카루겐지라는 '남성 이야기'의 배후에 있는 '여성 이야기'의 존재를 엿볼 수 있다. 그리고 '안쓰러운' 여성의 전형으로서 무라사키노우에에게 여성이 처신하기가 얼마나 어려운지를 재인식시킨 오치바노미야 이야기를 통해, 『겐지 모노가타리』에 형상화된 여성들의 삶의 방식의 본질을 읽어 낼 수 있다.

'오모와누카타'를 통해 본 『가게로 일기』와 『겐지 모노가타리』

그런데 오치바노미야와 유기리 이야기에 기술되어 있는 여성의 삶의 방식이 지닌 본질과 오치바노미야의 심경이 가장 적확하게 제시되어 있는 것은, "봉우리 위로 올라간 연기 속에 섞여 들어서 예상 못한 곳으로 쓸려 가고 싶잖네"(のぼりにし峰の煙にたちまじり思はぬかたになびかずもがな, 「夕霧」· 4 · 463)라는 오치바노미야의 와카라고 생각한다.

'봉우리 위로~'의 와카는 제 주석(諸註釋)에서 『고킨와카슈』(古今和歌集)의 와카[28]를 인용한 것으로 지적되어 있다. '봉우리 위 연

27 이와 같은 견해로서는 森一郎, 「紫上の述懐—紫上論の一節—」(『源氏物語作中人物論』, 笠間書院, 1979) p.108; 石田穣二, 「源氏物語のことばと文体」(『国文学』 13-6, 学燈社, 1968) p.44에 지적된 기술 등을 들 수 있다.

28 須磨の海人の塩焼く煙風をいたみ思はぬ方にたなびきにけり(『古今和歌集』· 巻第

기'(峰の煙)란 "친정어머니인 미야스도코로를 화장한 연기"(全集),[29] "미야스도코로의 화장 연기"(評釋)[30]를 가리키고 있으며, '예상 못한 곳'(思はぬかた)이란 "도읍으로 나가는 것"(『湖月抄』)[31], "대장(유기리-저자 주)이 있는 곳"(評釋)을 가리키고 있어 '도읍의 대장이 있는 곳=유기리와의 결혼'을 의미하고 있는 것으로 보인다.

나카이 가즈코(中井和子) 씨는 이 와카에 대해, 다음과 같이 지적하고 있다.

> '봉우리 위로 올라간 연기'는 화장 연기로 거기에는 죽은 남편과 어머니가 있다. 거기가 황녀가 '예상한 곳'이다. 그리고 '예상 못한 곳'〈浮世=유기리〉에는 가고 싶지 않다. 이 와카는 증답가가 아니라 독영가(獨詠歌)일 것이다. 그리고 '예상 못한 곳'을 축으로 하여 어머니 · 남편←황녀←유기리라는 극(劇)이 생기고 있다.[32]

그러나 생전 오치바노미야와 가시와기의 부부관계를 고려하였을 때, 오치바노미야의 '예상한 곳'에 세상을 떠난 가시와기까지 포함되어 있다고는 생각지 않는다.

요컨대 이 와카에서 오치바노미야는 어머니처럼 자신 또한 죽

十四 · 恋歌四 · 七〇八 · 読人しらず)

29 阿部秋生 他 校注 · 訳, 『源氏物語 4』(日本古典文学全集 15, 小学館, 1974) p.448.

30 玉上琢弥, 『源氏物語評釈 第8巻』(角川書店, 1967) p.437.

31 北村季吟 著 · 有川武彦 校訂, 『増註 源氏物語湖月抄 下巻』(弘文社, 1935) p.112.

32 中井和子, 「ことばとかまえ—「思はぬ方 · 山」をめぐって—」(『いずみ通信』 16, 和泉書院, 1992).

어 '예상 못한 곳', 즉 원하지 않는 유기리와의 결혼을 피하고 싶지만 현실적으로는 그것이 불가능하여 그가 있는 곳으로 갈 수밖에 없는 자신의 신세를 한탄하고 있다고 생각한다. 따라서 이 와카는 오치바노미야와 유기리 이야기에서 자신의 의지에 반해 '예상 못한 곳'으로 쓸려 갈 수밖에 없는 여성의 안쓰러운 입장을 형상화하기 위해 쓰인 것으로 생각된다. "본래는 상대방의 마음이 변하는 것을 한탄하는 것이지만 여기서는 주위의 강압으로 자기 의사에 반해 결혼하는 것의 상징"[33]이라는 고마치야 데루히코(小町谷照彦) 씨의 지적은 시사적이다. 그리고 이와 같은 '예상 못한 곳'이라는 표현의 용법 변화는 오치바노미야 이야기에서 처음으로 나타난 것이 아니라, 『가게로 일기』에서도 이미 정착된 표현이라는 점에서 『가게로 일기』와의 관련 또한 지적할 수 있다.

『겐지 모노가타리』에 앞서 나온 작품에 나타난 '오모와누카타'(思はぬかた)라는 표현은 『고킨와카슈』, 『이세 모노가타리』(伊勢物語), 『슈이와카슈』(拾遺和歌集)에 각각 1회씩, 그리고 『가게로 일기』에 2회 나타나 있다.

먼저, 『가게로 일기』 이전의 용례를 살펴보면, 3수의 와카[34] 모

---

33 小町谷照彦, 「夕霧の造型と和歌—落葉の宮物語をめぐって」, p.203.

34 ①須磨の海人の塩焼く煙風をいたみ思はぬ方にたなびきにけり(『古今和歌集』· 巻第十四 · 恋歌四 · 七〇八 · 読人しらず)

②むかし、男、ねむごろにいひちぎりける女の、ことざまになりにければ、
須磨のあまの塩焼くけぶり風をいたみ思はぬかたにたなびきにけり(『伊勢物語』· 一一二段)

③女のもとにまかりけるを、もとの妻の制し侍ければ
風をいたみ思はぬ方に泊する海人の小舟もかくやわぶらん(『拾遺和歌集』· 巻第

두 남성이 읊은 와카이다. 이들 와카에서 '오모와누카타'는 자신이 아닌 '다른 남성'(주 34번 인용①과 인용②)을 가리킴으로써 사랑하였던 여성의 변심을 한탄하고 있거나, '원래 부인이 있는 곳'(주 34번 인용③)을 가리킴으로써 본처의 방해로 사랑하는 여성에게 갈 수 없는 자신의 신세를 한탄하는 와카에 쓰이고 있다.

그러나 『가게로 일기』에 이르러 '오모와누카타'라는 가어를 사용한 와카는 자기 자신의 "생각대로 되지 않는" 신세를 한탄하는 여성의 와카로 바뀌었다고 생각한다. 『가게로 일기』에 나타난 '오모와누카타'의 와카는 다음 두 수다.

(1)바람조차도 고뇌 없는 곳으로 밀어 안 주면
이 세상의 괴로움 저 세상에서까지[35](중권 · 177-178)

(2)이틀쯤 지나 비가 몹시 심하게 내리고 샛바람도 세게 휘몰아쳤다. 한두 줄기가 비스듬히 쓰러져 있기에, 어떻게 해서든 다시 심도록 해야지, 비가 좀 드는 때가 있으면 좋으련만이라고 생각하며 이렇게 읊었다.

쓰러지는가 예상 못한 곳으로 담죽 줄기는
시름 많은 내 결혼 그 끝과 닮았구나[36](중권 · 227)

十五 · 恋五 · 九六三 · 源景明)

35 風だにも思はぬかたに寄せざらばこの世のことはかの世にも見む

36 なびくかな思はぬかたに呉竹のうき世のすゑはかくこそありけれ

이 두 수의 와카에 나타난 '오모와누카타'에 관한 해석은 종래의 주석서에서 몇 가지 견해로 나뉘어 있으며, 아직 논의할 여지가 있는 듯이 생각된다.

인용(1)의 와카에 쓰인 '오모와누카타'는 "지옥"(大系 · 178)[37], "시름이 없는 방향. 극락정토"(全集 · 210), "시름이 없는 피안(극락)"(集成 · 94)[38], "가네이에가 신경도 쓰지 않는 미치쓰나"(新大系 · 100)[39], "예상 못한 쪽"(新全集 · 176)[40] 등으로 해석되어 있다. 그리고 인용(2)의 와카에 쓰인 '오모와누카타' 또한 "생각지 않은 지옥 쪽"(大系 · 213), "시름이 없는 쪽. 서방정토 쪽"(全集 · 253), "시름없는 서방정토"(集成 · 136), "출가라는 생각도 못하였던 일"(新大系 · 132), "예상 못한 쪽. 작자에게는 생각도 하지 않았던 현상을 가리킨다. …… 생각지 못한 가네이에가 드나드는 곳(오미라는 여성)이라는 뜻으로도 해석할 수 있다"(新全集 · 220) 등으로 해석되어 있다.[41]

요컨대 종래 『가게로 일기』에 나타난 '오모와누카타'의 해석은 신대계(新大系)의 인용(1)의 해석과 신전집(新全集)의 인용(1)과 인용(2)

---

37 '대계'(大系)란 川口久雄 他 校注, 『土左日記 · かげろふ日記 · 和泉式部日記 · 更級日記』(日本古典文学大系 20, 岩波書店, 1957)를 가리킨다.

38 '집성'(集成)이란 犬養廉 校注, 『蜻蛉日記』(新潮日本古典集成 54, 新潮社, 1982)를 가리킨다.

39 '신대계'(新大系)란 今西祐一郎 他 校注, 『土佐日記 蜻蛉日記 紫式部日記 更級日記』(新日本古典文学大系 24, 岩波書店, 1989)를 가리킨다.

40 '신전집'(新全集)이란 菊地靖彦 · 木村正中 · 伊牟田経久 校注 · 訳, 『土佐日記 蜻蛉日記』(新編日本古典文学全集 13, 小学館, 1995)를 가리킨다.

41 柿谷雄三, 「「思はぬかたに」小考—かげろふの日記存疑 (一)—」(『平安文学研究』 20, 平安文学研究会, 1957)에는 '오모와누카타'가 '서쪽 방향. 사후 세계의 방향'으로 해석되어 있다.

의 해석을 제외하고는 대체로 종교적인 측면에서 지옥 · 극락 등의 '사후 세계'의 뜻으로 해석되어 왔다.

이와 같은 입장은 이 두 수의 와카를 읊었을 때 미치쓰나의 어머니가 처한 상황을 배경으로 하고 있는 듯이 보인다. 즉 인용(1)의 와카는 시름시름 앓고 있던 미치쓰나의 어머니가 가네이에 앞으로 쓴 유서 같은 문서 속에 수록되어 있었던 것이고, 인용(2)의 와카는 자기 집 앞을 그대로 스쳐 지나가고 밤에도 찾아오지 않는 가네이에의 처사에 우울해하고 있던 미치쓰나의 어머니가 친정아버지의 집에서 정진(精進)이라도 하려고 생각하고 있을 때, 비바람 탓에 쓰러질 듯한 오죽(呉竹)을 보고 읊은 독영가다. 이 때문에 종래의 주석서에서는 죽음을 의식하거나 정진이라도 하려고 생각하였던 미치쓰나의 어머니의 심경 등을 통해 종교적인 색채가 강한 와카로 해석하게 되었다고 생각한다.[42] 그러나 미치쓰나의 어머니가 처한 상황, 이 두 수의 와카를 읊었을 때 미치쓰나의 어머니가 자기 자신의 이제까지의 인생에 깊이 절망하고 있었던 사실에 주목하였을 때 다른 해석 또한 가능하다고 생각한다.

인용(1)의 와카를 읊었을 때, 미치쓰나의 어머니가 왜 병에 걸렸는지 그 원인을 추측할 때 시사적인 것은 가네이에가 미치쓰나의 어머니의 집에 "신저(新邸)를 짓는다며 오가던 중에 겸사겸사 찾아와서

---

42 그리고 迫徹朗, 「『蜻蛉日記』の歌「なびくかな思はぬかたに」の解釈をめぐって」(『国語国文学研究』 28, 熊本大学法[文]学部国語国文学会, 1992)에는, 이 두 수의 와카는 남녀의 삼각관계에 대해 기술한 『고킨와카슈』 708번 와카(주 34번 인용①)를 인용하고 있기 때문에 "미치쓰나의 어머니와 남편인 가네이에, 거기에 더하여 남편의 애인이 관련되어 있는 것으로 해석해야 한다"(p.5)고 기술되어 있다.

는"(중권 · 175) 앉지도 않고 선 채 문안을 하였다는 기술을 통해 알 수 있는 가네이에의 신저 조영(造営)이다. 다카하시 가즈오(高橋和夫) 씨는 "미치쓰나의 어머니는 그곳에 들어가 살 것을 기대하고 있었지만, 그 바람도 이루어지지 않았다. 그 집에 들어앉는다는 것은 그만큼 남성의 애정이 깊다는 증명"[43]이라고 지적하고 있다. 이러한 지적을 고려한다면, 미치쓰나의 어머니가 병이 난 것은 자신이 신저로 들어갈 수 없다는 것을 알았기 때문으로 보인다. 자신에 대한 가네이에의 애정을 때로는 의심하면서도 그의 애정에 매달려 살아온 미치쓰나의 어머니에게 그 사실은 크나큰 타격을 주었다고 생각한다. 그리하여 미치쓰나의 어머니는 자신의 생각대로 되지 않았던 가네이에와 함께 하였던 15년간의 결혼생활을 되돌아보고, 시름없는 생활을 바랐던 것은 아닐까. 따라서 이 와카에서 '오모와누카타'란 종교적 · 내세적인 성격의 것이라기보다는 현세 속 미치쓰나의 어머니의 꿈인 '고뇌가 없는 가네이에와의 결혼생활'을 가리키고 있다고 생각된다.

그리고 인용(2)의 와카에 나타난 '오모와누카타'는 인용(1)의 와카와 마찬가지로 '가네이에와의 결혼생활'을 가리키고 있지만, 그 비유적인 의미는 미묘하게 다르다고 생각한다. 즉 이 와카는 오미(近江)라는 여성에게 정신이 팔려 점차 자신으로부터 멀어져 가는 가네이에의 모습에, 더 이상 수복할 수 없을 만큼 틈새가 생겨 버린 두 사람의 관계에 절망하고 있던 미치쓰나의 어머니가 읊었다는 점에서 인용(1)의 와카와 마찬가지다. 이 와카에서 비바람에 맞설 수 없어 자신

43 高橋和夫, 「蜻蛉日記に現われた風俗習慣」(『国文学』 2-10, 学燈社, 1957) p.59.

의 의지와는 달리 바람이 부는 방향으로 쓸려 갈 수밖에 없었던 오죽은 미치쓰나의 어머니 자신의 비유임에 틀림없다. 그리하여 미치쓰나의 어머니는 쓰러질 듯한 오죽을 바라보면서 자신의 "생각대로 되지 않는 이내 신세"를 상기하고 자신의 신세를 와카에 담아 읊은 것으로 보인다. 따라서 여기에 기술된 '오모와누카타'는 인용(1)의 용례와는 달리 현실로서의 '자신의 생각대로 되지 않는, 예상하지 못한 가네이에와의 결혼생활'을 가리키고 있다고 생각된다. 이때, 원문에 기술된 '우키요노스에'(うき世のすゑ)[44]란 '이제까지 영위해 온 부부의 결혼생활'로 해석할 수 있을 것이다.

이와 같이 '오모와누카타'라는 표현은 『가게로 일기』에 이르러 그 이전과는 달리 여성이 자기 자신의 인생, 구체적으로는 생각대로 되지 않는 결혼생활에 쓰이게 되었으며, 인용(2)의 와카에 나타난 '오모와누카타'(思はぬかた)와 '쓸리다'(なびく)라는 표현은 오치바노미야의 와카에 이어짐으로써, 형식만이 아니라 내용 면에 있어서도 자신의 의지에 반하는 쪽으로 쓰러져 쓸려 갈 수밖에 없는 여성의 안쓰러운 삶의 방식을 상징하게 되었다고 생각한다.

요컨대 황녀와 지방관의 여식이라는 신분의 차이, 그리고 결혼을 주된 제재로 하고 있다는 점은 같기 때문에 비슷한 경향을 보일 수밖에 없다는 반론 또한 있을 수 있겠지만, 남녀의 관계 구도와 여성의 안쓰럽고 본의가 아닌 삶의 방식을 그리고 있다는 점에서 『겐

44 『가게로 일기』에 '우키요'(うき世)의 용례는 이 와카의 용례를 포함하여 4회 찾아볼 수 있는데, 모두 와카에 쓰이고 있다. '속세'의 의미로 보이는 예도 있지만, 명확히 '부부 사이'를 의미하고 있는 것도 있다.

지 모노가타리』에 형상화된 오치바노미야 이야기는 『가게로 일기』의 영향을 받았다고 지적할 수 있을 것이다. 유기리의 구혼을 거부할 수 없어 예상 못한 곳으로 쓰러져 쓸려 갈 수밖에 없었던 오치바노미야가 처한 상황에 주목하였을 때, 『겐지 모노가타리』에 나타난 '오모와누카타'의 와카는 오치바노미야와 유기리의 관계, 또는 모노가타리 전체에 나타난 남녀관계를 상징적으로 드러내고 있는 것으로 생각된다.

이 장에서는 『가게로 일기』와 『겐지 모노가타리』의 수용 관계를 고찰하는 하나의 방법으로써, 『가게로 일기』에 그려진 미치쓰나의 어머니와 가네이에의 관계 및 미치쓰나의 어머니의 삶의 방식이 『겐지 모노가타리』 오치바노미야 이야기에 어떻게 이어지고 있는가에 관해 '가시와기'(柏木)와 '오모와누카타'(思はぬかた)라는 구체적인 표현의 쓰임을 지표로 하여 고찰해 보았다.

오치바노미야 이야기에 나타난 『가게로 일기』의 수용 문제에 관한 종래의 연구에서는, 양 작품에 공통적으로 나타나 있는 장면이나 서술의 유사성이 근거로 많이 지적되어 왔다. 그러나 이상과 같은 고찰을 통해 그 같은 지적 이외에도 보다 더 본질적인 측면에서의 영향, 즉 오치바노미야 이야기를 구축하고 있는 오치바노미야와 가시와기, 오치바노미야와 유기리 이야기라는 두 이야기를 관통하고 있는 남녀관계의 구도와 오치바노미야의 삶의 방식에 나타나 있는 여성 자신의 본의가 아닌 삶의 방식을 형상화하는 데도 『가게로 일기』의 영향을 지적할 수 있을 것이다. 그리고 오치바노미야 이야기는 제대로 된 후견인이 없는 여성의 삶의 지난함이라는 주제를 황녀이면서 미망인인 여성의 결혼 이야기를 통해 구체화한 것이며, 여성의 삶의 지난함과 여성의 처신의 어려움은 그 신분에 따라 구체적인 양상에 있어서는 달리 나타날 수도 있지만, 그 본질에 있어서는 마찬가지라는 점을 형상화하고 있다고 생각한다.

15. 한일 여성 일기문학
—여성의 삶과 자기표현—

한국과 일본의 여성일기-여성의 삶과 자기표현-

한국에서 여성들이 집필한 자전적인 기록은 17세기 이후 조선시대 후기에 본격적으로 나오게 되었다. 그중에서도 현재 가장 많이 남아 있는 것은 양반가 여성이 자신의 삶을 회고하여 인생의 마디나 곡절을 있는 그대로 솔직히 토로한 '규방가사'(閨房歌辭)일 것이다. 한글로 기술된 시가형식인 규방가사는 "조선시대 후기의 사대부가의 여성들이 향유한 대표적인 문학양식"[1]으로도 일컬어질 정도다. '규방'이란 부녀자가 평상시 거처하는 방을 가리키며, '가사'는 3 · 4조 또는 4 · 4조의 긴 시가형식이다. 이에 비해 한글로 집필된 산문형식의 양반가 여성들이 쓴 자전적인 작품은 그 정도로 많이 남아 있지 않다. 조선시대 여성들이 자신의 삶과 내면을 기술할 때 산문보다 운문형식을 많이 채용한 요인에 관해서는 여러 가지 사항을 지적할 수 있

1 鄭麟淑, 「閨房歌辞から見た朝鮮時代女性の生と結婚」(『東アジアの結婚と女性—文学 · 歴史 · 宗教』, アジア遊学 157, 勉誠出版, 2012) p.196.

다. 그 요인의 하나로 여성들이 집안일이나 밭일 등을 할 때 노동이나 삶의 괴로움을 잊기 위해 자신의 괴로운 신세를 푸념하듯이 한탄하는 '신세타령'을 단조로운 곡조에 맞춰 자유롭게 혼잣말처럼 읊조리면서 발상하였다는 전통을 들 수 있을 것이다. 하지만 규방가사만큼은 아니지만, 조선시대 후기인 19세기에 접어들면 여성들이 자신의 삶과 내면을 한글로 기술한 자전적인 기록, 일본의 '일기문학'(日記文學)[2]에 해당하는 텍스트도 꽤 많이 등장하게 된다. 그 같은 기록들은 집필 목적이 확실하고 쓰는 행위를 통해 여성이 자신의 내면을 탐구하여 자기 자신을 재규정함으로써 앞으로의 인생을 개척해 나갈 수 있다는 점에서, 여성문학사에서 주목할 만한 텍스트라고 생각된다.

조선시대 후기에 발달한 전근대 한국의 일기는 '자조문학'(自照文學), '수기문학'(手記文學), '기록문학'(記錄文學), '실기문학'(實記文學)으로 일컬어지며 보통 '수필'에 포함[3]된다. 흐름의 측면에서 보자면 실용적인 일기인 '공일기'(公日記)로부터 문학적인 일기인 '사일기'(私日記)로 전개해 나간다[4]는 것을 확인할 수 있다. 사적인 일기를 소재의 면에서 보자면 전쟁일기, 궁중일기, 여행일기가 대부분이다.

2 玉井幸助, 『日記文学の研究』(塙書房, 1965) p.77에서는 '일기문학'에 대해, "작자 스스로가 견문하거나 또는 체험한 사실을 가나(仮名) 문으로 문학적으로 쓴 것"이며, "일생을 통해 쓴 추억의 기록이라면, 그것은 자서전 문학이라고도 할 수 있다"고 한다.

3 정하영, 「朝鮮朝 '日記'類 資料의 文學史的 意義」(『정신문화연구』 19-4, 한국학중앙연구원, 1996) p.31.

4 이우경, 『한국의 일기문학』(집문당, 1995) p.319.

동아시아에서 '일기'(日記)라는 표현은 일찍이 한대(漢代)에서부터 확인할 수 있다.[5] 한국과 일본에서 일기는 '공일기'에서 '공적인 내용을 내포한 사일기', 그리고 '사일기'로 전개[6]되어 왔는데, 양국 모두 전근대에 있어서 여성일기는 주로 사적인 일기로서 집필된 것이다. 여성일기 가운데 날마다를 기록한 것이 아니라 여성이 어느 시점에서 자신의 인생을 회상하여 그 삶의 경위를 씀으로써 옛날과 지금의 자기 자신의 '독자적인 인생인식'[7]을 구상화한 텍스트를 일본문학에서는 '일기문학'이라고 한다. "쓰기는 의식을 재구조화한다"[8]는 명제를 들 것도 없이 쓴다는 행위가 집필자의 의식을 향상시킨다는 것은 주지의 사실이다. 쓰는 행위를 통해 인간은 자신의 내면을 성찰하는 것이 가능해지고 객관적으로 자신의 삶을 되돌아보는 내성화(內省化) · 내면화(內面化)가 이루어지는 것일 것이다.

한국과 일본에서 쓰는 행위를 통한 여성들의 자기 재정립은 일상 언어로 자신의 생각을 토로할 수 있는 한글과 가나(仮名) 문자라는 자국어문자에 의한 표현수단의 정립을 기다리지 않으면 안 되었다. 한글이 '암클', 가나 문자가 '온나데'(女手)로 불린 데서도 알 수 있듯이 성립 당초 한글과 가나 문자는 '여성문자'로 간주되었던 것이다. 고대 일본에서 여성문학, 특히 일기문학이나 모노가타리(物語), 수필

---

5 「能挙賢薦士 世謂之多力也 然能挙賢薦士 上書日記也 能上書日記者文儒也」(王充『論衡』「効力」篇)—이우경, 『한국의 일기문학』, pp.15-16.

6 이우경, 『한국의 일기문학』, p.319.

7 木村正中, 「日記文学はなにか—綴られる人生—」(『国文学解釈と鑑賞』 46-1, 至文堂, 1981) p.33.

8 월터 J. 옹 지음, 이기우 · 임명진 옮김, 『구술문화와 문자문화』(문예출판사, 1995) p.123.

과 같은 여성 산문문학이 가나 문자의 성립에 힘입어 꽃피운 것과 마찬가지로, 한국에서도 조선시대 전기인 1443년 한글 창제는 조선시대 여성들에게 자신의 내면을 풀어쓸 표현수단을 획득한 획기적인 일이었던 것이다.[9]

하지만 민족어문자로 쓰인 한국과 일본의 여성일기는 당연히 그 나라의 사회문화와 제도에 따라 그 내실은 다를 수밖에 없다. 예를 들어, 자신의 인생에 기반을 둔 자신의 삶의 경위를 풀어쓰는 '가정부인'(家の女)[10]들의 자전적인 여성일기에 한정해 보면, 한국의 경우 조선시대 후반부터 강해진 유교윤리의 이념에 얽매인 여성의 삶의 고뇌가 표현된 것에 비해, 섭정 · 관백(攝政 · 關白) 정치체제와 실질적인 일부다처제라는 혼인제도 아래에서 살아온 헤이안 시대(平安時代)의 '가정부인'인 미치쓰나의 어머니(道綱母)의 『가게로 일기』(蜻蛉日記)는 그 내실에서 차를 보인다.

한국에서 일기는 역사기록인 실록(實錄)의 형식으로 시작되었

---

9 한글이 15세기에 창조된 것도 하나의 이유가 되어 한국 여성문학, 그중에서도 산문문학은 17세기 이후 조선시대 후기가 되어 비로소 본격적으로 문학사에 등장하였다. 따라서 10세기 후반에 쓰인 『가게로 일기』와 같은 헤이안 시대의 여성일기와 같은 시대의 작품으로 한국과 일본의 여성일기를 비교하는 것은 처음부터 불가능한 일이며, 시대 차는 있지만 한국 쪽 텍스트는 조선시대 작품이 될 수밖에 없다.

10 益田勝実, 「源氏物語の荷ひ手」(『日本文学史研究』 11, 1951)는 헤이안 시대 여성문학을 담당한 중류귀족여성들을 그 존재기반에 따라 '궁인 여성'(宮仕え女房)과 '가정부인'(家の女)으로 나누어 그 문예의식을 고찰한 논문이다. 이 견해를 더욱 심화시킨 논문으로는 菊田茂男, 「家の女—蜻蛉日記」(『国文学』 20-16, 学燈社, 1975)가 있다. 그리고 村井康彦, 「待つ女—拒む女との間」(『国文学』 23-4, 学燈社, 1978)에서는 헤이안 시대 실질적인 일부다처제 하 '가정부인'의 삶의 방식을 '기다리는 여자'(待つ女)로 규정하고 있다.

지만, 개인의 사적인 일기로 처음 나온 것은 8세기 전반 신라 승려인 혜초(慧超)의 『왕오천축국전』(往五天竺國傳)을 들 수 있다. 그러나 더욱더 명확한 형태의 개인 일기는 13세기 전후 고려시대 이규보(李奎報)의 「남행월 일기」(南行月日記)를 들 수 있다. 그 뒤 조선시대에 들어와 유학이 왕성해지고 문인이 늘어남으로써 그들의 개인기록으로서 일기가 많이 등장하게 되고, 조선시대 후기에 접어들면 여성이 집필한 일기문학도 나오게 되었다. 한국문학에 있어서 일기문학은 주로 수필로 간주되어 왔지만, "일기는 조선조 문학사에서 기록문학, 증언문학이라는 하나의 새로운 영역으로 존재"[11]한다는 입장에서 일기의 문학적인 의의를 적극적으로 파악하려는 입장도 있다. 그리고 젠더론의 관점에서도 한국 고전여성문학 연구자들을 중심으로 한 여성일기 연구가 이루어지고 있다.

조선시대 여성이 자신의 사적인 삶을 회고하여 기록한 자전적인 텍스트는 '궁중기록'과 '개인기록'으로 나눌 수 있다.[12]

'자전적인 궁중기록'으로서는 『계축일기』(癸丑日記), 『인현왕후전』(仁顯王后傳), 『한중록』(恨中錄) 등의 텍스트를 들 수 있다. 그중 집필자인 혜경궁 홍씨(惠慶宮洪氏)가 친정과 친정아버지에게 씌워진 죄와 친정의 몰락 탓으로 쌓인 한을 풀기 위해 예순 넘어 네 차례에 걸쳐 자신의 일생을 풀어쓴 18세기 말엽의 『한중록』은 자전적인 궁중기록으로서는 가장 대표적인 텍스트이다. 그러나 이들 텍스트는 "숭유척불(崇儒斥佛), 유교윤리에 의한 부모에 대한 효도, 삼종지도(三從

11 정하영, 「朝鮮朝 '日記'類 資料의 文學史的 意義」, p.40.
12 이혜순 외, 『한국 고전 여성작가 연구』(태학사, 1999) p.363.

之道) 등이 중시되는 환경 속에서 궁녀나 동궁빈이 당파 싸움과 관련되는 상상을 초월하는 사건의 일부시종을 우연히 목격하여 그것을 한글로 써서 남김으로써 성립"[13]한 궁중문학이라는 공통점을 지닌다. 즉 이들 작품은 자기 자신의 신세를 풀어씀으로써 자신의 삶을 복원하고 자신의 삶에 대한 독자적인 인식을 드러낸 고중세(古中世) 일본의 일기문학과는 달리 정치적인 행위였다고 할 수 있다. 한글로 쓰인 조선시대의 자전적인 기록으로서의 일기문학 중 이제까지 일본에는 『한중록』이 많이 소개[14]되어 왔다. 그러나 『한중록』은 동궁비였던 궁중여성이 남편의 죽음에 어느 정도 책임이 있었던 친정을 변호하려는 정치적인 목적에서 집필한 작품인 만큼, 집필자의 내면 탐구에는 한계가 있다고 생각한다.

'자전적인 개인기록'으로는 양반가 여성과 기생이 집필한 것이 있다. 『병자일기』(丙子日記), 『ᄌᆞ긔록』(自己錄), 「규한록」(閨恨錄) 등의 텍스트는 양반가 여성의 대표적인 기록이다. 「기생명선자술가」(妓生明善自述歌) 등은 기생이 집필한 기록이다. 그중 양반가 여성들의 자전적인 기록은 정치적인 사건을 주가(主家)나 친정 측에서 기술하는 대단히 정치적인 행위로 이해되는 궁중기록에 대해, 작자가 몸소 경험하였던 자신의 삶을 되돌아보고 마음속에 쌓인 사념을 한글로 쓴

13 金鍾徳, 「『枕草子』と朝鮮王朝の宮廷文学―『癸丑日記』、『仁顕王后伝』、『閑中録』」(『国文学』 52-6, 学燈社, 2007) pp.67-68.

14 金鍾徳, 「『枕草子』と朝鮮王朝の宮廷文学―『癸丑日記』、『仁顕王后伝』、『閑中録』」; 李美淑, 「朝鮮王朝の宮廷文学の史実と虚構―『ハン中録』を中心に―」(『王朝文学と東アジアの宮廷文学』, 竹林舎, 2008) 등.

'자기표현'(自己表現)[15] 또는 '자기서사'(自己敍事)[16]로서의 일기문학이라고 생각된다.

그런데 전근대 한국에 있어서 여성의 문자교육은 한정된 범위 내에서 사적으로 이루어져 왔지만, 여성의 글읽기와 글쓰기는 사회적으로 권장되지 않는 행위였다. 글읽기는 기본적인 유교적인 여성 교육을 위해 어느 정도 인정되었지만, 글쓰기는 부정적으로 인식되었다. 특히 한자로 글을 쓴다는 행위는 몹시 어려운 행위였기 때문에 여성들은 '암클'로 멸시받은 한글을 표현수단으로 하여 자기를 표현하게 되었다. 처음에 서찰과 같은 실용문으로부터 시작된 여성의 글쓰기는 차츰 '가사'(歌辭)형식의 자기서사로 발전하고, 나아가 자신의 삶을 한글로 풀어쓰게 되었다.

조선시대 후기의 여성의 자기서사에 관해 박혜숙 씨는 다음과 같이 기술하고 있다.

> 조선시대에는 결코 성공적인 삶을 살았다고 인정받기 어려운 여성들이 자기서사의 글을 남긴 경우가 대부분이었다. 작자 스스로도 자

15 여성의 '자기표현'이란, 여성이 그 시대의 보편적인 지식을 획득한 뒤, 그 지식을 살려 자기 자신의 내면에만 억눌러 둘 수 없는 심중사유의 제상(諸相)을 문학, 예술 등 구체적이면서 다양한 형태로 외부로 표출한 것을 말한다.

16 '자기서사'란 "이야기(story)가 있고 화자(teller)가 있는 모든 문학 텍스트를 서사(narrative)라고 한다면 화자가 자기 자신에 관한 이야기를 진술하는 텍스트", "화자가 자신에 관한 이야기를 그것이 사실이라는 전제에 입각하여 진술하며, 자신의 삶을 전체로서 회고하고 성찰하며 그 의미를 추구하는 특징을 갖는 글쓰기 양식"으로 규정할 수 있다.—박혜숙, 「여성 자기서사체의 인식」(『여성문학연구』 8, 한국여성문학학회, 2002) pp.7, 10. 이와 같은 자기서사의 개념 규정에서 본다면, 『가게로 일기』와 같은 여성일기는 전형적인 자기서사라고 할 수 있다.

> 신의 삶을 불행한 것으로 인식한 경우가 많았다. …… 다수의 여성 작자들은 삶에서의 불만족, 고통, 회한, 좌절, 실패를 응시하면서 글쓰기를 통해 그럴 수밖에 없었던 상황을 자신과 타인들을 향해 납득시킴으로써 자기 존재와 인생을 해명하고 나아가서는 자신의 내면적 상처를 치유하고자 하였다. …… 독자를 자신으로 상정한 경우, 자기서사는 고통과 한을 토로함으로써 스스로를 치유하고 찢겨진 자아를 내면적으로 복원하려는 동기가 우선적으로 작용한다고 할 수 있다. …… 독자를 가족이나 후손으로 상정한 경우, 자기서사는 자기치유의 동기, 자기해명의 동기 나아가서는 과거의 시비를 적극 교정하려는 동기가 작용하기도 한다.[17]

박혜숙 씨의 견해를 원용한다면, 『한중록』, 『ᄌᆞ긔록』, 「규한록」은 위와 같은 조선시대 여성의 대표적인 자기서사이며 일기문학이라고 생각한다.

한편, 전근대 일본의 여성문화사를 조망하면서 주목할 만한 것은 한국과는 달리 각 시대의 여성들이 그 시대의 환경과 제각각의 삶을 영위하는 과정 속에서 형성된 '나'(私)의 경험과 지식을 '일기'라는 형식을 통해 적극적으로 표현하여 기록하였다는 점이다. 그 이유로서는 가나 문자라는 표현수단이 일찍이 성립되어 사적인 영역에서 커뮤니케이션의 수단으로서 존재하였다는 점을 지적할 수 있다. 그 때문에 여성들은 자기 자신의 삶의 의미에 깊이 천착하여 '나'를 탐

---

17 박혜숙, 「한국여성의 자기서사 (1)」(『여성문학연구』 7, 한국여성문학학회, 2002) pp.342, 344-346.

구하면서 자신의 인생을 재구성하여 표현할 수가 있었던 것이다. 처음에 여성의 자기기록의 모습은 사가집(私家集)에서 확인할 수 있다. 와카(和歌)는 사적이면서도 일상적인 인간관계 속에서 마음을 주고받는 수단이었기 때문에 공인으로서는 겉으로 드러낼 수 없는 내면의 모습을 보일 수도 있었던 것이며, 자신의 삶의 중요한 장면을 기록하는 비망록(備忘錄)의 의미 또한 지니고 있었다. 이와 같은 와카를 정리한다는 것은 한 사람의 삶의 기록을 정리하는 전기의 성격 또한 지니고 있었던 것이다. 그 첫 번째 작품인 『이세슈』(伊勢集)는 "자신의 개인적인 관점을 통해 일상적인 생활 속에서 주인이나 주가(主家)의 모습을 안에서부터 기록한다는 태도"를 취하고 있으며, "모두(冒頭)의, 이른바 궁중출사 일기(宮仕え日記)라고도 할 만한 부분은 이후 뇨보(女房)의 손에 의한 궁중출사의 기록 내용을 거의 규정"[18]한다고도 할 수 있다. 가집의 형태로서 자신이 지은 와카는 물론이고 주인과 자신의 삶을 기록하려고 하였던 이와 같은 시도는, 와카의 초고와 비망기를 기반으로 하여 기억을 더듬어 자신의 삶을 썼다고 생각되는 『가게로 일기』 등의 여성일기에 영향을 미친 것으로 보인다.

헤이안 시대에 처음으로 등장한 여성의 가나 일기는 『오키사키 일기』(大后日記)와 같은 공적인 일기였다. 이들 일기는 사실을 기록한다는 일기 본래의 성격으로부터는 벗어나지 않았지만, 남성들의 사적인 한문일기와 마찬가지로 집필자의 감성과 심정이 어느 정도 표

---

18 清水好子, 「王朝女流文学の形成と背景ー蜻蛉日記の場合」(『日本女性史 第1巻』, 東京大学出版会, 1982) p.178.

현되어 있었기 때문에 여성일기의 초기 형태로 볼 수도 있다.[19]

그렇기는 하지만, 여성들이 실제적인 삶의 경험에서 조성된 독자적인 인생인식에 바탕을 두고 본격적으로 '나'의 이야기를 풀어 쓴 것은 『가게로 일기』를 비롯하여 그 뒤 잇따라 등장한 『이즈미시키부 일기』(和泉式部日記), 『무라사키시키부 일기』(紫式部日記), 『사라시나 일기』(更級日記), 『사누키노스케 일기』(讃岐典侍日記) 등 가나 문자로 쓰인 일군의 여성일기였다는 것은 잘 알려진 사실이다. 그리고 가마쿠라 시대(鎌倉時代)에 들어서서는 『벤노나이시 일기』(弁内侍日記)나 『나카쓰카사노나이시 일기』(中務内侍日記)와 같은 '내시'(内侍)라는 공적인 지위에 있는 여성들의 일기가 가나 문자로 집필되는 한편, 고후카쿠사인노니조(後深草院二條)의 『도와즈가타리』(とはずがたり)처럼 내밀한 남녀관계를 적나라하게 회고하여 집필한 작품이나 아부쓰니(阿仏尼)의 『우타타네』(うたたね), 『이자요이 일기』(十六夜日記) 등과 같은 작품이 나왔다. 고후카쿠사인노니조와 아부쓰니의 작품에는 여행이 중요한 제재로 도입되어 있다. 에도 시대(江戸時代)에는 누마노 미네(沼野峯)의 『닛치로쿠』(日知錄)와 같은 여성의 일상일기와 오다 이에코(小田宅子)의 『아즈마지 일기』(東路日記)와 같은 여행일기가 다수 집필되었다.

이상과 같이, 전근대 일본에 있어서 여성들의 자기표현 양식의 하나인 일기는 헤이안 시대 이후 가집의 형태, 회고록 형태의 일기문학, 자신의 삶의 어느 기간을 기록하는 일상일기와 여행일기라는 형

19 玉井幸助, 『日記文学の研究』, p.5.

태를 취하는 등 다양한 양태를 보이지만, 자신의 삶을 복원하여 기록한다는 본질은 같다고 생각된다. 또한 이들 여성일기는 여성 화자가 자신의 "내적 체험과 외적 경험이 결합되면서 서술자의 인생의 의미를 형성하는 경험을 사실에 입각하여 이야기로서 서술"[20]한다는 점에서, 자기서사의 성격 또한 어느 정도 지니고 있다고 생각된다.

전근대 일본의 여성들이 가나 문자를 표현수단으로 하여 각각의 시대 환경과 각자의 삶 속에서 형성된 '나'의 경험과 지식을 '일기'라는 형식으로 표현하여 기록한다는 점에서, 민족어문자와 여성의 삶의 기록이 밀접한 관계를 이루고 있다는 것을 엿볼 수 있다. 이 점과 함께 여성의 쓰는 행위를 사회적으로 부정하지 않았던 헤이안 시대로부터 에도 시대에 이르기까지의 일본문화의 토양과 유교적인 여성관을 배경으로 여성의 쓰는 행위를 억누르려 하였던 조선시대의 문화 차이에서, 한일 양국의 여성 일기(문학)의 양적인 차이와 내실의 차이가 명확해졌다고 생각된다.

이 장에서는 한글과 가나 문자라는 표현수단을 획득하여 자신의 삶과 그 속에 담긴 자신의 생각을 기록한 한국과 일본의 '가정부인'의 여성일기에 주목하여, 양국의 전근대 여성의 삶의 방식과 자신의 삶과 자기 자신에 대한 여성의 인식에 관해 고찰해 보고자 한다. 아울러 여성들이 자신의 삶을 토로하게 된 집필동기와 쓰는 행위를 통해 집필자인 여성이 '자기표현'을 함으로써 그 여성에게 어떠한 변화가 일어났는지도 생각해 보도록 한다. 이와 같은 고찰을 통해

---

20 박혜숙, 「여성적 정체성과 자기서사—『ᄌᆞ기록』과 「규한록」의 경우—」(『고전문학연구』 20, 한국고전문학회, 2001) p.241.

한국과 일본의 문화 차이에 관해서도 생각해 보고자 한다. 구체적으로는 일본의 대표적인 여성 일기문학인 『가게로 일기』와 함께 내면화된 유교윤리에 매여 있으면서도 자신의 마음속 목소리나 욕망에 정직하게 대면하였던 젊어서 홀몸이 된 양반가 여성의 일기인 『즈긔록』과 「규한록」에 주목하여, 쓴다는 행위가 한 여성의 인생에 어떠한 변화를 초래하였는지, 그 목적과 효용은 무엇인지에 대해 한일 여성 일기문학을 대비해 보면서 고찰해 보고자 한다.

일부다처제 하의 '가정부인'의 삶과 자기표현, 헤이안 시대의 『가게로 일기』

『가게로 일기』 상권에는 미치쓰나의 어머니가 후지와라 가네이에(藤原兼家)와 사흘 연속하여 밤을 함께한 뒤 정식으로 결혼이 이루어진 다음날 아침에 다음과 같은 와카를 주고받는 장면이 나온다.

> 또 사흘쯤 연이어 찾아온 그 다음날 아침에, 이 같은 와카를 보내왔다.
>
> 이른 새벽녘 헤어져 가는 길에 보이는 하늘
> 애달픈 이내 마음 이슬로 되고 지고
>
> 이에, 다음과 같은 답가를 보냈다.
>
> 이슬과 같이 덧없이 사라져갈 당신 마음을

부질없게도 믿는 나는 뭐란 말인가(상권 · 57-58)

위의 인용은 여성의 집을 아침 일찍 나설 수밖에 없는 남성의 애달프고 괴로운 마음을 이슬처럼 몸이 사라져 버릴 정도의 마음이라고 과장하여 읊고 있는 가네이에의 상투적인 와카에 대해, 그 같은 당신에게 헛된 기대를 거는 나는, 하고 미치쓰나의 어머니가 정색하고 답가를 읊는 장면이다. 그녀의 와카에 나타난 "나는 뭐란 말인가"[21]라는 표현은 『가게로 일기』가 번역의 과정을 거쳐 헤이안 시대 일본이라는 특정한 시공간을 산 한 여성이 결혼생활 속에서 토로한 한탄의 문학이라는 틀을 벗어나 세계문학으로서 재탄생할 때 주목할 만하다고 생각한다. 왜냐하면, "나는 뭐란 말인가"라는 표현 속에서 '나'(われ)에 대한 탐구가 인간 존재성의 본질을 언급하고 있지 않고 남편과의 관계 속에서 배태된 자신의 위치, 자신에 대한 남편의 애정이 어느 정도인지를 묻는 물음이기는 하지만, 이 표현에는 미치쓰나의 어머니라는 천 년 전에 존재하였던 한 여성의 생생한 자의식이 선명하게 드러나 있기 때문이다. 따라서 『가게로 일기』는 시공간을 달리 하는 독자에게 성별 권력관계의 내실을 이야기한 보편적인 여성문학, 남편이라는 타자와의 관계 속에서 자신의 현재 위치를 끊임없이 계속 묻고 있는 한 여성의 보편적인 자기서사로 볼 수 있다.

그런데 미치쓰나의 어머니가 『가게로 일기』에서 집필하려고 하였던 작품의 중심적인 제재는 다음과 같은 상권의 서문과 발문에 기

---

21 이 표현의 의미에 관해서는 이 책 5장 참조.

술되어 있듯이, 결혼생활 속에서 인식하게 된 "보통 사람과는 다른 내 살아온 평범치 않은 삶"(人にもあらぬ身の上), "생각대로 되지 않는 이내 신세"(思ふやうにもあらぬ身)의 양상 및 내실이다.

> 이렇게 내 반평생의 세월은 흘러가고, 세상에 참으로 의지할 데 없이 이도 저도 아닌 상태로 세월을 보내고 있는 사람이 있었다. 생김새라고 해봤자 도저히 남만큼도 못되고 사려분별도 있는 듯 없는 듯, 이렇게 별 쓸모없는 존재로 살아가고 있는 것도 당연하다고 생각하며 그저 자고 일어나며 밤과 낮을 보내다가, 세상에 많이 떠돌고 있는 옛이야기(古物語) 책을 이 구석 저 구석 들춰보았더니, 세상에 흔하디흔한 허무맹랑한 이야기조차 있더라. 하여 보통 사람과는 다른 내 살아온 평범치 않은 삶이라도 일기로 써 풀어내면, 좀체 접할 수 없는 색다른 것으로 여겨질런가, 천하에 더할 나위 없이 신분이 높은 사람들의 결혼생활은 어떠한가라고 묻는 사람이 있다면, 그에 대한 대답의 한 예로라도 삼았으면 하고 생각도 해보지만, 지나간 세월 동안의 일들이 어렴풋하게밖에 기억나지 않아, 뭐 이 정도면 되겠지라고 적당히 쓰다가 놔두는 일도 많아져버렸다.(상권 · 47-48)

> 이렇게 세월은 흘러가는데도 <u>생각대로 되지 않는 이내 신세</u>를 한탄하고만 있는지라, 새해가 밝아도 기쁘지 않고 변함없이 허무함을 느끼고 있으니, 있는지 없는지도 모를, 아지랑이처럼 허무한 여자의 처지를 기록한 일기라고 할 수 있겠다.(상권 · 165)

작중화자 미치쓰나의 어머니의 결혼은 객관적인 평가는 어떻든

간에 본인에게 있어서는 행복한 시절도 물론 있었지만 불행한 것으로 판단된다. 미치쓰나의 어머니는 줄기차게 가네이에와의 불안정한 부부관계와 그리고 거기에서 초래된 자신의 고뇌를 독자에게 호소하기를 멈추지 않는다. 그리고 그 속에서 축적된 자신의 고뇌를 '일기'로 정리하여 "천하에 더할 나위 없이 신분이 높은 사람들의 결혼생활은 어떠한가라고 묻는 사람이 있다면, 그에 대한 대답의 한 예"로 삼고자 하였던 미치쓰나의 어머니의 의식 또한 "나는 뭐란 말인가"라는 표현에 담긴 자의식과 동일선상에 위치해 있다고 할 수 있다.

미치쓰나의 어머니가 불행하다고 느끼는 연원으로서는 969년 연말 가까운 11월 어느 날, 미치쓰나의 어머니가 읊었다는 "내리는 눈에 쌓이는 내 나이를 헤아려보니 죽지도 못하는 내 신세를 한(恨)하노라"(중권 · 190)라는 와카가 중요한 의미를 지니고 있다고 생각된다. 미치쓰나의 어머니가 내려 쌓인 눈에 늙어 가는 자신의 연령을 비기면서 죽을 수조차 없어 살아 있는 자신의 처지를 한탄하는 와카를 읊게 된 것은 가네이에가 신축 중인 히가시산조인(東三條院) 저택으로 이주하는 문제와 관련이 있는 것으로 보인다. 미치쓰나의 어머니는 가네이에의 신저(新邸)에 들어갈 수 없다는 사실에서 정처의 자리에서 멀어져 버린 자신의 부인으로서의 위치와 믿음직스럽지 않은 아들 하나밖에 두지 못한 자신의 객관적으로 보아도 불안정한 처지를 다시금 인식하게 된 것이다. 나아가 이미 30대 후반이 되려고 하는 자신의 나이를 생각함으로써 이제까지 가네이에의 애정의 기반이 되었던 젊음과 미모가 사라져 가는 자신의 처지에 대해 몹시 위기감을 느끼고 있는 것으로 보인다. 이와 같은 미치쓰나의 어머니의 불안은 970년 이후 "밤에 본 것은 서른여 날, 낮에 본 것은 마흔여 날"(중

권 · 198)이라는 구절에서 볼 수 있듯이, 가네이에의 발길이 점차 뜸해지고 오미(近江)라는 여성과의 관계가 진전되면서 가네이에가 미치쓰나의 어머니의 집을 그냥 스쳐 지나가는 일이 거듭되어 가면서 현실화된다. 이 시점에서 느끼는 미치쓰나의 어머니의 불안과 자신의 결혼생활에 대한 공허함은 그저 그런 것이 아니었던 것이다.[22] 하지만 실질적인 일부다처제 하에서 남편을 독점하고 정처가 되고 싶어 하는 기대는 '기다리는 여자'(待つ女)이자 '가정부인'(家の女)인 헤이안 시대 미치쓰나의 어머니라는 한 여성에게는 도저히 실현 불가능한 이상이었다. 이처럼 미치쓰나의 어머니의 고뇌는 결혼 당초 꿈꾸고 있었던 기대가 좌절됨으로써 생성되고, 거기에다 그녀의 강한 자의식은 그 고뇌를 더욱더 심화시킨 것이다.

『가게로 일기』가 자신의 인생을 '기록'으로 남기려고 한 의도에서 집필된 작품이라는 것은 '일기'라는 것에 대한 작자의 의식에서 확인할 수 있다. 『가게로 일기』에 '일기'의 용례는 서문에 기술된 "보통 사람과는 다른 내 살아온 평범치 않은 삶이라도 일기로 써 풀어내면"(상권 · 48)에 나오는 용례, 상권 발문의 "있는지 없는지도 모를, 아지랑이처럼 허무한 여자의 처지를 기록한 일기라고 할 수 있겠다"(상권 · 165)라는 기술에 나오는 용례, 그리고 미나모토 다카아키라(源高明) 유배 기사에 기술된 "내 신상에 관한 일만 적는 일기에는 넣기에 어울리지 않는 내용이지만, 몹시 슬퍼한 건 다른 사람이 아닌

22 '지금 · 현재'(今)를 나타내는 시간표현의 용법과 집필시점의 관계에 주목하여 살펴보았을 때, 『가게로 일기』는 결혼생활과 인생에 대한 절망과 허무함이라는 969년 말 미치쓰나의 어머니의 인생인식을 계기로 하여 집필된 것으로 보인다. 이 책 10장 참조.

바로 나이기에 기록해두는 것이다"(중권 · 174)에 나오는 용례를 포함하여 전부 3회 확인할 수 있다. 이와 같은 '일기'의 용례를 통해 지적할 수 있는 것은 미치쓰나의 어머니가 일기의 제재 범위를 자신의 '신상'(身)과 관련된 사적인 것으로 한정하고 있으며, "기록해두는 것이다"라는 표현에서도 알 수 있듯이 일기를 '기록'으로 받아들이고 있다는 것이다. 이와 관련하여, "내 인생 체험을 기록하여, '예'(전례)로서 후대에 남겨 무엇이든 간에 도움이 되기를 기대하고 있는" '효용 의식'(效用意識)[23]에서 집필동기를 해석하는 견해는 시사적이다. 나아가 미치쓰나의 어머니는 '일기'라는 양식의 쓰는 행위를 통해 후지와라 가네이에와 함께한 결혼생활 속에서 규정된 '나'의 존재성을 탐구해 나갔다고도 할 수 있다.

유교윤리에 얽매인 양반가 여성의 삶과 자기표현, 『ᄌᆞ긔록』

전근대 한국에서 『가게로 일기』와 같이 '가정부인'이 집필한 일기문학으로서는 조선시대 후기 양반가 여성의 대표적인 자기서사인 『ᄌᆞ긔록』과 「규한록」을 들 수 있다. 종래 전근대 한국의 대표적인 일기문학으로서는 『한중록』이 지적되어 왔다. 물론 『한중록』에도 한 여성으로서의 혜경궁 홍씨의 삶의 모습은 그려져 있지만, 전 동궁비인 여성이 자신의 친정을 변호하기 위해 집필한 작품인 만큼 주로 정치적인 문제에 초점이 맞춰져 있다. 이에 반해 『ᄌᆞ긔록』과 「규한록」은

23 柿本奨, 「『蜻蛉日記』を書かせたもの」(『国文学解釈と鑑賞』 43-9, 至文堂, 1978) p.98.

강한 유교윤리를 규범으로 하여 살아갈 수밖에 없었던 조선시대 후기의 양반가, 즉 사대부가의 '가정부인'이 자신의 박복한 운명과 남편과 친정 식구들과 사별함으로써 느낀 슬픔과 상실감, 그리고 죽지 않고 살아갈 것을 결의한 뒤 현재 자신이 처해 있는 괴로운 처지를 호소함으로써 자신의 선택을 타자에게 해명하고 있다는 점에서, 여성의 삶과 자기표현의 의미를 생각할 때 주목할 만한 텍스트라고 생각한다. 그리고 이 두 작품은 마찬가지로 유교윤리에 얽매인 양반가 여성에 의해 집필되었으면서도 자신의 내면에 쌓인 사념을 표현할 때 그 양상이 다르며, 구성과 서술에 있어서도 차이를 확인할 수 있다.

자전적인 회고록인 『ᄌᆞ긔록』[24]은 풍양 조씨(豊壤趙氏, 1772-1815) 부인에 의해 쓰였다. 남편이 세상을 떠난 그 다음해인 1792년 스물한 살께 집필된 작품이다.

조씨 부인은 열다섯 살 때 동갑인 김기화(金基和, 1772-1791)와 결혼하였지만, 남편과는 5년 후에 사별하고 마흔네 살 때 세상을 뜰 때까지 재혼을 하지 않고 수절하였다. 두 사람 사이에 자식은 없었다. 남편의 죽음은 거듭되는 사별로 인해 상처 입은 조씨 부인의 마음의 상처를 더욱더 깊게 하는 일이었다. 그녀는 다섯 살 때 남동생 둘을 홍역과 전염병으로 잃고 열한 살 때는 모친과도 사별하였다. 그녀의 어머니는 병약한데도 불구하고 대를 이을 아들을 낳으려고 무

24 『ᄌᆞ긔록』은 박옥주 씨에 의해 국립중앙도서관에서 발굴되어 2001년 한국고전여성문학회에서 보고되었다. 그 기본적인 사항은 박옥주, 「豊壤趙氏夫人의 『ᄌᆞ긔록』 硏究」(『한국고전여성문학연구』 3, 한국고전여성문학회, 2001)에 상세하다.

리하여 임신하였지만 또 딸을 낳자 시름시름 앓다가 결국 세상을 떠났다. 조씨 부인은 모친이 세상을 뜬 뒤 언니와 서로 의지하며 슬픔을 달래었지만 1년도 지나지 않아 부친이 세 번째 결혼을 한 데다 열세 살 때는 언니마저 결혼을 하여 적적한 생활을 하였다. 외아들로서 종갓집 종손인 김기화와는 열다섯 살 때 결혼하였는데, 그다음 해에는 친정 조모 또한 세상을 떠났다. 그리고 그해 겨울부터 집 근처 오두막에서 과거시험 공부를 하고 있던 남편이 추위를 이기지 못하고 병이 들어 투병 끝에 스무 살의 나이로 세상을 떠났다. 스무 살에 후사도 없이 홀몸이 된 조씨 부인은 거듭되는 가족의 죽음과 대를 이을 아들을 출산하는 것이 가장 큰일이었던 조선시대 여성으로서 견딜 수 없는 심경, 한평생 재혼도 하지 못하고 수절하면서 살아갈 수밖에 없는 괴로움을 곱씹으면서, 남편이 세상을 뜬 다음 해인 1792년 스물한 살 때 『ᄌᆞ긔록』을 집필한 것이다. 한글로 쓰인 『ᄌᆞ긔록』의 필사본은 국립중앙도서관의 소장본이 유일본(唯一本)이며 총 202면이다. 그중 마지막 20면은 남편의 죽음에 대한 친척들의 제문 5점 및 친정 언니의 간단한 필사기가 붙어 있다. 『ᄌᆞ긔록』은 2014년 12월 김경미 씨 역주로 『자기록』이라는 서명으로 첫 현대어역이 간행되었다.[25]

김경미 역주 『자기록』 해제에 따르면, 이 작품은 크게 서문, 풍양 조씨 자신의 어린 시절과 남편의 죽음을 맞기까지의 본문, 발문 형식의 뒷글, 남편이 죽은 뒤 친지들이 쓴 제문 및 조씨 언니의 필사

25 『ᄌᆞ긔록』의 인용은 풍양 조씨 지음, 김경미 역주, 『자기록』(나의 시간, 2014)에 의한다.

기 네 부분으로 구성되어 있다. 본문을 쓴 것은 남편이 죽은 다음 해인 1792년이며, 발문형식의 짧은 뒷글은 1804년 친정아버지가 세상을 뜨고 이어서 1805년 양자로 들인 친정 남동생이 죽은 뒤에 쓴 것으로 보인다. 조씨 언니가 필사기를 집필한 시기는 불분명하여, 몇 번의 과정을 거쳐 현재의 사본으로 성립되었음을 알 수 있다.[26]

서문과 발문에 의하면 『ᄌᆞ긔록』의 집필동기는 『가게로 일기』와 마찬가지로 뒷사람을 위한 '기록'에 방점이 찍혀 있다고 할 수 있다.

> **서문**: 나의 궁한 팔자와 혼인으로 느낀 설움은 세월이 오래 지나면 능히 기억하지 못할 것이라 혼인하고서 남편이 병을 앓기 시작한 처음부터 끝까지, 그리고 일을 당하기까지의 대강을 기록한다. 내가 살아 있는 동안 두고 보면서 눈앞의 일같이 잊지 말고 또 뒷사람들에게 옛 일을 알게 하고자 잠깐 기록하나, 정신이 황량하고 마음이 어지러워 그리 자세하지 못하다.(14면)

> **발문**: 오호 하늘이여, 내 살아 무슨 죄를 지었기에 어린 나이에 어머니를 잃은 슬픔을 품고, 다시 남편을 잃음에도 겨우 목숨을 부지하여 지금에 이르러 황천이 특별히 그 죄를 벌하여 갑자년(1804, 친정아버지가 죽은 해—필자 주)의 슬픔과 을축년(1805) 형제를 잃은 설움으로 오늘날 부모의 후손이 끊어지고 집이 엎어지는 반폐지통(半廢之痛)을 당하니 오호라 혹독한 원통함이요 참담한 재앙이라. 하늘이

26 풍양 조씨 지음, 김경미 역주, 『자기록』, pp.261-262.

내린 것인가, 운명인가. 내가 신해년(1791, 남편이 죽은 해—필자 주) 화를 당한 뒤 오늘까지 목숨을 훔쳐 오늘날 이 참혹한 정경을 또 보는 것이냐. 가운(家運)의 망극함과 정리의 이 원통함을 아홉 하늘을 깨치고 하늘 궁궐의 문을 흔든들 능히 견디랴.(125면)

『ᄌ긔록』에서 읽어 낼 수 있는 조선시대 후기 여성의 존재 의의는 가문의 후사를 '낳는 성'(産む性)으로서의 여성이다. 조씨 부인 본인도 자식이 없었던 탓인지 '낳는 성'으로서의 여성의 향방을 나타내 보이는 전형적인 예(例)인 친모의 삶에 관해 소상히 기술하고 있다. 그녀의 부친이 후사를 얻기 위해 재혼하여 맞아들인 처였기에 조씨 부인의 친모에게 부과된 의무는 대를 이을 아들을 낳는 것이었다. 친모 스스로도 그 사실을 강하게 의식하고 있었다. 그녀의 친모는 딸 셋을 낳은 뒤 아들 둘을 낳았지만 둘 다 병으로 잃고 말았다. 그 때문에 후사에 대한 집착은 더욱더 강해져 결국 친모는 병약한 몸이면서도 무리하여 다시금 출산하였다. 그러나 낳은 아이가 딸이라는 데 절망하여 조씨 부인의 친모는 7개월 뒤 남편에게 재혼하여 후사를 보라고 유언을 남긴 채 세상을 떴다. 그 뒤 1년도 지나지 않아 부친은 세 번째 결혼을 하게 된다. 『ᄌ긔록』에 기술되어 있는 조씨 부인의 부친은 "어머니의 죽음과 관련한 작자의 아버지는 인간적인 모습이 아니라, 오직 후사만을 생각하는 제도적인 남성상"[27]이지만, 이 점에 관해 작자는 초연한 태도를 취하고 있다. 그리고 이와 같은 작자의 태도는

27 박옥주, 「豊壤趙氏夫人의 『ᄌ긔록』 硏究」, pp.178-179.

남편의 병에 대한 시집 식구들의 잘못된 판단과 무지를 기술하면서도 감정을 밖으로 내보이지 않고 그저 사실을 기록한다는 태도를 취하고 있는 것과 동일선상에 있는 듯이 생각된다. 이와 같은 작자의 집필태도는 공고화된 가부장제 하에서 유교윤리를 자신의 세계관, 인생관으로 내면화하여 사회가 요구하는 여성상에 자신의 의식을 순치(馴致)시킨 조선시대 양반가 여성의 아이덴티티 그 자체였다고 생각된다.

이 점은 남편의 사후 뒤를 좇아 지결하지 못하고 살아남은 자신에 대한 변명을 통해서도 확인할 수 있다. 남편과 사별한 조선시대 양반가 여성에게는 남편의 뒤를 좇아 자결하든가 죽을 때까지 수절하든가 두 가지 선택지밖에 없었다. 조선시대 후기에 들어선 뒤에는 자결한 여성을 열녀로 칭송하고 가문의 영예로 여기는 풍조 또한 확대되어 살아남은 여성들은 사는 데 대해 자책의 마음을 지녔는데, 『ᄌᆞ긔록』의 작자를 통해 그 구체적인 심경을 확인할 수 있다.

다음 인용에 기술되어 있듯이, 남편의 죽음이 가까워지자 작자는 '삼강오륜'(三綱五倫)과 '삼종지도'(三從之道)라는 유교윤리와 자신의 내면과 갈등하면서 자결에 대한 공포와 자신의 박복한 운명을 한탄하게 된다.

> 병세가 실로 위독하여 하릴없는 바이나 차마 가까운 사이에 설마 남편이 회복을 못하며 내 설마 천하 박명이 되랴 하다가도 그 병세와 마르고 수척한 거동은 실로 바랄 것이 없어서 다만 마음에 어찌해야 할지 모르고 허둥대며 하늘만 우러러 입에서 나오는 말이라고는 "차마 이 어쩐 일인고" 할 따름이었다. 사람의 소리는 귀에 머물러 들리

지 않고 좌우 물색(物色)이 눈에 보이지 아니하며 당황하고 마음이 어수선해서 병구완도 때를 맞추지 못했다. 스스로 헤아리건대 '차마 생각지 못할 때를 당하면 마땅히 한번 급히 결단하여 시각을 늦추지 않고 좇을 따름이라. 다른 처변과 생각이 어찌 있으리오.' 스스로 굳게 정하고 작은 칼을 신변에 감추는데 손이 떨리고 마음이 놀라 매양 하늘만 보며 '차마 이 어찌된 세상인고' 하였다. 이미 죽고 사는 것을 따르기로 정하니 남편에 대한 망망한 안타까운 마음은 없고 '시어머니 또 어찌 세상에 사시겠는가 반드시 따라가시리라.' 대강 이리 헤아릴 뿐 다른 마음은 없었다. 다만 사사로운 정으로 친정 아버지와 언니를 생각하니 앞이 어둡고 가슴이 막히나 또한 이미 끝난 일이라 정한 마음을 바꾸지 않았다.(86-87면)

결국 조씨 부인은 부친과 언니를 생각하고 그리고 친정과 시집 친인척들을 더 이상 참담하게 만들어서는 안 된다고 생각하여 살아가는 길을 선택하였다. 그리고 본문 말미에서 "내 이미 목숨을 훔친 뒤에는 집안을 보전하여 후사를 세우고 제사를 받드는 것(立後奉祀)이 임무이니 원컨대 길이 기대할 만하고 어질고 효성스러운 양자를 얻어 제사를 맡기고 박명한 여생을 의지하고자 하노라"(124면)고 선언하면서 자신의 살아갈 의미를 찾고 있다. 즉 『ᄌᆞ긔록』은 친척의 자식을 양자로 세워 후사를 잇게 하고 선조의 제사를 모시도록 하는 입후봉사까지 하여, 유교윤리에 따라 남편 뒤를 좇아 죽음을 선택하지 않았던 자신의 선택을 타자에게 '해명'하기 위한 '기록'이기도 하였던 것이다. "자기서사는 때로 자기현시와 자기합리화의 행위이기도 하지만 때로 자기상처의 치유와 자기해명 혹은 자기복원의 행위"[28]이기도 한 것이다. 결국 『즈긔록』은 자결하여 열녀가 되는 대신에 살아가는 길을 선택하였던 여성이 살아남은 것에 대한 죄의식과 한평생 미망인으로서 살아갈 수밖에 없는 자신의 평범치 않은 운명을 곱씹으며 기록한 '일기문학'이었다.

"건널수록 깊고 넘을수록 험한" 물과 산 같은 인생, 「규한록」

양반가 여성들의 사적인 개인기록 중 『병자일기』는 남이웅(南以雄)의 부인인 남평 조씨(南平曹氏) 부인이 집필한 1636년부터 1640년에 걸친 4년간의 기록이다. 청의 침략으로 일어난 병자호란의 양상과 그 때의 피난생활이 상세하게 기록되어 있는 등 자료적인 가치는 있지만, 이 텍스트는 개인으로서의 여성의 삶과 내면의 기록이라는 측면에서는 충분하지 않았다. 한편 『즈긔록』과 「규한록」은 강한 유교윤리를 규범으로 하여 살아갈 수밖에 없었던 조선시대 후기의 양반가 여성이 자신의 기구한 운명 및 남편과 친정 식구들과 사별하면서 느낀 슬픔과 상실감, 그리고 살아나갈 것을 결의한 뒤 현재 자신이 처해 있는 괴로운 처지를 호소함으로써 자신의 선택을 타자에게 해명하려

28 박혜숙 「여성적 정체성과 자기서사—『즈긔록』과 「규한록」의 경우—」, p.253. 이에 반해 홍인숙, 「『즈긔록』에 나타난 일상적 생애 서술의 특징과 효과」(『한국고전여성문학연구』 25, 한국고전여성문학회, 2012)에는, "『즈긔록』은 남편을 잃은 뒤 그를 따라 자결하지 않고 삶을 선택한 여성의 죄의식의 기록이라기보다는 남편의 병을 키우고 결국 죽게 만든 시집의 비합리성을 드러내는 기록"(p.269)이라고 지적되어 있으며, 작자에게 있어 삶의 축은 친정이며 『즈긔록』은 자결하지 않았던 여성의 죄의식의 기록이 아니라고 한다.

는 텍스트이다.[29]

그중 「규한록」은 조선시대의 이름난 문인이자 정치가인 윤선도(尹善道, 1587-1671) 가의 8대 종부였던 광주 이씨(廣州李氏) 부인(1804-1863)이 써서 남긴 것으로, 작자 서른한 살 때인 1834년에 집필된 것이다. 이씨 부인은 열일곱 살 때 해남 윤씨(海南尹氏) 종가의 종손인 한 살 아래인 윤광호(尹光浩)와 결혼하였지만, 결혼한 지 50일 후 남편이 갑자기 세상을 뜸으로써 말 그대로 미망인(未亡人)이 되었다. 남편이 사망할 때 이씨 부인은 아직 신행(新行) 전이었기 때문에 친정에 머무르고 있었다. 실제로 혼례를 올린 뒤 부부가 동거한 것은 사흘에 불과하였다. 하지만 결혼이 가문과 가문의 결연(結緣)으로 인식되었던 조선시대의 양반가 여성은 혼약한 시점부터 시집 사람으로 간주되었기 때문에 예순 살 때 세상을 뜰 때까지 이씨 부인은 남편이 없는 해남 윤씨 종가의 종부로서 시가를 위해 한평생 몸 바치지 않으면 안 되었다.

「규한록」은 폭 36센티미터, 길이 1271센티미터의 한지 두루마리에 자그마하게 쓴 자필본이다. 전라남도 해남에 있는 해남 윤씨 종가에 비장(秘藏)되어 왔지만, 1968년 중앙문화재관리국에 의해 윤씨 종가의 문화재산을 조사하는 과정에서 발견되었다고 한다.[30]

---

29 『ᄌᆞ기록』과 「규한록」에 관해서는 李美淑, 「韓国と日本における女性日記—女性の生と自己表現—」(『東アジアの文学・言語・文化と女性』, 武蔵野書院, 2014)에서 고찰한 바 있다.

30 박요순, 「新發見 閨恨錄研究」(『국어국문학』 49 · 50, 국어국문학회, 1970) p.150. 발견된 「규한록」은 박요순 씨의 위 논문으로 학계에 처음 소개되었고, 박요순 씨에 의해 『문학사상』 1973년 3월호에 「조용히 감하시옵소서」라는 제목으로 현대어역이 발표되었다. 이 장의 「규한록」의 인용은 여기에 의한다. 괄호 안에 면수를 넣는다.

「규한록」은 이씨 부인이 결혼하고 14년간 시집에서 있었던 일 등 자신의 반평생을 회고하여, 현재 자신이 처해 있는 괴로운 처지와 자신의 선택에 관해 시어머니에게 호소하는 형식을 취하면서 '자기변호'와 '해명'을 위해 쓴 것이다. 친정 조부모 댁에 머무를 때 시어머니인 양천 허씨(陽川許氏)에게 보내는 체재를 취하고 있기 때문에 서간문형식이기는 하지만 서간문은 아니다. 서간문과 같은 고백문체인 '내간문'은 조선시대 여성들이 쓴 글에 많이 쓰이고 있다.

"물은 건널수록 깊고 산은 넘을수록 험하여 온갖 세월이 갈수록 이러하온즉"(p.392)이라고 시작되는 데서도 알 수 있듯이, 「규한록」에서 이씨 부인은 자신의 이제까지의 인생이 시련과 고통으로 점철된 것으로 인식하고 있다. 이씨 부인이 기술한 자신의 불행한 인생이란 크게 네 가지 사항으로 정리할 수 있다. 즉 남편이 세상을 뜬 뒤 자결하지 않고 살아갈 것을 결심한 일, 입양 문제를 결정하는 과정 속에서 시숙부들과 갈등이 있었던 일, 종가의 살림살이가 넉넉하지 않아서 제사를 모시는 일조차 어려워진 일, 그리고 집안의 하인들과 갈등이 빚어진 일 등이 그것이다. 이 네 가지 일이 일어나게 된 출발점은 이씨 부인이 남편의 사후 자결하지 않은 데 연유한다. 이 점에 관해 이씨 부인은 왜 자신이 죽지 못하고 살아가게 되었는지 자기 변호를 하면서 여기까지 사태가 악화된 것에 관해 해명하고 있는 것이다. '삼강오륜'과 '삼종지도'라고 하는 유교윤리에 얽매여 있던 조선시대 양반가 여성에게는 남편과 사별하였을 경우 남편 뒤를 좇아 자결하거나 재혼하지 않고 죽을 때까지 수절하거나 하는 두 가지 선택지밖에 없었다. 조선시대 후기에 접어들면 자결한 여성을 '열녀'로 칭송하여 가문의 영예로 생각하는 풍조 또한 확대되어 살아남은 여성들은 살아가는 데 대해 자책하는 마음을 지니게 되었다.

이씨 부인은 결혼 전 열일곱 살 때까지는 조부모 댁에서 무엇 하나 부족함 없이 생활하였다. 그러나 결혼한 지 50일 만에 남편과 사별하고 자신도 죽으려 하였지만, 후사도 없고 종손도 없는 데다 종부까지 죽어 버리면 가문이 끊어질지도 모른다고 판단한 시어머니와 시숙들에게 설득당하여 해남 윤씨 종가의 종부로서 살아갈 결심을 하게 되었다. 이에 대해 이씨 부인은 다음과 같이 기술하며 후회하는 마음을 내비치고 있다.

> 열 번이나 죽어야 옳고, 마땅한 자부 어찌하다가 투생(偸生)하였는지, 중로(中路)에 모시고 오던 어버이를 잊고 정신을 버리고 죽기로 악을 쓸 제, 형용하지 못하올 목석(木石)을 귀를 열어 인심을 풀어내시니 그 정력(精力) 어디다가 비하오며, 조부모와 동생이 그 경색을 차마 목도(目睹)하여 만 가지로 가유하실 때 무엇으로 낙을 삼아 살라 하시며 살리신 인생이옵나이까? 아자바님께서 목석에라도 귀와 눈이 생길 듯이 하시온 일 세상에 다시 머물러 갚기는 생의(生意)도 못하고 오히려 살리신 것이, 지난 일이나 앞을 생각하니 자지러질 듯 애닯고 도리어 자부에게 적악(積惡)인 듯, 점점 각골지원(刻骨之怨)이 한세상을 잡아 나서 불효 막대하온데 외로우신 어머님 뜻마저 받잡지 못하였나이다.(p.393)

> 박명지원(薄命之怨)으로 숨을 끊지 못하고 시삼촌 말씀을 간 · 폐에 새겨 듣사옵고, 마지못하여 살았다가 도리어 이 우환이 되오니 세상사 답답히 믿지 못할 줄을 삼십에야 알았사옵나이다.(p.397)

하지만 종가에 양자 들이는 문제로 이씨 부인은 시숙부들과 갈등을 빚게 되었다. 막대한 종가의 재산과 권한을 둘러싸고, 종가의 가정경제를 꾸리고 있던 시숙부들은 가까이 살고 있는 친척 가운데서 양자를 들이려고 한 데 대해 이씨 부인은 멀리 살고 있는 친척 아이를 양자로 들이고 싶어 직접 가서 데리고 온 것이다. 그 때문에 시숙들을 비롯한 근변의 친척들은 종가에 협조를 하지 않게 되어, 아무리 부동산은 많다 하여도 시어머니와 일곱 살 된 어린 양자와 이씨 부인만으로는 종가의 살림을 꾸리기에는 힘에 부쳐 일 년에 30여 회나 있는 제사를 모시는 일조차 힘들어질 정도였다. 결국 하인들까지도 이씨 부인을 무시하여 말을 듣지 않았고 집안의 가재도구까지 빼돌리는 지경에까지 이르렀다.

그리하여 이씨 부인은 이 문제가 복잡하게 얽혀 해결의 조짐이 보이지 않게 되자, 시집을 나와 조부모 댁에 머무르게 된다. 그리고 상황을 반전시키고자 "자신이 왜 시댁이 아닌 조부모 댁에 머무를 수밖에 없는가에 대해 해명"[31]함으로써, 종가에 분란이 일어난 모든 책임이 종부인 자신에게 있다고 생각할 시어머니에게 「규한록」을 보낸 것이다. 결혼 이래 가슴속에 축적된 괴로움으로 점철된 속마음과 주위의 비난이 불합리하다는 것을 호소하고 그것을 기록으로 남기려 한 것이다.[32]

---

31 조혜란, 「고전 여성 산문의 서술 방식—「규한록」을 중심으로—」(『이화어문논집』 17, 이화여자대학교 이화어문학회, 1999) p.299.

32 그 결과 「규한록」은 이 같은 네 사항이 반복 기술되는 "시간의 경과나 사건의 인과관계보다는 동일한 내용의 반복을 텍스트의 주된 구성 방식"으로 하는 작품이라고 한다.—김정경, 「〈閨恨錄〉의 구조적 특성과 여성 서술자의 기능 고찰」(『한국고전연구』

그런데 「규한록」은 조선시대 일반적인 양반가 여성들의 윤리의식과는 다른, 이씨 부인의 강한 자의식의 산물이라는 지적이 있다.

> 고전 여성 산문은 조선시대 여성이 당대의 여성 현실이나 자신의 여성의식에 대해 언급한다는 점에서 의의가 있다. …… 다수의 여성작가들은 남녀유별을 남녀차별로, 음양의 원리를 남존여비의 상하 개념으로 공고히 한 조선조 사회 제도에 순응하였다. …… 『규한록』은 부덕이라는 미명 하에 자신의 많은 것을 가리고 눌러야 했던 조선조 여성이 더 이상 자신을 속이지 않고 자신의 욕구에 충실한 글쓰기를 하고 있다는 점에서 새롭다. …… 그런데 그 많은 산문 작가 중 문학적으로 가치 평가받을 만한 허난설헌, 혜경궁 홍씨, 해남 윤부의 종손부였던 이씨부인 등의 글에서는 당대 여성 현실에 저항하는 강한 자아 의식이 느껴진다.[33]

그렇기는 하지만, 이씨 부인의 자의식은 단순하지 않고 복잡한 양상을 띠고 있다. 이씨 부인은 자신의 의지로 양자를 들인 데다가 시어머니에게 장문의 서간문을 보내는 등 조선시대 양반가 며느리로서는 파격적인 행동을 취하면서도 직접적으로 시집 사람들을 비난하거나 하지는 않았다. 「규한록」에서 이씨 부인은 종부로서의 자신의 권리를 드러나지 않게 강하게 주장하고 있는 셈이지만, 시집 사람들에 관해 기술할 때 원망을 겉으로 드러내지 않고 감정을 억누

12, 한국고전연구학회, 2005) p.121.

33 이혜순 외, 『한국 고전 여성작가 연구』, pp.429, 432-433.

르고 있다. 시숙들이 남편이 세상을 뜬 뒤 죽으려고 하던 자신을 말린 일을 되풀이하여 원망하는 한편, 자신에 대해서도 자책의 말을 되풀이하면서 시집의 골칫거리가 된 신세를 한탄하고 있다. 이를 통해 이씨 부인이 종부로서의 자신의 권리를 행사하기 위해 자기 주장을 강하게 하고는 있지만, 그녀는 조선시대 유교윤리에 얽매여 있던 양반가 여성으로서의 아이덴티티로부터 벗어나 있지 않은 것으로 보인다.

이처럼 일관되어 있지 않은 이씨 부인의 집필방식은 목숨을 살려 두었으면서도 종부로서의 실질적인 권한을 부여해 주지 않았던 시집 사람들에 대한 분노와 이제부터 명실상부한 종부에 합당한 대우를 받으면서 살고 싶다는 그녀의 마음속 욕구가 당대의 양반가 여성에게 내면화된 유교윤리에 의해 굴절된 결과로 보인다. 이와 같은 이씨 부인의 일관되지 않은 내면의식이 "비논리적이고 감정적이며 종작없는 문체"[34], "반복과 절제"[35]라는 서술 양상으로 표출되게 된 것이다.

『ᄌᆞ긔록』과 「규한록」은 두 작자의 공통적인 처지에 주목할 필요가 있다. 박혜숙 씨는 조씨 부인과 이씨 부인의 삶의 공통점 및 작품의 구성과 문체 등의 차이를 지적하면서 상반된 아이덴티티를 그 이유로 들고 있다.

이들은 양반가문의 외아들에게 시집가 젊은 나이에 청상이 되었다.

---

34 박혜숙, 「여성적 정체성과 자기서사—『ᄌᆞ긔록』과 「규한록」의 경우—」, p.255.
35 조혜란, 「고전 여성 산문의 서술 방식—「규한록」을 중심으로—」, p.308.

남편을 따라 자결하려 했으나 주위의 만류로 죽지 못했으며, 양반가의 며느리로서 남편도 없고 자식도 없이 여생을 살아야했다. 또한 두 사람은 자신의 경험을 글로써 기록하였다. 그들의 글쓰기는 기본적으로 '여성의 자기서사'라는 특질을 공유하고 있다. …… 두 사람은 '가문을 보전'하는 종부로서의 삶에 다시 의미를 부여함으로써 살아남았다. 시부모나 가문을 위해 헌신하는 '종부'로서의 삶은 삼종지도적 삶의 또 다른 변형으로써, 죽은 남편에게 '죽음'이 아니라 '삶'으로써 헌신하는 방식에 다름 아니다. 조씨부인과 이씨부인은 유사한 삶의 상황에 처했으면서도 여성적 정체성과 자기서사에 있어서는 상당히 다른 면모를 보여주고 있었다. …… 조씨부인의 여성적 정체성은 '삼종지도'의 틀을 조금도 벗어나지 않았고 그런만큼 안정되어 있다고 할 수 있다. …… 한편 이씨부인의 여성적 정체성은 상당히 혼란되고 분열되어 있다. 이씨부인은 남편의 죽음 후 자신의 정체성을 '종부'로서 재규정하였다. 하지만 성공적인 종부노릇은 불가능하였다. …… 이씨부인이 오랜 세월이 흐른 후 현실적으로 종가의 권력을 장악하기 전까지는 그녀의 혼란과 갈등은 계속될 수밖에 없었다.[36]

그런데 또 하나 주목할 점은 작품이 집필된 시점의 상황이 어떠하였는가라는 점이다. 『ᄌᆞ긔록』은 남편의 죽음으로부터 1년이 지난 시점에서 집필된 것으로 조씨 부인은 자신이 앞으로 어떻게 살아갈

36 박혜숙, 「여성적 정체성과 자기서사—『ᄌᆞ긔록』과 「규한록」의 경우—」, pp.243, 266-267.

것인지 결정하고 쓰는 행위를 통해 그 사실을 기록하고 있는 만큼 작품 전체의 구성과 문체도 정연하고 자신의 심경 또한 안정되어 있다. 그에 반해 「규한록」은 친척들과의 대립과 갈등이 자심할 때 쓰인 것으로 이씨 부인의 심경은 고조되어 격렬하던 때였다. 또한 「규한록」에서 이씨 부인은 종부로서의 자신의 권리를 은연중에 강하게 주장하고 있는 셈이지만, 시집 사람들에 관해 기술할 때는 원망을 겉으로 드러내지 않고 감정을 억누른 듯한 문체다. 이 점을 보아도 이씨 부인이 종부로서의 자신의 권리를 행사하기 위해 자기 주장을 강하게 하기는 하지만, 그녀 또한 『ᄌᆞ긔록』의 작자 조씨 부인과 마찬가지로 조선시대 유교윤리에 얽매인 양반가 여성으로서의 아이덴티티에서 벗어나 있지 않다고 여겨진다.

하지만 그녀들의 의식이 사회규범의 틀에서 벗어나 있지 않다 하더라도, 조씨 부인과 이씨 부인에게 『ᄌᆞ긔록』과 「규한록」의 집필은 앞으로 살아갈 자신의 인생에 대한 각오, 자신이라는 한 존재의 의미를 재규정하는 계기가 되어 쓰는 행위를 통해 살아가는 의미를 재확인하는 자기 탐구의 행위였다는 사실은 부정할 수 없다고 생각한다.

그렇다면, 「규한록」을 쓴다는 것은 이씨 부인에게 어떠한 의미를 지니며 어떠한 변화를 초래하였던 것일까. 즉 그 목적과 효용은 무엇이었던가.

「규한록」은 이씨 부인이 시어머니에게 보냈던 것인데, 거기에 담긴 이씨 부인의 생각은 시어머니 단 한 사람을 향해 토로된 것은 아니었다고 생각된다. 그 속에 표출된 이씨 부인의 생각과 바람과 그리고 자기 변호는 우선 자기 자신을 향하여 의미를 지니며, 그 뒤 타자에 대해 호소하였다고 할 수 있다. 「규한록」은 이씨 부인의 반평생을 집필한 것으로서 '자서전'의 성격을 지니고 있다고 생각된다. "자서전은 과거를 단순하게 재현하는 것이 아니라 현재적 관점에서 과거를 재해석하는 것이며, 자서전이 그리는 것은 과거의 자아가 아니라 현재적 자아이기 때문"[37]에 이씨 부인은 쓰는 행위를 통해 현재 자신이 처해 있는 처지를 응시하고 과거로부터 축적된 내면의 울적함을 풀어냄으로써 정신적인 해방을 맛보고 있다. 그와 동시에 이제까지의 반평생을 정리하면서 다음 단계의 새로운 삶을 모색하게 되었다고 생각된다. 비록 이씨 부인의 의식이 사회규범의 틀에서 벗어나지 못하고 틀에 박힌 것이라 할지라도, 그녀에게 있어 「규한록」을 집필한 행위는 지금부터 펼쳐질 자신의 인생에 대해 각오를 새롭게 하고 자신이라는 일개 존재의 의미를 재규정하는 계기가 되어 살아가는 것의 의미를 재확인하는 자기 탐구의 행위였다는 사실을 부정할 수 없다. 「규한록」의 자필 원고에는 퇴고한 부분이 예순한 군데나 된다고 한다.[38] 이는 「규한록」이 붓이 가는 대로 무료할 때 그냥 쓴 것이 아니라 많은 사람들을 의식하여 집필하여 둔 '기록'으로서의 의미를 지녔다는 것을 나타낸다.

「규한록」을 씀으로써 이씨 부인이 획득하고 싶었던 것, 즉 명실상부한 종부로서의 권한을 지니고 해남 윤씨 종가를 이끌고 가고 싶다는 실질적인 바람은 성취되었다고 생각한다. 이는 「규한록」이 윤씨

37 박영, 「텍스트 속의 삶: 서구 자서전문학 이론 연구」(『영어영문학』 42-2, 한국영어영문학회, 1996) p.433.

38 박요순, 「新發見 閨恨錄研究」, p.163.

종가에 비장되어 온 사실 및 그 뒤 침체 상태였던 해남 윤씨 종가가 다시 일어서고 그 부흥의 주체로서 오늘날에 이르기까지 이씨 부인이 기억되고 있다는 사실을 통해 확인할 수 있다. 즉 이씨 부인은 쓰는 행위로써 적극적으로 '자기 변호'를 함으로써 시집에서 자신의 위치를 안정화시키고 싶다는 실질적인 목적을 달성하였으며, 이씨 부인의 쓰는 행위는 '효용'성을 지니고 있었다고 할 수 있다. 이씨 부인의 쓰는 행위는, "자신의 설움과 고통을 스스로 풀어내는 생존의 서술"[39]이기도 하였으며, 따라서 「규한록」은 쓰는 행위의 효용성을 입증한 텍스트였던 것이다.

한국과 일본의 일기문학

한글과 가나 문자라는 민족어문자로 집필된 한국과 일본의 여성일기는 당연히 사회문화와 제도의 차이에 따라 그 내실은 다르다. 결혼제도와 유교윤리의 유무로 인해 작품에 형상화된 여성의 불행의식과 삶의 방식은 크게 다르다. 하지만 이들 일기문학은 여성의 쓰는 행위라는 측면에서 보았을 때 몇 가지 공통점 또한 지적할 수 있다.

그 하나로 지적할 수 있는 것은 자신의 인생을 풀어쓰는 데 대한 작자들의 확고한 집필의식이다. 미치쓰나의 어머니의 『가게로 일기』, 조씨 부인의 『ᄌᆞ긔록』, 이씨 부인의 「규한록」 모두 타자를 의식하면서 집필함으로써 자신의 인생의 의미를 주장하고 그것을 '기록'

39 박혜숙, 「여성적 정체성과 자기서사—『ᄌᆞ긔록』과 「규한록」의 경우—」, p.265.

으로 남기는 것을 목적으로 한 것이다. 그리고 그녀들은 자신의 결혼생활을 불행한 것으로 간주하여 그것을 끊임없이 호소함으로써 타인의 공감을 바라고 있다. 이것은 그녀들이 공동체에서 살아갈 수밖에 없는 존재로서 당연한 것이었다. 즉 그녀들의 일기는 타인과 소통하기 위한 집필행위였다고 생각된다. 나아가 이와 같이 자신의 인생을 풀어씀으로써 그녀들은 자기 탐구를 하고 있는 것이며, 그 결과 살아가는 것의 의미를 재확인하였다고 생각한다.

이와 같은 공통점과 함께 양국의 사회문화의 차이에 따른 상이점 또한 지적할 수 있다.

먼저, 결혼제도의 차이에 따라 불행의식의 내실이 다르다는 점을 지적할 수 있다. 그녀들은 자신의 결혼생활에 관해 주로 기술하고 있는데, 미치쓰나의 어머니의 고뇌는 실질적인 일부다처제 속에서의 '기다리는 여자'로서의 괴로움이었다. 그에 반해 조선시대 후기는 일부일처제 혼인제도가 정착되어 있었던 만큼 양반가 여성의 부인으로서의 지위는 첩이 있다 하더라도 강고한 것이었다. 게다가 조씨 부인과 이씨 부인은 종부였기 때문에 그녀들의 고뇌는 '기다리는 여자'와 같은 어중간한 것이 아니었다. 그녀들은 남편의 죽음으로부터 초래된 살아가는 데 대한 죄의식에 시달리고 미망인으로서 앞으로 자신이 어떻게 살아가야만 하는가라는 문제로 괴로움을 겪고 있었다. 남편이 세상을 뜬 뒤 살아남은 데 대한 죄의식을 종부라는 자신의 역할을 완수함으로써 없애 버리려고 하였지만, 그것이 마음먹은 대로 이루어지지 않아 자신이 앞으로 어떻게 살아가야 하는지를 고민하였던 것이다. 여성의 쓰는 행위가 사회로부터 일정 정도 권장되고 인정받았던 일본 헤이안 시대와는 달리, 조선시대의 여성이 쓰는 행위를 통해 자신의 삶을 기술한다는 것은 그 삶이라는 것이 더 이상 가슴속에 억눌러 둘 수 없을 만큼 기구한 것이었다는 것을 의미한다. 항상 '삼종지도'의 틀을 이탈할 수 없어 유교윤리에 강하게 얽매여 있는 양반가 여성, 특히 이씨 부인이 다른 사람도 아닌 시어머니에게 자신의 심경을 적나라하게 적어 보낸 행위[40]는 가문 안에서 종부로서의 자신의 입장과 위치를 확립시키려 한 최후의 수단이었던 것이다.

그리고 유교윤리의 유무에 따라 여성의 삶이 어떻게 차이 나는지도 지적할 수 있다. 유교윤리가 여성, 특히 양반가 여성의 삶의 방식을 강하게 지배한 조선시대 후기였던 만큼 조씨 부인과 이씨 부인의 삶의 방식은 늘 '삼종지도'의 틀을 벗어날 수 없었다. 그처럼 내면화된 유교윤리는 『ᄌᆞ긔록』과 「규한록」의 표현과 서술에까지 영향을 미쳤다고 할 수 있다. 그에 반해 『가게로 일기』에는 가네이에와 그의 가족에 대한 미치쓰나의 어머니의 심경이 굴절되는 일 없이 기술되어 있으며, 그 심경 변화를 통해 미치쓰나의 어머니가 자기를 어떻게 인식하고 있는지 그 내실을 확인할 수 있었다.

이처럼 한국과 일본에서 '가정부인'이 집필한 일기문학, 한국의 『ᄌᆞ긔록』과 「규한록」, 그리고 일본의 『가게로 일기』는 전근대 한국과 일본 여성의 삶의 방식과 자신의 삶에 대한 인식과 더불어, 여성들이

---

40 李景河, 「閨訓書から見た朝鮮時代の既婚女性の倫理」(『東アジアの結婚と女性—文学・歴史・宗教』, アジア遊学 157, 勉誠出版, 2012) p.188에는 "시부모에 대한 절대적인 순종과 봉양 의무는 조선시대 후기에 들어와서는 더욱 강조"되었다고 지적되어 있다. 이씨 부인의 행위는 보통 이상의 용기가 필요한 선택이었다는 것을 알 수 있다.

자신의 삶을 기술하게 된 계기와 집필자인 여성의 독자적인 '자기표현'의 방식을 확인할 수 있는 텍스트로서 의미를 지니고 있다고 생각된다.

16. 번역과 일본문학의 재탄생

—『가게로 일기』의 한국어역—

이문화권에서 새롭게 읽히는 일본 고전문학

『가게로 일기』(蜻蛉日記) 상권에는 작자인 미치쓰나의 어머니(道綱母)가 후지와라 가네이에(藤原兼家)와 사흘 연속으로 함께 밤을 지내고 정식으로 결혼이 성립된 날 아침, "이슬과 같이 덧없이 사라져갈 당신 마음을 부질없게도 믿는 나는 뭐란 말인가"(상권 · 58)라는 와카(和歌)를 읊는 대목이 있다. 이 와카는 남성이 여성의 집을 방문하는 '방처혼'(訪妻婚)이라는 혼인제도 하에서 여성의 집을 아침 일찍 나설 수밖에 없는 남성의 애절하고도 괴로운 심정을 이슬처럼 내 몸이 사라져 갈 만큼 아픈 마음이라고 과장해 읊고 있는 가네이에의 와카에 대한 답가다. 미치쓰나의 어머니가 당신을 부질없이 믿고 있는 나는 뭐란 말인가라고 정색하며 응수할 때 쓰인 "나는 뭐란 말인가"(われはなになり)[1]는, 『가게로 일기』가 번역의 과정을 거쳐 헤이안 시대 일

1 이 표현의 의미에 관해서는 이 책 5장 참조.

본이라는 특정한 시공간에서 생을 영위한 한 여성이 자신의 결혼생활을 한탄스럽게 토로한 문학이라는 틀을 벗어나 이문화권에서 새롭게 읽힐 수 있다는 가능성을 드러내 준 표현이라고 생각한다.

"나는 뭐란 말인가"라는 표현에서 '나'(われ)에 대한 탐구는 인간 존재성의 본질에 대한 탐구가 아니라 남편과의 관계에서 배태된 자기 자신의 위치, 자신에 대한 남편의 애정 정도에 대한 물음이다. 하지만 그 표현 속에는 미치쓰나의 어머니라는 천 년 전에 교토(京都)에서 살았던 한 여성의 자의식이 생생하고도 선명하게 드러나 있다. 즉 시공간을 달리하는 독자에게 성별 권력관계의 내실을 풀어낸 보편적인 여성문학, 남편이라는 타자와의 관계 속에서 자기 자신의 현재 위치를 끊임없이 묻고 있는 한 여성의 보편적인 자기서사(自己敍事)로 읽어 낼 수 있는 가능성을 제시하고 있다.

미치쓰나의 어머니가 『가게로 일기』에서 쓰려고 한 것은 상권 서문과 말미 부분에 기술되어 있듯이 스스로의 "보통 사람과는 다른 내 살아온 평범치 않은 삶"(人にもあらぬ身の上, 상권 · 48), "생각대로 되지 않는 이내 신세"(思ふやうにもあらぬ身, 상권 · 165), 즉 남편인 가네이에와 함께한 결혼생활의 전말이다. 가네이에와 함께한 불안정한 결혼생활과 거기에서 초래된 자기 자신의 고뇌를 '일기'라는 양식으로 집필하여, "천하에 더할 나위 없이 신분이 높은 사람들의 결혼생활은 어떠한가라고 묻는 사람이 있다면, 그에 대한 대답의 한 예"(상권 · 48)로 삼으려 한 미치쓰나의 어머니의 의식 또한 "나는 뭐란 말인가"라는 표현에 담긴 자의식과 같은 선상에 있다고 할 수 있다.

작자의 손을 떠난 텍스트가 작자의 본래 집필의도 등에 얽매이지 않고 독자에게 자유롭게 읽히는 것과 마찬가지로, 한 텍스트가 번역이라는 과정을 거칠 때 그 텍스트는 번역된 언어 쪽의 독자에 의해 자신이 속한 문화로 재조명되어 새롭게 해석되는 것은 당연한 일이다. 10세기 후반 미치쓰나의 어머니라는 한 여성이 집필한 『가게로 일기』 또한 당시와 현재의 일본이라는 시공간을 넘어 이문화권의 독자에게 새로운 텍스트로서 자리매김되어, '자신의 신세를 한탄하는 문학 텍스트'에서 '여성의 자의식이 응축된 여성문학 텍스트'로 새롭게 받아들여지고 있다고 생각한다.

이 장에서는 이미숙 역주 『가게로 일기: 아지랑이 같은 내 인생』의 한국어역을 중심으로 일본 고전문학 텍스트가 어떠한 번역 과정을 거쳐 같은 동아시아 한자문화권이면서도 이문화권인 한국의 텍스트로 재탄생되고, 그럼으로써 어떻게 일본문학이 새롭게 자리매김되고 있는지에 관해 고찰하고자 한다. 번역이란 '다른 언어에 의해 쓰인 텍스트 간 등가(equivalence) 찾기'라고 규정되는 만큼 그 등가 찾기는 다른 언어 간의 일대일 대응이나 치환에 머무르지 않고 문화 차원에까지 미친다고 생각한다. 특히 고전문학 텍스트의 번역은 주어, 표현의 생략 등에 의한 문장의 난해함과 그 시대성에 바탕을 둔 정치 · 사회 · 문화적인 요소 등이 텍스트를 이해하는 데 크게 영향을 미치는 만큼 본문만의 축어역(逐語譯)으로는 충분히 번역되었다고 할 수 없다. 즉 고전 텍스트의 번역서란 본문 번역만이 아니라 해설이나 주, 부록 등까지도 포함할 때 비로소 하나의 세계로서 성립하며, 작품 전체의 기조(基調)를 파악하는 것 또한 번역에 큰 영향을 미치고 있다고도 할 수 있다.

『가게로 일기』를 한국어로 옮기면서 직면한 여러 문제와 번역자 자신의 작품 전체의 기조 파악과 작품 읽기가 『가게로 일기』의 한국어역에 어떻게 영향을 미치고 있는지를 고찰해 봄으로써, 일본문학이라는 틀을 넘어 새로운 '문명텍스트'로서 재탄생하게 된 『가게로 일기』의 한국어역이 지닌 의의 등에 관해 생각해 보도록 한다.

『가게로 일기』의 한국어역

1961년 한국외국어대학교에 해방 이후 처음으로 일본어과가 설립된 이래 반세기가 지난 지금, 거의 대부분의 대학에 일본관계 전공이 개설되어 있다. 그런 만큼 한국에서 일본문학 연구자 층은 근현대와 고전을 가리지 않고 매우 두텁다고 생각한다. 게다가 1990년대 일본문화가 전면적으로 개방됨에 따라 일본문화 전반에 대한 폭넓은 관심 등도 더하여 최근 한국에서 일본 고전문학 텍스트 번역은 일일이 거론할 수 없을 정도로 많은 작품이 요 몇 년간 활발히 번역 · 간행되고 있다. 몇몇 작품은 번역자를 달리하여 번역되어 있을 정도이며, 『가게로 일기』 또한 그러한 작품이다.

한국에서 『가게로 일기』의 첫 번역은 2009년 8월 정순분 씨의 역주로 지만지에서 간행된 『청령일기』이며, 2011년 5월 이미숙 역주의 두 번째 한국어역이 한길사에서 『가게로 일기: 아지랑이 같은 내 인생』이라는 서명으로 간행되었다. 두 책 다 『가게로 일기』의 주석 중 가장 새로운 기무라 마사노리(木村正中) · 이무타 쓰네히사(伊牟田經久) 씨 교주 · 역(校注 · 譯)인 신편일본고전문학전집 판을 저본[2]

2 菊地靖彦 · 木村正中 · 伊牟田経久 校注 · 訳, 『土佐日記 蜻蛉日記』(新編日本古典文学全集 13, 小学館, 1995). 이 장에서 원문 인용은 이 책에 의하며, 괄호 안에 권수와 쪽수를 명시하도록 한다.

으로 삼고 있다. 그런데 같은 텍스트의 번역이라고는 하지만, 서명인 '가게로'(蜻蛉)의 의미를 정순분 역에서는 '하루살이'(蜉蝣)라고 번역하는 데 반해 이미숙 역에서는 '아지랑이'(陽炎)라고 번역하는 데서도 알 수 있듯이 두 책은 번역자 나름의 텍스트 이해의 차이에 따라 다른 점 또한 꽤 있다.

서울대학교 인문학연구원 HK문명연구사업단의 〈문명텍스트〉 총서에 수록되어 있는 이미숙 역주의 『가게로 일기: 아지랑이 같은 내 인생』은 다음과 같은 목표와 방침에 맞추어 번역되었다.

먼저, 원문에 충실하면서도 와카 등 일본 고전문학 본래의 맛이 독자에게 자연스럽게 전달될 수 있는 읽기 쉬운 번역, 정치한 주석을 통해 그 시대성과 문화, 작품의 내실이 독자하게 어려움 없이 이해될 수 있는 번역을 목표로 하였다. 그리하여 학부생 이상의 일본문학 전공의 학생과 연구자, 그리고 여성문학에 관심이 있는 타문화권 문학 전공 대학원생 이상의 연구자들에게 읽힘으로써 한국 내 일본 고전문학의 저변을 넓힘과 동시에 여성문학이라는 관점에서 타문화권 문학과의 교섭 또한 목표로 하였다.

두 번째로, 본문 번역은 기무라 마사노리 · 이무타 쓰네히사 교주 · 역 『도사 일기 가게로 일기』(신편일본고전문학전집 13, 小學館, 1995)를 텍스트로 삼고 제 주석을 참고하여 보완하였다.

세 번째로, 목차는 해제, 본문 번역(상권, 중권, 하권, 권말 가집), 부록(연표, 등장인물 소개, 주요 인물의 가계도, 헤이안 경 주변 지도, 참고문헌), 옮긴이의 말, 찾아보기 순으로 구성하였다.

네 번째로, 본문 구성은 텍스트의 구성을 그대로 따르지 않고 크게 상권, 중권, 하권, 권말 가집으로 대분류하고, 그것을 연도별로 중분류하여 제목을 붙이고 필요한 경우 내용별로 세분류하여 소제목을 붙였다. 상권의 서문, 상권 · 중권 · 하권의 말미는 독립적으로 분류하였다. 장별로 간단한 해설을 말미에 붙였다. 연도별 제목 및 소제목은 텍스트를 참조하여 역주자가 붙였다.

다섯 번째로, 주해는 용어의 해설, 전후 문맥의 설명, 미치쓰나의 어머니의 심리 등 작품 해석과 관련 있는 내용뿐만 아니라 문명텍스트로서 10세기 일본문화를 이해하는 데 필요한 사회제도 및 생활문화와 관련 있는 사항 또한 상세하게 기술하였다. 역주자의 본문 해석 및 작품에 대한 이해도 반영하였다.

본문 번역의 여러 문제들

『가게로 일기』를 번역하면서, 가능한 한 원문의 문체와 문장 구성을 그대로 살리려 하였지만, 주어와 표현이 생략된 곳이 많은 데다 시제가 일치하지 않는 고전 텍스트인 만큼 주어와 술어, 기타 표현을 보충하거나 단락과 문장을 붙이거나 나누어 의미가 전달되기 쉽도록 하거나, 어순과 시제를 약간 바꾸기도 하였다.

(1) 주어와 술어 보충

『가게로 일기』 상권에는 미치쓰나를 출산한 직후 마치노코지(町の小路) 여자가 등장하여 미치쓰나의 어머니가 가슴앓이를 시작하는 955년 9월의 기술이 있다.

그런데 구월쯤 되어 〔그 사람이〕 집을 나선 다음에 편지를 넣어두는 상자가 있기에 아무 생각 없이 손으로 더듬어 열어보았더니, 다른 여자에게 보내려고 써둔 편지가 들어 있다. 너무 기가 막혀 봤다는 사실만이라도 알려주려는 마음에, 이렇게 적어두었다.

> 믿을 수 없네 다른 곳 보내려는 편지 봤기에
> 앞으로 이곳에는 발길 끊으시려나

이런저런 생각에 심란해하고 있는데, 아니나 다를까 사흘 밤 잇따라 모습을 보이지 않을 때가 있었다. 〔그 사람은〕 짐짓 모르는 체하며, "잠시 당신 마음을 떠보느라"라며 의미심장한 말을 한다.(상권 · 68-69)[3]

위의 인용 가운데 "집을 나선 다음에", "짐짓 모르는 체하며"의 주체는 가네이에이지만 본문에 주어는 생략되어 있다. 『가게로 일기』에서 가네이에는 '사람'(人)으로 지칭되는 경우도 있지만, 대부분의 경우 주어는 생략된 형태다. 그 이유는 『가게로 일기』라는 작품이 가네이에와의 결혼생활을 기록한 작품이기 때문에 일일이 주어를 표기하지 않아도 의미가 통하기 때문이다. 하지만 한국어역에서는 주어

---

3 さて、九月ばかりになりて、〔あの人は〕出でにたるほどに、箱のあるを手まさぐりに開けて見れば、人のもとに遣らむとしける文あり。あさましさに、見てけりとだに知られむと思ひて、書きつく。

うたがはしほかに渡せるふみ見ればここやとだえにならむとすらむ

など思ふほどに、むべなう、十月つごもりがたに、三夜しきりて見えぬ時あり。〔あの人は〕つれなうて、「しばしこころみるほどに」など、気色あり。(上巻 · 99-100)

없이는 의미가 명확히 전달되지 않기 때문에 '그 사람'이라는 주어를 보충하였다. '그 사람'은 작품 내에서 가네이에를 가리킬 때만 사용하였다.

또한, 한국어역에서 무엇보다 번역하기 어려웠던 대목은 다음 인용에서도 확인할 수 있듯이, 와카와 지문(地文)이 연결되는 단락에서 술어가 생략되는 경우다.

> "어찌해야 하나. 답장을 꼭 보내야 하는 건지" 등등 의견이 분분한데, 예스러운 사람이 있어 "당연히 보내야지"라며 송구스러워하며 시녀에게 답장을 대필하게 하여, 〔이와 같이 와카를 보냈다.〕
>
> 이야기 나눌 사람 없는 마을의 우는 두견새
> 아무런 소용없는 울음은 이제 그만
>
> 이를 기화로 자꾸자꾸 편지를 보내왔지만, 답장도 보내지 않고 있자 하니, 또다시 〔다음과 같은 와카를 보내왔다.〕
>
> 지치는구려 소리 없이 흐르는 폭포수인가
> 어디 있는지 모를 여울 찾는 듯하네
>
> 이에, "바로 이쪽에서 답하지요"라고 말을 했건만, 제정신이 아니었는지 이런 와카를 또 보내왔다.(상권 · 53-54)[4]

---

4 「いかに。返りごとはすべくやある」など、さだむるほどに、古代なる人ありて、「なほ」とかしこまりて書かすれば、〔このように歌を送った。〕

『가게로 일기』 본래 문체를 존중하는 원문 중시의 입장에서 "시녀에게 답장을 대필하게 하여", "또다시"라는 표현 뒤에 술어를 보충하지 않고 바로 와카 번역을 붙여 보았지만, 한국어로서는 부자연스럽고 읽어 내기 어려운 문장이 되기 때문에 최종적으로 이 같은 단락에는 〔 〕 안과 같은 술어를 보충하였다.

(2) '지금'을 나타내는 시간표현과 현재형의 시제

『가게로 일기』의 한국어역에서 다음으로 문제가 된 것은 회상의 문학이라는 것을 선언하고 있음에도 불구하고 다용되고 있는 '지금'(今)을 나타내는 표현과 현재시제의 술어를 어떻게 번역하는가 하는 문제다.

『가게로 일기』라는 작품은 작중화자 미치쓰나의 어머니에 의해 자기 자신의 "지나간 세월 동안의 일들"(상권 · 48)인 "보통 사람과는 다른 내 살아온 평범치 않은 삶"(상권 · 48)을 '일기'로서 집필한 것, 즉 '회상의 문학'이다. 이 점은 "이렇게 내 반평생의 세월은 흘러가고, 세상에 참으로 의지할 데 없이 이도 저도 아닌 상태로 세월을 보내고 있는 사람이 있었다"(상권 · 47)라는 과거형으로 시작되는 서문에서 명확하게 확인할 수 있다. 이 서문의 집필시점이 언제이든 『가

語らはむ人なき里にほととぎすかひなかるべき声なふるしそ

これをはじめにて、またまたもおこすれど、返りごともせざりければ、また、〔次のような歌を送ってきた。〕

おぼつかな音なき滝の水なれやゆくへも知らぬ瀬をぞたづぬる

これを、「いまこれより」と言ひたれば、痴れたるやうなりや、かくぞある。(上巻 · 90-91)

게로 일기』는 작중화자 미치쓰나의 어머니가 회상하여 집필한다는 사실을 전제로 하여 쓰인 것으로 선언되고 있다. 이는 '이었다'(けり), '이었다'(き), '이었다'(ぬ), '옛날'(昔), '옛날'(いにしへ) 등의 '옛날'(昔)을 나타내는 표현을 씀으로써 그 의도는 어느 정도 달성되었다고 할 수 있다. 그런데 '회상의 문학'이라고 선언되어 있음에도 불구하고 그 시제는 반드시 과거형으로 통일되어 있지 않으며, '지금'(今)을 나타내는 시간표현[5]과 현재형의 시제가 텍스트 곳곳에 기술되어 있다. 이미 지나간 자신의 결혼생활을 회상하여 쓰겠다며 선언한 전제와는 반대로 전권에 걸쳐 '지금'의 시점에 서 있는 표현을 사용한 근저에는, 지금 현재의 '기록'을 '일기' 본연의 모습으로 내면화한 작자의 '일기'의식과 그 의식의 표출이기도 한 '표현'에 대한 천착이 내재해 있다고 생각한다.

이에 한국어역에서는 이와 같은 '지금'을 나타내는 시간표현과 현재형 시제를 『가게로 일기』 고유의 문체, '일기'로서의 『가게로 일기』라는 텍스트의 성격을 가장 잘 부각시키는 요소로 파악하여 원칙

5 『가게로 일기』에 사용된 '지금'(今)을 나타내는 시간표현은, 'いま' 102회, '今日' 67회, '今年' 6회, 'このごろ' 27회 등이 있다. 그중 문학적인 시간을 나타내는 와카에 쓰인 용례, 발화시점의 시간을 나타내는 회화문의 용례, 'いまはとて, いまより, いままで, いまや, 昨日今日, 今日や今日や' 등의 관용적인 의미로 사용되고 있는 용례, 'さらに, 今にも, ちょうど, もう' 등 파생적인 의미를 나타내는 데 사용되고 있는 'いま'의 용례 등을 제외하고, 명백하게 현재시점을 나타내는 시간표현으로서 지문에 쓰이고 있는 용례를 정리해 보면, 'いま' 23회, '今日' 30회, '今年' 4회, 'このごろ' 22회다. 또한 명백한 회상기인 상권에 사용된 '지금'을 나타내는 시간표현이 친정어머니의 죽음과 마치노코지 여자와 연관된 기술에 집중적으로 쓰이고 있는 점을 보았을 때, '비망록'과 같은 원 자료가 집필에 사용되었음을 추정할 수 있다. 이 문제에 관해서는 이 책 10장 참조.

적으로 본문의 시제를 살렸다. 단, 원문에 입각하여 한국어로 번역하였을 때 부자연스러운 문장이 되어 버리는 곳만을 선별하여 시제를 약간 바꾼 부분은 있다.

예를 들어, 마치노코지 여자가 가네이에의 애정을 잃어버린 사실을 기술하는 다음 인용문에서, '만족한 상태다'(あきたる), '듣다'(聞く), '흉내 내고 다니다'(まねびありく)라는 술어는 '지금'을 나타내는 시간표현에 어울리는 시제를 취하고 있어 현재형 그대로 한국어로 옮겨도 자연스럽게 연결되기 때문에 원문 그대로 번역하였다. 그러나 '생각하다'(思ふ)와 '있다, ~의 상태다'(ある)라는 표현은 뒤 문장과 연결시키면서 시제를 변화시켰다. 그 밖에 주어를 보충하거나 접속사를 이동하거나 마침표를 생략하거나 함으로써 전체 문장이 자연스럽게 연결되도록 하였다.

> 내가 고통스러워했던 것보다는 조금 더 한탄스러워할 것이라고 생각하니, 지금은 속이 다 시원하다. 〔하지만 그 사람은〕 지금은 본래 드나들던 댁에 발길을 끊었을 때 쌓였던 먼지를 털어내고 자주 출입한다는 소문이다. 내 집에는 평소와 별반 다름없이 가끔 찾아오기에 걸핏하면 마음이 불편한 〔일들이 많았다. 그러던〕 중 집의 아이가 떠듬떠듬 한두 마디 말을 할 만큼 자랐는데, 〔그 사람이〕 집을 나설 때마다 반드시 남기고 가는 "곧 들르겠소"라는 말을 듣고는 그대로 외워서 늘 흉내를 내고는 한다.(상권 · 90-91)[6]

6　わが思ふにはいますこしうちまさりて嘆くらむと思ふに、いまぞ胸はあきたる。〔しかし、あの人は〕いまぞ例のところにうち払ひてなど聞く。されど、ここには例の

⑶ 고유명사와 기타 표현의 표기

인명 · 지명 등의 고유명사 표기는 한국어로 옮길 때 원칙적으로 일본어 발음을 따르는 것을 원칙으로 하여 국립국어원 외래어표기법에 따랐다. 예를 들어, 'はつせ'(初瀨)는 '하쓰세'로 하였고, 격음은 어두(語頭)에 오지 않기 때문에 청음은 표기하지 않고 'かねただ'(兼忠)는 '가네타다'와 같이 표기하였다. 단, '兵衛佐'는 '병위 좌', '貞觀殿'은 '정관전'과 같이 제도나 관직, 궁중의 전각명, 한문서적의 서명 등은 한국어 한자음 그대로 표기하였다. 본문에 나오는 일본어 한자표기는 원칙적으로 처음 나올 때에 한정하여 병기하였으며, 본문과 각주에서 인명을 표기할 때 'おおのよしもち'(多好茂)는 '오 요시모치'와 같이 장음을 표기하지 않고 성과 이름 사이의 '노'(の)는 생략하였다.

⑷ 와카 번역

『가게로 일기』에는 권말 가집을 제외하고도 261수의 와카가 수록되어 있다. 그중 123수가 미치쓰나의 어머니가 읊은 와카이다. 미치쓰나의 어머니는 와카를 읊을 때, 선행 와카에서 형성된 가어(歌語)의 '고유한 이미지'를 자신의 와카에 인용하면서 때로는 그것을 변용하여 자신의 처지와 심경을 나타내는 '독자적인 이미지'를 형성하고 있다. 『고킨와카슈』(古今和歌集), 『고센와카슈』(後撰和歌集), 『고킨와카로

ほどにぞ通ふめれば、ともすれば心づきなうのみ思ふ〔ことが多かった。そうしている〕ほどに、ここなる人、片言などするほどになりてぞある。〔が、あの人が〕出づとては、かならず「いま来むよ」と言ふも、聞きもたりて、まねびありく。(上巻 · 114-115)

쿠조』(古今和歌六帖) 등을 전거(典據)로 하는 『가게로 일기』의 와카에는 선행 와카의 가어가 다수 포함되어 있으며, 미치쓰나의 어머니가 일상생활이나 참배여행(物詣で) 등에서 접한 자연경물을 와카 속에 끌어들여 자신의 심상(心象)을 표현하고 있는 것이다. 미치쓰나의 어머니는 『가게로 일기』에 선행하는 와카에서 형성되어 온 가어의 비유적인 이미지를 이어받은 데 그치지 않고, 가네이에와 결혼생활을 영위하면서 초래된 남편과의 관계, 즉 자신이 처한 상황 및 '신세 · 처지'(身の上)에 대한 인식을 그 같은 가어에 의탁하여 와카로 형상화하려고 하였다. 읊은 이(詠者)의 본심 그대로를 표출한다고는 볼 수 없다는 와카의 한계는 있지만, 『가게로 일기』 내 와카의 기능을 고려할 때 와카에 표현된 미치쓰나의 어머니의 자기인식에 대한 이해는 작품 전체에 대한 이해로 이어진다고 생각된다. 즉 『가게로 일기』에서 와카는 작품 근간과 맞닿아 있는 것이다.

그런데 와카는 표음문자인 가나(仮名) 문자로 31글자라는 틀 속에서 읊어지는 데다 동음이의어를 활용하여 다의적인 의미를 드러내는 '가케코토바'(掛詞)가 주된 수사법으로 쓰이는 만큼 와카를 한국어로 완벽하게 번역하는 것은 불가능하다. 이에, 『가게로 일기』 한국어역에서는 와카의 번역은 기본적으로 그 본뜻을 나타내는 데 중점을 두어 번역하고, 의미상으로 연결되는 표현을 사용하는 '엔고'(縁語)나 '가케코토바', 그리고 앞서 나온 와카를 지문 속에 인용한 '히키우타'(引歌)의 본가(本歌)는 각주에서 설명하였다. 또한 와카 본래의 음수율을 살리기 위해 한글로 번역할 때도 31글자에 맞추고, 5 · 7 · 5의 윗구와 7 · 7의 아랫구를 명확히 구별하기 위해 2열로 배치하였다. 해당 와카 위에는 읊은 이의 이름을 표기하여 이해를 도왔다.

다음 인용문은 마치노코지 여자 때문에 가네이에의 발길이 뜸해지면서, 미치쓰나의 어머니가 장마철에 비가 내리는 풍경을 바라보며 홀로 와카를 읊고 있는 대목이다.

유월이 되었다. 새 달에 접어들어서도 오랫동안 비가 심하게 내린다. 밖을 내다보다가 혼잣말로 중얼거렸다.

수심에 잠겨 내리는 비 멍하니 바라보는 새
나뭇가지 아랫잎 어느샌가 시들고

이렇게 읊거나 하는 새 칠월이 되었다.(상권 · 77)[7]

위의 인용문에 있는 "수심에 잠겨 내리는 비 멍하니 바라보는 새 나뭇가지 아랫잎 어느샌가 시들고"는 미치쓰나의 어머니가 앞뜰의 경치를 바라다보며 어느새인가 변해 버린 가네이에와의 관계를 탄식하고 있는 와카이다. 한국어역에서는 이 와카의 본뜻을 31글자의 한글로 표현하기 위해 '내 집'(わが宿)은 번역하지 않고 '下葉色ふかく'는 '아랫잎이 시들어 버렸다'로 번역함으로써 와카의 본뜻을 표현하는 데 중점을 두었다. 또 각주에서는 "'나뭇가지 아랫잎'은 미치쓰나의 어머니의 비유다. 오랫동안 내리는 비를 의미하는 일본어 '나

7 六月になりぬ。ついたちかけて長雨いたうす。見出だして、ひとりごとに、
わが宿のなげきの下葉色ふかくうつろひにけりながめふるまに
などいふほどに、七月になりぬ。(上巻 · 104)

가메'(長雨)는 수심에 잠겨 밖을 바라본다는 '나가메'(眺め)와 동음이의어다. "꽃잎 색깔은 이리도 허무하게 변해 가누나 이 세상 살아가며 탄식하던 동안에"(花の色はうつりにけりないたづらにわが身世にふるながめせしまに, 『古今和歌集』· 春下 · 小野小町)를 본가로 하는 이 와카는, 남편과의 관계 속에서 시름에 잠겨 있는 동안 미모가 퇴색돼 여성으로서 매력을 잃어버리게 됐다는 한탄이 중심 내용이다"라고 해설함으로써, '가케코토바'의 설명과 본가의 번역을 함께 소개하였다.

역주자의 작품 해석과 번역

이미숙 역주 『가게로 일기: 아지랑이 같은 내 인생』에는 역주자 나름의 작품 해석도 반영되어 있다. 그 일례로서 들 수 있는 것은 후지와라 가네이에와 결혼하고 나서 10여 년이 지난 964년 여름 미치쓰나의 어머니가 불안정한 자신의 신세를 토로하고 있는 다음 인용이다.

> 이렇듯 이렇다 할 일도 없으니, 그 사람의 마음도 한결같이 느껴졌다. 달밤에 달빛을 받으며 두 사람이 이야기를 나누면 불길하다고 하지만, 서로 감추는 것 없이 마음속 깊은 이야기들을 나누었던 옛일을 생각하니 마음이 우울해져, 이렇게 읊었다.
>
> 정처도 없는 내 신세와 구름 낀 밤의 달님과
> 어느 쪽이 더욱더 갈 곳 몰라 헤매나

답장 온 것을 보니, 능치듯 이렇게 읊었다.

어둔 밤 달이 서쪽으로 향하듯 당신의 앞날
바로 내가 너무나 잘 알고 있는 것을

이를 보자니, 미더운 듯이 여겨지기도 하지만, 그 사람이 자기 집이라고 생각하는 곳은 달리 있는지라, 참으로 부부 사이는 생각대로 되지를 않는다. 운 좋은 사람이 되기에는, 그 사람과 오랫동안 함께 지내온 사람이라고는 하지만, 자식을 많이 두지 못한지라, 이렇게 마음이 허전하고 이래저래 수심에 잠길 때가 많다.(상권 · 114-115)[8]

결혼생활과 남편과의 관계에 큰 문제가 있는 것도 아니고 평온한 일상생활을 영위하면서도 마음속에 욱신거리고 있는 불안감의 편린이 엿보이는 이 인용문에서는 미치쓰나의 어머니가 끊임없이 호소하고 있는 "생각대로 되지 않는 이내 신세"라는 고뇌의 내실을 읽

8 かくて、なでふことなければ、人の心もなほたゆみなく見えたり。月夜のころ、よからぬ物語して、あはれなるさまのことども語らひてもありしころ思ひ出でられて、ものしければ、かくいはる。

曇り夜の月とわが身のゆくすゑのおぼつかなさはいづれまされり

返りごと、たはぶれのやうに、

おしはかる月は西へぞゆくさきはわれのみこそは知るべかりけれ

など、頼もしげに見ゆれど、わが家とおぼしきところは、ことになむあんめれば、いと思はずにのみぞ、世はありける。さいはひある人のためには、年月見し人も、あまたの子なども たらぬを、かくものはかなくて、思ふことのみしげし。(上巻 · 128-129)

어 낼 수 있다. 미치쓰나의 어머니는 남편인 가네이에가 여기고 있는 "자기 집이라고 생각하는 곳"이 자신의 집이 아닌 듯한 데다 "부부 사이"(世)가 예상대로는 흘러가지 않는다며, 많은 자식들에게 둘러싸여 있지도 않고 괴로운 현재 상황에서 빠져나갈 방도가 없는 자신의 처지를 괴롭게 여기고 있다. 실질적인 일부다처제의 혼인제도 속에서 정처가 될 가능성도 없는 채 결혼생활을 유지할 수밖에 없는, 불안정한 지위에 불안감을 느끼고 있는 미치쓰나의 어머니의 심경이 드러나 있다.

인용문의 원문 가운데, "さいはひある人のためには、年月見し人も、あまたの子などもたらぬを、かくものはかなくて、思ふことのみしげし"라는 구절에 관해서는 종래 다기한 해석이 이루어져 왔다. 이 구절은 '당사자적 표현'[9]이라고 일컬어질 정도로 화자 중심의 주관적인 문체를 특성으로 하고 있는 데다 주어와 술어 또한 많이 생략되어 있는 탓에 해석의 폭이 넓다고 지적되고 있는 『가게로 일기』의 문장 중에서도 난문(難文)으로 간주되어 왔던 것이다. 예를 들어, 텍스트로 삼고 있는 신편일본고전문학전집의 두주(頭註)에서는, "운 좋은 사람"(さいはひある人)에 관해서는 "운이 좋아 사회적으로 눈에 띄게 약진해 가는 사람, 즉 가네이에", "오랫동안 함께 지내온 사람"(年月見し人)에 관해서는 "오랫동안 부부로서 생활해 온 사람, 즉 작자"라고 하여 '운 좋은 사람=가네이에', '오랫동안 함께 지내온 사람=미치쓰나의 어머니'로 해석하고 있다. 그리고 현대어역으로는 "운이 좋은 그 사람과 오랜 세월 함께해 온 나이건만, 자식이 많은 것

9 渡辺実, 『平安朝文章史』(東京大学出版会, 1981) p.97.

도 아니기에 이처럼 의지할 데 없는 모습으로는 고민할 일만 이래저래 많다"라고 번역하고 있다.

이에 대해 이미숙 역주에서는, "운 좋은 사람"은 '일반인'을 가리키는 일반적인 표현, "오랫동안 함께 지내온 사람"은 '미치쓰나의 어머니'를 가리키는 표현으로 해석[10]하여, "운 좋은 사람이 되기에는, (많은 자식들을 두어야 하는데) 그 사람과 오랫동안 함께 지내온 사람이라고는 하지만, 자식을 많이 두지 못한지라, 이렇게 마음이 허전하고 이래저래 수심에 잠길 때가 많다"라고 번역하였다. 이렇게 번역하였을 때 비로소 이 대목은 아들딸을 많이 두어 장래가 보장된 가네이에의 선처(先妻) 도키히메(時姬)와 자신의 처지를 비교하면서 행복해지기를 끊임없이 염원하지만 실질적인 일부다처제 속에서 의지가지없게 되어 버린 한 여성의 깊은 한숨과 탄식이 담겨 있는 대목, "생각대로 되지 않는 이내 신세"라는 『가게로 일기』의 주제성이 집약되어 있는 대목으로 읽어 낼 수 있다고 생각한다.

'문명텍스트'로서의 『가게로 일기』의 한국어역

이상으로서, 여성의 자의식이 응축된 일본의 고전 텍스트인 『가게로 일기』가 '번역'이라는 과정을 거쳐 한국어로 재탄생되는 과정 속에서 고려되었던 몇몇 문제에 대해 살펴보았다. 『가게로 일기』의 한국어역은 같은 한자문화권이면서도 한국이라는 이문화권에서 일본의 고대

10 이 문제에 관해서는 이 책 13장 참조.

문화가 집약된 '문명텍스트'로 재탄생되었다고 할 수 있다.

'문명텍스트'로서 『가게로 일기』의 성격은 다음과 같이 규정할 수 있다.

먼저, 『가게로 일기』는 당의 쇠퇴와 더불어 894년 견당사가 폐지되고 905년 최초의 칙찬 와카집인 『고킨와카슈』가 가나 문자로 편찬됨으로써 일본 나름의 국풍문화를 형성해 가는 일본문명의 과도기적인 양상을 고찰할 수 있다는 점에서 '문명텍스트'로 읽을 수 있다.

다음으로, 『가게로 일기』는 동아시아 한자문명권의 주류인 중국문명과 일본이라는 비주류 문명의 영향관계 및 상이점을 정치제도와 혼인제도의 측면에서 고찰함으로써 제도문명적인 관점에서 동아시아 고대문명의 역학관계 등을 조망할 수 있다는 점에서 '문명텍스트'로 읽을 수 있다.

세 번째로, 고대 일본의 의식주 등 일상생활로부터 물질문명의 양상을 고찰할 수 있으며, 문화생활 및 남녀관계 속에는 일본인의 미의식 등이 구체적으로 기술되어 있다. 이처럼 생활문명적인 관점에서 고대 일본문명의 구체적인 양상을 고찰할 수 있다는 점에서 『가게로 일기』는 '문명텍스트'로 읽을 수 있다.

마지막으로, 『가게로 일기』는 한자라는 동아시아 공동문어문자의 틀을 넘어 민족어문자로써 자국의 독자적인 문명을 꽃피워 가는 주변부 문명의 양상을 명확히 할 수 있다는 점에서 '문명텍스트'로 읽을 수 있을 것이다. 구체적인 시대상황을 배경으로 한 사회의 제도와 문화 속에서 살았던 고대 일본문명 속에서 실존하였던 한 여성이 자신의 삶의 궤적을 민족어문자를 사용하여 일상생활을 문학적으로 형상화함으로써, 천 년 전 일본문명의 양상과 사람들의 삶의 모습이 재현되고 있는 것이다. 즉『가게로 일기』의 한국어역은 문자문명적인 관점에서 여성이 '쓰는 행위'를 통해 얻을 수 있는 인간해방과 민족어문자의 형성에 따른 일본의 독자적인 문명형성 양상 등에 관해 고찰할 수 있는 '문명텍스트'로서 자리매김될 수 있다고 생각한다.

초출 일람

「『蜻蛉日記』에 나타난 恨의 一考察」(한국외국어대학교 대학원 일본어과 석사학위논문, 1995년 2월)

「『蜻蛉日記』「柏木の森のした草」考ー道綱母の自己認識—」(『日本文芸論稿』 第26号, 東北大学 文芸談話会(日本), 1999年 10月)

「『蜻蛉日記』の構造と意識—「つれなし」「なほあらじ」を指標として—」(『日本文芸論叢』 第13・14合併号, 東北大学 国文学研究室(日本), 2000年 3月)

「『蜻蛉日記』から『源氏物語』へ—「柏木」と「思はぬかた」を指標として—」(『일어일문학연구』 제47집, 한국일어일문학회, 2003년 11월)

「『蜻蛉日記』における「塵のみ積もるさむしろ」考ー時間の経過を表す比喩的表現—」(『일본문화학보』 제25집, 한국일본문화학회, 2005년 5월)

「『蜻蛉日記』と『意幽堂関北遊覧日記』ー日韓女流日記と旅」(『国文学』 第51巻 8号, 学燈社(日本), 2006年 7月)

「여성문학과 참배여행」(김태정 외, 『일본인의 삶과 종교』, 제이앤씨, 2007년 3월)

「'나는 뭐란 말인가(われはなになり)'—『가게로 일기(蜻蛉日記)』에 나타난 화자의 자의식과 젠더—」(『일어일문학연구』 제67집, 한국일어일문학회, 2008년 11월)

「젠더와 '일기문학'이라는 양식—10세기 후반 일본의 『가게로 일기(蜻蛉日記)』를 중심으로—」(『여성문학연구』 제20호, 한국여성문학학회, 2008년 12월)

「『가게로 일기(蜻蛉日記)』 하권에 나타난 화자의 심경 변화의 내실」(『일어일문학연구』 제69집, 한국일어일문학회, 2009년 5월)

「「例の尽きせぬこと」と年の「はて」—『蜻蛉日記』の終わりの方法」(『国文学解釈と鑑賞』 第75巻 3号, ぎょうせい(日本), 2010年 3月)

「「さいはひある人」と「年月見し人」—『蜻蛉日記』の本文解釈—」(『解釈』 第56巻 第3・4号,

解釈学会(日本), 2010年 4月)

「『가게로 일기(蜻蛉日記)』와 연중행사」(『일어일문학연구』 제73집, 한국일어일문학회, 2010년 5월)

「翻訳と日本文学の再誕生—『蜻蛉日記』の韓国語訳—」(『第34回 国際日本文学研究集会会議録』, 国文学研究資料館(日本), 2011年 3月)

「『蜻蛉日記』と「今」を表わす時間表現(『解釈』 第57巻 第3・4号, 解釈学会(日本), 2011年 4月)

「'그 사람 마음(人の心)'과 '내 마음(わたくしの心)'—『가게로 일기(蜻蛉日記)』에 나타난 불행 의식의 기저—」(『일어일문학연구』 제77집, 한국일어일문학회, 2011년 5월)

「헤이안 시대 한 여성의 교토 탈출기」(일본고전독회 편, 『공간으로 읽는 일본고전문학』, 제이앤씨, 2013년 2월)

「韓国と日本における女性日記—女性の生と自己表現—」(和洋女子大学 編, 『東アジアの文学・言語・文化と女性』, 武蔵野書院(日本), 2014年 5月)

「「越えれば越えるほど険し」い山のような人生—朝鮮時代両班家女性の日記、「閑恨録」—」(『アナホリッシュ国文学』 第7号, 響文社(日本), 2014年 8月)

참고문헌

1.『가게로 일기』 주석서 및 색인

미치쓰나의 어머니 지음, 이미숙 주해,『가게로 일기: 아지랑이 같은 내 인생』(문명텍스트 3, 한길사, 2011)
미치쓰나의 어머니 지음, 정순분 옮김,『청령일기』(지만지, 2009)

秋山虔,『蜻蛉日記』(アテネ文庫 278, 弘文堂, 1956)
犬養廉 校注,『蜻蛉日記』(新潮日本古典集成 54, 新潮社, 1982)
今西祐一郎 他 校注,『土佐日記 蜻蛉日記 紫式部日記 更級日記』(新日本古典文学大系 24, 岩波書店, 1989)
上村悦子,『蜻蛉日記 校本・書入・諸本の研究』(古典文庫, 1963)
上村悦子,『蜻蛉日記全訳注(上)(中)(下)』(講談社学術文庫, 1978)
上村悦子,『蜻蛉日記解釈大成 1-9』(明治書院, 1983-1995)
柿本奨 注釈,『蜻蛉日記全注釈 上巻・下巻』(日本古典評釈・全注釈叢書, 角川書店, 1966)
柿本奨 校注,『蜻蛉日記』(角川日本古典文庫, 1967)
柿本奨 他 編,『王朝日記—土佐日記・蜻蛉日記・和泉式部日記・更級日記』(角川書店, 1975)
川口久雄 他 校注,『土左日記・かげろふ日記・和泉式部日記・更級日記』(日本古典文学大系 20, 岩波書店, 1957)
菊地靖彦・木村正中・伊牟田経久 校注・訳,『土佐日記 蜻蛉日記』(新編日本古典文学全集 13, 小学館, 1995)
喜多義勇,『蜻蛉日記講義』(至文堂, 1944)

喜多義勇,『全講蜻蛉日記』(至文堂, 1961)
佐伯梅友・伊牟田経久 編,『改訂新版 かげろふ日記総索引 索引篇』(風間書房, 1981)
橘豊・田口守,『蜻蛉日記』(桜楓社, 1978)
塚本哲三 編,『平安朝日記集』(有朋堂書店, 1931)
次田潤・大西義明,『かげろふの日記新釈』(明治書院, 1960)
坂徵,『蜻蛉日記解環』(国文名著刊行会, 1934)—18세기 후반 성립
松村誠・木村正中・伊牟田経久 校注・訳,『土佐日記 蜻蛉日記』(日本古典文学全集 9, 1973)
物集高量,『竹取物語 伊勢物語 大和物語 落窪物語 土佐日記 蜻蛉日記』(日本文学叢書, 廣文庫刊行会, 1918)
山田清市 編,『阿波国文庫本蜻蛉日記』(新典社, 1987)
菊地靖彦・木村正中・伊牟田經久 校注・訳,『土佐日記 蜻蛉日記』(新編日本古典文学全集 13, 小学館, 1995)

2. 단행본

미르치아 엘리아데 지음, 이은봉 옮김,『종교형태론』(한길사, 1996)
무라사키시키부 지음, 이미숙 주해,『겐지 모노가타리 1』(서울대학교출판문화원, 2014)
월터 J. 옹 지음, 이기우・임명진 옮김,『구술문화와 문자문화』(문예출판사, 1995)
이광풍,『현대소설의 원형적 연구』(집문당, 1985)
이우경,『한국의 일기문학』(집문당, 1995)
이혜순 외,『한국 고전 여성작가 연구』(태학사, 1999)
장삼식,『大漢韓辭典』(교육서관, 1987)
천이두,『한국문학과 한』(이우출판사, 1985)
천이두,『한의 구조 연구』(문학과지성사, 1993)
풍양 조씨 지음, 김경미 역주,『자기록』(나의 시간, 2014)
허영은,『일본 문학으로 본 여성과 가족』(보고사, 2005)

秋山虔,『王朝女流文学の形成』(塙書房, 1967)
秋山虔,『源氏物語』(岩波書店, 1968)
秋山虔 他 編,『平安日記』(増補 国語国文学研究史大成 5, 三省堂, 1978)
秋山虔 編,『別冊国文学 王朝女流日記必携』(学燈社, 1986)
麻生磯次 他,『日本文学概論』(秀英出版, 1968)

阿部秋生,『源氏物語研究序説 上』(東京大学出版会, 1959)
阿部秋生 他 校注・訳,『源氏物語 ①-⑥』(新編日本古典文学全集 20-25, 小学館, 1994-1998)
李美淑,『源氏物語研究―女物語の方法と主題』(新典社, 2009)
五十嵐富夫,『日本女性文化史』(吾妻書館, 1984)
池田亀鑑,『宮廷女流日記文学』(至文堂, 1965)
石川松太郎 編,『女大学集』(平凡社, 1977)
石原昭平 他 編,『女流日記文学とは何か』(女流日記文学講座 第1巻, 勉誠社, 1991)
石原昭平 他 編,『蜻蛉日記』(女流日記文学講座 第2巻, 勉誠社, 1990)
石原昭平,『平安日記文学の研究』(勉誠社, 1997)
石村貞吉,『有職故実〈上〉〈下〉』(講談社, 1987)
一冊の講座編集部 編,『一冊の講座 蜻蛉日記』(有精堂, 1981)
伊藤博,『蜻蛉日記研究序説』(笠間書院, 1976)
伊藤博・宮崎荘平,『中古女流日記文学』(笠間書院, 1977)
井上光貞 他 校注,『律令』(日本思想大系 3, 岩波書店, 1976)
今井源衛・山中裕 編,『年中行事の文芸学』(弘文堂, 1981)
今関敏子,「表現される《自己》―日記文学と自伝―」(『論集日記文学の地平』, 新典社, 2000)
今西祐一郎,『蜻蛉日記覚書』(岩波書店, 2007)
上村悦子,『蜻蛉日記の研究』(明治書院, 1972)
上村悦子 編,『論叢王朝文学』(笠間書院, 1978)
上村悦子,『蜻蛉日記 (中)』(講談社, 1992)
上村悦子 編,『王朝日記の新研究』(笠間書院, 1995)
遠藤嘉基・松尾聰 校注,『篁物語 平中物語 濱松中納言物語』(日本古典文学大系 77, 岩波書店, 1964)
鳴澤炎 外 編,『辭源』(臺灣商務印書店, 1978)
大越愛子,『フェミニズム入門』(ちくま新書, 1996)
岡一男,『源氏物語の基礎的研究』(東京堂, 1954)
小沢正夫・松田成穂 校注・訳,『古今和歌集』(新編日本古典文学全集 11, 小学館, 1994)
朧谷寿,『藤原氏千年』(講談社, 1996)
片桐洋一 校注,『後撰和歌集』(新日本古典文学大系 6, 岩波書店, 1990)
片野達郎 他 編著,『歌ことばの辞典』(新潮社, 1997)
勝浦令子,『古代・中世の女性と仏教』(山川出版社, 2003)
加納重文,『源氏物語の舞台を訪ねて』(宮帯出版社, 2011)

鎌田正 他,『廣漢和辭典 中卷』(大修館書店, 1984)
河添房江,『源氏物語の喩と王権』(有精堂, 1992)
川村裕子,『王朝生活の基礎知識―古典のなかの女性たち』(角川書店, 2005)
北村季吟 著・有川武彦 校訂,『増註 源氏物語湖月抄 下巻』(弘文社, 1935)
木村正中 編,『論集日記文学』(笠間書院, 1991)
木村正中,『蜻蛉日記 (上)(下)』(中古文学論集 第2・3巻, おうふう, 2002)
工藤重矩,『平安朝の結婚制度と文学』(風間書房, 1994)
久保田信之,『江戸時代の人づくり』(日本教文社, 1988)
倉田実,『蜻蛉日記の養女迎え』(新典社, 2006)
黒坂勝美 他,『公卿補任 第1篇』(新訂増補 国史大系 第53巻, 吉川弘文館, 1964)
黒坂勝美 他 編,『尊卑分脉 第1篇』(吉川弘文館, 1983)
河野多麻 校注,『宇津保物語 一・二・三』(日本古典文学大系 10-12, 岩波書店, 1988)
小島憲之 他 校注・訳,『萬葉集 3』(日本古典文学全集 4, 小学館, 1973)
小島憲之 他 校注・訳,『日本書紀 ①』(新編日本古典文学全集 2, 小学館, 1994)
小島憲之 他 校注・訳,『日本書紀 ②』(新編日本古典文学全集 3, 小学館, 1996)
小林幸夫 他,『うたをよむ 三十一字の詩学』(三省堂, 1997)
佐々木恵介,『受領と地方社会』(山川出版社, 2004)
佐竹昭広 他,『万葉集 訳文篇』(塙書房, 1972)
佐伯梅友・伊牟田経久 編,『改訂新版 かげろふ日記総索引』(風間書房, 1981)
品川和子,『蜻蛉日記の世界形成』(武蔵野書院, 1990)
繁田信一,『庶民たちの平安京』(角川グループパブリッシング, 2008)
新創社,『京都時代MAP 平安京篇』(光村推古書院, 2008)
須貝稔,『源氏物語図典』(小学館, 1997)
鈴木一雄,『王朝女流日記論考』(至文堂, 1993)
鈴木敬三,『有職故実図典―服装と故実』(吉川弘文館, 1995)
鈴木博之 編,『古代社会の崩壊』(東京大学出版会, 2005)
総合女性史研究会 編,『文化と女性』(吉川弘文館, 1998)
総合女性史研究会 編,『史料にみる日本女性のあゆみ』(吉川弘文館, 2000)
総合女性史研究会 編,『時代を生きた女たち』(朝日新聞出版, 2010)
高橋正治 他 校注・訳,『竹取物語 伊勢物語 大和物語 平中物語』(新編日本古典文学全集 12, 小学館, 1994)
高群逸枝,『招婿婚の研究 1・2』(理論社, 1966)
橘健二・加藤静子 校注・訳,『大鏡』(新編日本古典文学全集 34, 小学館, 1996)
玉井幸助,『日記文学の研究』(塙書房, 1965)

玉井幸助,『日記文学概説』(図書刊行会, 1982)
玉上琢弥,『源氏物語評釈 第8巻』(角川書店, 1967)
中古文学研究会 編,『日記文学作品論の試み』(笠間書院, 1979)
戸矢学,『陰陽道とは何か—日本史を呪縛する神秘の原理』(PHP研究所, 2006)
中田秀夫,『蜻蛉日記と更級日記』(明治書院, 1978)
中村幸彦 他 編,『角川古語大辞典 第4巻』(角川書店, 1994)
中村修也,『平安京の暮らしと行政』(山川出版社, 2001)
西下経一,『日記文学』(日本文学大系 18, 河出書房, 1938)
日記文学研究会 編,『日記文学研究 第3集』(新典社, 2009)
日本大辞典刊行会 編,『日本国語大辞典 第3巻・第15巻』(小学館, 1973・1975)
日本文学協会 編,『日記・随筆・記録』(日本文学講座 7, 大修館書店, 1989)
日本文学研究資料刊行会 編,『平安朝日記Ⅰ—土佐日記・蜻蛉日記—』(有精堂, 1971)
野元寛一,『神々の風景』(白水社, 1990)
速水侑,『観音信仰』(塙書房, 1970)
樋口芳麻呂·久保木哲夫 校注・訳,『松浦宮物語 無名草子』(新編日本古典文学全集 40, 小学館, 1999)
樋口清之,『日本女性の生活史』(講談社, 1977)
深沢徹 編,『かげろふ日記—回想と書くこと』(日本文学研究資料新集 3, 有精堂, 1987)
服藤早苗,『平安朝女性のライフサイクル』(吉川弘文館, 1998)
服藤早苗,『「源氏物語」の時代を生きた女性たち—紫式部も商いの女も平安女性は働きもの』(日本放送出版協会, 2000)
藤井貞和 編,『別册国文学 王朝物語必携』(学燈社, 1987)
藤岡作太郎,『国文学全史 平安朝篇』(東京開成館, 1905)
藤岡作太郎,『国文学全史 平安朝篇 (二)』(講談社, 1977)
藤岡忠美・中野幸一・犬養廉・石井文夫 校注・訳,『和泉式部日記 紫式部日記 更級日記 讃岐典侍日記』(新編日本古典文学全集 26, 小学館, 1994)
古橋信孝,『古代都市の文芸生活』(大修館書店, 1994)
星谷昭子,『蜻蛉日記研究序説』(おうふう, 1994)
増田繁夫,『右大将道綱母』(新典社, 1983)
松尾聰・永井和子 校注・訳,『枕草子』(日本古典文学全 11, 小学館, 1974)
松尾聰・永井和子 校注・訳,『枕草子』(新編日本古典文学全 18, 小学館, 1997)
宮崎荘平,『平安女流日記文学の研究』(笠間書院, 1972)
宮崎荘平,『平安女流日記文学の研究 続編』(笠間書院, 1980)
宮崎荘平,『王朝女流日記文学の形象』(おうふう, 2003)

宮島達夫 編,『古典対照語い表』(笠間書院, 1971)
森田兼吉,『日記文学の成立と展開』(笠間書院, 1996)
守屋省吾 編,『論集日記文学の地平』(新典社, 2000)
守屋省吾,『蜻蛉日記形成論』(笠間書院, 1975)
安原盛彦,『源氏物語空間読解』(鹿島出版会, 2000)
籔田貫,『女性史としての近世』(校倉書房, 1996)
山川菊栄,『武家の女性』(岩波書店, 1983)
山口仲美,『平安文学の文体の研究』(明治書院, 1984)
山口博,『王朝貴族物語—古代エリートの日常生活』(講談社, 1994)
山下克明,『平安時代の宗教文化と陰陽道』(岩田書院, 1996)
山中裕,『平安朝の年中行事』(塙書房, 1972)
山中裕・今井源衛 編,『年中行事の文芸学』(弘文堂, 1981)
山中裕・鈴木一雄 編,『平安貴族の環境』(至文堂, 1994)
山中裕 他 校注・訳,『栄花物語 ①』(新編日本古典文学全集 31, 小学館, 1995)
山中裕・鈴木一雄 編,『平安貴族の信仰と生活』(至文堂, 1994)
山中裕・鈴木一雄 編,『平安貴族の儀礼と歳事』(至文堂, 1994)
山本淳子,『源氏物語の時代』(朝日新聞社, 2007)
吉野裕子,『陰陽伍行と日本の民俗』(人文書院, 1983)
脇田晴子 他 編,『日本女性史』(吉川弘文館, 1987)
和田英松,『新訂 官職要解』(講談社, 1983)
渡辺実,『平安朝文章史』(東京大学出版会, 1981)

3. 학위논문

이연성,「의유당일기의 문체고」(이화여자대학교 석사학위논문, 1974)

4. 연구논문(한국/일본)

김정경,「〈閨恨録〉의 구조적 특성과 여성 서술자의 기능 고찰」(『한국고전연구』 12, 한국고전연구학회, 2005)
김종덕,「源氏物語의 源泉과 전승—好色話型을 중심으로」(『일본연구』 8, 한국외국어대학교 일본연구소, 1993)

김태정, 「일본인의 종교와 종교 의식」(『종교로 본 동양문화』, 역민사, 2002)
박　영, 「텍스트 속의 삶: 서구 자서전문학 이론 연구」(『영어영문학』 42-2, 한국영어영문학회, 1996)
박옥주, 「豊壤趙氏夫人의 『ᄌᆞ긔록』 硏究」(『한국고전여성문학연구』 3, 한국고전여성문학회, 2001)
박요순, 「新發見 閨恨錄硏究」(『국어국문학』 49 · 50, 국어국문학회, 1970)
박혜숙, 「여성적 정체성과 자기서사—『ᄌᆞ긔록』과 「규한록」의 경우—」(『고전문학연구』 20, 한국고전문학회, 2001)
박혜숙, 「한국여성의 자기서사 (1)」(『여성문학연구』 7, 한국여성문학학회, 2002)
박혜숙, 「여성 자기서사체의 인식」(『여성문학연구』 8, 한국여성문학학회, 2002)
스즈키 토미, 「장르 · 젠더 · 문학사 서술」(『창조된 고전』, 소명출판, 2002)
오세영, 「한의 논리와 그 역설적 의미」(『문학사상』 1976년 12월호, 문학사상사, 1976)
이경하, 「여성주의 문학연구의 효용성과 고전문학사」(『여성문학연구』 16, 한국여성문학학회, 2006)
정대현, 「한(恨)의 개념적 구조」(『한국어와 철학적 분석』, 이화여자대학교출판부, 1985)
정하영, 「朝鮮朝 '日記'類 資料의 文學史的 意義」(『정신문화연구』 19-4, 한국학중앙연구원, 1996)
조혜란, 「고전 여성 산문의 서술 방식—「규한록」을 중심으로—」(『이화어문논집』 17, 이화여자대학교 이화어문학회, 1999)
홍인숙, 「『ᄌᆞ긔록』에 나타난 일상적 생애 서술의 특징과 효과」(『한국고전여성문학연구』 25, 한국고전여성문학회, 2012)

秋山虔, 「外的時間と内的時間」(『国文学』 15-6, 学燈社, 1970)
秋山虔, 「女流日記文学についての序説」(『王朝女流日記必携』, 学燈社, 1986)
秋山虔, 「女流日記文学の世界」(『女流日記文学とは何か』, 女流日記文学講座 第1巻, 勉誠社, 1991)
安藤太郎, 「源氏物語「夕霧の巻」鑑賞—落葉の宮の敍述を中心として」(『東京成徳短期大学紀要』 5, 東京成徳短期大学, 1972)
李御寧, 「恨とうらみ」(『恨の文化論』, 学生社, 1978)
李景河, 「閨訓書から見た朝鮮時代の既婚女性の倫理」(『東アジアの結婚と女性—文学 · 歴史 · 宗教』, アジア遊学 157, 勉誠出版, 2012)
李美淑, 「朝鮮王朝の宮廷文学の史実と虚構—『ハン中録』を中心に—」(『王朝文学と東アジアの宮廷文学』, 竹林舎, 2008)
李美淑, 「『尤庵先生戒女書』と「教女子法」—韓国と日本における儒教的な女性教育—」(『女

性百年―教育・結婚・職業―』, 東北大学出版会, 2009)
家井美千子,「右衛門督―『源氏物語』における―」(『中古文学』36, 中古文学会, 1986)
家井美千子,「『蜻蛉日記』上巻の到達点」(『思想と文化』, 岩手大学人文社会科学部, 1986)
池田亀鑑,「自照文学の歴史的考察」(『日記・和歌文学』, 至文堂, 1968)
池乗節子,「『蜻蛉日記』下巻における道綱母―諦観への志向と苦悩の潜在化―」(『新大国語』12, 新潟大学教育学部国語国文学会, 1986),
石坂妙子,「道綱の恋愛贈答歌と道綱母―『蜻蛉日記』下巻の世界構造に関する試論―」(『国語表現論叢』, 押見虎三二教授御退官記念事業会, 1979)
石田穣二,「夕霧の巻について」(『学苑』313, 昭和女子大学光葉会, 1966)
石田穣二,「源氏物語のことばと文体」(『国文学』13-6, 学燈社, 1968)
石原昭平,「日記文学における時間―日次と月次をめぐって―」(『日本文学』26-11, 日本文学協会, 1977)
石原昭平,「『蜻蛉日記』上巻の歌物語性―大和物語を軸として―」(『帝京大学文学部紀要』10, 帝京大学文学部国文学科, 1978)
石原昭平,「蜻蛉日記の終末―「例のつきせぬこと」の意味するもの―」(『日記文学 作品論の試み』, 笠間書院, 1979)
石原昭平,「女流文学と日記」(『日記・随筆・記録』, 大修館書店, 1989)
石原昭平,「『蜻蛉日記』の構造」(『蜻蛉日記』, 女流日記文学講座 第2巻, 勉誠社, 1990)
石原昭平,「日記文学における時間―回想・他者・語り―」(『女流日記文学とは何か』, 女流日記文学講座 第1巻, 勉誠社, 1991)
石原昭平,「日記文学の時間と回想」(『平安文学の風貌』, 武蔵野書院, 2003)
伊藤博,「蜻蛉日記下巻の構成をめぐって」(『山形大学紀要(人文科学)』7-3, 1972)
伊藤博,「蜻蛉日記と花」(『国語国文』42-5, 京都大学文学部国語学国文学研究室, 1973)
伊藤博,「『蜻蛉日記』の時間表現」(『蜻蛉日記』, 女流日記文学講座 第2巻, 勉誠社, 1990)
犬養廉,「蜻蛉日記の構造」(『一冊の講座 蜻蛉日記』, 有精堂, 1981)
今井源衛,「日本文学と年中行事」(『年中行事の文芸学』, 弘文堂, 1981)
今関敏子,「表現される《自我》―日記文学と自伝―」(『論集日記文学の地平』, 新典社, 2000)
今西祐一郎,「『蜻蛉日記』から『源氏物語』へ」(『蜻蛉日記覚書』, 岩波書店, 2007)
伊牟田経久,「『蜻蛉日記』の〈ケリ止め文〉」(『王朝日記の新研究』, 笠間書院, 1995)
入江宏,「近世商家の主婦の教養生活―江戸木綿問屋「佐孝」の妻女の日記―」(『文化と女性』, 吉川弘文館, 1998)
上坂信男,「小野の霧・宇治の霧―源氏物語心象研究断章―」(『言語と文芸』61, 国文学言語と文芸の会, 1968)
上村悦子,「蜻蛉日記の一研究―兼家の行状を中心に―」(『日本女子大学紀要』1-4, 日本

女子大学, 1955)
内野信子, 「『蜻蛉日記』の「われ」」(『国学院大学大学院紀要』35, 国学院大学大学院, 2004)
大倉比呂志, 「蜻蛉日記における主題的拘束と作者の視線のありようについて―下巻巻末の記事を中心にして―」(『中古文学論攷』1, 早稲田大学大学院中古文学研究会, 1980)
大軒史子, 「落葉の宮」(『源氏物語必携 Ⅱ』, 学燈社, 1982)
岡本恭子, 「われはなになり―かげろふ日記作者の世界―」(『駒沢国文』27, 駒沢大学文学部国文学研究室, 1990)
小山香織, 「『蜻蛉日記』下巻試論―破局までと日常への回帰―」(『国語と国文学』81-6. 東京大学国語国文学会, 2004)
小山香織, 「『蜻蛉日記』上巻の「人の心」と「頼む」―和歌の伝統に拠る兼家の不実の強調―」(『日記文学研究誌』7, 日記文学研究会, 2005)
柿谷雄三, 「「思はぬかたに」小考―かげろふの日記存疑(一)―」(『平安文学研究』20, 平安文学研究会, 1957)
柿本奨, 「『蜻蛉日記』を書かせたもの」(『国文学解釈と鑑賞』43-9, 至文堂, 1978)
門出順子, 「蜻蛉日記上巻の成立に関して―「日記」及び「けり」表現の問題から―」(『立教大学日本文学』3, 立教大学日本文学会, 1976)
神尾暢子, 「蜻蛉日記の往昔表現」(『王朝日記の新研究』, 笠間書院, 1995)
菊田茂男, 「家の女―蜻蛉日記」(『国文学』20-16, 学燈社, 1975)
菊田茂男, 「道綱母の体験と蜻蛉日記の表現」(『一冊の講座 蜻蛉日記』, 有精堂, 1981)
金鍾徳, 「『枕草子』と朝鮮王朝の宮廷文学―『癸丑日記』、『仁顕王后伝』、『閑中録』」(『国文学』52-6, 学燈社, 2007)
木村正中, 「蜻蛉日記の主題と構造」(『明治大学人文科学研究所紀要』5, 明治大学人文科学研究所, 1967)
木村正中, 「蜻蛉日記下巻の構造」(『平安朝日記 Ⅰ』, 有精堂, 1971)
木村正中, 「日記文学とはなにか―綴られる人生―」(『国文学解釈と鑑賞』46-1, 至文堂, 1981)
木村正中, 「古物語の超克」(『国文学』26-1, 学燈社, 1981)
木村正中, 「女流日記・随筆」(『年中行事の文芸学』, 弘文堂, 1981)
木村正中, 「日記文学の特質 時間と回想」(『日記・随筆・記録』, 日本文学講座 7, 大修館書店, 1989)
木村正中, 「「さいはひある人のためには」について」(『蜻蛉日記(上)』, 中古文学論集 第2巻, おうふう, 2002)
木村正中, 「物語につながる男と女―物語文学史における「女」の意義―」(『蜻蛉日記(上)』, 中古文学論集 第2巻, おうふう, 2002)

工藤重矩,「『かげろふ日記』「さいはひある人のためには」の解釈—運不運をめぐる道綱母の嘆き—」(『福岡教育大学紀要(文科編)』48, 福岡教育大学, 1999)
倉林正次,「文学にみる年中行事—源氏物語の場合—」(『国文学解釈と鑑賞』46-1, 至文堂, 1981)
桑原恵,「近世的教養文化と女性」(『日本女性生活史 第3巻』, 東京大学出版会, 1990)
河内山清彦,「紫上の晩年(下)—女性哀史的発想を排す—」(『青山学院女子短期大学紀要』27, 青山学院女子短期大学, 1973)
古賀典子,「「蜻蛉日記」上巻の成立に関する私論」(『語文研究』25, 九州大学国語国文学会, 1968)
小酒井敬子,「『源氏物語』の「幸ひ人」—不幸を抱えた女君たち—」(『新大国語』24, 新潟大学教育学部国語国文学会, 1998)
後藤祥子,「蜻蛉日記 主題の形成」(『王朝女流日記必携』, 学燈社, 1986)
小町谷照彦,「追儺」(『年中行事の文芸学』, 弘文堂, 1981)
小町谷照彦,「夕霧の造型と和歌—落葉の宮物語をめぐって—」(『源氏物語の歌ことば表現』, 東京大学出版会, 1984)
近藤一一,「日記文学に於ける時間の問題—蜻蛉日記を中心に—」(『平安朝日記Ⅰ』, 有精堂, 1971)
近藤一一,「蜻蛉日記の日付表現」(『一冊の講座 蜻蛉日記』, 有精堂, 1981)
近藤一一,「蜻蛉日記上巻の時間の問題」(『愛知淑徳大学論集』8, 愛知淑徳大学, 1982)
齋藤栄穂子,「『蜻蛉日記』と「巻末歌集」の連続性—二字下げ表記の視点から—」(『日記文学研究 第3集』, 新典社, 2009)
佐々木新太郎,「『蜻蛉日記』創作意識における作者の自我と家門的意識」(『日本文学論集』17, 大東文化大学大学院, 1993)
佐藤和喜,「蜻蛉日記歌における拾遺集的変貌」(『かげろふ日記 回想と書くこと』, 有精堂, 1987)
佐藤勢紀子,「道綱母の年始観をめぐる一考察—時間意識解明の手がかりとして—」(『かげろふ日記 回想と書くこと』, 有精堂, 1987)
佐藤宗諄,「女流文学形成の社会的背景」(『日本女性生活史 第1巻』, 東京大学出版会, 1990)
沢田正子,「蜻蛉日記—源氏物語への揺曳—」(『言語と文芸』104, 国文学言語と文芸の会, 1988)
品川和子,「蜻蛉日記の表現における波動性—大弐国章の女「近江」との関係について—」(『学苑』260, 昭和女子大学光葉会, 1961)
篠原昭二,「夕霧の巻の成立」(『源氏物語の論理』, 東京大学出版会, 1992)
篠原義彦,「源氏物語における人物造型の系譜について—髭黒・夕霧・薫の場合—」(『解

釈』16-1, 解釈学会, 1970)
柴桂子,「旅日記から見た近世女性の一考察」(『文化と女性』, 吉川弘文館, 1998)
清水好子,「日記文学の文体」(『国文学解釈と鑑賞』26-2, 至文堂, 1961)
清水好子,「王朝女流文学の形成と背景―蜻蛉日記の場合」(『日本女性史 第1巻』, 東京大学出版会, 1982)
白方勝,「まめ人の乱れ」(『源氏物語の探究』第9輯, 風間書房, 1984)
鈴木一雄,「「なほもあらじ」の意味をめぐって―『かげろふ日記』試解―」(『金沢大学国語国文』5, 1976)
鈴木一雄,「日記文学における虚構について」(『国語と国文学』61-4, 至文堂, 1984)
鈴木日出男,「引歌の成立―古今集規範意識から仮名散文へ―」(『かげろふ日記 回想と書くこと』, 有精堂, 1987)
鈴木日出男,「『蜻蛉日記』の物詣での自然」(『論集日記文学』, 笠間書院, 1991)
高木和子,「平安散文における「人」―非人称の叙述形式―」(『日本文芸研究』52-4, 関西学院大学日本文学会, 2001)
高橋和夫,「蜻蛉日記に現われた風俗習慣」(『国文学』2-10, 学燈社, 1957)
高橋文二,「常世の面影『源氏物語』小見―「まめ人」「まめ」をめぐって―」(『日本文学』34-4, 日本文学協会, 1985)
高橋文二,「『蜻蛉日記』の風景描写と女の立場」(『国語と国文学』68-11, 至文堂, 1991)
玉上琢弥,「源氏物語作中人物呼び名の論」(『源氏物語研究』, 源氏物語評釈 別巻1, 角川書店, 1966)
鄭麟淑,「閨房歌辞から見た朝鮮時代女性の生と結婚」(『東アジアの結婚と女性―文学・歴史・宗教』, アジア遊学 157, 勉誠出版, 2012)
津崎比呂,「『蜻蛉日記』『和泉式部日記』の贈答歌比較―「人の心」と「心」にみる人間性の相違―」(『筑紫語文』15, 筑紫女学園大学日本語日本文学科, 2006)
津本信博,「『蜻蛉日記』下巻の構造―「老い」の意識をめぐって―」(『王朝日記の新研究』, 笠間書院, 1995)
中井和子,「ことばとかまえ―「思はぬ方・山」をめぐって―」(『いずみ通信』16, 和泉書院, 1992)
中野幸一,「女流日記文学の完成―記録から文学へ―」(『国文学解釈と鑑賞』62-5, 至文堂, 1997)
仁平道明,「『源氏物語』と『後漢書』―光源氏の物語と清河王慶伝―」(『文学史上の『源氏物語』』, 至文堂, 1998)
根来司,「『蜻蛉日記』の表現方法」(『国文学解釈と鑑賞』43-9, 至文堂, 1978)
野口元大,「蜻蛉日記の日記意識」(『王朝日記の新研究』, 笠間書院, 1995)

野村精一,「蜻蛉の終焉・再説」(『源氏物語の創造 増訂版』, 桜楓社, 1975)

迫徹朗,「『蜻蛉日記』の歌「なびくかな思はぬかたに」の解釈をめぐって」(『国語国文学研究』28, 熊本大学法[文]学部国語国文学会, 1992)

橋本仲美,「比喩の表現論的性格と『文体論』への応用 (1)(2)」(『国文学』14-11/12, 学燈社, 1969)

畑佳江,「源氏物語における「身」の意識―「中空」なる女君」(『岡大国文論稿』18, 岡山大学文学部言語国語国文学会, 1990)

林雅彦 他,「特集古典文学と信仰」(『国文学解釈と鑑賞』65-10, 至文堂, 2000)

原田敦子,「死と再生の谷」(『日本文学』42-4, 日本文学協会, 1993)

深沢徹,「『蜻蛉日記』下巻の変様―夢の〈記述〉とその〈解釈〉をめぐって―」(『かげろふ日記 回想と書くこと』, 有精堂, 1987)

深沢徹,「「女流日記文学」から「女房日記」へ(上)―「啓蒙的理性」の衰え、もしくは女房集団の文学―」(『論集日記文学の地平』, 新典社, 2000)

久松潜一,「日記文学と女性」(『日本文学聯講』, 中興館, 1927)

久松潜一,「日記文学の本質」(『古典の窓』, 角川書店, 1960)

前田淑,「近世閨秀詩人原采蘋と房総の旅」(『文化と女性』, 吉川弘文館, 1998)

益田勝実,「源氏物語の荷ひ手」(『日本文学史研究』11, 1951)

増田繁夫,「女流日記の発想―かげろふ日記論」(『甲南大学文学会論集』15, 甲南大学文学会, 1961)

増田繁夫,「『蜻蛉日記』の成立」(『蜻蛉日記』, 女流日記文学講座 第2巻, 勉誠社, 1990)

松本真奈美,「鏡」(『歌ことばの辞典』, 新潮社, 1997)

水野隆,「『蜻蛉日記』下巻に関する試論―求婚譚を中心にして―」(『日記文学新論』, 勉誠出版, 2004)

三谷邦明,「蜻蛉日記の時間意識―詩人の日記あるいは和歌的時間の文学―」(『一冊の講座 蜻蛉日記』, 有精堂, 1981)

宮崎荘平,「蜻蛉日記下巻の特質」(『都大論究』6, 東京都立大学国語国文学会, 1966)

宮崎荘平,「女流日記文学における叙述法の一特性―時間的構成を支える叙述の方法について―」(『国語と国文学』44-5, 東京大学国語国文学会, 1967)

武者小路辰子,「断続の日記・連続の日記―男の時間・女の時間―」(『王朝日記』, 鑑賞日本古典文学 第10巻, 角川書店, 1975)

村井康彦,「待つ女―拒む女との間」(『国文学』23-4, 学燈社, 1978)

目加田さくを,「自我の肯定と誇示」(『王朝日記の新研究』, 笠間書院, 1995)

森朝男,「歌ことば」(『キーワード100 古典文学の述語集』国文学臨時増刊号, 学燈社, 1995)

森一郎,「紫上の述懐―紫上論の一節―」(『源氏物語作中人物論』, 笠間書院, 1979)
森一郎,「皇女の結婚―源氏物語主題論の一節―」(『源氏物語考論』, 笠間書院, 1987)
守屋省吾,「蜻蛉日記上巻の成立について」(『立教大学日本文学』 14, 立教大学日本文学会, 1965)
守屋省吾,「蜻蛉日記下巻の特質と形成」(『蜻蛉日記形成論』, 笠間書院, 1975)
守屋省吾,「蜻蛉日記下巻の研究と解釈」(『一册の講座 蜻蛉日記』, 有精堂, 1981)
柳瀬あや子,「「蜻蛉日記」についての一考察―上巻に於ける時間経過のとらえ方―」(『神戸文化短期大学研究紀要』 19, 神戸文化短期大学, 1995)
山上義実,「『源氏物語』夕霧の物語試論」(『秋田語文』 3, 秋田語文研究会, 1973)
山口仲美,「蜻蛉日記 こころのことば」(『国文学』 26-1, 学燈社, 1981)
横田冬彦,「「女大学」再考―日本近世における女性労働―」(『ジェンダーの日本史 下』, 東京大学出版会, 1995)
柳瀬あや子,「『蜻蛉日記』についての一考察―上巻に於ける時間経過のとらえ方―」(『神戸文化短期大学研究紀要』 19, 神戸文化短期大学, 1995)
吉田幹生,「〈人の心〉から〈我が心〉へ―『蜻蛉日記』試論」(『中古文学』 74, 中古文学会, 2004)
吉野瑞恵,「『蜻蛉日記』の自照性と物語性」(『蜻蛉日記』, 女流日記文学講座 第2巻, 勉誠社, 1990)
吉野瑞恵,「日記と日記文学の間―『蜻蛉日記』の誕生をめぐって―」(『国語と国文学』 82-5, 東京大学国語国文学会, 2005)

한국 내 연구논저 목록(2016년 8월 현재)

1. 단행본

미치쓰나 어머니 지음, 정순분 옮김, 『청령일기』(지만지, 2009)

미치쓰나의 어머니 지음, 이미숙 주해, 『가게로 일기: 아지랑이 같은 내 인생』(문명텍스트 3, 한길사, 2011)

2. 학위논문

김난영, 「蜻蛉日記の考察—愛情問題を中心に—」(한국외국어대학교 석사학위논문, 1977)

허영은, 「蜻蛉日記 小論—上巻構成の特徴を巡って—」(한국외국어대학교 석사학위논문, 1984)

강조미, 「「簾の中」に醸成される自照文学—「蜻蛉日記」の一研究—」(상명여자대학교 석사학위논문, 1985)

김영순, 「「蜻蛉日記」の研究—"ものはかなし"を中心として」(한남대학교 석사학위논문, 1986)

정인숙, 「蜻蛉日記に見える作者の現実生活の破綻と煩悶」(상명여자대학교 석사학위논문, 1988)

박윤호, 「『蜻蛉日記』 研究—作者의 人間關係를 中心으로—」(건국대학교 석사학위논문, 1988)

류기선, 「道綱母의 個性과 愛情의 葛藤에 관해—『蜻蛉日記』에 收錄된 和歌를 中心으로—」(중앙대학교 석사학위논문, 1989)

이미숙, 「『蜻蛉日記』에 나타난 恨의 一考察」(한국외국어대학교 석사학위논문, 1995)

後藤美智子, 「『蜻蛉日記』の研究」(단국대학교 석사학위논문, 1996)

김기희, 「蜻蛉日記 下卷에 나타난 物語性에 대한 考察—養女迎えの記事를 中心으로」(단국대학교 석사학위논문, 1999)
김영찬, 「蜻蛉日記에 나타난 作者의 心理描寫—'憂し' '憂き身'을 중심으로—」(계명대학교 석사학위논문, 2001)
강은영, 「「가게로 일기(蜻蛉日記)」에 있어서의 恨」(중앙대학교 석사학위논문, 2002)
김은주, 「『청령일기』에 나타난 자의식 연구」(한국외국어대학교 교육대학원 석사학위논문, 2004)
진미선, 「『카게로우(かげろう)일기』에 나타난 도강모의 내면세계」(영남대학교 교육대학원 석사학위논문, 2007)
김정인, 「『가게로 일기』에 나타난 미치쓰나노 하하의 '身' 의식」(경북대학교 교육대학원 석사학위논문, 2007)
이정은, 「『청령일기』에 나타난 도강모의 자의식 변화에 관한 일고찰—작자의 결혼생활을 중심으로」(한국외국어대학교 교육대학원 석사학위논문, 2008)

3. 연구논문

김난영, 「「蜻蛉日記」に現われた自然意識の特質—その手法を中心に—」(『배화논총』 1, 배화여자대학, 1979)
김난영, 「「蜻蛉日記」に現われた自然描寫の特質—その手法を中心に—」(『일어일문학연구』 1, 한국일어일문학회, 1979)
김난영, 「愛情表現の特質—蜻蛉日記をめぐって」(『논문집: 인문사회』 3, 인천전문대학, 1982)
허영은, 「「청령일기」의 분석」(『외대』 19, 한국외국어대학교 학도호국단, 1984)
김난영, 「平安日記文学研究(Ⅰ)—「蜻蛉日記」の日付表現を中心に—」(『코기토』 28, 부산대학교 인문학연구소, 1985)
김난영, 「平安日記文学研究(Ⅱ)—「蜻蛉日記」に形成された兼家像—」(『코기토』 29, 부산대학교 인문학연구소, 1986)
김영순, 「『蜻蛉日記』における民間信仰の諸相」(『논문집』 13, 기전여자전문대학, 1993)
박윤호, 「日記 文學의 「身」意識에 관한 研究—『蜻蛉日記』와 『建礼門院右京大夫集』를 中心으로—」(『일본어교육』 9, 한국일본어교육학회, 1993)
박윤호, 「『蜻蛉日記』의 「아와레」에 관한 一考察」(『일본학보』 31, 한국일본학회, 1993)
허영은, 「平安女流文学における「ながめ」の意味」(『외국어교육연구』 9, 대구대학교 외국어교육연구소, 1994)

박윤호, 「『蜻蛉日記』의 宿世觀에 관한 연구」(『논문집』 13, 순천대학교, 1994)

김영순, 「「蜻蛉日記」の主題と方法に関する一考察」(『논문집』 14, 기전여자전문대학, 1994)

강태국, 「『かげろふ日記』の自照性—知性的女性の愛と苦悩—」(『인문학연구』 1, 제주대학교 인문과학연구소, 1995)

박나미, 「『蜻蛉日記』研究序説—上巻の贈答歌をめぐって—」(『인문과학연구』 5, 상명대학교 인문과학연구소, 1996)

박윤호, 「日本 中古 日記文芸의 研究—蜻蛉日記의 文芸性 考察을 中心으로—」(『일본어교육』 12, 한국일본어교육학회, 1996)

신영원, 「『かげろふ日記』 연구」(『논문집: 인문사회·예체능』 24, 시립인천전문대학, 1996)

무라마쓰 마사아키, 「『蜻蛉日記』に於ける夢の考察」(『일어일문학』 8, 대한일어일문학회, 1997)

이현기, 「日本古代 日記文學에 있어서의 「꿈」의 諸相—蜻蛉日記와 更級日記를 中心으로」(『인문논집』 42, 고려대학교 문과대학, 1997)

박윤호, 「平安 女流 日記文學의 自傳的 性格」(『어학연구』 8, 순천대학교 어학연구소, 1997)

김난영, 「「はかなし」考—「蜻蛉日記」를 中心으로—」(『일어일문학』 9, 대한일어일문학회, 1998)

박윤호, 「蜻蛉日記의 感情語 연구—あはれ語와 うし語의 考察을 중심으로—」(『일본어교육』 16, 한국일본어교육학회, 1999)

박윤호, 「蜻蛉日記의 창작의식 研究」(『어학연구』 10, 순천대학교 어학연구소, 1999)

이일숙, 「『蜻蛉日記』と穢」(『일어일문학연구』 34, 한국일어일문학회, 1999)

허영은, 「『蜻蛉日記』의 養女」(『일본어문학』 13, 일본어문학회, 2000)

김영순, 「「蜻蛉日記」と宗教」(『논문집』 20, 전주기전여자대학, 2000)

박윤호, 「蜻蛉日記의 日記文学的 특성」(『일본어교육』 17, 한국일본어교육학회, 2000)

박윤호, 「『蜻蛉日記』에 나타난 작자의 불교 의식 고찰」(『일본어문학』 8, 한국일본어문학회, 2000)

박윤호, 「일본 平安朝 日記문학에 나타난 「아와레」語 연구—蜻蛉日記를 중심으로—」(『일본어교육』 18, 한국일본어교육학회, 2001)

김영찬, 「『蜻蛉日記』에 나타난 작자의 不遇意識 研究—'憂し'를 중심으로—」(『일본어문학』 15, 일본어문학회, 2001)

박윤호, 「『蜻蛉日記』에 나타난 憂世觀 연구」(『일본어문학』 12, 한국일본어문학회, 2002)

이일숙, 「平安朝の方忌と『蜻蛉日記』の空白の四年」(『일본학보』 54, 한국일본학회, 2003)

이미숙, 「『蜻蛉日記』から『源氏物語』へ—「柏木」と「思はぬかた」を指標として—」(『일어일문학연구』 47, 한국일어일문학회, 2003)

박윤호, 「『蜻蛉日記』의 종교 意識—작자의 「현세(世, 世の中)」에 대한 의식을 중심으로—」(『일본어교육』 26, 한국일본어교육학회, 2003)

吉野瑞恵, 「蜻蛉日記から源氏物語へ」(『일본연구』 21, 한국외국어대학교 일본연구소, 2003)

박윤호, 「『蜻蛉日記』의 종교 여행 기사에 나타난 작자의 의식 변화」(『일본어문학』 21, 한국일본어문학회, 2004)

박윤호, 「『蜻蛉日記』의 無常觀」(『일본어교육』 30, 한국일본어교육학회, 2004)

김영찬, 「道綱に対する母の呼び方の変化—『蜻蛉日記』中巻「鳴瀧籠り」前後の事情」(『일본어문학』 28, 일본어문학회, 2005)

이미숙, 「『蜻蛉日記』における「塵のみ積もるさむしろ」考—時間の経過を表す比喩的表現—」(『일본문화학보』 25, 한국일본문화학회, 2005)

이일숙, 「平安貴族の結婚と妻たち—『蜻蛉日記』を中心として—」(『일어일문학연구』 55, 한국일어일문학회, 2005)

허영은, 「『가게로 일기(蜻蛉日記)』와 『한중록』 비교 연구」(『일본학연구』 17, 단국대학교 일본연구소, 2005)

정순분, 「道綱母の「孤独」と「再生」—『蜻蛉日記』の「つれづれ」を中心にして」(『일본연구』 28, 한국외국어대학교 일본연구소, 2006)

정순분, 「『蜻蛉日記』における二分法的構造—女性的論理の構築について」(『일본학연구』 19, 단국대학교 일본연구소, 2006)

박윤호, 「『청령일기』의 연말연시 표현」(『일본어문학』 28, 한국일본어문학회, 2006)

정순분, 「『蜻蛉日記』「天下の人の品高きや」考—書かれなかった内的論理を探って」(『일본연구』 30, 한국외국어대학교 일본연구소, 2006)

안정숙, 「『蜻蛉日記』의 연구—「みゆ」와 「ものす」를 중심으로—」(『일본근대학연구』 13, 한국일본근대학회, 2006)

박윤호, 「韓日 女流 일기 문학의 自傳的 성격—蜻蛉日記와 閑中錄을 중심으로—」(『일본어교육』 42, 한국일본어교육학회, 2007)

김 영, 「일본 고대여성의 자기표현과 그 함축적 의미—『かげろう日記』에 나타난 「うつろひたる菊」를 통하여—」(『일본언어문화』 11, 한국일본언어문화학회, 2007)

이일숙, 「兼家の人物像—「蜻蛉日記」を中心として—」(『일본학보』 74, 한국일본학회, 2008)

이일숙, 「『蜻蛉日記』の涙の表現をめぐって」(『일어일문학연구』 67, 한국일어일문학회, 2008)

이미숙, 「'나는 뭐란 말인가(われはなになり)'—『가게로 일기(蜻蛉日記)』에 나타난 화자

의 자의식과 젠더—」(『일어일문학연구』 67, 한국일어일문학회, 2008)
이미숙, 「젠더와 '일기문학'이라는 양식—10세기 후반 일본의 『가게로 일기(蜻蛉日記)』를 중심으로—」(『여성문학연구』 20, 한국여성문학학회, 2008)
정순분, 「女性文学としての『蜻蛉日記』—アメリカにおける受容研究を通して—」(『일본학연구』 25, 단국대학교 일본연구소, 2008)
안정숙, 「『蜻蛉日記』に見られる「恨(ハン)」の情緒」(『일본근대학연구』 22, 한국일본근대학회, 2008)
정순분, 「外国文学受容と翻訳問題—『蜻蛉日記』 英訳を一つの例として—」(『일본문화학보』 40, 한국일본문화학회, 2009)
이미숙, 「『가게로 일기(蜻蛉日記)』 하권에 나타난 화자의 심경 변화의 내실」(『일어일문학연구』 69, 한국일어일문학회, 2009)
진미선, 「『蜻蛉日記』에 나타난 道綱母의 불행—상권에 나타난 道綱母의 내면세계를 중심으로」(『일본어문학』 46, 일본어문학회, 2009)
정순분, 「『蜻蛉日記』和歌の一面—章明親王との贈答歌を中心にして」(『일본문화학보』 43, 한국일본문화학회, 2009)
박윤호, 「『한중록(閑中錄)』과 『가게로닉키(蜻蛉日記)』의 자아의식」(『일본어교육』 48, 한국일본어교육학회, 2009)
박윤호, 「『閑中錄』의 '한(恨)'과 『蜻蛉日記』의 '아와레(あはれ)'의 구조」(『일본어교육』 52, 한국일본어교육학회, 2010)
김영찬, 「『蜻蛉日記』下巻における「このことに口入れたる人」考」(『일본어문학』 48, 일본어문학회, 2010)
이미숙, 「『가게로 일기(蜻蛉日記)』와 연중행사」(『일어일문학연구』 73, 한국일어일문학회, 2010)
안정숙, 「『蜻蛉日記』考—道綱母の「涙」と「泣く」」(『일본어교육』 52, 한국일본어교육학회, 2010)
안정숙, 「『청령일기(蜻蛉日記)』 연구—「戀(사랑)」—」(『일본어교육』 56, 한국일본어교육학회, 2011)
김영찬, 「古本系「蜻蛉日記」の書入れに関する一考察—「蜻蛉日記草稿」との関係を中心に」(『일본어문학』 52, 일본어문학회, 2011)
김영찬, 「『蜻蛉日記』를 통해 본 平安時代의 結婚様相考察」(『일본어문학』 55, 일본어문학회, 2011)
이미숙, 「'그 사람 마음(人の心)'과 '내 마음(わたくしの心)'—『가게로 일기(蜻蛉日記)』에 나타난 불행 의식의 기저—」(『일어일문학연구』 77, 한국일어일문학회, 2011)
박윤호, 「『가게로닉키(蜻蛉日記)』와 『한중록』의 '미(身)'와 '몸'의 자기서사성」(『일본어

교육』 55, 한국일본어교육학회, 2011)
김현정, 「『가게로일기(蜻蛉日記)』に描かれた「女の一生」考: モ―パッサンの『女の一生』との比較を中心に」(『일본문화연구』 39, 동아시아일본학회, 2011)
안정숙, 「『蜻蛉日記』 考—兼家の目に映された道綱母像—」(『일본어교육』 55, 한국일본어교육학회, 2011)
안정숙, 「『蜻蛉日記』の「笑ひ」と「たはぶれ」」(『일본어교육』 60, 한국일본어교육학회, 2012)
허영은, 「『가게로 일기』 참배 여행의 의미」(『일본언어문화』 21, 한국일본언어문화학회, 2012)
안정숙, 「『가게로닛키』의 죽음의식—「死ぬ」의 표현을 중심으로—」(『일본어교육』 64, 한국일본어교육학회, 2013)
허영은, 「『가게로 일기』 참배여행의 모성원리」(『일어일문학연구』 제84집, 한국일어일문학회, 2013)
박윤호, 「한일 여류일기문학의 자기서사적 특징—『한중록』과 『가게로닛키(蜻蛉日記)』의 허구의 죄의식을 중심으로—」(『일본어교육』 64, 한국일본어교육학회, 2013)
박윤호, 「『가게로닛키』의 '우라미(恨み)'와 『한중록』의 지원(至冤)의 구조」(『일본어교육』 66, 한국일본어교육학회, 2013)
안정숙, 「『가게로닛키』에 그려진 미치쓰나—「幼き人」(어린 아들)의 표현을 중심으로—」(『일본어교육』 68, 한국일본어교육학회, 2014)
허영은, 「하쓰세참배의 종교적 의미—『가게로일기』를 중심으로」(『일본어문학』 64, 일본어문학회, 2014)
박윤호, 「『가게로닛키(蜻蛉日記)』와 『한중록』의 횡단성(transversality)—가네이에(兼家)와 사도세자의 성애(性愛)를 중심으로—」(『일본어교육』 69, 한국일본어교육학회, 2014)
안정숙, 「『가게로닛키』의 부모와 자식 (1)—미치쓰나노하하와 부모의 관계를 중심으로—」(『일본어교육』 70, 한국일본어교육학회, 2014)
이연순, 「한 · 일 고전 여성 일기문학의 최초 작품 비교 고찰—『병자일기(丙子日記)』와 『청령일기(蜻蛉日記, 가게로일기)』를 중심으로—」(『한국문화연구』 26, 이화여자대학교 한국문화연구원, 2014)
최귀묵, 「〈가게로 일기(蜻蛉日記)〉 연구—편지와 와카(和歌)의 기능과 심미적 특성을 중심으로—」(『문학치료연구』 제33집, 2014)
박윤호, 「『한중록』의 임오화변과 『가게로닛키(蜻蛉日記)』의 히가시산조도노(東三条殿) 기사의 이면성」(『일본어교육』 73, 한국일본어교육학회, 2015)
허영은, 「미치쓰나노하하의 이계(異界)체험과 문학적 달성」(『일본어문학』 72, 일본어문학회, 2016)

찾아보기

[ㅇ]

[ㅈ]

[ㅊ]

[ㅌ]

[ㅍ]

[ㅎ]

※중요한 표현이기는 하지만, 〈『가게로 일기』, 미치쓰나의 어머니, 가네이에, 미치쓰나, 헤이안 시대, 가나 문자, 와카〉는 책 전체에 걸쳐 분포되어 있으므로 제외하였다.

이미숙(李美淑)

이화여자대학교 국어국문학과를 졸업하였다. 한국외국어대학교 대학원 일본어과에서 『가게로 일기』(蜻蛉日記)에 대한 연구로 석사학위를 받았고, 일본 도호쿠 대학(東北大學) 문학연구과에서 『겐지 모노가타리』(源氏物語)에 대한 연구로 석사 · 박사학위를 받았다. 10-11세기 일본 헤이안 시대(平安時代)의 고전여성문학을 주로 연구하고 있다. 한국외국어대학교와 이화여자대학교, 숭실대학교, 건국대학교, 명지대학교 등에서 강의하였고, 현재 서울대학교 인문학연구원 HK연구교수로 재직 중이다.

지은 책으로 『源氏物語研究—女物語の方法と主題』(新典社, 2009, 日本)가 있으며, 옮긴 책으로 『가게로 일기: 아지랑이 같은 내 인생』(문명텍스트 3, 한길사, 2011), 『겐지 모노가타리 1』(문명텍스트 22, 서울대학교출판문화원, 2014)이 있다. 함께 지은 책과 전근대 일본문학과 문화에 대한 논문이 다수 있다. 2011년 제5회 해석학회상(일본)을 수상하였다.

문명총서 발간사

서울대학교 인문학연구원은 2007년 11월 한국연구재단의 인문한국(HK) 사업을 수탁하여 HK문명연구사업단을 출범시켰다. 한국과 아시아, 세계를 향한 문명연구의 허브를 구축하기 위해 '한국 인문학'의 정립을 목표로 인문학 제 분야는 물론 인근 분야의 전공자들까지 한 지붕 아래 모였다.

인문학연구원이 한국 인문학의 도약을 위해 핵심과제로 주목한 것은 문명에 대한 새로운 이해이다. 문명이란 장구한 세월 동안 인류가 일구어 낸 정신적·물질적 성과들의 종합이며, 타 문명들과 서로 영향을 주고받으며 진화해 온 복합적 실체이다. 이에 대한 심층적인 이해가 선행되지 않는다면, 현재와 미래에 대한 유효적절한 준비와 대응은 불가능하다.

'문명텍스트총서'는 인문학 안팎의 다양한 전공을 가진 우리 연구원의 연구자들이 자신의 영역에서, 과거와 현재 문명의 정수와 그에 대한 인식을 담은 중요한 텍스트를 선정하여 번역하고 주해한 결과물이다. 이는 긴 시간의 노동을 요하면서도 성취가 단기간에 가시화되지 않는 우직한 작업이지만, 인류의 유산을 한국화하는 이 같은 작업이 주체적으로 세계문명을 사유하고 새로운 문명을 개척하는 데 발판이 되리라고 믿는다. 문명텍스트총서가 현재와 과거를 엮는 씨줄 놓기 작업이라면, 문명공동연구총서는 인간과 세계를 총체적으로 이해하려는 날줄 얽기라고 할 수 있다. 오랫동안 자신의 분야에서 전문화를 추구했기에 공동연구가 쉬운 일은 아니지만, 문명 이해의 융합적 시각뿐만 아니라 한국 인문학의 새로운 전망을 써 내려가는 방법론을 제시할 수 있기를 희망한 결과물이다. 또한 문명지평총서는 연구원 안팎의 연구자들이 참여한 연구서와 교양서를 아우르고 있다.

아무쪼록 문명총서 시리즈가 동서고금의 문명을 더 깊고 더 넓게 이해하는 창발의 효과를 가져오길 기대하며, 국내외의 학자들이 참여하고 교류하는 열린 연구공간이 되길 바란다.

2014년 4월

서울대학교 인문학연구원 원장